Werner und Monika Deppe

W0374756

Auswege oder Wege ins Aus?

Weltreligionen, Esoterik, Sekten

CLV

Christliche
Literatur-Verbreitung
Postfach 110135 • 33661 Bielefeld

1. Auflage 2002

© 2002 by CLV
Christliche Literatur-Verbreitung
Postfach 110135 – 33661 Bielefeld
Internet: www.clv.de
Umschlag: Dieter Otten, Gummersbach
Satz: CLV
Druck und Bindung: Ebner & Spiegel, Ulm

ISBN: 3-89397-290-0

INHALTSVERZEICHNIS

TEIL IV: Sekten

Kurzdarstellungen der aufgeführten Sekten

VORWORT

In den vergangenen Jahrzehnten hat sich in unserer westlichen Welt eine diffuse Subkultur entwickelt. Es ist eine ständig anwachsende Zahl von Guru-Gemeinschaften, Sekten, Mysterienkulten und Psycho-Gruppen zu verzeichnen, die das Wort Gottes auf raffinierte, oft schwer zu durchschauende Art und Weise verfälschen oder pervertieren. Heute geht man davon aus, dass es allein in Deutschland annähernd tausend verschiedene religiöse Gruppierungen mit ca. zwei Millionen Anhängern gibt.

Zusätzlich schwappt seit den achtziger Jahren, mit dem Beginn des »New Age-Zeitalters«, eine unüberschaubare Esoterikwelle über unser Land, die das Spektrum an spirituellen Angeboten noch erheblich erweitert. Nach Aussagen des Buchhandels sind heute ein Drittel aller Neuerscheinungen esoterische Bücher. Unter dem Begriff Esoterik wird heute alles vermarktet, was die Religionen und heidnischen Kulturen der Welt im Laufe einer ca. 6000-jährigen Menschheitsgeschichte an geheimnisvollem, magischen und spirituellem Wissen, sowie an okkulten Praktiken hervorgebracht haben.

Eine Zeitungsnotiz bezieht sich auf eine Analyse des »idea«-Pressedienstes und schreibt Folgendes:

> Während 71 Prozent der Mitteleuropäer vorgeben, nicht mehr an die Auferstehung Jesu und die biblischen Wunder glauben zu können, vertraut inzwischen jeder zweite Deutsche auf esoterische Heilkräfte. Rund 20 Milliarden Mark geben Bundesbürger jährlich für Astrologie, Wunderheiler und magische Heilmittel aus … (»Hoffen + Handeln 2000 - 10«, S. 12).

Anfang der neunziger Jahre startete die Dortmunder Gesellschaft für Sozialforschung (Forsa) eine Umfrage, bei der 80% der Bundesbürger es für möglich hielten, vor diesem Leben schon einmal gelebt zu haben. 12% waren sich in dieser Hinsicht sogar sicher (Die spirituelle Herausforderung, S. 9).

Die Zeitschrift »FOCUS« veröffentlichte 1996 die Ergebnisse einer Umfrage des INRA-Institutes, nach der 46% aller Deutschen davon überzeugt waren, dass ihr Leben durch fernöstliche Weisheiten oder Meditationstechniken bereichert würde (FOCUS, 14/1996).

Millionen Menschen machen ihr tägliches Leben abhängig von den Mondphasen oder der Konstellation der Sterne. Laut »idea Spektrum« gibt es allein in Deutschland 5 Millionen Astrologiegläubige (Ausg. 6/2001, S. 12).

Fast zeitgleich mit der Ausbreitung esoterischen Gedankengutes setzten weltweit Dialoge zwischen den großen Weltreligionen ein. Die Bestrebungen gehen dahin, Gemeinsamkeiten hervorzuheben und, wenn möglich, gegenseitig voneinander zu lernen. Im Zuge einer pluralistischen Theologie wurde der Ausschließlichkeitsanspruch des Evangeliums von Jesus Christus in weiten Kreisen der Landeskirchen aufgegeben. So ist es inzwischen sogar möglich, dass Christen, Muslime und Buddhisten gemeinsame Gottesdienste feiern. Es wird versucht, eine Welteinheitsreligion mit einem für alle Religionen akzeptablen Weltethos zu postulieren. Dazu schreibt Dr. Gottfried Wachler:

> Starke Kräfte innerhalb christlicher Kirchen arbeiten auf eine universale Gemeinschaft aller Kirchen und Religionen hin. Eine führende Rolle spielt dabei der ökumenische Weltrat der Kirchen … In diesem Punkt besteht auch eine bemerkenswerte Einigkeit zwischen evangelischen und römisch-katholischen Theologen. Walter Strolz, der wissenschaftliche Leiter der katholischen Stiftung Oration Dominica, schreibt z. B.: »Keine Religion ist befugt« – (der christliche Glaube ist eingeschlossen) – »einer anderen mit einem Absolutheitsanspruch feindlich gegenüberzutreten. Alle Religionen sind Heilswege *innerhalb* der unabgeschlossenen Pilgerschaft der Menschheit mit allen Vorzeichen des Vorläufigen … (»Bibel u. Gemeinde, 2/92«, S. 127,128).

Professor Hans Küng, ehemaliger Dozent für römisch-katholische Fundamentaltheologie, versucht den weltweit vorherrschenden Synkretismus zu relativieren.

> Im Blick auf die Religionen spricht Hans Küng von »verschiedenen Heilswegen … zum einen Ziel«. So sehe das »von außen« betrachtet aus – [vom] Standpunkt der vergleichenden Religionswissenschaft, der atheistischen Religionskunde oder Religionslehre. »Von innen« gesehen, für den Christen, gibt es, nach Küng, »nur die eine wahre Religion: das Christentum, insofern es den wahren Gott bezeugt. Die eine wahre Religion schließt Wahrheit in anderen Religionen keineswegs aus, sondern kann andere gelten lassen. Diese anderen Religionen können, sofern sie der christlichen Botschaft nicht direkt widersprechen, die christliche Religion durchaus ergänzen, korrigieren, vertiefen.« (S. 166 in Hans Küng, die Weltreligionen als Herausforderung, Heitkamp Edition 1990). »Die ganze Wahrheit hat keine Religion, die ganze Wahrheit hat nur Gott allein. Nur Gott selbst – wie immer genannt – ist die Wahrheit.« Küng empfiehlt, zwischen den Extremen »Wahrheitsmonopol« und »Beliebigkeitspluralismus« die Mitte anzustreben: »Dialogfähigkeit«« (»Bibel und Gemeinde« 1/1992, S. 72).

Hiermit stellt Professor Küng das Wahrheitsmonopol der Bibel zur Disposition. Er übergeht den Absolutheitsanspruch Jesu, der von sich sagt:

> Ich bin der Weg, ich bin die Wahrheit und ich bin das Leben. Ohne mich kann niemand zum Vater kommen (Joh. 14,6).

Wir stimmen dem katholischen Theologen Walter Strolz zu: Niemand ist berechtigt, den Anhängern anderer Religionen feindlich gegenüberzutreten. Wir glauben auch, dass ein offener Austausch über das Selbstverständnis der eigenen und fremden Religionen ein unaufgebbarer Beitrag zur Festigung des Weltfriedens ist. Doch bei aller Toleranz dem Andersgläubigen gegenüber dürfen die eigenen Glaubensgrundlagen nicht preisgegeben werden. Auch ein Verzicht auf Mission anderer Religionsangehöriger würde dem ausdrücklichen Auftrag Christi widersprechen. Diesem Auftrag gemäß sollte Mission allerdings immer unter dem Aspekt der Nächstenliebe und in der Achtung der Menschenwürde und der persönlichen Entscheidungsfreiheit des Einzelnen geschehen. In diesem Sinne sind auch die kritischen Überlegungen dieses Buches nicht gegen Menschen gerichtet, sondern als rein geistliche Auseinandersetzungen zu betrachten.

Weil wir als Christen immer öfter mit Menschen konfrontiert werden, die christliches Gedankengut mit Elementen aus anderen Religionen vermischt haben, sind wir mehr denn je aufgerufen, uns mit den diversen religiösen Strömungen unserer Zeit auseinanderzusetzen. Nur wer die Grundbegriffe anderer Weltanschauungen und Glaubensüberzeugungen kennt, wird auch dialogfähig bleiben, und so dem Vorbild des Apostels Paulus nacheifern können, der von sich bekannte:

> Damit ich die Juden für Christus gewinne, lebe ich wie ein Jude … Bin ich aber bei Menschen, die ohne diese Gesetze leben, dann passe ich mich ihnen genauso an, um sie für Christus zu gewinnen … Wenn ich bei Menschen bin, deren Glaube noch schwach und unsicher ist, achte ich sorgfältig darauf, ihnen nicht zu schaden. Wer es auch sei, ich stelle mich ihm gleich, um auf jede erdenkliche Weise wenigstens einige Menschen zu retten (1. Kor. 9,20-22).

Das vorliegende Buch ist keine Arbeit im religionswissenschaftlichen Sinne; es soll dem interessierten Leser als Orientierungshilfe im Labyrinth der religiösen Vielfalt unserer Zeit dienen. Es beschränkt sich in seinen Ausführungen auf das Wesentlichste, um einerseits die gravierendsten Unterschiede zwischen den fünf größten Weltreligionen deutlich zu machen, und andererseits die großen Zusammenhänge zwischen den fernöstlichen Religionen, den Sekten und dem esoterischen Gedankengut aufzudecken.

Der Islam ist als zweitgrößte Weltreligion lediglich zum Vergleich mit dem Christentum angeführt.

Als Maßstab für unsere Überlegungen dient uns die Bibel, als das für alle Zeit wahrhaftige Wort Gottes (2. Tim. 3,16,17).

Da die einzelnen Artikel so verfasst sind, dass sie auch separat gelesen werden können, waren einige Wiederholungen innerhalb des gesamten Buches unvermeidlich.

Wenn nicht anders vermerkt, sind alle Bibeltexte der »Hoffnung für alle« entnommen.

TEIL I: DIE WELTRELIGIONEN

I. Wesentliche Unterscheidungsmerkmale zwischen den fünf größten Weltreligionen

Bei den fünf größten Weltreligionen kann man eine grobe Einteilung, in drei östliche und zwei westliche Religionen, vornehmen.

I. 1. Die westlichen Religionen

Die beiden westlichen Religionen, das **Christentum** und der **Islam**, gehen von einem monotheistischen Weltbild aus und verehren einen absoluten Gott. Zusammen mit den Juden berufen sich Christen und Muslime auf den alttestamentlichen Patriarchen Abraham, als ihren Stammvater. Auf den ersten Blick scheint es etliche übereinstimmende Merkmale zu geben, denn alle drei Religionen glauben:

- an einen ewigen und persönlichen Gott,
- an die ausschließliche Wahrhaftigkeit ihrer Lehren,
- an die Einmaligkeit von Schöpfung und Gericht,
- an Himmel und Hölle
- und an ein ewiges Leben nach dem Tod.
- Die Zeit bewegt sich für sie linear, von der Schöpfung bis zum jüngsten Gericht, mit dem sie enden wird.
- Der einzelne Gläubige lebt in einer persönlichen Verantwortung vor Gott.

Trotz dieser Gemeinsamkeiten bleiben aber erhebliche Unterschiede bestehen: Die Juden sind die buchstäblichen Nachkommen Abrahams, Isaaks und Jakobs und leben heute noch in der Erwartung des verheißenen Messias, weil sie Jesus Christus als solchen nicht anerkennen. Der Islam geht zurück auf Gottes Bündnis mit der Magd Hagar und deren Sohn Ismael, während das Christentum sich auf den Bund der Verheißung, den Gott mit Sarahs Sohn Isaak schloss, bezieht (siehe Seite 22).

Bei genauerer Betrachtung gelangt man schnell zu der Feststellung, dass übereinstimmende theologische Begriffe von jeder der Religionen mit anderem Inhalt gefüllt werden.

Im Christentum sind weltliche Macht und Religion voneinander getrennt. Jesus Christus hielt sich fern von jeglicher politischer Betätigung und bezeugte am Ende seines irdischen Lebens vor Pilatus: »Mein Reich ist nicht von dieser Welt« (Joh. 18,36).

Dagegen ist der Islam mehr als nur Religion, er ist gleichzeitig ein alles umfassendes gesellschaftspolitisches Konzept. Es gibt keinen Religions- oder Heilsvermittler, keine Erbsünde und keinen Gottessohn.

I. 2. Kurzdarstellung des Christentums

Das Christentum geht aus dem Judentum hervor und ist die größte Weltreligion. Zirka zwei Milliarden Menschen in 254 Ländern der Erde sind Mitglieder einer christlichen Kirche.

Ausgehend von dem ersten Menschenpaar Adam und Eva, kann die Menschheit – nach biblischer Chronologie – auf eine zirka 6000 Jahre alte Ge-schichte zurückblicken, die grob betrachtet in fünf heilsgeschichtliche Epochen aufgeteilt werden kann.

Das 1. Zeitalter (ca. 4000 v. Chr. – 2100 v. Chr.) umfasst die Zeit im Garten Eden, den Sündenfall, die Sintflut, den Turmbau zu Babel.

Das 2. Zeitalter (2100 v. Chr. – 4. v. Chr.) beinhaltet das Leben der Patriarchen Abraham, Isaak und Jakob und Gottes Bündnisse mit ihnen; die Geschichte des Volkes Israel unter Mose; die Zeit der Richter, Könige und Propheten.

Das 3. Zeitalter (ca. 4. v. Chr. bis 150 n. Chr.) berichtet über die Geburt des Gottessohnes, sein Leiden und Sterben, seine Auferstehung und Himmelfahrt und das Pfingstereignis; die Entstehung der ersten Gemeinden bis zum Aussterben der ersten Apostel.

Das 4. Zeitalter (150 n. Chr. bis heute) entfaltet die nachapostolische Zeit; die Geschichte des normativen, allgemeinen Christentums; die Entfaltung der römisch-katholischen Kirche, die Kirchenspaltungen; die Reformation des Protestantismus bis hin zu den Denominationen der Freikirchen und Sekten.

Das 5. eschatologische Zeitalter beinhaltet das Ende der Gnadenzeit, die Wiederkunft Christi, das 1000-jährige Friedensreich und das Endgericht und die Aufrichtung einer neuen Erde und eines neuen Himmels.

Innerhalb des Christentums sind heute fünf große Ströme zu beobachten:

- Die römisch-katholische Kirche;
- die protestantischen Kirchen, die aus der Reformation hervorgegangen sind;
- die orthodoxen Ostkirchen und die altorientalischen Kirchen, die sich aus den Kirchenspaltungen vor und um die Jahrtausendwende rekrutieren;
- die anglikanische Kirche Englands;
- und die Gruppe der diversen Freikirchen, die überwiegend aus dem Protestantismus und der anglikanischen Kirche Englands hervorgegangen sind.

I. 2. 1. Schrifttum

Die Glaubensgrundlage der Christen ist die Bibel. Sie besteht aus zwei großen Teilen: dem Alten Testament (AT), das 39 Bücher umfasst, die in hebräischer und teilweise in aramäischer Sprache verfasst wurden und dem Neuen Testament (NT), das aus 27 Büchern besteht und in griechischer Sprache geschrieben wurde. Obwohl die Bibel in einem Zeitraum von ca.1 400 Jahren und von mehr als 40 Autoren, die in unterschiedlichen Kulturen und Zeitepochen lebten, geschrieben wurde, ist sie doch eine Einheit, denn ohne das AT könnte man das NT nicht verstehen.

Man geht davon aus, dass alle Bibelschreiber nicht aus sich selbst redeten, sondern durch Gottes Geist geleitet wurden. Deshalb gilt die Bibel nicht als Menschenwort, sondern als das inspirierte Wort des Gottes Jahwe (*hebrä*. JHWH) (2. Petr. 2,9-21; vgl. 2. Tim. 3,16.17), das alle seine Offenbarungen enthält. Das letzte Wort, das Gott zu der Menschheit sprach, hat er ihr durch seinen Sohn Jesus Christus kundgetan (Hebr. 1,1.2).

Damit ist die Bibel ein in sich abgeschlossenes Buch, quasi ein persönlicher Brief Gottes an die Menschen, in dem er ihnen alle seine Absichten mitgeteilt hat. Weitere Neuoffenbarungen kann es nach dieser Überzeugung nicht geben (1. Kor. 4,6; Offb. 22,18), es sei denn, sie stammen aus einer außerbiblischen Offenbarungsquelle, wie das in Sekten meistens der Fall ist. In solchen Fällen gilt es, an Hand des Wortes Gottes die Geister zu unterscheiden! (1. Joh. 4,1; 1. Tim. 4,1). Die Einzigartigkeit der Bibel kommt in dem Zitat eines ehemaligen Professors für Sanskrit, der 42 Jahre mit dem Studium orientalischer Schriften verbrachte, zum Ausdruck:

> Stapeln Sie diese Bücher, wenn Sie wollen, auf die linke Seite Ihres Schreibtisches; aber legen sie Ihre Bibel auf die rechte Seite – ganz für sich und mit einem weiten Abstand. Denn […] es ist eine Kluft zwischen ihr und den so genannten heiligen Büchern des Ostens […] ein wahrer Abgrund, den keine Religionswissenschaft überbrücken kann.« *S. Collet / 314 f.* (»Die Bibel im Test« von J. Mc Dowell, S. 43).

I. 2. 2. Die Schöpfung

Der gesamte Kosmos und alles Leben wurden von Gott Jahwe, in Einheit mit seinem Sohn Jesus Christus und dem Heiligen Geist, in sechs Schöpfungstagen geschaffen. Die Krönung der Schöpfung war der Mensch, der als Einziger nach dem Bilde Gottes und mit einem Denkvermögen geschaffen wurde. Er bekam den Auftrag, sich die Erde und alles Leben auf ihr untertan zu machen.

Noch vor der Erschaffung unserer dreidimensionalen Welt hatte Gott bereits eine unsichtbare Himmelswelt, als Wohnstätte für die Engel, geschaffen. Die Bibel beschreibt diese unsichtbare Welt mit folgenden Worten:

> Tausendmal Tausende Himmelswesen dienen ihm und zehntausendmal Zehntausende stehen vor ihm (Dan. 7,10).

In dieser vorgeschichtlichen Ewigkeit entstand bereits die Quelle des Bösen. Ein großer Teil der Engel fiel von Gott ab und führte so eine Trennung der unsichtbaren Welt herbei. Diese ehemals reinen Geistwesen wurden zu unreinen, bösen Geistern (Dämonen), unter ihrem Anführer »Luzifer« (Lichtträger, 2. Kor. 11,14), der auch Satan oder Teufel genannt wird (siehe Seite 311 ff).

I. 2. 3. Sünde, oder Abfall von Gott

Als Lebensraum für das erste Menschenpaar hatte Gott den Garten Eden geschaffen. Adam und Eva waren mit einem freien Willen ausgestattet und an keine Gesetze oder Gebote gebunden, bis auf ein einziges. Die Früchte des Baumes der Erkenntnis von Gut und Böse, der im Garten Eden wuchs, sollten sie nicht essen (1. Mo. 2,8-17). Dies war als Schutz für sie gedacht, denn Gott wusste, dass der Mensch, wenn er zwischen Gut und Böse unterscheiden könnte, ewig unter dem daraus entstehenden Zwiespalt leiden würde.

Als die Schlange (die in Offb. 12,9 als Sinnbild für Satan dargestellt wird) dann an Eva herantrat, ließ diese sich von ihr verführen und aß von der verbotenen Frucht.

Nach christlicher Überzeugung war dies das tragischste Ereignis der Menschheitsgeschichte, denn das Böse war aus der himmlischen Welt herabgekommen und breitete sich von nun an unaufhaltsam über die Erde aus. Die Folge dieser Ursünde war die Versklavung des Menschen und der komplexen Natur (1. Mo. 3,16-19; Röm. 8,19-23). Die Pforten des Paradieses wurden von Gott geschlossen und das erste Menschenpaar verlor nicht nur seine geistige und physische Vollkommenheit, sondern auch sein ewiges Leben. Alle Nachkommen Adams wurden nun nicht mehr nach dem Bilde Gottes, sondern nach dem Bilde des unvollkommenen, sündigen Adam geboren (1. Mo. 5,3; Röm. 3,23). Die Folge der Sünde, die jeder Mensch ererbt hat, ist die ewige Trennung von Gott (Röm. 5,12; 6,23).

Doch aus Liebe zu den Menschen offerierte Gott ihnen unmittelbar nach dem Sündenfall einen Rettungsplan, indem er folgende geheimnisvolle Worte an die Schlange, die den Teufel verkörperte, richtete:

> Von nun an werden du und die Frau Feinde sein, auch zwischen deinem und ihrem Nachkommen soll Feindschaft herrschen. Er [Christus] wird dir [Satan]den Kopf zertreten, und du wirst ihn in die Ferse beißen (1. Mo. 3,15).

Die Nachkommen der Schlange bzw. des Teufels sind die unreinen Geister (Dämonen) und Menschen, die sich von Gott abgewandt haben (Joh. 8,44; 1. Joh. 3,8).

Die Nachkommen des Weibes sind die Kinder Adams und Evas, von denen später, in genealogischer Linie Jesus Christus, als der Hauptnachkomme der hier angesprochenen Frau, hervorging. Mit eingeschlossen in diese Nachkommenschaft sind alle christusgläubigen Menschen. Dann heißt es weiter, dass er, nämlich Jesus Christus, ihm, dem Teufel, den Kopf zertreten würde, was dessen Tod bzw. die endgültige Vernichtung alles Bösen bedeutet. Die Schlange bzw. der Teufel würde ihm, Christus, in die Ferse stechen, was ein Hinweis auf den Kreuzestod Jesu darstellt. Diese Thematik zieht sich wie ein roter Faden durch die gesamte Bibel.

I. 2. 4. Gottes Gerichte über die Menschheit

Nach der Vertreibung aus dem Paradies vermehrte sich die Menschheit (indem die Kinder des ersten Menschenpaares untereinander heirateten) und verbreitete sich über die Erde. Doch schon in der zehnten Generation nach der Schöpfung heißt es:

> Der Herr sah, dass die Menschen voller Bosheit waren. Jede Stunde, jeden Tag ihres Lebens hatten sie nur eines im Sinn: Böses planen, Böses tun (1. Mo. 6,5-7).

Da schickte Gott eine weltweite Flutkatastrophe (ca. 2500 v. Chr.), in der alle ums Leben kamen, mit Ausnahme von Noah, seiner Frau, seinen drei Söhnen Sem, Ham und Jafet und deren Frauen. Sie hatten zuvor auf Gottes Gebot hin, in mühevoller Arbeit, ein riesiges Schiff gebaut, in dem sie die Sintflut überlebten. Auch von allen lebenden Tieren und Vögeln hatten sie je ein Paar auf die Arche gebracht. Nachdem es 150 Tage und Nächte geregnet hatte und die Erde völlig überschwemmt war, ließ Gott die Wassermassen wieder absinken, so dass Noah nach sieben Monaten und 17 Tagen Odyssee mit seiner Arche wieder auf Land stieß.

Mit Noahs Familie begann Gott nach der Flut einen Neuanfang mit der Menschheit. Er richtete einen Bund mit Noah auf, in dem er sich verpflichtete, die Menschen nie wieder durch eine Flut zu vernichten. Als Zeichen setzte er den Regenbogen in den Himmel, der ihn stets an sein Versprechen erinnern sollte.

Etwa 300 Jahre nach der Flut rotteten sich die Menschen zusammen, um sich erneut gegen Gott aufzulehnen. Sie beschlossen, eine Stadt mit einem Turm zu bauen, dessen Spitze bis in den Himmel reichen sollte. Doch Gott vereitelte ihr stolzes Tun, indem er ihre Sprache in viele Sprachen verwirrte, so dass sie sich nicht mehr untereinander verständigen konnten; deshalb wurde die Stadt Babel genannt, was Verwirrung bedeutet. Von dort aus zerstreute der Herr die Menschen über den gesamten Globus.

I. 2. 5. Abraham, Isaak und Jakob

Mit dem zweiten Zeitalter der Patriarchen begann nicht nur die Geschichte des Volkes Israel, sondern auch die Heilsgeschichte der Christenheit. Gott erwählte sich den 75-jährigen Abram (d. h. erhabener Vater), dessen Name später in Abraham (d. h. Vater der Menge) umbenannt wurde (1. Mo. 17,5) und gab ihm den Auftrag, mit seiner Familie seine Heimat, die Stadt Ur in Chaldäa, zu verlassen. Er sollte in ein Land ziehen, das Gott ihm zeigen würde.

In den kommenden Jahren sagte er dem kinderlosen Abram (dessen Frau Sarai unfruchtbar war) voraus, dass seine Nachkommenschaft so zahlreich sein würde, wie der Staub des Erdbodens und die Sterne am Himmelszelt. Er verhieß ihm:

> Deine Nachkommen sollen zu einem großen Volk werden; ich werde dir viel Gutes tun; ... Alle Völker der Erde sollen durch dich gesegnet werden (1. Mo. 12,1-3; 13,16; 15,6; 16,10; 17,2.7; 22,15-18).

Wie erfüllten sich diese Verheißungen? Erst im Alter von 86 Jahren wurde ihm von der Magd Hagar sein erster, unehelicher Sohn Ismael geboren (1. Mo. 16,16). Er war auf natürliche Weise von Abraham gezeugt worden. Vierzehn Jahre später, als er bereits 100 Jahre alt war, schenkte Gott ihm durch Sara den verheißenen Sohn Isaak, der auf übernatürliche Weise, durch Gott selbst, in den Leib der Sara gelegt worden war (1. Mo. 21,1-5).

Deshalb erfüllt sich die Verheißung Gottes auf zweierlei Weise: einmal an den buchstäblichen, fleischlichen Nachkommen und zum zweiten an der geistlichen Nachkommenschaft. Sie gehen beide zurück auf die Söhne Abrahams, über die Gott Folgendes vorhersagte:

> Aber [auch] für Ismael habe ich dich erhört: Siehe, ich werde ihn segnen und werde ihn fruchtbar machen und ihn sehr, sehr mehren. Zwölf Fürsten wird er zeugen, und ich werde ihn zu einer großen Nation machen. Aber meinen Bund werde ich mit Isaak aufrichten, den Sara dir im nächsten Jahr um diese Zeit gebären wird (1. Mo. 17,20.21; Kap. 21,13). (»Die Wachtturm-Theologie der Zeugen Jehovas, wahres Evangelium oder Sektenlehre?«, S. 68).

Die fleischlichen Nachkommen Abrahams sind demnach

- alle natürlichen Israeliten, mit denen Gott später den Gesetzesbund am Berg Sinai schloss (2. Mo. 19,5.6);
- die heutigen islamischen Völker, die in ihrer religiösen Wurzel auf die Magd Hagar und deren Sohn Ismael zurückgehen
- und die Söhne von Abrahams zweiter Frau Ketura, die er nach Sarahs Tod geheiratet hatte (1. Mo. 25,1-4).

Alle wurden auf natürliche Weise gezeugt und bilden die Erfüllung des ersten Teils der göttlichen Verheißung, nach der die Zahl der Nachkommen Abrahams so viele, wie der Staub des Erdbodens sein sollten (1. Mo.13,16).

Die geistlichen Nachkommen Abrahams beziehen sich dagegen auf den Bund, den Gott mit Isaak geschlossen hatte. Er, der auf übernatürliche Weise gezeugt worden war, sollte ein symbolischer Hinweis auf den zweiten, neuen Bund sein, den Gott später mit Israel, in Jesus Christus aufrichten würde (siehe Seite 35 ff).

I. 2. 6. Die Geschichte Israels (1550 v. Chr. – 400 v. Chr.)

Die Verheißung, die Abraham erhalten hatte, übertrug Gott später auf Isaak und dessen Sohn Jakob (1. Mo. 26,3-5; 28,13-15). Jakob hatte 12 Söhne, aus denen die späteren 12 Stämme Israel hervorgingen. Bei einer großen Hungersnot übersiedelten sie nach Ägypten, wo sie zu einer großen Nation heranwuchsen.

Nach 430 Jahren Knechtschaft in Ägypten befreite Gott Israel aus seinem Sklavendasein. Dazu erwählte er den Juden Mose, der am Hof des ägyptischen Pharaos aufgewachsen war, und übertrug ihm die Führung des israelitischen Volkes. Der ägyptische Pharao hatte sich anfangs hartnäckig geweigert, das Volk freizugeben. Erst nachdem Gott 10 Plagen über sein Reich gebracht hatte, versprach er den Israeliten freien Abzug.

In der letzten Plage hatte Gott alle Erstgeburten, Menschen und Tiere, in Ägypten töten lassen. Den Israeliten hatte er vorher geboten, ein Lamm zu schlachten und dessen Blut an ihre Türpfosten zu streichen, als Zeichen für den Würgeengel Gottes, ihre Erstgeburten zu verschonen. Wie viele andere Berichte des AT ist auch dieses Lamm als ein Hinweis auf Jesus Christus zu sehen, der ca. 1500 Jahre später, als das Lamm Gottes, sein Blut gab für die Sünden der Welt (Joh. 1,29; Offb. 5,12.13).

Nach dem Auszug aus Ägypten kam das Volk in die Wüste Sinai. Nun begann die über 1000 Jahre anhaltende, wechselvolle Geschichte Israels. Am Berg Sinai gab Gott ihnen die zehn Gebote (2. Mo. 20,1-17) und schloss den Gesetzesbund mit ihnen:

> Wenn ihr nun auf mich hört und euch an den Bund haltet, den ich mit euch schließen will, dann werde ich euch aus allen Völkern auswählen. Mir gehört die ganze Erde, aber ihr seid in besonderer Weise mein Eigentum. Ja, ihr sollt ein heiliges Volk sein, das allein mir gehört. Als königliche Priester sollt ihr mir dienen! … (2. Mo.19,5.6)

Das Zeitalter des Gesetzes-Bundes dauerte über tausend Jahre. Mose sollte sie in das gelobte Land (Kanaan) führen, das Gott ihnen verheißen hatte. Als sie dort ankamen und feststellten, dass dieses Land von Riesen bewohnt war und wehrhafte Städte hatte, weigerten sie sich dort einzuziehen. Zur Strafe, wegen ihres mangelnden Vertrauens und ihres Ungehorsams, ließ Gott sie 40 Jahre in der Wüste umherziehen. Er versorgte das Volk, das mit Frauen und Kindern auf ca. 2 Millionen Personen angewachsen war, indem er ihnen – durch vielfältige Wunder – Nahrung, Kleidung und Wasser gab.

In dieser Zeit richtete er in seinem Volk eine Theokratie, eine Gottesherrschaft, auf. Aus allen damals existierenden Völkern hatte er sich eines der kleinsten, unscheinbarsten Völker als sein Eigentum erkoren. An diesem Volk demonstrierte er nicht nur den Israeliten, sondern auch allen umliegenden Nationen und Weltreichen seine Macht. Dazu schreibt Thomas Schweer:

> Die Existenz des Volkes sollte Zeugnis, Mahnung und Herausforderung sein. Ein Zeugnis für das Wirken Gottes, eine Mahnung zur Erfüllung der menschlichen Verantwortung und eine Herausforderung für das Gewissen jedes Einzelnen … (»Religionen der Welt«, S. 195).

Der Tempel Gottes

Noch während der Wüstenwanderung der Israeliten erhielt Mose von Gott einen detaillierten Plan zum Bau einer transportablen Anbetungsstätte, der Stiftshütte (2. Mo., Kap. 25 ff). Hier nahm Gott seinen Wohnsitz, er lebte unter seinem Volk, indem eine Wolke seiner Herrlichkeit die Hütte erfüllte. Sie war in drei Teile aufgeteilt: in den Vorhof, das Heilige und das Allerheiligste. Das Allerheiligste durfte nur der Hohepriester, einmal im Jahr, am großen Versöhnungstag, betreten, um hinter einem Vorhang, durch das Blut eines Opfertieres, für das Volk die Versöhnung zu erwirken.

Nach diesem Muster wurde später von König Salomo der erste Tempel in Jerusalem gebaut. Auch er galt, wie in alter Zeit die Stiftshütte, als der Wohnort Gottes.

Schuld und Sühne

Schon beim Bau der Stiftshütte hatte Gott seinem Volk ein genau gegliedertes Opfersystem zur Sühnung ihrer Schuld verordnet, was später auch im Tempel praktiziert wurde. Durch die ständige Wiederholung der Opfer wurde den Menschen vor Augen geführt, dass sie nicht in der Lage waren, allen göttlichen Gesetzen zu entsprechen. Dieses Opfersystem wies allegorisch auf den späteren Opfertod Jesu hin (siehe Seite 32).

Die Zeit der Richter (1500 v. Chr. – 1100 v. Chr.)

Nach dem Tod Mose wurde das Volk von Josua, seinem Nachfolger, in das gelobte Land geführt. In dieser Zeit berief Gott Männer aus ihrer Mitte und setzte sie als Richter ein, durch die er herrschen und über sein Volk Recht sprechen konnte. Als Israel ihrer Richterherrschaft überdrüssig wurde, verlangten sie von Gott, nach dem Vorbild der umliegenden Völker, einen König als Regenten. Nachdem Gott ihnen die ernsten negativen Folgen, die ein Wechsel von der Gottes- zur Königsherrschaft mit sich bringen würde, vor Augen geführt hatte, gewährte er ihre Bitte.

Die Zeit der Könige (1100 v. Chr. – 600 v. Chr.).

Saul, aus dem Stamme Benjamin, wurde durch Los zum ersten König über Israel gewählt. Sein Nachfolger war König David, ein ehemaliger Schafhirte aus dem Stamme Juda, der auf Gottes Gebot hin vom Propheten Samuel zum König gesalbt wurde (1. Sam. 16,1-13). Unter seiner Herrschaft erlebte Israel die längste Periode eines relativen Friedens und Wohlstandes.

Er galt als gottesfürchtiger Mann und sein Reich wurde später oft als Bild für das zukünftige Friedensreich Gottes verwandt. Außerdem war er einer der menschlichen Vorfahren des Gottessohnes Jesus Christus.

Sein Sohn Salomo galt zu Beginn seiner Herrschaft als einer der weisesten Herrscher Israels, ließ sich aber in späteren Jahren durch seine vielen ausländischen Frauen von Gottes Wegen abbringen (1. Kön. 11,1-13). Dieser Abfall vom Herrn brachte ca. 925 v. Chr. das Gericht über sein Königshaus.

In der Regierungszeit seines Sohnes Rehabeam spalteten sich 10 Stämme ab in das Nordreich Israel mit der Hauptstadt Samaria, während die Stämme Juda und Benjamin mit der Hauptstadt Jerusalem von nun an das Südreich bildeten.

Beide Reiche zusammen hatten im Laufe ihrer Geschichte noch weitere 38 Könige, von denen nur wenige wirkliche Anbeter Jahwes waren. Von den 19 Königen im »Zehn-Stämme-Reich« Israel war nicht einer gottesfürchtig, und selbst unter den 19 Königen Judas waren nur wenige loyale Anbeter Gottes. Wegen dieser geistigen Hurerei zog Gott seine schützende Hand von ihnen ab. Die Weltmacht Assyrien bereitete dem »Zehn-Stämme-Reich« ein Ende. Das Land Israel wurde erobert und seine Bewohner in die Verbannung geführt.

135 Jahre später, um 600 v. Chr., ereilte Juda ein ähnliches Schicksal. Unter dem letzten judäischen König Zedekia wurde Jerusalem durch den babylonischen König Nebukadnezar zerstört und das Volk ging in die Gefangenschaft. Erst nach 70 Jahren durften sie unter dem Perserkönig Kores und dessen Mitregenten Darius ihr Exil wieder verlassen. In einem Zeitabschnitt von ca. 80 Jahren zogen sie in zwei Gruppen nach Jerusalem zurück, um dort zuerst den Tempel und später die Stadt wieder aufzubauen und die mosaischen Gesetze und Rituale wieder einzuführen. Um ca. 400 v. Chr. endet der Bericht des AT.

Bis jetzt hatte sich nur der erste Teil der Verheißung an Abraham buchstäblich erfüllt. Der zweite Teil, hinsichtlich des ewigen Bundes, der sich auf die geistlichen Nachkommen Abrahams und seiner Frau Sarah bezog, stand bis zu dieser Zeit noch aus.

Die Aufgabe der Propheten

Unter der jahrhundertelangen Königsherrschaft hatte Israel sich wiederholt von Gott zurückgezogen und sich anderen Göttern zugewandt. Obwohl Gott sie häufig für ihre Untreue strafte, schickte er in regelmäßigen Abständen allein sechzehn Propheten in sein Volk, um es durch sie zur Buße und Umkehr zu bewegen. Doch das Volk hörte nicht auf sie, sondern trachtete ihnen nach dem Leben, wenn sie Prophezeiungen aussprachen, die ihnen nicht gefielen. (2. Chr. 24,12-22; Jer. 18,18; Amos 5,10-12). Jesus Christus weist später in dem Gleichnis von den Weingärtnern (Matth. 21,33-46) auf diese unrühmliche Geschichte des israelitischen Volkes hin.

I. 2. 7. Das Israel der Neuzeit

Gerade an der neuzeitlichen Geschichte der Nation Israel ist die Wahrhaftigkeit des Wortes Gottes deutlich zu erkennen. In den aktuellen Tagesnachrichten können wir heute verfolgen, wie sich jahrhundertealte biblische Vorhersagen vor unseren Augen erfüllen.

Wegen ihres wiederholten Unglaubens und ihres Ungehorsams hatte Gott ihnen schon unter Mose vorhergesagt, dass er sie unter die Nationen zerstreuen würde (3. Mo. 26,33; 5. Mo. 4,27-31; vgl. Matth. 21,43; 23,37.38). Auch Jesus wies die Israeliten mehrmals darauf hin, dass ihr Unglaube nicht ungestraft bleiben würde und sie ihre Vorrangstellung als auserwähltes Gottesvolk verlieren würden. Jerusalem, der ehemalige Sitz der israelitischen Könige, die Stadt des heiligen Tempels, in dem einst die Gegenwart Gottes zugegen war, würde so lange von den Heiden zertreten werden, bis die Zeiten der Heiden erfüllt sein würden. Und so, wie es vorhergesagt wurde (Luk. 21,20-24; vgl. Röm. 10,19-21), wurde Jerusalem im Jahre 70 n. Chr. vom römischen Heer, unter dem Feldherrn Titus, zerstört. Selbst der Tempel wurde niedergerissen, so wie es Jesus seinen Jüngern vorausgesagt hatte (Matth. 24,2). Damit hatte die Nation Israel aufgehört zu existieren. Die Juden wurden in fast alle Länder zerstreut.

Aber rund 1880 Jahre später, im Jahre 1948, wurde unter der Leitung der Vereinten Nationen auf dem früheren Land Kanaan, das Gott dem Abraham und seinen Nachkommen versprochen hatte, ein neuer israelischer Staat gegründet. Hier erfüllte sich eine weitere Prophezeiung, die Gott rund 3 400 Jahre vorher verheißen hatte:

> … dann werde ich an meinen Bund mit Jakob, Isaak und Abraham denken. Ich will mich daran erinnern, dass ich ihren Nachkommen das Land für immer versprochen habe … meinen Bund mit ihnen breche ich nicht, denn ich bin der Herr, ihr Gott! (3. Mo. 26,42-45; Zeph. 3,12-14).

Auch der Prophet Hesekiel wies ca. 600 Jahre v. Chr. auf diese Staatsgründung hin:

> Ja, weil viele Völker mich verachten, will ich ihnen meine Macht und Herrlichkeit zeigen … Alle werden meine Heiligkeit sehen, wenn ich euch helfe … Ich hole euch zurück aus fernen Ländern und fremden Völkern und bringe euch in euer Land (Hes. 36,23.24).

Und was berichten uns die Medien heute aus der heiligen Stadt? Jerusalem ist tatsächlich ein Tummelplatz der Nationen geworden, wo eine Hiobsbotschaft die andere ablöst und trotz internationaler Bemühungen kein dauerhafter Friede in Sicht ist.

I. 2. 8. Die Geburt Jesu und sein Leben auf der Erde

Nach dem Ableben des letzten Propheten Maleachi, ca. 450 v. Chr., hatte Gott aufgehört mit seinem Volk zu reden. Rund 450 Jahre lang hüllte er sich in Schweigen, bis er mit der Geburt seines Sohnes Jesus Christus wieder in das Leben Israels eingriff. Aufgrund vieler alttestamentlicher Verheißungen warteten zu dieser Zeit viele Juden sehnsuchtsvoll auf den vorhergesagten Retter. Der Zimmermann Jesus passte allerdings nicht zu den Vorstellungen, die man sich von ihm machte.

So, wie etwa 2000 Jahre zuvor Isaak, wurde auch Jesus auf übernatürliche Weise, durch den Geist Gottes gezeugt. 700 Jahre vor seiner Geburt wurde vorhergesagt, dass er von Maria, einer Jungfrau, geboren würde (Jes. 7,14).

Der Name Jesus ist die griechisch-lateinische Form des hebräischen Jeschua und bedeutet: »Jahwe ist Rettung», während Christus sein Titel ist und »der Gesalbte« oder »Messias« bedeutet. Durch seine übernatürliche Zeugung wurde er bei seiner Geburt zu einem sündenfreien Menschen, denn nur durch das Blut eines Sündlosen war es möglich, die Sünden der ganzen Welt zu tilgen. Anders hätte er seine irdische Mission niemals erfüllen können.

Er lebte in der Zeit von 4 v. Chr. – 30. n. Chr., in der Regierungszeit des römischen Kaisers Tiberius. Über den heranwachsenden Jesus, seine Kinder- und Jugendzeit, ist sehr wenig bekannt. Die Bibel berichtet, dass der zwölfjährige Jesus einmal im Tempel mit den Pharisäern und Schriftgelehrten diskutierte und diese sich über ihn und sein Wissen wunderten (Luk. 2,41-52).

Mit ca. 30 Jahren wurde er von Johannes dem Täufer im Jordan getauft. Auch der Täufer war 700 Jahre zuvor als »der Wegbereiter des Messias« angekündigt worden (Jes. 40,3-5). Bei der Taufe Jesu fuhr der Heilig Geist als Taube auf ihn hernieder und eine Stimme kam aus dem Himmel, die verkündete:

> Du bist mein lieber Sohn, an dem ich Freude habe (Luk. 3,21.22).

Nach seiner Taufe sammelte er 12 Jünger um sich, die seine ständigen Begleiter wurden. Ihre Zahl weist analogisch auf die 12 Söhne Jakobs hin, aus denen die 12 Stämme Israels hervorgingen. Dagegen werden die 12 Apostel als »die Grundpfeiler des Hauses Gottes und seiner Gemeinde« verstanden, in dem Jesus (als Haupt) symbolisch der Eckstein ist. (Eph. 2,18-22; Offb. 21,14).

Von nun an zog Jesus mit seinen Jüngern durch das Land und verkündete überall das Nahen des Himmelreiches. Auf die Frage der Pharisäer, wann das Reich Gottes kommen würde, antwortete er:

> Das Reich Gottes kann man nicht sehen, wie man ein irdisches Reich sieht. Niemand wird euch sagen können: »Hier ist es!« oder: »Dort ist es!« Das Reich Gottes ist schon jetzt da – mitten unter euch (Luk. 17,21).

Er führte seinen Zuhörern vor Augen, dass niemand einer konkreten Entscheidung ausweichen könne.

> Nur durch eine sehr enge Tür könnt ihr in das Reich Gottes kommen. Der Weg zur Hölle dagegen ist breit und hat ein weites Tor. Viele entscheiden sich für diesen scheinbar bequemen Weg … (Matth. 7,13.14)

Er vollbrachte vielfältige Wunder, auferweckte Tote, heilte Kranke, trieb Dämonen aus und war Herr über die Naturgewalten. Seine Wunder waren übernatürliche Zeichen und wurden als Bestätigung seiner Gottessohnschaft gesehen. Er bezeugte seiner Zuhörerschaft, dass er nicht aus sich selbst rede, sondern seine Lehren von dem seien, der ihn gesandt habe. Die Person Jesus Christus ist einmalig in der Geschichte der Menschheit.

I. 2. 9 Die Einmaligkeit Jesu

Jesus ist der Einzige, der etwas für seine Gläubigen tut, denn er opferte am Kreuz von Golgatha sein Leben, um seinen Nachfolgern den Weg zu Gott und damit zum ewigen Leben zu ermöglichen (Mark. 10,45). In allen anderen Religionen muss sich der Mensch sein ewiges Heil durch besondere Opfer oder Anstrengungen selbst verdienen und hat doch niemals die endgültige Gewissheit, ob er sein Heilsziel auch tatsächlich erreicht.

Bereits 1 500 Jahre vor seinem Erscheinen wurde der Heiland zum ersten Mal im Buch Mose angekündigt. Insgesamt findet man in den Psalmen und den Propheten über dreihundert Hinweise, die sich später alle am Leben Jesu erfüllten (Luk. 24,44-47).

Er wurde auf übernatürliche Weise durch den Heiligen Geist gezeugt und von einer Jungfrau geboren (Luk. 1,35). Zwar gibt es viele indische Mystiker (Avatars), die von den Gläubigen als Inkarnation eines ihrer Hochgötter verehrt werden, aber keiner von ihnen wurde so wie Jesus Christus ohne Sünde geboren (1. Petr. 2,22; 1. Joh. 3,5).

Er behauptete: »Mein Reich ist nicht von dieser Welt« (Joh. 18,36) und sein Herkunftsort sei der Himmel Gottes (Joh. 3,13.31; Joh. 6,38).

Nur er hat, neben Gott dem Vater, eine ewige Existenz und ist Gott gleich (Joh. 1,1; 1,18; 8,58). Doch aus Liebe zu der verlorenen Menschheit gab er seine göttliche Gestalt auf und kam als Mensch auf die Erde (2. Kor. 5,19; Phil. 2,6-9).

Nur er ist drei Tage nach seinem Opfertod wieder von den Toten auferstanden und nach weiteren vierzig Tagen Erdendasein gen Himmel gefahren, um dort seinen göttlichen Thron wieder einzunehmen (Matth. 28,1-11; Eph. 1,20.21). Alle anderen Religionsführer sind gestorben.

Das Grab Mohammeds kann man in einer Moschee in Medina besichtigen; Buddha wurde verbrannt und seine Asche wurde auf zehn Orte in Indien verteilt; das wahrscheinliche Grab Jesu in Jerusalem ist eine kleine leere Höhle.

Die Auferstehung Jesu ist das Garantiesiegel für alle, die an ihn glauben, ebenfalls zur Auferstehung zu kommen, denn er hat ihnen verheißen:

> … Wer an mich glaubt, der wird leben, selbst wenn er stirbt (Joh. 11,25; Röm. 8,11).

Er versprach seinen Nachfolgern, bei seiner Rückkehr in das Haus seines himmlischen Vaters ihnen dort eine Wohnstätte zu bereiten:

> Ich gehe hin, um dort alles für euch vorzubereiten. Und wenn alles bereit ist, werde ich wiederkommen und euch zu mir holen. Dann werdet auch ihr dort sein, wo ich bin (Joh. 14,1-3).

Nur er behauptete von sich, dass er am Ende dieses Zeitalters wiederkommen würde, um die Lebenden und die Toten zu richten (Matth. 25,31-46; 2. Tim. 4,1), deshalb konnte er zu seinen Jüngern sagen:

> Wundert euch nicht darüber! Der Tag wird kommen, an dem die Toten in ihren Gräbern die Stimme des Gottessohnes hören. Dann werden alle Menschen auferstehen: Die Gutes getan haben, werden ewig leben, die aber Böses getan haben, werden verurteilt (Joh. 5,28.29).

Niemand hat so gelehrt wie Jesus. Seine ethischen Basislehren fasste er in wenigen Geboten zusammen:

> Liebe Gott, den Herrn, von ganzem Herzen, mit ganzer Hingabe und mit deinem ganzen Verstand! Das ist das erste und wichtigste Gebot. Ebenso wichtig ist aber das zweite: Liebe deinen Mitmenschen, so wie du dich selbst liebst! Alle anderen Gebote und alle Forderungen der Propheten sind in diesen Geboten enthalten (Matth. 22,37-40).
> So wie ihr von den Menschen behandelt werden möchtet, so behandelt sie auch (Matth. 7,12).
> Urteilt nicht über andere, damit Gott euch nicht verurteilt. Denn so wie ihr jetzt andere verurteilt, werdet auch ihr verurteilt werden … Du regst dich auf über die kleinen Schwächen deines Bruders und erkennst nicht deine eigene, viel größere Schuld … (Matth. 7,1-5).

In seiner Moraltheologie ging er über die Buchstaben des Gesetzes hinaus. Er zeigte, dass der Maßstab eines heiligen Gottes weit über den der Menschen hinausgeht und bereits die Gedanken seinem Gerichtsurteil unterworfen sind.

> Ihr habt gehört, dass es im Gesetz des Mose heißt: Du sollst nicht töten! … Doch ich sage euch: Schon wer auf seinen Bruder zornig ist, den erwartet das Gericht …
> Wie ihr wisst, heißt es im Gesetz: Du sollst nicht die Ehe brechen! Ich sage euch aber: Schon wer eine Frau mit begehrlichen Blicken ansieht, der hat im Herzen mit ihr die Ehe gebrochen … (Matth. 5,21-48).

Die Anweisung Gutes zu tun ist in fast allen anderen Religionen auch vorhanden, doch Jesus dehnte diese Forderung noch aus, denn er forderte seine Anhänger auf:

> … Liebt eure Feinde und betet für alle, die euch hassen und verfolgen! Auf diese Weise handelt ihr nämlich als Kinder eures Vaters im Himmel (Matth. 5,43-45).

Während man in vielen Religionen heute davon ausgeht, dass verschiedene Wege zu Gott führen, stellte Jesus sich selbst als die Quelle des universellen Heils in den Mittelpunkt der Völkerwelt, wenn er behauptet:

> Ich bin der Weg, ich bin die Wahrheit, und ich bin das Leben! Ohne mich kann niemand zum Vater kommen (Joh. 14,6).

Es war, als würde er allen Menschen zurufen:

> Ihr könnt aufhören zu suchen! Alles, was ihr zu einem erfüllten ewigen Leben braucht, werdet ihr bei mir finden, denn ich bin das Licht der Welt, nur ich kann euer Dunkel erleuchten (Joh. 8,12). Ich bin auch das Brot zum Leben (Joh. 6,35) und nur bei mir könnt ihr das lebensnotwendige Wasser erhalten, das euren Durst für ewig stillen wird (Joh. 4,13.14). Sucht nicht in der falschen Richtung, denn ich bin der gute Hirte, weil ich sogar mein Leben für euch geben werde. Alle anderen Hirten suchen nur ihren eigenen Gewinn, sie sind an euch und eurem Heil nicht wirklich interessiert (Joh. 10,10-13).

Er warb mit aller Liebe um die Menschen, um sie von ihrem falschen Wege zurückzuholen, und forderte sie auf:

> Jetzt ist Gottes Stunde gekommen. Ändert euch von Grund auf! Kehrt um zu Gott und nehmt seine Heilsbotschaft im Glauben an (Mark. 1,15).

Er rief sie unter seinen Schutz:

> Kommt alle her zu mir, die ihr euch abmüht und unter eurer Last leidet! Ich werde euch Frieden geben. Nehmt meine Herrschaft an und lebt darin! Lernt von mir! Ich komme nicht mit Gewalt und Überheblichkeit. Bei mir findet ihr, was euerm Leben Sinn und Ruhe gibt. Ich meine es gut mit euch und bürde euch keine unerträgliche Last auf (Matth. 11,28-30).
> Ich aber bringe allen, die zu mir gehören, das Leben in Überfluss (Joh. 10,10-13).

und er versicherte ihnen:

> Auch wenn ich nicht bei euch bleibe, sollt ihr doch Frieden haben. Es ist mein Friede, den ich euch gebe; ein Friede, den sonst keiner geben kann (Joh. 14,27).

Doch er machte auch deutlich, dass die Entscheidung der Menschen Konsequenzen haben würde:

> … Wer mir nachfolgen will, darf nicht mehr an sich selber denken, sondern muss sein Kreuz willig auf sich nehmen und mir nachfolgen. Wer sein Leben um jeden Preis erhalten will, der wird es verlieren, aber wer sein Leben für mich einsetzt, der wird es für immer gewinnen. Denn was gewinnt ein Mensch, selbst wenn ihm die ganze Welt zufällt und er dabei das ewige Leben verliert? Mit nichts auf dieser Welt kann er es wieder erwerben (Matth. 16, 24-26).
> Wer sich öffentlich zu mir bekennt, für den werde ich auch vor meinem Vater im Himmel eintreten. Wer aber vor den Menschen nicht zu mir steht, für den werde ich auch vor meinem Vater im Himmel nicht eintreten (Matth. 10,32.33).

Nie hat ein Mensch so gelehrt und geredet wie Jesus. Als er seine Bergpredigt beendet hatte,

> waren die Zuhörer tief betroffen. Denn was er gesagt hatte, waren nicht leere Worte wie bei ihren Schriftgelehrten. Sie merkten, dass Gott selbst durch Jesus zu ihnen gesprochen hatte (Matth. 7,28.29).

Selbst die Feinde Jesu mussten zugeben:

> Noch nie hat ein Mensch so geredet wie dieser Mann! (Joh. 7,46).

Obwohl Jesus Christus nur etwa drei Jahre lang öffentlich gewirkt hat und er nie auch nur ein Wort selbst geschrieben hat, ist er der größte Mensch, den die Geschichte je hervorgebracht hat. Mit seinen Lehren hat er die Geschichte der Menschheit bis in unsere Gegenwart entscheidend geprägt und verändert. Für jeden suchenden Menschen stellt sich deshalb die Frage, ob er diesen Lehren glauben will oder nicht.

I. 2. 10. Der Opfertod Jesu

Der Leidensweg Jesu begann bereits bei seiner Menschwerdung, denn das Ziel seines kurzen irdischen Lebens war von Anfang an sein Opfertod am Kreuz. Obwohl er, zumindest in den Anfängen seiner Predigttätigkeit, bei dem Volk sehr beliebt war, wurde er von Anfang an von der Geistlichkeit seiner Zeit, den

Pharisäern und Schriftgelehrten, angefeindet. Sie hatten sehr schnell erkannt, dass er sich durch sein Reden und seine Taten dem Gott Jahwe gleich machte, was ihrer Meinung nach eine Gotteslästerung war (Joh. 5,15-18; Matth. 26,57-68). Nach ca. drei Jahren seiner Predigttätigkeit erhoben sie wenige Tage vor dem Passahfest Anklage gegen ihn, und der jüdische Hohe Rat, unter dem Vorsitz des Hohenpriesters Kaiphas, forderte seinen Tod. Da die Juden selbst keine Todesurteile verhängen durften, lieferte sie ihn an den römischen Präfekten Pontius Pilatus aus. Durch Intrigen gelang es ihnen, die römische Justiz so zu beeinflussen, dass sie Jesus unter dem Vorwand des Hochverrats zum Tod am Kreuz verurteilte. Einem traditionellen Brauch gemäß, hatte Pilatus die Möglichkeit, am Passahfest der Juden einen Gefangenen zu begnadigen. Weil er von der Unschuld Jesu überzeugt war, versuchte er, ihn auf diese Weise freizugeben. Doch die Juden forderten statt dessen die Freigabe des Gewaltverbrechers Barrabas. Durch einen Ritus des öffentlichen Händewaschens schob Pilatus alle Verantwortung für den Tod Jesu von sich indem er den Juden zurief:

> Ich bin für das Blut dieses Unschuldigen nicht verantwortlich. Die Verantwortung dafür tragt ihr! Die Menge schrie zurück: Ja, wir und unsere Kinder, wir tragen die Folgen! (Matth. 27,24.25).

So wurde der Sohn des allmächtigen Gottes, der ohne Sünde war, auf der Schädelstätte Golgatha ans Kreuz genagelt. Mit dieser Kreuzigung erfüllten sich die vielen Prophezeiungen, die Jahrhunderte zuvor im AT aufgeschrieben wurden. Nur einige davon sollen hier genannt werden:

- Er sollte für 30 Silberstücke verraten werden (Sach. 11,12);
- er sollte unter falscher Anklage stehen (Ps. 2,1.2; 27,12; 35,11; 109,2);
- er würde Spott, Schläge und Geißelung geduldig ertragen (Ps. 22,8.9.19);
- und stellvertretend für andere leiden (Jes. 53,2-9).

Seine Worte »Mein Gott, mein Gott, warum hast du mich verlassen?«, die er im Todeskampf am Kreuz ausrief, ließen keinen Zweifel daran, dass er stellvertretend für andere starb.

In diesen Minuten lagen alle Sünden der gesamten Menschheit auf seinen Schultern. Und diese Schuld trennte ihn tatsächlich für kurze Zeit von dem heiligen Gott. Anders als jeder Mensch, der durch die Erbsünde von Geburt an in der Gottesferne lebt, musste Jesus diese Gottesferne als etwas Furchtbares erleben. Er, der vor seiner Menschwerdung als Gott im Himmel lebte, er wurde in diesen Minuten zum Sünder gemacht, um die Schuld der ganzen Welt zu tilgen.

So, wie die Israeliten jede begangene Sünde mit dem Blut geopferter Tiere bezahlen mussten, so bezahlte der Sohn Gottes durch sein Blut »ein für allemal« die Sünden aller Menschen, um eine ewige Erlösung zu erwirken für die, die an Ihn glauben (Hebr. 9,11-16; 10,14).

In diesem einmaligen Akt der Menschheitsgeschichte passierte das, was Gott in 1. Mose 3,15 schon angekündigt hatte:

> Du [Satan] wirst ihn [Jesus] in die Ferse stechen (siehe Seite 20).

I. 2. 11. Jesu Auferstehung

Nach seinem Tod legte man den Leichnam Jesu in eine Grabhöhle. Als drei Tage später seine Anhängerinnen zum Grab kamen, um ihn nach traditioneller Weise zu salben, fanden sie das Grab leer. Ein Engel erschien ihnen und sprach:

> Fürchtet euch nicht! Ich weiß, dass ihr Jesus, den Gekreuzigten, sucht. Er ist nicht mehr hier. Er ist auferstanden, wie er es vorhergesagt hat … (Matth. 28,5.6)

Und Jesus lieferte ihnen sehr schnell Beweise für seine Auferstehung, indem er ihnen mehrmals an verschiedenen Orten erschien.

Seinen Auferstehungsleib könnte man als einen materialisierten Geistleib bezeichnen. Raum, Zeit und Materie waren für ihn Elemente, die er in einem Nu überwinden oder durchdringen konnte. Er redete mit seinen Jüngern und nahm zusammen mit ihnen natürliche Speisen zu sich (Matth. 28,8-20; Mark. 16,9-20; Luk. 24,13-53; Joh. 20,11-21).

Mit diesem Auferstehungsleib lebte Christus noch 40 Tage unter seinen Jüngern, bis er vor ihren Augen auf einer Wolke von der Erde hinweggenommen wurde, hinauf in den Himmel.

Von dort aus wird er auf die gleiche Weise wiederkommen (Apg. 1,9-11), zu richten die Lebenden und die Toten (2. Tim. 4,1; Offb. 1,18).

Für alle, die dieses außergewöhnliche Ereignis anzweifeln, schreibt der Apostel Paulus:

> Zuerst habe ich euch weitergegeben, was ich selbst empfangen habe: Christus ist für unsere Sünden gestorben … Er wurde begraben und am dritten Tag vom Tod auferweckt, wie es die Propheten angekündigt hatten. Als der Auferstandene hat er sich zuerst Petrus gezeigt und später den zwölf Aposteln. Dann haben ihn mehr als fünfhundert Brüder zur gleichen Zeit gesehen, von denen die meisten noch heute leben; einige sind inzwischen gestorben. Später ist er Jakobus und schließlich allen Aposteln erschienen (1. Kor. 15,3-8).

Vor seiner Himmelfahrt gab Jesus seinen Jüngern den Auftrag:

> Geht hinaus in die ganze Welt und ruft alle Menschen in meine Nachfolge! … (Matth. 28,19).

Sie sollten seine Botschafter auf Erden sein, um die Welt an seiner Statt mit Gott zu versöhnen (2. Kor. 5,20). Der Heilige Geist, den er ihnen senden wollte, sollte ihnen helfen und sie in aller Wahrheit leiten (Joh. 14,26; Apg. 1,8).

I. 2. 12. Die Wiedergeburt durch den Heiligen Geist

Zu Pfingsten, zehn Tage nach seiner Himmelfahrt, erlebten 120 Jünger, die in Jerusalem versammelt waren, wie der Heilige Geist in Form von Feuerzungen über sie kam. Plötzlich konnten sie in anderen Sprachen reden und verkündeten den ausländischen Gästen, die sich zum Pfingstfest in Jerusalem aufhielten, das Evangelium. Mit diesem Ereignis erfüllte sich das, was Jesus dem Schriftgelehrten Nikodemus erklärt hatte:

> Wer nicht umkehrt und durch Gottes Geist neu geboren wird, kann nicht in Gottes Reich kommen! Ein Mensch kann immer nur menschliches, vergängliches Leben zeugen; aber der Geist Gottes gibt das neue, das ewige Leben. Wundere dich deshalb nicht, wenn ich dir gesagt habe: Ihr müsst neu geboren werden (Joh. 3,5-7).

Seit diesem Pfingstgeschehen ist das Tor zur Himmelswelt für alle geöffnet, die sich demutsvoll an Jesus Christus wenden, ihm all ihre Schuld bekennen und ihn als ihren persönlichen Herrn und Retter anerkennen. Die Antwort Gottes auf diese Bekehrung des Menschen ist die Vergebung seiner Schuld und die Gabe des Heiligen Geistes in sein Herz. Nur durch diese persönliche Hinwendung zu Christus erfährt ein Mensch die Wiedergeburt und damit die Gotteskindschaft (Joh. 3,1-8; Röm. 8,11.14-16; Phil. 3,20.21).

Taufe und Wiedergeburt sind kein einheitlicher Prozess, sondern deutlich voneinander zu unterscheiden. Nach den obigen Worten Jesu setzt die Wassertaufe stets die Wiedergeburt voraus (Mark. 16,16). Die Taufe ist lediglich ein Symbol dafür, dass der gläubige Christ die Bekehrung bereits vollzogen und der Geist Gottes ihn schon wiedergeboren hat. Dazu schreibt der Theologe Fritz Rienecker:

> Mit Wiedergeburt (Tit. 3,5) und dem entsprechenden Zeitwort »wiedergeboren werden« (1. Petr. 1,3-23) umschreibt das NT jenen Vorgang, durch den Gott

einen Menschen im geistlichen, eigentlichen Sinne lebendig und zum Kind Gottes macht, ihm Anteil am ewigen Leben gibt im Gegensatz zu der Welt des Todes, der er als gefallener Mensch angehört. Die Wiedergeburt gibt dem Menschen Anteil am Reich Gottes, ja sie bildet nach Joh. 3,3-5 die Voraussetzung dafür, dass er Bürger dieses Reiches sein und dessen Wirklichkeit wahrnehmen kann (»Lexikon zur Bibel«, S. 1529).

Schon im AT sagte Gott den Vorgang der Wiedergeburt voraus:

> Mit reinem Wasser wasche ich eure Schuld von euch ab … [hier ist nicht das Taufwasser gemeint, denn buchstäbliches Wasser könnte niemals Schuld abwaschen, sondern das »Wasser des Lebens« (Jes. 55,1; Joh. 4,14)] Ich will euch ein anderes Herz und einen neuen Geist geben. Ich nehme das versteinerte Herz aus eurer Brust und gebe euch ein lebendiges Herz. Mit meinem Geist erfülle ich euch, damit ihr nach meinen Weisungen lebt … (Hes. 36,25-27).

Dieser Text bezieht sich auch auf den neuen Bund, den Gott mit den Menschen schließen wollte.

> So spricht der Herr: »Es kommt die Zeit, in der ich mit dem Volk Israel und mit dem Volk Juda einen neuen Bund schließe. Er ist nicht mit dem zu vergleichen, den ich damals mit ihren Vorfahren schloss … (Jer. 31,31-33).

Am Ende seines irdischen Lebens, beim letzten Passahmahl, das er mit seinen Jüngern feierte, setzte Jesus diesen neuen Bund ein und besiegelte ihn mit seinem Blut.

> Das ist mein Blut, mit dem der neue Bund zwischen Gott und den Menschen besiegelt wird (Matth. 26,28).

50 Tage später, mit der Ausgießung des Heiligen Geistes, erfüllte sich nicht nur die Vorhersage aus Joel 3,1-5, sondern auch der zweite Teil der Verheißung Gottes an Abraham. So wie Isaak, der auf übernatürliche Weise von Gott gezeugt wurde, so müssen die Glieder des neuen Bundes durch den Geist Gottes wiedergeboren sein. Dann sind sie die geistlichen Nachkommen Abrahams (oder das geistige Israel), durch die alle Völker der Erde gesegnet werden sollten (siehe Seite 22). Paulus schreibt deshalb an die Galater:

> Denn durch den Glauben an Jesus Christus seid ihr nun alle zu Kindern Gottes geworden. Ihr gehört zu Christus, weil ihr auf seinen Namen getauft seid. Jetzt ist

es nicht mehr wichtig, ob ihr Juden oder Griechen, Sklaven oder Freie, Männer oder Frauen seid: in Christus seid ihr alle eins. Gehört ihr aber zu Christus, dann seid auch ihr Nachkommen Abrahams und habt Anspruch auf alles, was Gott ihm zugesagt hat (Gal. 3,26-29; Röm. 2,28.29).

In Römer 4,11 wird Abraham deshalb als der Vater aller Gläubigen bezeichnet.

I. 2. 13. Die Entstehung der ersten Gemeinden

Die ersten Nachfolger Jesu versammelten sich – oft an geheimen Orten –, um sich mit ihren Glaubensgeschwistern auszutauschen. Aus diesen Versammlungen entstanden dann die ersten Christengemeinden, deren Glieder sich nicht nur zum Gottesdienst trafen, sondern eine verbindliche, auch auf den Alltag bezogene Lebensgemeinschaft bildeten (Apg. 2,42-46; 5,11).

Geleitet wurden sie von Ältesten, die eine hohe ethisch-moralische und geistliche Qualifikation aufweisen mussten. Diese Männer sollten nicht nur Organisatoren, sondern geistliche Leiter und Vorbilder für die Gläubigen sein (1. Tim. 3,1-13). Die übrigen Gemeindeglieder nahmen die verschiedensten Aufgaben wahr, je nach dem, wozu der Geist Gottes sie befähigte (1. Kor. 12,12-31; Eph. 4,7-12). Jeder Einzelne stand dabei in einer persönlichen Verantwortung vor Christus, seinem Haupt (Eph. 1,22). Die Gaben, die Gott schenkte, dienten nicht zum Selbstzweck der Gläubigen, sondern zum Aufbau und Wachstum der Gemeinde.

Durch reisende Apostel, wie Paulus, Petrus, Silas und andere wurde der Kontakt unter den Gemeinden gehalten und neue Gemeinden gegründet. Der einzelne Christ erzählte von seinem Glauben, dort wo er lebte. Auf diese Weise wurde das Evangelium über die ganze damals bewohnte Erde verbreitet.

Die Christen der ersten drei Generationen, die in der Zeit von Pfingsten bis zum Ableben der ersten Apostel (33 – 150 n. Chr.) lebten, werden als das Urchristentum bezeichnet. Sie wurden in den ersten 40 Jahren nach der Auferstehung Jesu in die Reihe der vielen jüdischen Sekten eingereiht. Nachdem die Römer im Jahre 70 n. Chr. Jerusalem zerstört hatten, wurden auch die Christen, zusammen mit allen anderen Juden, in die umliegenden Länder zerstreut.

Weil sie dem römischen Kaiser, der sich als »göttlich« bezeichnete, nicht die gebührende Verehrung entgegenbrachten, setzte sehr bald eine massive Verfolgung der Gläubigen ein. Bereits 64 n. Chr. gab Kaiser Nero den Christen die Schuld an dem verheerenden Brand, der Rom zum großen Teil vernichtete. Sie wurden verfolgt und zur Belustigung des Volkes in den öffentlichen Arenen grausam hingemetzelt. Diese blutigen Pogrome wurden bis ins dritte Jahrhundert fortgesetzt.

I. 2. 14. Entstehung der römisch-katholischen Kirche

Erst unter dem römischen Kaiser Konstantin I. (306-337), der mit dem Christentum sympathisierte, kam die Wende. Einer Legende zufolge soll Konstantin vor Beginn einer großen Schlacht eine Vision gehabt haben: Am Himmel erschien ihm das Zeichen des Kreuzes, und er hörte eine Stimme, die zu ihm sprach: »Unter diesem Zeichen wirst du siegen!« Nachdem er die Schlacht gegen seinen Rivalen, Kaiser Maxentius, gewonnen hatte, bekehrte er sich zum Christentum. Von dieser Zeit an wechselten viele nachfolgende römische Kaiser vom Heidentum zum Christentum über und erhoben den christlichen Glauben zur Staatsreligion.

Nach seiner Bekehrung hatte Konstantin I. 313 n. Chr. in Mailand ein Toleranzedikt herausgegeben, das für alle Menschen die völlige Religionsfreiheit und Gleichberechtigung gewährleisten sollte. So tolerant und positiv dieser kaiserliche Erlass auch war, wurden doch bald auch seine negativen Aspekte sichtbar. Denn schon damals, zu Beginn des dritten Jahrhunderts, wurde die Religionsfreiheit dazu benutzt, den christlichen Glauben mit heidnisch-philosophischen Elementen zu kompensieren; ein Phänomen, das gerade in der gegenwärtigen Zeit eine starke Renaissance erlebt. Die heidnischen Kulte Vorderasiens und die griechische Gnosis, die christliche Elemente mit ihren philosophischen Spekulationen vermischten, wirkten sich hemmend und zersetzend auf die Ausbreitung eines schriftgetreuen Evangeliums aus.

Konzil von Nicäa

Unter den Kirchenführern entbrannten heftige Glaubenskämpfe, bei denen es hauptsächlich um die Christologie ging. Der Presbyter Arius aus Alexandria vertrat einen reinen Monotheismus und glaubte, dass nur Gott allein ewig existiere, Jesus hingegen geschaffen sei und sich vom Vater unterscheide. Anasthasius lehrte dagegen, dass Vater und Sohn wesensgleich seien.

Um diese Krise zu überwinden, berief Kaiser Konstantin I. im Jahre 325 n. Chr. alle Bischöfe, die nach dem Ableben der ersten Apostel die Leitung der Gemeinden übernommen hatten, zu einem ersten Konzil nach Nicäa ein. Hier entstand das erste Glaubensbekenntnis der Christen und das Dogma von der Dreieinigkeit Gottes, das später auf dem Konzil von Chalzedon endgültig formuliert wurde und bis auf den heutigen Tag seine Gültigkeit nicht verloren hat. Es betont die drei göttlichen Essenzen, Vater, Sohn und Heiliger Geist in ihrer Wesensgleichheit. Im Laufe der folgenden 400 Jahre sollten noch weitere Konzilien folgen.

I. 2. 15. Das Papsttum

Unter den christlichen Gemeinden, die bis dahin autonome Gemeinschaften bildeten, waren die römischen Christen bis zum Ende des 4. Jahrhunderts zu einer der stärksten und wichtigsten Gemeinden geworden. Die Bischöfe von Rom verstanden sich als Nachfolger des Apostels Petrus, dem Christus den Auftrag erteilt hatte, seine Herde zu hüten (Joh. 21,15-19). Hieraus leiteten sie dann eine oberste Lehrautorität ab und legten mit Leo I. (440-461) den Grundstein für die Institutionalisierung des Papstamtes. (Der Begriff »Papst« [griech. Papa] ist ein Ehrentitel, der ursprünglich allen Bischöfen zukam.)

Schon hier wurde der krasse Widerspruch zum Leben der ersten Christen erkennbar. Während der Apostel Petrus ein einfacher Fischer war, dem seine eigene Schuld und Sündhaftigkeit immer vor Augen stand, wurde sein angeblicher Nachfolger auf einen Thron erhoben, der ihm sogar das Prädikat der Unfehlbarkeit einbrachte und dessen Autorität einen überdimensionalen Verhaltenskodex hervorbrachte, der weit über das Wort Gottes hinausgeht.

Die erste größere Gruppe, die sich um 500 n. Chr. von den Bischöfen Roms trennte, waren die Bischöfe Ägyptens, Syriens, Iraks und des Libanon. Sie verweigerten einigen Lehrmeinungen, die auf den ersten vier ökumenischen Konzilen konzipiert wurden, ihre Zustimmung und bildeten eigene Nationalkirchen.

Durch eine Allianz zwischen König »Pippin dem Kleinen« und Papst Stephan II. (752-757) kam es im Jahre 755 zur Gründung des Kirchenstaats. Von nun an waren Kirche und Staat untrennbar miteinander verbunden. Aus einem verfolgten Urchristentum entwickelte sich nun eine mächtige Kirche, die offen sein wollte für alle Menschen und sich deshalb als »katholisch« (allgemein, die Erde umfassend) bezeichnete. Bereits der Nachfolger Pippins, Karl der Große (747-814), nutzte diese Macht aus, indem er eine Zwangschristianisierung Europas einleitete. Glaube wurde nun nicht mehr abhängig gemacht von einer persönlichen, vertrauensvollen Beziehung zu Jesus Christus, sondern Glaube wurde nun gleichgesetzt mit der Zugehörigkeit zu einer staatlich verordneten kirchlichen Institution.

Nach und nach entfaltete das Papsttum eine kaum noch zu überbietende Macht, die sich unter Gregor VII. (1073-1085) bis zum Fanatismus steigerte. Seine größte Autorität erlebte es zwischen dem 11. und dem 15. Jahrhundert, wo eine Reihe von Päpsten jegliche Abweichung von der offiziellen Kirchenmeinung aufs Grausamste ahndete.

Von 1096-1291 fanden – anfänglich unter der Regie von Papst Urban II. – sieben Kreuzzüge gegen die angeblichen Feinde des christlichen Glaubens statt, wobei die »Soldaten Gottes« oft schlimmer wüteten als weltliche Kriegsheere.

Auch die Verfolgung der Juden, die bereits zur Zeit Kaiser Konstantins begonnen hatte, wurde durch die antisemitische Prägung der Päpste noch verstärkt. Etwa nach dem 12. Jahrhundert wurden sie zum ersten Mal in Gettos gesperrt und mussten als äußeres Kennzeichen gelbe Hüte tragen. Erst 1870 erhielten sie durch königlichen Beschluss ihre Freiheit zurück.

Der Gipfel aller Grausamkeiten waren die Inquisitionsgerichte, die durch einen Erlass von Papst Innozenz IV. (1243-1254) die offizielle Erlaubnis zur Folter erhielten.

Längst hatte man das Toleranzedikt Kaiser Konstantins umgekehrt und proklamierte nun:

> Ketzer und Andersdenkende haben keine Rechte. Sie dürfen ohne Bedenken gefoltert und wie Landesverräter bestraft werden.

Das Liebesgebot Jesu hatte unter diesem Klerus schon längst seine Gültigkeit verloren. Peter de Rosa schreibt über diese Zeit:

> Der mittelalterlichen Inquisition war alles erlaubt. Die dominikanischen Inquisitoren waren vom Papst ernannt und daher niemandem unterworfen als Gott und seiner Heiligkeit … Durch päpstlichen Befehl war ihnen ausdrücklich verboten, Erbarmen mit ihren Opfern zu haben. Mitleid war unchristlich, wenn es um Häresie ging (»Gottes erste Diener, die dunkle Seite des Papsttums«, S. 202, 203).

Etwa 200 Jahre später richtete sich Papst Innozenz VIII (1484-1492) mit einer Bulle gegen die Frauen, die nun aus dem geringsten Anlass heraus als Hexen gebrandmarkt und vor die Inquisitionsgerichte gebracht werden konnten. Die erste Hexe wurde 1275 in Toulouse verbrannt. Erst gegen Ende des 18. Jahrhunderts, nachdem ca. 1 Million Frauen der Hexenverfolgung zum Opfer gefallen waren, fand dieses Horrorszenario ein Ende.

Über die 35 Päpste, die in der Zeit nach 850 ihre Macht ausübten, berichtet Peter de Rosa:

> Ohne Frage stellen diese Päpste die schändlichste Gruppe von Machthabern in der Geschichte dar, seien sie kirchlich oder weltlich. Sie waren, offen gesagt, Barbaren. Das alte Rom hatte nichts aufzuweisen, was ihnen an Verkommenheit gleichkam … Päpste verstümmelten und wurden verstümmelt, töteten und wurden getötet. Ihr Leben hatte keine Ähnlichkeit mit den Evangelien … (»Gottes erste Diener, die dunkle Seite des Papsttums«, S. 61,62).

Und all diese Männer, die die grundlegendsten ethisch-moralischen Gesetze mit Füßen traten, sollen nach katholischer Überzeugung Nachfolger des Apostels Petrus und Stellvertreter Christi auf Erden gewesen sein? Weil er im Voraus gewusst hatte, dass man sein Wort verfälschen würde, hatte Jesus vorhergesagt, dass man seine wahren Jünger an ihren Früchten erkennen würde (Luk. 6,43-45).

Die einstigen Lehren des Christus, der seine Nachfolger aufgerufen hatte, sich untereinander zu lieben und selbst die Feinde mit in diese Liebe einzuschließen, wurden nun pervertiert und mussten einer grausamen, menschlichen Machtentfaltung weichen. Unter dem Namen dessen, der gesagt hatte, dass sein Reich nicht von dieser Welt sei (Joh.18,36), entfaltete sich ein Machtsystem, das alle weltlichen Machthaber in den Schatten stellte. Die Lehre Christi und seiner Apostel wurde in vielfältiger Weise missachtet, so dass sich Lehre und Praxis des Christentums etwa ab dem 3. Jahrhundert von dem Urchristentum grundlegend unterschied.

Über Jahrhunderte hinweg gab es machtpolitische Intrigen innerhalb der Kirche. Sie gipfelten in einem Streit zwischen dem Papst in Rom und dem Patriarchen von Konstantinopel, der 1054 zu einer endgültigen Trennung zwischen der römisch-katholischen Westkirche und der orthodoxen Ostkirche führte, die als das große Kirchenschisma in die Geschichte einging und selbst heute, 1000 Jahre danach, noch fortbesteht.

Zu Beginn des 14. Jahrhunderts hatte die christliche Kultur ihren Höhepunkt bereits überschritten und die Autorität der Päpste wurde in weiten Kreisen der Bevölkerung untergraben.

I. 2. 16. Protestbewegungen gegen das Papsttum

Doch selbst in der dunkelsten Zeit des Papsttums hatte Gott noch treue Diener auf der Erde, die durch seinen Heiligen Geist geleitet wurden. Es war nur noch eine kleine Schar von Gläubigen, die »ihre Knie nicht vor dem Baal beugten« (1. Kön.19,18) und die nun nicht mehr bereit waren, ihren Glauben unter dem Dach einer korrupten, verweltlichten Kirche zu praktizieren. Als die Macht der Päpste immer ungehemmter und grausamer wurde, in der Zeit der Judenverfolgung, der Inquisitionsgerichte und des ungebremsten Hexenwahns, formierten sich außerhalb der Kirche die so genannten »Ketzergruppen« (hier im positiven Sinne zu werten) gegen die Kirche.

Die ersten waren die **Waldenser** (um 1177), eine von Petrus Waldes in Lyon gegründete Bewegung. Sie wollten, wie die Apostel zur Zeit Jesus, das Evangelium als Laienprediger verkünden und widersetzten sich, nach dem Vorbild der ersten Christen, dem gegen sie ausgesprochenen Predigtverbot (vgl. Apg. 4,19.20).

Die Anhänger **John Wycliffs** (ca. 1320-1384), die Lollaren, wollten in England ihre Reformen gegen den Willen der katholischen Kirche durchsetzen. Sie pochten darauf, zu den Lehren und Armutsidealen des Urchristentums zurückzukehren. Ihrer Ansicht nach hatte man das Christentum verfälscht und sie bezeichneten den Papst als den Antichrist.

In Böhmen begeisterte sich **Jan Hus** (1369-1415) für die Reformbewegung Wyclifs in England und opponierte auf das Schärfste gegen die Kirche. Als er seine Kritik nicht widerrief, lud man ihn, unter Zusicherung seiner persönlichen Freiheit, auf das Konzil von Konstanz, wo er sich rechtfertigen sollte. Doch das gegebene Versprechen war schnell gebrochen und ohne einen Prozess oder eine Anhörung wurde er gefangen genommen und auf dem Scheiterhaufen verbrannt.

I. 2. 17. Die Reformation und der daraus resultierende Protestantismus

Der Augustinermönch Martin Luther (1483-1546) und spätere Theologieprofessor war neben den alten Kirchvätern des 1. bis 6. Jahrhunderts (Cyprian, Gregor, Irenäus, Justin, Origenes Tertullian und Augustinus) der bekannteste Theologe und Reformator überhaupt. Seine Kritik richtete sich nicht nur gegen den aufgeblähten Machtapparat und rigiden Dogmatismus seiner Kirche. Im Besonderen rebellierte er gegen den Ablasshandel, den findige Ordensträger als lukrative Geldquelle erschlossen hatten, die ihre Prunk- und Verschwendungssucht und die immensen Kosten für den Bau des heutigen Petersdoms in Rom decken sollte.

Sie boten jedem Kirchenmitglied die Möglichkeit, sich von der Strafe des Fegefeuers, die nach katholischer Überzeugung jede verstorbene Seele erleiden muss, loszukaufen.

Als Luther am 31.10.1517 seine 95 Thesen gegen die Kirche an das Portal der Schlosskirche zu Wittenberg anschlug, löste er damit die größte Reformation innerhalb des abendländischen Europas aus.

Er prangerte den Absolutheitsanspruch seiner Kirche an, die von sich behauptete, dass es außerhalb ihrer Organisation kein Heil gäbe, und behauptete, dass der Mensch allein aus Glauben vor Gott gerecht würde (Röm. 1,16.17; 3,23.24). Seine Überzeugung gründete sich auf sein persönliches Schriftstudium, denn die Bibel war für ihn das durch den Geist Gottes eingegebene Wort und höchste Autorität in allen Glaubensfragen. Nur diese Überzeugung gab ihm den Löwenmut, mit der Bibel in der Hand, vor den Fürsten und dem Kaiser 1521, auf dem Reichstag in Worms, seinen Glauben zu verteidigen. Er stellte für die Errettung des Sünders vier Glaubensthesen auf:

- Solus Christus (allein Christus),
- Sola scriptura (allein die Schrift),
- sola gratia (allein aus Gnade),
- sola fides (allein aus Glauben).

Diese Thesen wurden als »Rechtfertigungslehre« in der Geschichte des Christentums manifestiert, die bis auf den heutigen Tag ihre Gültigkeit hat.

Etwa zur gleichen Zeit wic Luther traten die Reformatoren **Ulrich Zwingli** (1484-1531) und **Johannes Calvin** (1509-1564) an dic Öffentlichkeit. Beiden ging die Reformbewegung Luthers nicht weit genug. Sie waren mehr oder weniger Verfechter der Glaubenstaufe und Gegner der Transsubstantiationslehre der katholischen Kirche, die davon ausgeht, dass sich während der Abendmahlsfeier die Symbole Brot und Wein in den buchstäblichen Leib und das buchstäbliche Blut Christi umwandeln. Luther hielt nach wie vor an der Realpräsenz Christi in den Symbolen fest, während Zwingli und Calvin in Brot und Wein lediglich Symbole für den Leib und das Blut Jesu sahen. Calvin vertrat außerdem die Lehre von der Prädestination (Vorherbestimmung), nach der Gott jeden Menschen entweder für das ewige Heil oder für die ewige Verdammnis vorherbestimmt hat.

Die anglikanische Kirche: Ziemlich zeitgleich mit Luther vollzog sich die Reformation der englischen Kirche, die von König Heinrich VIII. ausging. Weil seine Ehe kinderlos geblieben war und er sich einen Thronerben wünschte, verlangte er vom Papst die Scheidung seiner Ehe. Als dieser ihm den Segen zur Ehescheidung verweigerte, sagte er sich im Jahre 1535, mit Unterstützung seines Parlaments, von Rom los und setzte sich selbst als Oberhaupt der englischen Kirche ein. Mit Hilfe des Erzbischofs Cranner von Canterbury wurde eine neue Kirchenverfassung ausgearbeitet, die in der Kirchenlehre aber überwiegend katholisch blieb. Heute sind in der anglikanischen Kirche drei verschiedene Strömungen zu beobachten:

Die **High Church**, die in Ritus und Lehre der katholischen Kirche sehr ähnlich geblieben ist; die **Low Church**, eine protestantische, pietistische Richtung mit evangelikaler und oft charismatischer Prägung und die **Broad Church**, die der evangelischen Kirche in Deutschland sehr ähnlich ist.

I. 2. 18. Christliche Freikirchen und Gemeinschaften

Ausgehend von der Reformation haben sich im Laufe der folgenden Jahrhunderte verschiedene Freikirchen und Gemeinschaften entwickelt.

Im 17. Jahrhundert entwickelte sich in der lutherischen Kirche der Pietismus, der eine persönliche Glaubensentscheidung für Christus betonte und die Gläubigen zu einer biblisch orientierten Lebensgestaltung aufrief. Unter

Philipp **Jakob Spener** (1635-1705) entwickelten sich hieraus verschiedene Gemeinschaftsverbände, die innerhalb der evangelischen Kirche für ein schriftgetreues Evangelium eintreten.

Die Entstehungsgeschichten der Freikirchen gehen meistens auf eine kleine Schar christusgläubiger Menschen zurück, die alle den Wunsch hatten, sich in Lehre, Gemeindeordnung und praktischem Leben wieder enger an Gottes Wort zu binden. Sie wollten wieder unabhängig von Staat und Staatskirche sein und bekennen sich zum Priestertum aller Gläubigen. Hierarchische Kirchenstrukturen werden abgelehnt und die Leitung der Gemeinden liegt überwiegend in den Händen von Ältesten. Ähnlich wie im Urchristentum, bilden sie auch heute noch Gemeinschaften, in die nur Mitglieder aufgenommen werden, die Jesus Christus als ihren persönlichen Herrn und Retter bekennen. Die meisten vollziehen statt einer Säuglingstaufe eine Glaubenstaufe, die unabhängig von ihrem Lebensalter ist.

Die verschiedenen Gemeinschaften respektieren sich gegenseitig als Glaubensgeschwister und haben die gleichen biblischen Basislehren als Glaubensgrundlage (siehe Seite 222 ff). Nur die bekanntesten Gemeinschaften sollen hier erwähnt werden:

Die Mennoniten: In der Reformationszeit entwickelte sich aus dem Umfeld Zwinglis die erste »Täufergemeinde«, die die Säuglingstaufe durch eine Glaubenstaufe ersetzte. Seit 1536 wurde sie von dem ehemaligen katholischen Priester **Menno Simons** maßgeblich geprägt.

Die Herrnhuter Gemeine: Diese Gemeinschaft geht zurück auf die reformatorische Bewegung des Jan Hus. Mit Glaubensflüchtlingen dieser Gemeinschaft gründete der vom Pietismus geprägte Theologe **Graf Nikolaus Ludwig von Zinzendorf** 1722 den Ort Herrnhut in der Oberlausitz. Die Siedlung wuchs zu einer Gemeinschaft zusammen, die Glaubens- und Alltagsleben miteinander teilte.

Die Freie Evangelische Gemeinde: Als Reaktion auf den theologischen Liberalismus entstanden Anfang des 19. Jahrhunderts in der Schweiz die ersten Freikirchen. Etliche Gläubige waren zu der Erkenntnis gekommen, dass es nicht richtig sei, das Abendmahl zusammen mit Ungläubigen zu feiern. 1828 wurde die erste freie Gemeinde in Genf gegründet, von wo sie sich zunächst nach Norditalien und Frankreich ausbreitete. 1854 entstand unter **Hermann Heinrich Grafe** in Elberfeld/Barmen die erste deutsche Gemeinde. Aus der englischen Kirche gingen hervor:

Der Puritanismus (*lat.* purus: rein, sittenstreng): Diese Bewegung entstand ca. 1560, hervorgerufen durch die Unzufriedenheit der Anhänger mit dem hierarchischen System der anglikanischen Kirche. Weil sie die Trennung von Staat und Kirche forderten, lagen sie im ständigen Streit mit den königstreuen

Engländern. Daraufhin wanderten sie 1620 als die so genannten »Pilgrim Father« nach Amerika aus. Sie gründeten völlig autonome Einzelgemeinden. Viele von ihnen, die so genannten Kongregationalisten oder auch Independenten, lehnen auch heute noch jegliche Institutionalisierung unter Dachverbänden ab.

Die Baptisten (*engl.* Täufer): Die Baptisten gehen aus der englischen puritanischen Strömung hervor. Der Begründer war der ehemalige anglikanische Geistliche **John Smyth** (1554-1612), der 1607 eine Independentengemeinde (unabhängige Gemeinden unter Selbstverwaltung) gründete. Er forderte eine Rückkehr zu urchristlichen Gemeindestrukturen und kritisierte vor allem die Säuglingstaufe als nicht schriftgemäß. Aus diesen Anfängen entwickelten sich die Baptistengemeinden, die eine Mitgliedschaft nicht nur von einem Bekenntnis zu Christus, sondern auch von einer Glaubenstaufe abhängig machen.

Die Quäker (*engl.* to quake, zittern): Die Anhänger selbst nennen sich »Religiöse Gesellschaft der Freunde«. Der Begründer war der Pietist **George Fox** (1624-1691). Sie unterscheiden sich von allen anderen Kirchen durch ihre Gottesdienste, in denen sie weitgehendst stumm bleiben und auf die Autorität und Eingebung des »inneren Lichts« warten. Sie sind davon überzeugt, dass nach Johannes 1,9 in jedem Menschen Gott als inneres Licht anwesend ist. Dieses Licht ist für sie die einzige Autorität, der sie sich unterordnen. Da in ihren Zusammenkünften bei einigen oft das Phänomen starker Erregung bis hin zu Zitteranfällen vorkam, wurden sie abwertend als »Quäker« bezeichnet. Sie lehnen jede Institutionalisierung und Dogmatisierung des Glaubens ab.

Die evangelisch-methodistische Kirche: Die Methodistenkirche geht auf die Brüder **Charles** (1707-1788) und **John Wesley** (1703-1791) zurück. Beide waren ordinierte Pfarrer der Kirche von England. In Oxford gründeten sie einen Bibelkreis, deren Teilnehmer sie in streng methodischer Weise zu einem christlichen Lebenswandel anleiteten, was ihnen den Namen Methodisten einbrachte. Sie verkündigten das Evangelium in der Öffentlichkeit mit großer Resonanz. Viele ihrer Anhänger wanderten aus und schlossen sich 1784 in Amerika zu Gemeinschaften zusammen. Dies führte zur Entstehung der methodistischen Kirche, die später eine weltweite Verbreitung fand. In der Mitte des 19. Jahrhunderts brachten Rückwanderer den Methodismus auch nach Deutschland.

Die Brüderbewegung: Sie geht auf den anglikanischen Geistlichen **John Nelson Darby** (1800-1882) zurück, der sich von seiner Kirche distanzierte, weil er die gesamte Struktur als etwas Verfallenes betrachtete. Zusammen mit Gleichgesinnten traf er sich 1827 an einem Sonntagmorgen, um mit ihnen »das Brot zu brechen« (Abendmahlsfeier), ohne eine festgesetzte Liturgie. Aus diesem Treffen entstand später die erste Brüdergemeinde. Anstelle von Liturgie und Organisation wollten sie dem Wirken des Heiligen Geistes wieder mehr Raum geben, der sie auch in ihren Gottesdiensten leiten sollte. 1845 spaltete sich die Bewegung in »offene Brüder« unter **Georg Müller und** »exklusive Brüder« unter John Nelson Darby. Die Pioniere der Brüderbewegung in Deutschland waren **Carl Brockhaus, Johann Gerhard Oncken und Gottfried Wilhelm Lehmann.** Die erste Gemeinde der »offenen Brüder« entstand 1883 unter **Dr. F.W. Baedeker** in Berlin.

Die Heilsarmee: Ihr Begründer war **William Booth** (1829-1912), Prediger der Methodistenkirche, von der er sich trennte, um in den Armenvierteln von London zu missionieren. Sehr schnell erkannte er die sozialen Nöte in seiner Umgebung und versuchte, den Menschen zu besseren Lebensbedingungen zu verhelfen, indem er Suppenküchen eröffnete, Heime gründete und sich um Alkoholabhängige kümmerte. Er gründete die »Ostlondoner Mission«, deren Name 1878 in »Die Heilsarmee« geändert wurde. Die Mitglieder sind nach paramilitärischer Rangordnung organisiert und tragen während ihrer Missionstätigkeit in der Öffentlichkeit Uniform.

Die Pfingstgemeinden: Diese Bewegung geht zurück auf den amerikanischen methodistischen Heiligungsprediger **Charles F. Parkham**. Er war überzeugt, dass jeder bekehrte Gläubige eine Geistestaufe durch den Heiligen Geist erfahren müsse, die ihn auch zum »Reden in Zungen« befähigen würde.

Von Amerika breitete sich die Bewegung aus und kam auch nach Deutschland, wo sie von den meisten Freikirchen und Gemeinschaftsverbänden abgelehnt wurde.

In der heutigen Pfingstbewegung sind die unterschiedlichsten Strömungen zu finden, von »total extrem« bis »sehr gemäßigt«. Viele dieser Gemeinden haben sich zusammengeschlossen in dem »Bund Freikirchlicher Pfingstgemeinden«. Grundsätzlich bekennen sie sich zu den gleichen Glaubensaussagen wie die übrigen Freikirchen. Die Unterscheidungsmerkmale liegen hauptsächlich darin, dass sie eine besondere Betonung auf die »Geistesgaben«, wie Zungenreden und Krankenheilungen, legen und eine besondere Geistestaufe vom Geschehen der biblischen Wiedergeburt trennen.

I. 2. 19. Rückblick

Dieser kurze Abriss der jüdischen Geschichte und des Christentums macht deutlich, dass Gott seinen vor ca. 6000 Jahren verkündeten Plan zur Errettung der Menschheit nie aufgegeben hat. In der wechselvollen Geschichte Israels gab es zeitweise nur noch einige wenige Juden, die an den Gesetzen Jahwes festhielten. Und als der Sohn Gottes getötet wurde – was durch den Fersenstich in 1. Mose 3,15 symbolisiert war –, sah es so aus, als gäbe es keine Rettung mehr für die Menschheit. Doch Gott machte aus dieser Kreuzigung einen Triumph, als er Christus zur Auferstehung brachte. Auch danach hat es trotz Not und Verfolgung, selbst in den schlimmsten Zeiten eines völlig entarteten Christentums, stets treue

Nachfolger Jesu auf der Erde gegeben. Seit Golgatha haben immer Menschen gelebt, die durch eine geistliche Wiedergeburt in den neuen Bund, den Christus vor seinem Kreuzestod mit seinen Jüngern schloss, aufgenommen wurden. Auch wenn sie verstreut sind über den ganzen Globus und ihre Heimat in den unterschiedlichsten christlichen Gemeinden und Kirchen gefunden haben, sind sie das geistliche Volk Gottes, die weltweite Gemeinde Jesu Christi. Dieses Volk ist nicht etabliert in einer menschlichen Institution oder Kirche, sondern bildet eine unsichtbare Einheit, verbunden durch den Heiligen Geist Gottes. Sie sind die verheißenen Nachkommen Abrahams, die zum Segen für die ganze Welt werden sollten. Das bringt der Apostel Paulus zum Ausdruck, wenn er an Titus schreibt:

> Er [Christus] hat sein Leben für uns gegeben und uns von allem Bösen und aller Schuld befreit. So sind wir sein Volk geworden; bereit, ihm dankbar zu dienen (Tit. 2,14).

Und den Christen in Rom erklärt er:

> Nur so bleibt die Verheißung überhaupt gültig, und zwar für alle Nachkommen Abrahams. Das sind nicht nur die Juden, die nach dem Gesetz leben, sondern auch alle Menschen, die Gott so vertrauen wie Abraham. Deshalb ist Abraham der Vater aller Gläubigen (Röm. 4,16).

I. 2. 20. Die historisch-kritische Theologie

Die Geschichte des Christentums hat nicht nur zweifelsfrei belegt, dass das Wort Gottes absolut zuverlässig ist, sondern bestätigt auch, dass der Widersacher Gottes es in allen Zeitaltern verstanden hat, Zweifel an den göttlichen Worten in das Herz der Menschen zu säen: »Sollte Gott wirklich gesagt haben …?« Eine dieser Verführungsmethoden aus der Neuzeit ist die historisch-kritische Theologie.

Ihre Wurzeln liegen in der Philosophie der Aufklärung und des Rationalismus, die dazu führten, dass am Ende des 18. Jahrhunderts etliche Theologen die Verbalinspiration der Bibel anzweifelten und die so genannte »historisch-kritische Methode« dagegenstellten.

Der Protagonist dieser modernen Exegese ist der Theologieprofessor für Neues Testament, Karl Rudolf Bultmann (1884-1976). Er stellte die Doktrin auf, dass das Weltbild der Bibel mythologisch zu deuten sei. Man könne nicht auf der einen Seite die Errungenschaft der modernen Wissenschaft in Anspruch nehmen und auf der anderen Seite an die Geister- und Wunderwelt des Neuen

Testaments glauben; deshalb sei es erforderlich, die biblischen Mythen auf ihren Wirklichkeitsgehalt zu hinterfragen.

Waren die ersten Christen noch davon ausgegangen, dass Gott allgegenwärtig, sein Wort absolut zuverlässig und wahr und die Bibel deshalb ein einzigartiges Buch sei, so wurden diese Glaubensgrundsätze durch die historisch-kritische Methode auf den Kopf gestellt.

- Die Realität Gottes wird im Theologiestudium unserer Tage theoretisch erst einmal ausgeklammert.
- Die Bibel stellt man mit anderen heiligen Schriften auf eine Stufe und deren Angaben werden nur akzeptiert, wenn sie mit den neuen theologischen Theorien in Einklang zu bringen sind.
- Die Niederschriften einzelner Bibelbücher werden heute anderen Verfassern zugeschrieben als denen, die in den Büchern selbst genannt werden.
- Biblische Begriffe wie Gnade, Sünde, Erlösung oder Rechtfertigung aus Glauben werden umgedeutet und mit anderem Sinn gefüllt.
- Man spricht vom »historischen Jesus« und behauptet, die Worte Jesu in den Evangelien seien niemals von ihm gesprochen worden.
- Die Jungfrauengeburt des Heilandes der Welt wird angezweifelt
- und sein Kreuzestod geleugnet oder umgedeutet.
- Der nächste Schritt besteht dann in der Leugnung oder Relativierung der Auferstehung Jesu Christi von den Toten,
- in der Umdeutung seiner Himmelfahrt und seiner Wiederkunft in Macht und Herrlichkeit.
- Das führt automatisch dazu, dass die Gottessohnschaft Jesu bestritten wird.
- An die Stelle des Heilsplanes Gottes und die ewige Erlösung des gefallenen Menschen durch Jesus Christus sind menschliche Ziele der Weltverbesserung ge-treten.

So geht der Theologe Werner Georg Kümmel davon aus,

> dass die Bibel ein von Menschen geschriebenes Buch sei, das wie jedes Werk menschlichen Geistes nur aus der Zeit seiner Entstehung und darum nur mit den Methoden der Geschichtswissenschaft sachgemäß verständlich gemacht werden könne (»Original oder Fälschung«, S. 43).

Er ist außerdem der Meinung:

> Die im Neuen Testament gesammelten Schriften sind ihrer geschichtlichen Art nach ja Urkunden antiker Religionsgeschichte, in einer toten Sprache und einer uns nicht mehr ohne weiteres verständlichen Begrifflichkeit geschrieben … (S. 49).

Das würde in der Praxis bedeuten, dass alle Verheißungen Jesu an seine Nachfolger tote Worte und ohne Bedeutung für ihr persönliches Leben wären. Millionen von Christen haben genau das Gegenteil erfahren!

Hier treffen die Worte des Apostels Paulus direkt in unsere Zeit:

> Dass Jesus Christus am Kreuz für uns starb, muss freilich all denen, die verlorengehen, unsinnig erscheinen. Wir aber, die gerettet werden, erfahren gerade durch diese Botschaft vom Kreuz die ganze Macht Gottes. Es ist so, wie Gott gesagt hat: Bei mir zählt nicht die Weisheit der Welt, nicht die Klugheit der Klugen. Ich werde sie verwerfen. Was aber haben sie denn noch zu sagen, all diese gescheiten Leute, die Gelehrten und Philosophen dieser Welt? Hat Gott ihre Weisheit nicht als Unsinn entlarvt? ... Deshalb beschloss er, alle zu retten, die einer scheinbar so unsinnigen Botschaft glauben (1. Kor. 1,18-21).

Und man muss sich auch fragen, ob für eine solche Theologie nicht auch der Weheruf Jesu gilt:

> Wehe euch, ihr Pharisäer und Schriftgelehrten! Ihr seid Heuchler! Durch euch wird anderen der Zugang in das Reich Gottes versperrt. Ihr selbst geht nicht hinein, und die hinein wollen, hindert ihr daran (Matth. 23,13).

Diese Theologie wird heute rund um den Erdball an vielen Universitäten und an allen Hochschulen unseres Landes gelehrt (mit Ausnahme der Freien Theologischen Hochschule in Gießen). Das bedeutet, dass jeder ausgebildete Theologe mit dem Gedankengut der historisch-kritischen Methode konfrontiert wurde und diese in den meisten Fällen in seinem späteren Betätigungsfeld weitergibt. Unter diesen Voraussetzungen lässt sich mit ziemlicher Sicherheit vorhersagen, dass die göttliche Herrlichkeit unseres auferstandenen Herrn mehr und mehr aus dem Bewusstsein der Menschen verdrängt und durch einen wissenschaftlich verbrämten Synkretismus ersetzt werden wird.

Für eine gründlichere Auseinandersetzung mit diesem Thema ist das Buch »Original und Fälschung« von Frau Prof. Dr. Eta Linnemann zu empfehlen. Diese ehemalige Vertreterin der historisch-kritischen Theologie schreibt im Vorwort des oben genannten Buches:

> Ich habe – nicht durch Reden von Menschen, sondern durch Zeugnis des Heiligen Geistes im Herzen – klare Erkenntnis, dass mein verkehrtes Lehren Sünde war, und bin froh und dankbar, dass mir diese Sünde vergeben wurde, weil JESUS sie ans Kreuz getragen hat. Deshalb sage ich NEIN zur historisch-kritischen Theologie (»Original oder Fälschung«, S. 8).

I. 2. 21. Glaubensziel

Nach biblischer Prophetie wird Jesus Christus am Ende der Zeiten noch einmal auf diese Erde kommen, um alle Menschen zu richten. Tag und Stunde dieses Gerichtstages weiß niemand, außer dem Vater im Himmel. Allerdings sagte Jesus bestimmte Ereignisse voraus, die vor seiner Wiederkunft eintreten würden:

- falsche Propheten und falsche Christi, die große Zeichen und Wunder tun;
- Kriege, Seuchen, Hungersnöte und Erdbeben, an einem Ort nach dem anderen;
- Verfolgung der Christen;
- Gesetzlosigkeit und Lieblosigkeit;
- und erst, wenn das Evangelium auf der ganzen Erde gepredigt würde, sollte das Ende kommen (Matth. 24; Luk. 21; 2.Tim. 3,1-9; 2. Petr. 3,10-13).

Nach dem Gericht verheißt uns die Schrift »einen neuen Himmel und eine neue Erde, auf der Gerechtigkeit wohnen wird« (2. Petr. 3,13).

Das Ziel der Christen ist das neue Jerusalem. Nach ihrer Auferstehung werden sie in diese himmlische Stadt einziehen. Die Trennung von Gott, die durch die Sünde des ersten Menschenpaares hervorgerufen wurde, wird dann überwunden. Der Apostel Johannes beschreibt diese neue Welt Gottes:

> Dann sah ich eine neue Welt: den neuen Himmel und die neue Erde. Denn der vorige Himmel und die vorige Erde waren vergangen, und das Meer war nicht mehr da. Ich sah, wie die Stadt Gottes, das neue Jerusalem, von Gott aus dem Himmel herabkam: festlich geschmückt wie eine Braut an ihrem Hochzeitstag. Eine gewaltige Stimme hörte ich vom Thron her rufen: »Hier wird Gott mitten unter den Menschen sein! Er wird bei ihnen wohnen, und sie werden sein Volk sein. Ja, von nun an wird Gott selbst als ihr Herr in ihrer Mitte leben. Er wird alle Tränen trocknen, und der Tod wird keine Macht mehr haben. Leid, Angst und Schmerzen wird es nie wieder geben; denn was einmal war, ist für immer vorbei.« Der auf dem Thron saß, sagte: »Siehe, alles werde ich jetzt neu schaffen!« Und mich forderte er auf: »Schreibe auf, was ich dir sage, alles ist zuverlässig und wahr« (Offb. 21,1-5).

Literaturnachweis

»Die Bibel im Test« von J. Mc Dowell, Hänssler Verlag, 1987
»Die Wachtturm-Theologie der Zeugen Jehovas, wahres Evangelium oder Sektenlehre?« von Werner Deppe, Linden 38, 91635 Windelsbach, Okt. 2000
Religionen der Welt« von Thomas Schweer und Stefan Braun, Heyne Verlag 1995

»Knaurs Grosser Religionsführer« von Gerhard J. Bellinger, Droemer Knaur Verlag, 1992
»Die fünf Weltreligionen« von Helmuth v. Glasenapp, Eugen Diederichs Verlag, 1996
»Handbuch Weltreligionen« Hsgb. Dr. Wulf Metz, Brockhaus Verlag, 1996
»Lexikon zur Bibel« von Fritz Rienecker, Brockhaus Verlag, 1985
»Gottes erste Diener, die dunkle Seite des Papsttums« von Peter de Rosa, Knaur Verlag, 1991
»Ein Glaube, viele Kirchen« von Jürgen Tibusek, Brunnen Verlag, 1996
»Original oder Fälschung – Historisch-kritische Theologie im Licht der Bibel« von Eta Linnemann, CLV Verlag, 1994
»Kritik der Bibelkritik Bultmanns Einfluss und seine Widerlegung« von Dr. Lothar Gassmann, Logos Verlag, 2000

I. 3. Kurzdarstellung des Islam

Die zweitgrößte Religion der Erde ist der Islam, der ca. 622 n. Chr. entstand und heute in 172 Ländern vertreten ist.

I. 3. 1. Geschichtliche Entwicklung

Im sechsten Jahrhundert n. Chr. war die vorherrschende Religion auf der arabischen Halbinsel ein ausgeprägter Polytheismus. Außer etlichen jüdischen Gemeinden gab es nur wenige Christen, die ihren Glauben überwiegend auf mündliche Überlieferungen stützten, denn eine Bibel in arabischer Sprache gab es damals noch nicht. Man muss deshalb annehmen, dass viele christliche Legenden und Sonderlehren im Umlauf waren, deren Inhalt teilweise die späteren islamischen Lehren beeinflusste.

Der Begründer des Islam, Abul-Kasim ibn Abd-Allah mit Beinamen Mohammed (*arab.* »der Gepriesene«) wurde im Jahre 570 n. Chr. in Mekka, in Saudi-Arabien geboren. Seine Eltern starben sehr früh, so verbrachte er seine ersten Lebensjahre in der Obhut verschiedener Familienangehöriger. Mit acht Jahren übersiedelte er dann in den Haushalt seines Onkels Abu Talip, wo er bis zu dessen Tod blieb. Unter der Anleitung seines Onkels wurde er zu einem verantwortungsbewussten und geachteten Karawanenführer. Auf seinen Reisen lernte er Menschen verschiedener Religionen kennen, deren Glaubensinhalte später den Koran beeinflussten. Durch die Heirat mit einer reichen Kaufmannswitwe wurde er schon in jungen Jahren zu einem angesehenen und einflussreichen Bürger Mekkas. Nach dem Tod seiner ersten Frau – mit der er 25 Jahre glücklich verheiratet war und die ihm drei Söhne und vier Töchter schenkte –, erfolgte die Heirat mit weiteren neun Frauen.

Mohammed beschäftigte sich mit den Fragen über ein göttliches Gericht und über die ewige Erlösung des Menschen. Häufig zog er sich in die Wüste zurück, um zu meditieren. Im Jahre 610 n. Chr. hatte der inzwischen 40-Jährige eines Nachts, die später als »die Nacht des Schicksals« bekannt wurde, in einer Höhle, in der er übernächtigte, einen Traum. Ihm erschien ein Engel, der ihm auf einer Stoffrolle, die mit Schriftzeichen versehen war, die himmlische Botschaft Allahs überbrachte. Der Engel forderte ihn auf, die Rolle zu nehmen und zu lesen. Doch Mohammed antwortete, er könne nicht lesen. Der Bote aus dem Jenseits wiederholte seine Forderung: »Lies!« noch einmal und dann las Mohammed im Geist folgenden Text:

> Im Namen Allahs, des Gnädigen, des Barmherzigen. Lies im Namen deines Herrn, Der erschuf, erschuf den Menschen aus einem Klumpen Blut. Lies! denn dein Herr ist der Allgütige, der (den Menschen) lehrte durch die Feder, den Menschen lehrte, was er nicht wusste (Sure 96,1-6).

Als Mohammed wieder erwachte, war ihm, als seien die Worte die er im Traum gelesen hatte, fest in sein Herz eingebrannt. Nachdem er die Höhle wieder verlassen hatte, hörte er eine Stimme vom Himmel:

> Mohammed, du bist der Erwählte Allahs und ich bin Gabriel.

Gleichzeitig sah er einen überdimensionalen Engel am Horizont stehen. Über seine Ernennung zum Propheten Allahs heißt es in Sure 93,7-12:

> Fand er dich nicht als Waise und gab (dir) Obdach? Er fand dich irrend (in deiner Sehnsucht nach Ihm) und führte (dich) richtig. Und Er fand dich in Armut und machte (dich) reich. Darum bedrücke nicht die Waisen, und schilt nicht den Bettler, und erzähle von der Gnade deines Herrn.

Anfangs war Mohammed verwirrt und unsicher über diese Offenbarungen und sprach nur mit seinen engsten Freunden darüber. Doch nach drei Jahren wurde er in einer erneuten Vision aufgefordert:

> Erhebe dich und warne. Deinen Herrn verherrliche. Dein Herz läutere. Meide den Götzendienst ... Und dulde standhaft um deines Herrn willen (Sure 74,3-8).

Fortgesetzt hatte Mohammed nun Begegnungen mit dem Engel Gabriel. Sehr bald war er davon überzeugt, der auserwählte Prophet des einen wahren Gottes zu sein. Er zog predigend durch Mekka und forderte seine Zuhörer auf, sich abzuwenden von den vielen Götzen und ihr Leben dem einzig wahren Gott anzuvertrauen. Es dauerte nicht lange, bis er den größten Teil der Bevölkerung gegen sich aufgebracht hatte. Mekka war eine Pilgerstadt, in deren Mittelpunkt die Kaaba (siehe Seite 59) stand, die von den arabischen Heiden als Heiligtum verehrt wurde. Gerade der Götzendienst und die jährlichen Pilgerfahrten zur Kaaba stellten eine lukrative Einnahmequelle für die Einwohner dar, die die Händler durch Mohammeds Predigten gefährdet sahen. Neben seiner Familie waren es überwiegend die Armen, die sich ihm anschlossen, denn sie erhofften durch seine Lehren eine Besserung ihrer sozialen Lage. Der Konflikt mit den Einwohnern Mekkas spitzte sich so zu, dass der Prophet im Jahre 622 n. Chr. mit seinen Anhängern die Stadt verließ, um sich in dem 300 km entfernten Medina niederzulassen. Dieser Auszug aus Mekka kennzeichnet den Beginn der islamischen Zeitrechnung.

In Medina gelang es ihm, die dortigen zerstrittenen Stämme politisch zu vereinen. Nur mit den ansässigen Juden, die seinen Anspruch, Prophet Gottes zu sein, nicht anerkannten, gab es ständige Auseinandersetzungen. Sie endeten damit, dass ein Teil von ihnen in einem blutigen Massaker getötet, der andere Teil vertrieben wurde. Danach entstand unter der Führung des Propheten das erste, ausschließlich religiöse Gemeinwesen des Islam. Nun erfolgte auch eine Änderung seiner Lehraussagen. Er verbreitete, Abraham sei weder Jude noch Christ gewesen, sondern ein Muslim. Zusammen mit seinem Sohn Ismael habe er die Kaaba in Mekka als islamisches Heiligtum erbaut, das es nun zurückzuerobern gelte. Auch die Ritualgebete, die man bisher in Richtung Jerusalem betete, wurden nun gen Mekka verrichtet. Die folgenden Jahre waren von kriegerischen Auseinandersetzungen gekennzeichnet, in denen sich Sieg und Niederlage abwechselten. Doch im Jahre 630 n. Chr. konnten die Muslime die Stadt Mekka kampflos zurückgewinnen. In großem Triumph zog Mohammed, auf einem Kamel sitzend, in das Heiligtum ein. Er umritt siebenmal die Kaaba und zerschlug alle arabischen Götterbilder des heiligen Bezirks. Den »Schwarzen Stein« (ein Meteorit, der in einer Seite in die Kaaba eingelassen war) ließ er dabei unberührt, denn er soll schon von Abraham an dieser Stelle angebracht worden sein, um den Ausgangspunkt für die rituellen Umrundungen der Kaaba zu kennzeichnen. 632 n. Chr., im Alter von 63 Jahren, verstarb Mohammed in den Armen seiner Frau. Sein Grab befindet sich heute noch in der Moschee des Propheten Masjad ash-Sharif in Medina.

Unter der Herrschaft verschiedener Kalifen (Nachfolger Mohammeds) wurden etliche Eroberungsfeldzüge durchgeführt, so dass sich der Islam bis zum Ende des 7. Jahrhunderts über Irak, Syrien, Palästina und Nordafrika ausgebreitet hatte.

Immer wieder kam es zu Streitigkeiten unter den Mohammedanern, die später zu Spaltungen führten. Heute unterscheidet man drei große Hauptrichtungen im Islam.

Die Sunniten: Alle Muslime, die an der »sunna«, den überlieferten Satzungen, Traditionen und Gewohnheiten festhalten, werden als Sunniten bezeichnet. Änderungen von Lehre und Lebensführung, die nicht durch die »sunna« gedeckt sind, werden abgelehnt. Innerhalb der Sunniten gibt es die vier Rechtsschulen der

- Hanafiten,
- Malikiten,
- Shafi´iten
- und der Hanbaliten.

Die Shi´iten: Die Schi´iten sind die Anhänger der »Shi´a«, der arabischen Partei, die sich dadurch auszeichnet, dass sie allein Ali, den Vetter und Schwiegersohn Mohammeds und dessen leibliche Nachkommen als rechtmäßige Nachfolger des Propheten anerkennt. Nachdem Ali im Jahre 661 ermordet wurde, separierten sie sich von allen anderen Gruppen. Die Schi´iten sind ebenfalls in vier Gruppen verzweigt:

- Die Imamiten,
- die Ismailiten,
- die Zaiditen
- und die Alawiten.

Nach der Lehre der Shi´a hat Mohammed kurz vor seinem Tode seinen Vetter Ali in die letzten Geheimnisse des Islam eingeweiht. Ali soll dieses esoterische Wissen dann in seiner Familie weitergegeben haben, deshalb gelten seine leiblichen Nachkommen als Imame, als Führer und Träger geheimen Wissens.

Im Gegensatz zu den Sunniten fügen die Shi´iten den fünf Grundpfeilern des Islam noch einen sechsten, nämlich das »Imamat« hinzu. Der »Imam« gilt als der von Gott inspirierte und wahre Leiter der Gemeinde und der Moscheen, dem unfehlbare Autorität zukommt. Jedoch gibt es zur Zeit keinen lebenden Imam. Der letzte Imam ist vielmehr verborgen. Er verschwand im 9. Jahrhundert auf mysteriöse Weise und soll zur vorbestimmten Zeit zurückkehren, um Gottes Friedensreich aufzurichten. Er gilt als gerechter Richter und Erlöser. (Hier wird eine Parallele zum Judentum sichtbar, das ebenfalls noch auf einen verheißenen Erlöser wartet).

Während dieser Wartezeit haben so genannte »mullahs« die Leitung und Führung bei den Shi´iten übernommen. Sie treffen ihre Entscheidungen über Rechtsfragen an Hand der Schriften, die ihnen zur Verfügung stehen. Einer der bekanntesten Führer der jüngsten Geschichte war der iranische Ajatollah Khomeini.

Die Schismatiker: Zu den Schismatikern gehören weitere fünf Glaubensrichtungen:

- Die Ahmadiya,
- die Kharidjiten,
- die Drusen,
- die Yaziden
- und diverse Splittergruppen, die man unter »Sonstige« einordnen kann.

Von dieser Gruppierung sind die Kharidjiten (*arab.* »die zum Kampf ausziehen«) die älteste Glaubensrichtung im Islam. Sie vertreten strenge ethische Forderungen, wobei ausschließlich der Koran und die echte »sunna« als Richtschnur gelten.

Das Sufitum: Eine besondere Form des Islam ist der philosophisch-mystische Sufismus, der schon in der Frühzeit der islamischen Kultur in Erscheinung trat. Ähnlich wie in den fernöstlichen Philosophien und der griechischen Gnosis, streben die Anhänger das »Entwerden des Ichs« an, eine Versenkung in Gott und den Propheten und die Verinnerlichung der Sharia. Sie verstehen ihr ganzes Leben als einen Weg zu einer Einheit mit Gott. Zu Beginn dieser Reise bereut der Adept seine Sünden, um sich dann – oft unter Anleitung eines persönlichen Lehrers (Scheich) – durch bestimmte Praktiken in immer höhere Stufen bis zu seinem Ziel vorzuarbeiten.

I. 3. 2. Schrifttum

Das Wort »Islam« bedeutet »Unterwerfung« oder »Hingabe an Allah«. Viel stärker als im Christentum sind Glauben und gesellschaftspolitisches Handeln miteinander verknüpft. Das persönliche Glaubensleben des Einzelnen wird ebenso wie die gesellschaftliche Struktur durch umfangreiche religiöse Vorschriften und Gesetze geregelt. Das heilige Gesetz des Islam ist die »Scharia«, die nach moslemischer Überzeugung auf Gottes Offenbarungen beruht und sich aus vier Quellen speist:

- aus dem Koran,
- aus der »Sunna« und dem »Hadith«, die weitgehendst deckungsgleich sind und Überlieferungen aus dem Leben und der Lehre des Propheten enthalten;
- aus dem »Idschma«, der Übereinkunft der islamischen Gemeinschaft und ihrer führenden Gelehrten
- und den »Kijas«, die Ableitungen aus den obigen drei Quellen sind.

Die Sharia: Die Sharia (*arab.* »Gesetz«) umfasst alle religiösen und gesellschaftlichen Lebensbereiche. Sie wird in der Regel in drei größere Abschnitte eingeteilt:

In kultische und rituelle Verpflichtungen, wie z. B. Opfer- und Schlachtvorschriften und das Verhalten der Muslime gegenüber den Ungläubigen.

In juristische Verhältnisse und strafrechtliche Bestimmungen. Letztere sehen für Vergehen wie Unzucht, Diebstahl, Wegelagerei oder Trunksucht strengste Strafen wie Steinigung, 1 000 Geißelhiebe und bei Diebstahl das Abhacken der rechten Hand vor.

Außerdem regelt sie alle bürgerlichen Verhältnisse. So ist z. B. das Eingehen der Ehe für Muslime eine heilige Pflicht, die Ehelosigkeit wird missbilligt. Außereheliche Beziehungen und Aktivitäten sind verboten. Männer und Frauen, die nicht in einem engen verwandtschaftlichen Verhältnis stehen, dürfen sich weder in die Augen sehen noch sich irgendwie berühren.

Auch die Stellung der Frau ist hier festgelegt. Bei der Eheschließung hat der Bräutigam eine vorher vereinbarte Geldsumme an die Braut zu zahlen, über die er anschließend kein Verfügungsrecht mehr hat. Das Geld dient zur Absicherung der Frau bei einer eventuellen Scheidung oder dem Tod des Mannes. Der Mann kann die Ehe ohne Begründung, durch eine einfache Scheidungserklärung, auflösen, während die Frau bei einer Scheidung den Beweis des Ehebruchs oder der schlechten Behandlung erbringen muss. Grundsätzlich gestattet das Eherecht dem freien (männlichen) Muslim bis zu vier rechtmäßige Ehefrauen, während Mohammed selbst sogar neun legitime Ehefrauen und drei Konkubinen hatte.

Erst durch das Muttersein steigt die Frau in der Werteskala der Großfamilie, und den obersten Platz nimmt die Großmutter ein. Selbst die Verschleierung der Frau, entweder durch ein Kopftuch oder durch einen, den gesamten Körper verhüllenden Tschador, war ursprünglich zu ihrem Schutz gedacht. Gleichzeitig sollte sie die Männer vor sexuellen Versuchungen bewahren.

Zu den islamischen Verboten gehören z. B.

- das Essen von Schweinefleisch,
- der Genuss von Fleisch, wenn bei der Schlachtung des entsprechenden Tieres Allahs Name nicht genannt wurde,
- Glücksspiele aller Art,
- das Genießen von Wein
- und das Verleihen von Geld gegen Zinsen.

An dieser Stelle ist allerdings zu bedenken, dass die Sharia im Laufe von Generationen ständig nivelliert und in vielen Ländern durch Gesetze aus der westlichen Welt verändert oder verdrängt worden ist. In der Türkei wurde sie offiziell sogar abgeschafft, während sie in Saudi Arabien das Leben der Muslime weiterhin beherrscht. So ist die Mehrehe in der Türkei, in Tunesien, im Irak und dem Jemen heute verboten und auch die Pflicht zur Verschleierung ist in etlichen islamischen Ländern abgeschafft, ebenso wie viele strafrechtliche Bestimmungen.

So wie in allen anderen Religionen werden die Gesetze auch im Islam von den verschiedenen Gruppierungen unterschiedlich ausgelegt und gelebt, je nach dem, wie tolerant oder totalitär-fundamentalistisch sie sind.

Der Koran: Der Koran ist das heilige Buch der Muslime, das unveränderliche Wort Allahs. Die Offenbarungen, die Mohammed durch den Engel Gabriel erhielt, wurden erst nach dem Tode des Propheten gesammelt und schriftlich niedergelegt. Er besitzt etwa die gleiche Länge wie das Neue Testament der Bibel und besteht aus 114 Suren (Abschnitte), die wiederum 6.236 Verse umfassen. Er ist weder chronologisch noch thematisch geordnet, sondern stellt eine bloße Sammlung von Versen dar. Er lehrt einen ausschließlichen Monotheismus und kündigt an mehreren Stellen ein göttliches Gericht an. Die sinnlichen Entzückungen eines himmlischen Lebens werden ebenso blumenreich beschrieben, wie die Höllenqualen der Verdammten. In den frühen Aufzeichnungen des Koran werden auch die fünf Bücher Mose, die Psalmen Davids und die Evangelien noch als Offenbarungen Gottes anerkannt. Später, nachdem die Juden und Christen Mohammed ihre Gefolgschaft verweigert hatten, warf der Prophet ihnen vor, sie hätten das Wort Gottes verdreht. Diese Auffassung vertreten die Muslime auch heute noch. Nach islamischem Glauben ist der Koran die Wiedergabe einer im Himmel befindlichen Urschrift, der auch die Thora des Mose und die Evangelien Jesu entstammen sollen. Da das Alte und Neue Testament mit der Zeit angeblich verfälscht wurden, nahm der Koran eine Korrektur der Stellen vor, die von der Urbibel abwichen (Sure 2,3; 43,3-5).

Auch der Geist Gottes soll bei den Offenbarungen des Koran beteiligt gewesen sein:

> Siehe, dies ist eine Offenbarung vom Herrn der Welten. Der Geist, der die Treue hütet, ist mit ihm (dem Koran) hinabgestiegen (Sure 26,193.194).

Selbst Lehränderungen sind im »unveränderlichen Wort Allahs« zu finden. Ursprünglich wurden alle Muslime angehalten, in Richtung Jerusalem zu beten (Sure 2,150), doch nachdem sich die Juden und Christen gegen ihn gestellt hatten, änderte Mohammed die Gebetsrichtung nach Mekka. Eine Erklärung für solch eine Änderung ist in Sure 2,107 nachzulesen:

> Welches Zeichen Wir auch aufheben oder dem Vergessen anheimgeben, Wir bringen ein besseres dafür oder ein gleichwertiges. Weißt du nicht, dass Allah die Macht hat, alles zu tun, was Er will?

Weil der Koran heilig ist, wird er mit besonderem Respekt behandelt. Er wird niemals auf den Boden gelegt, sondern liegt – meistens eingewickelt in ein Tuch – auf der höchsten Stelle im Zimmer, z.B. auf einem Schrank. Als Zeichen der Hochachtung wird er geküsst und kein Muslim würde auf den Gedanken kommen, eine Textstelle zu markieren oder gar mit einer Notiz zu versehen. Viele Gläubige haben seinen Inhalt komplett auswendig gelernt.

I. 3. 3. Die fünf Säulen des Islam

Um das Leben Mohammeds ranken sich viele Legenden und Wunder. Eine besondere Bedeutung kommt dabei seiner mystischen Entrückung zu. Danach soll er von dem Engel Gabriel auf der weißen Stute Burak von der Stadt Mekka nach Jerusalem entführt worden sein. Als Erinnerung an diese Legende wurde im Jahre 691 der Felsendom in Jerusalem erbaut. Während dieser wundersamen Reise stieg Mohammed bis in sieben Himmel auf. In jedem dieser Himmel begegnete er einem der alttestamentlichen Glaubensmänner, zuerst Adam, dann Johannes, Joseph, Idris, Aaron, Mose und im siebten Himmel Abraham. Von ihnen allen soll er als rechtschaffener Bruder und Prophet willkommen geheißen sein. Bevor er den Himmel wieder verließ, hatte er durch Verhandlungen mit den Propheten erreicht, dass die fünfzig Pflichtgebote, die bis zu dieser Zeit im Islam gültig waren, auf fünf Gebote, nämlich auf »die fünf Säulen des Islam«, reduziert wurden. Sie bilden auch heute noch die Grundpfeiler des islamischen Glaubens:

Das Glaubensbekenntnis (Schahada): Es gibt keinen Gott außer Allah, und Mohammed ist der Gesandte Allahs.

Das Ritualgebet (Salat): Das Ritualgebet muss von den Sunniten fünfmal und von den Schi´iten dreimal täglich verrichtet werden. Dies geschieht nach einem genau vorgeschriebenen Ritual. Dazu gehört: das Waschen von Händen, Armen, Kopf und Füßen. Anschließend wird ein Gebetsteppich ausgebreitet, der symbolisch einen reinen, heiligen Bezirk markiert und so den Betenden von der Außenwelt abschirmen soll. Dann wird Allah mit erhobenen Händen und in der Blickrichtung nach Mekka, verehrt und gepriesen.

Die Ausführung dieser Rituale ist für Muslime, die in außer-islamischen Ländern leben, nicht immer einfach. Eine ehemalige Muslimin schreibt dazu:

> Das Gebet darf unter keinen Umständen verlassen bzw. unterbrochen werden, auch in Krankheit nicht. Morgens, mittags, nachmittags, abends und nach Sonnenuntergang verrichtete ich meine Pflichtgebete. War ich zu Hause, bei Bekannten … war das kein Problem. Unterwegs aber gestaltete sich das Ganze oft zu einer Schwierigkeit, bei der es galt, mehrere Hindernisse zu überwinden. Zum einen musste ich ja die rituelle Reinheit haben. War sie mir verlorengegangen,

> musste ich einen geeigneten Platz zum Waschen finden. Das war aber gar nicht so einfach, da ich hierzu mein Kopftuch abnehmen und die Ärmel hochkrempeln musste. Eine muslimische Frau muss sich aber in der Öffentlichkeit bedeckt halten, und das war nicht auf allen Damen-WCs gewährleistet. Die zweite Schwierigkeit war ein geeigneter Gebetsplatz, denn Frauen sollen im Islam nicht vor Männern beten (»Ich kämpfte für Allah«, S. 81).

Die Armensteuer (Sakat): Der Koran schreibt eine Wohltätigkeit in Form von Almosen vor. Die freie Gabe von Almosen, die durch die Gemeinden verteilt wurden, hat sich im Laufe der Geschichte zu einer pflichtgemäßen Armensteuer entwickelt, die vom islamischen Staat eingezogen wird und heute meist schon in der Staatssteuer eingeschlossen ist. Diese genau geregelte Steuer soll einen Ausgleich zwischen den zu besteuernden Reichen und den zu unterstützenden Armen schaffen. Sie beträgt pro Jahr ca. 2,5 % des Grundbesitzes, des Vermögens und Einkommens, die ein Muslim seit einem Jahr ohne Schulden besitzt.

Das Fasten (Saum): Jeder volljährige, gesunde Muslim muss im neunten Monat (Ramadan) des islamischen Kalenderjahres (der im Verlauf der Mondjahre jedes Jahr in eine andere Jahreszeit fallen kann), eine vierwöchentliche Fastenzeit einhalten. Von Sonnenaufgang an enthält man sich der Speisen und Getränke, des Rauchens und des Geschlechtsverkehrs. Nach Sonnenuntergang ist dieses Gebot wieder aufgehoben.

Die Pilgerfahrt (Hadsch): Die Pilgerreise nach Mekka, die »Hadsch«, ist jedem Muslim wenigstens einmal in seinem Leben vorgeschrieben. Hier wird unterschieden zwischen der kleinen Fahrt nach Mekka, die jederzeit möglich ist, und der großen Fahrt, die nur im letzten Monat des Mondjahres vorgenommen werden kann.

Diese große Pilgerfahrt ist die spirituelle, religiöse Erfüllung im Leben eines Muslim. Zu den vorgeschriebenen Zeremonien gehört eine rituelle Reinigung, 20 Kilometer vor Mekka, und das Anlegen eines Pilgergewandes, das aus zwei ungesäumten weißen Tüchern besteht. Nur nach dieser Vorbereitung ist der Muslim berechtigt, in Mekka den heiligen Bezirk zu betreten, eine riesige Moschee, die Platz für 300 000 Menschen bietet und in deren Mitte sich ein 164 mal 108 m großer, offener Platz ausbreitet. Hier befindet sich das höchste Heiligtum des Islam, die Kaaba, ein großer schwarzer Würfel (10 m breit, 12 m lang, 15 m hoch), in den an der östlichen Seite, in Augenhöhe, ein kleiner schwarzer Meteorit eingelassen ist.

So, wie Mohammed nach der Eroberung Mekkas, umrunden Tausende von Pilgern die Kaaba siebenmal, entgegen dem Uhrzeigersinn, rezitieren Verse aus dem Koran und bestimmte Gebete der Unterwerfung. Ein ehemaliger Muslim gibt dazu folgende Beschreibung:

> Es war ein bewegendes Erlebnis. Alle Pilger wollten so nahe wie möglich an den Schrein herankommen, damit sie ihn berühren und küssen und sich damit besondere Vergebung verdienen könnten. Wem es gelang, den schwarzen Stein auch zu küssen, der würde das Höllenfeuer niemals sehen, selbst wenn die Engel versuchen sollten, ihn hineinzustoßen. Es war schwierig und gefährlich, sich seinen Weg zum inneren Ring in die Nähe des Schreins zu bahnen. Jedes Jahr wurden einige Pilger zu Tode getrampelt, weil die Menge wegen der von hinten nachrückenden Menschen nicht anhalten konnte. Je näher man der Mitte des Platzes kam, desto stärker wurde geschoben und gedrängelt … (»Die fünfte Säule«, S. 49, 50).

Die nächste Station der Pilgerfahrt ist der zweiundvierzig Meter tiefe »Zamzam-Brunnen«, aus dem man geweihtes Wasser trinkt.

Zur Erinnerung an Hagar, die Nebenfrau Abrahams und Mutter Ismaels, unternimmt der Pilger nun siebenmal einen Gang zwischen den ca. 800 m voneinander entfernt liegenden Hügeln Marwa und Safa. Am darauf folgenden Tag versammeln sich alle Gläubigen im Tal Arafat und sprechen gemeinsam ihr Mittagsgebet.

Am dritten Tag suchen die Pilger den Ort Mina auf. An einer Stelle, an der Abraham und Mohammed angeblich den Teufel besiegten, werfen die Gläubigen in symbolischer Handlung, die die ewige Vernichtung des Teufels anzeigt, Steine auf drei nebeneinander liegende Steinhaufen. Dies ist der Mittelpunkt der Pilgerfahrt, denn diese Pflichten sind durch den Koran vorgeschrieben, im Gegensatz zu den übrigen Ritualen, die der Sunna entstammen. Den Abschluss bildet ein viertägiges Opferfest, an dem für jeden Gläubigen ein Opfertier geschlachtet wird, dessen Fleisch an Arme und Bedürftige verteilt werden soll.

I. 3. 4. Wer ist Allah?

Der Name Allah wird abgeleitet von dem arabischen »al-ilah«, »der Gott«, und ist im Islam die Bezeichnung für das höchste Wesen. Er wird mit zahlreichen Attributen assoziiert, z. B.: der Große, der Erhabene, der Allmächtige, der Bezwingende, der Weise, der Allwissende und der Gerechte. Diese Namen stellen in ihrer Gesamtheit die 99 Perlen des islamischen Rosenkranzes dar. Ähnlich wie im Christentum, ist Allah der Schöpfer der Welt und allen Lebens. Doch während im Christentum Jesus Christus die Brücke zwischen dem Heiligen Gott und den sündigen Menschen ist, ist im Islam die Kluft zwischen dem Schöpfer und seinen Geschöpfen unüberwindbar. Der gravierendste Unterschied zum christlichen Glauben besteht darin, dass *Allah keinen Sohn hat.*

> Die Juden sagen, Esra sei Allahs Sohn, und die Christen sagen, der Messias sei Allahs Sohn. Das ist das Wort ihres Mundes. Sie ahmen die Rede derer nach, die vordem ungläubig waren. Allahs Fluch über sie! Wie sind sie irregeleitet! (Sure 9,30).

Jesus darf also nicht als Gott verehrt werden:

> Fürwahr, ungläubig sind, die da sagen: »Allah ist kein anderer denn der Messias, Sohn der Maria«, während der Messias doch (selbst) gesagt hat: »O ihr Kinder Israels, betet Allah an, meinen Herrn und euren Herrn.« Wer Allah Götter zur Seite stellt, dem hat Allah den Himmel verwehrt, und das Feuer wird seine Wohnstatt sein. Und die Frevler sollen keine Helfer finden (Sure 5,73).

Auch die Dreieinigkeit Gottes wird abgelehnt und umgedeutet. Nach biblischem Verständnis bilden Gott-Vater, sein Sohn Jesus Christus und der Heilige Geist eine Einheit. Nach islamischer Auffassung beten die Christen in der Dreieinigkeit drei Götter an, nämlich Gott-Vater, die Mutter Maria und Jesus. Diese Ansicht ist wahrscheinlich auf eine christliche Legende, die zur Zeit Mohammeds kursierte, zurückzuführen (siehe Seite 51).

> Fürwahr, ungläubig sind, die da sagen: »Allah ist der Dritte von Dreien«; es gibt keinen Gott als den Einigen Gott. Und wenn sie nicht abstehen von dem, was sie sagen, wahrlich, so wird die unter ihnen, die ungläubig bleiben, eine schmerzliche Strafe ereilen (Sure 5,74).
>
> Und wenn Allah sprechen wird: »O Jesus, Sohn der Maria, hast du zu den Menschen gesprochen: ›Nehmt mich und meine Mutter als zwei Götter neben Allah?‹«, wird er antworten: »Heilig bist Du. Nie konnte ich das sagen, wozu ich kein Recht hatte. Hätte ich es gesagt, Du würdest es sicherlich wissen …« (Sure 5,117).

I. 3. 5. Wer ist Jesus im Islam?

Der Koran beschreibt Jesus in Sure 3,60 mit folgenden Worten:

> Wahrlich, Jesus ist vor Allah wie Adam. Er erschuf ihn aus Erde, dann sprach Er zu ihm: »Sei!«, und er war.

Gleichzeitig beschreibt die Sure 19 aber auch die Jungfrauengeburt der Maria. Im Verlauf dieser Beschreibung sagt Jesus dann von sich selbst:

> Ich bin ein Diener Allahs, Er hat mir das Buch gegeben und mich zu einem Propheten gemacht (Sure 19,31; vgl. 5,73-75);

er wird also eingegliedert in die Reihe der islamischen Propheten, wenn auch mit einer hervorgehobenen Stellung (Sure 43,60-65), denn er soll bereits auf das Kommen Mohammeds hingewiesen haben:

> Und (gedenke der Zeit) da Jesus, Sohn der Maria, sprach: »O ihr Kinder Israels, ich bin Allahs Gesandter an euch, Erfüller dessen, was von der Thora vor mir ist, und Bringer der frohen Botschaft von einem Gesandten, der nach mir kommen wird. Sein Name wird Ahmad sein.« … (Sure 61,7.8).

Wie bereits oben beschrieben, ist Jesus nicht der Sohn Gottes, sondern wird im Koran immer als »Sohn der Maria« bezeichnet.

> Schöpfer der Himmel und der Erde! Wie sollte Er einen Sohn haben, wo Er keine Gefährtin hat und wo Er alles schuf und alle Dinge weiß? (Sure 6,102; vgl. 19,36)

Wie jeder Muslim verrichtete er das Ritualgebet und gab die Armensteuer (Sure 19,32). Nach islamischer Version ist Jesus auch nicht den Kreuzestod gestorben, sondern Allah hat seinen Leib in letzter Minute durch den Leib eines anderen Menschen ersetzt. Dieser Mensch soll dann am Kreuz von Golgatha gestorben sein, während Jesus in den Himmel auffuhr. So heißt es im Koran:

> … aber Allah hat sie versiegelt ihres Unglaubens willen, … Und wegen ihrer Rede: »Wir haben den Messias, Jesus, den Sohn der Maria, den »Gesandten« Allahs, getötet«; während sie ihn doch weder erschlugen noch den Kreuzestod erleiden ließen, sondern er erschien ihnen nur gleich (einem Gekreuzigten); und jene, die in dieser Sache uneins sind, sind wahrlich im Zweifel darüber; sie haben keine (bestimmte) Kunde davon, sondern folgen bloß einer Vermutung; und sie haben darüber keine Gewissheit. (Sure 4,156-158)

Jesus wird von Allah wieder zum Leben erweckt werden (Sure 19,34) und auf die Erde zurückkommen, um das jüngste Gericht einzuleiten.

Zum Vergleich siehe Seite 29 ff, wo ein umfassendes Bild von Jesus Christus aus christlicher Sicht beschrieben wird.

I. 3. 6. Was ist Sünde?

Einen Sündenfall im biblischen Sinn gibt es im Islam nicht. Eine grundsätzliche

Trennung zwischen Gott und Mensch, hervorgerufen durch den Ungehorsam des ersten Menschenpaares, trat nicht ein, sondern ihre Schuld wurde von Gott großzügig vergeben. Auch ist der Mensch nicht grundsätzlich schlecht und die von Allah gesandten Propheten waren sogar sündlos. Sünde wird im Islam grundsätzlich anders definiert als im Christentum. Sie ist immer gegen den Menschen selbst und nicht gegen Gott gerichtet.

> Alles, was den Körper verlässt, macht den Menschen unrein: Schweiß, Samen, Urin, Speichel, Blut, Schleim. Um eine fromme Tätigkeit wie das Beten verrichten zu können, muss man rein sein ... Unreinheit wird auch nicht »wieder gutgemacht«, sondern abgewaschen ... Sünde im christlichen Glauben macht unrein und damit unfähig zur Beziehung mit Gott. Im islamischen Glauben sind es vor allem Körperflüssigkeiten, die unrein machen. Sie verhindern das Gebet, so dass man sich vor dem Gebet gründlich Hände, Füße, Nase und Mund waschen muss. Sünde aber wird nicht abgewaschen, sie ist kein Hindernis für das Gebet, sie ist nur eine Negativbuchung auf einem Schuldenkonto, das man durch Frömmigkeit wieder abarbeiten kann (»Ich kämpfte für Allah«, S. 152).

Diese Überzeugung führt besonders bei fundamentalistischen Muslimen zu einer peinlich genauen Einhaltung aller Vorschriften.

> Beim Essen benutzte ich nach Möglichkeit nur noch die rechte Hand. Ich aß auch nur noch mit einer Gabel, ohne Messer, da dies zu Mohammeds Lebensweise (Sunna) gehörte. Nach dem Toilettengang wusch ich mich an den betreffenden Stellen mit kaltem Wasser. Ich gähnte nie mit offenem Mund, da Mohammed gesagt hatte, dass Scheitan (Satan) durch den gähnenden Mund in einen Menschen eingehe ... Es gab keinen Bereich, der im Unklaren blieb: Alles hatte Allah geregelt, vom großen Geschäft bis hin zur Körperpflege (»Ich kämpfte für Allah«, S. 82).

I. 3. 7. Das Endgericht

Um den von Satan verführten Menschen zu helfen, hat Allah im Laufe der Geschichte 124 000 Propheten gesandt, von denen aber nur 28 im Koran genannt werden. Der erste war Adam, danach kamen u.a. Abraham, Mose und Jesus. Mohammed gilt als der letzte und wichtigste aller Propheten, nach dem kein anderer mehr kommen wird (Sure 33,41). Nach biblischem Bericht war dagegen Jesus Christus der letzte Prophet, durch den Gott zu den Menschen redete (Hebr. 1,1.2).

Das Weltgericht wird eingeleitet mit Erdbeben und großen Naturkatastrophen. Jesus wird bei seiner Wiederkunft den Antichrist erschlagen und dann in Damaskus erscheinen, um dort nach islamischem Ritus anzubeten. Nachdem er ein Friedensreich aufgerichtet hat, wird er sterben und in Medina begraben werden. Danach wird der von den Shi´iten erwartete zwölfte »Imam« (siehe Seite 54) auftreten und den Islam zur Weltreligion machen.

Alle Taten, die von den Engeln, die auf der Schulter jedes Muslims sitzen sollen, notiert wurden, werden beim Endgericht auf die Gerichtswaage Allahs gelegt und von ihm vergolten. Danach müssen alle Menschen über eine Brücke (den Höllengolf) gehen, die feiner als ein einzelnes Haar und schärfer als ein Schwert ist. Alle werden auf diesem Wege von der Hölle verschlungen und dort in sieben Abteilungen verteilt (hier ist eine Parallele zum Fegefeuer der Katholischen Kirche zu erkennen). Erst danach werden die Gerechten von Allah errettet werden:

> Und, bei deinem Herrn, Wir werden sie gewiss versammeln, und die Teufel (auch); dann werden Wir sie auf den Knien rund um die Hölle bringen. Alsdann werden Wir aus jeder Gruppe die herausgreifen, die am trotzigsten waren in der Empörung wider den Gnadenreichen. Und Wir kennen die am besten, die es am meisten verdienen, darein zu gehen. Keiner ist unter euch, der nicht dahin kommen wird – das ist ein endgültiger Erlass bei deinem Herrn. Dann werden Wir die Gerechten erretten, die Frevler aber werden Wir darinnen belassen auf den Knien (Sure 19,69-73).

I. 3. 8. Glaubensziel

Nur die Menschen, die den islamischen Glauben angenommen und sich bemüht haben, entsprechende Werke hervorzubringen, können diesem ewigen höllischen Feuer entgehen (Sure 4,137). Sie werden eingehen in das Paradies, das als ein Ort verstanden wird, wo Wasser, Milch, Wein und Honig fließen. Wie schon auf der Erde, so werden auch dort die Männer die Privilegierten sein. Man wird sie dort mit Paradiesjungfrauen vermählen und sie erwarten ein Leben sinnlicher Genüsse.

> Wahrlich, die Rechtschaffenen werden in einer Stätte der Sicherheit sein, Unter Gärten und Quellen: Gekleidet in feine Seide und schweren Brokat, einander gegenübersitzend. So (wird es sein). Und Wir werden sie mit holdseligen Mädchen vermählen, die große, herrliche Augen haben. Sie werden dort nach Früchten jeder Art rufen, in Frieden und Sicherheit. Den Tod werden sie dort nicht kosten, außer dem ersten Tod. Und Er wird sie vor der Strafe des flammenden Feuers bewahren (Sure 44,52-57; vgl. 2,26; 4,58).

I. 3. 9. Der Heilige Krieg (Dschihad)

Der Islam teilt die Welt in zwei Bereiche auf:

- In das »Haus des Islam« (Dar al-Islam) oder »Haus des Friedens« (Dar e-Salaam), das alle islamisch regierten Länder umfasst. Da es vor allen Dingen auf eine islamische Regierung und Rechtssprechung ankommt, können in diesen Ländern auch nicht-moslemische Bevölkerungsgruppen toleriert werden.
- Das »Haus des Krieges« (Dar al-Charb) ist der Rest der Welt, nämlich alle nicht-islamischen Länder.

Weil Allah allmächtig und der einzig wahre Gott ist, wird er dafür sorgen, dass sich das »Haus des Islam« weiter ausbreitet. Ein Land, das *einmal* unter moslemischer Regierungsgewalt gestanden hat, kann nach islamischer Lehre niemals aufgegeben werden. Dies erklärt auch die ständigen kriegerischen Auseinandersetzungen zwischen Israel und den Palästinensern. Sollte sich ein Gegner als zu stark erweisen, berechtigt der Koran die Muslime, einen Scheinfrieden zu schließen, um den Gegner in Sicherheit zu wiegen und ihn zu einem späteren Zeitpunkt besiegen zu können. In Sure 9,7 heißt es:

> Wie kann es einen Vertrag geben zwischen den Götzendienern und Allah und Seinem Gesandten, die allein ausgenommen, mit denen ihr bei der Heiligen Moschee ein Bündnis einginget? Solange diese euch treu bleiben, haltet ihnen die Treue …

Das Mittel zur weltweiten Islamisierung ist der Dschihad, der »Heilige Krieg«, der in der Regel von einem muslimischen Herrscher oder Imam offiziell ausgerufen und geleitet werden muss. Die Rechtfertigung dazu ist im Koran verankert:

> … dann tötet die Götzendiener, wo ihr sie trefft, und ergreift sie, und belagert sie, und lauert ihnen auf in jedem Hinterhalt. Bereuen sie aber und verrichten das Gebet und zahlen die Zakat, dann gebt ihnen den Weg frei. Wahrlich, Allah ist allverzeihend, barmherzig (Sure 9,5; vgl. Sure 9,20-22).

Wer im Kampf für den Islam stirbt, wird im Jenseits großzügig belohnt, er stirbt den Märtyrertod und kommt sofort ins Paradies. So sagt Sure 9,112:

> Allah hat von den Gläubigen ihr Leben und ihr Gut für das Paradies erkauft: Sie sollen kämpfen für Allahs Wege und sie töten und getötet werden (vgl. Sure 4,77; 4,90, 92; 9,29; 61,12; 66,10).

Zur Durchführung des Dschihad gehört eine breite Palette von Möglichkeiten, wie der Bau von Moscheen in nicht-islamischen Ländern, der Aufruf an die jungen Männer, nicht-moslemische Frauen zu heiraten, die Errichtung von Kulturzentren, um die Ungläubigen zur freiwilligen Hingabe an Allah zu bewegen; aber auch kriegerische Aktivitäten gegen Angreifer oder die Verfolgung von Muslimen, die sich einem anderen Glauben zuwenden. Lässt man die Verse des Koran, die zur Friedfertigkeit und Mäßigung auffordern, außer Acht, wie die extremen Fundamentalisten es tun, kann es im Namen Allahs auch zu perfiden, terroristischen Aktionen, wie der Zerstörung des World Trade Centers in New York und des Pentagons in Washington, kommen. Auch die Bombenanschläge in Israel, bei denen sich Terroristen selbst mit in die Luft sprengen, gehören mit zu den Aktivitäten des »Heiligen Krieges«.

I. 3. 10. Leben mit Muslimen

Neben dem Christentum hat sich in Deutschland wohl kaum eine andere Religion so ausgebreitet wie der Islam. Man geht davon aus, dass heute ca. 3 Millionen Muslime bei uns leben. Nach Einschätzungen des Journalisten Stefan Braun können in der islamischen Welt zur Zeit drei verschiedene Strömungen beobachten werden:

> Die »radikalen Fundamentalisten« lehnen jeglichen westlichen Einfluss ab, da er nach ihrer Auffassung für die ökonomische Unterdrückung und die Zerstörung der kulturellen Identität der Muslime verantwortlich ist. Ihre Kritik … richtet sich dabei gegen westliche Regierungen, aber auch gegen einzelne Staaten im Nahen Osten, die sich nach ihrer Einschätzung dem westlichen Lebensstil angepasst und die islamischen Ideale zuletzt aus persönlichen Motiven aufgegeben haben. Im Gegensatz zu den »radikalen Fundamentalisten« haben sich mit dem 18. Jahrhundert zahlreiche islamische Intellektuelle bemüht, eine Synthese zwischen den islamischen Wertvorstellungen und einer notwendigen wirtschaftlichen und politischen Modernisierung ihrer Gesellschaft zu finden. Ebenso lange schließlich existieren als dritte Gruppe die »konservativen Fundamentalisten« … Sie sehen einzig in der Rückkehr zu den Vorstellungen des Frühislam und den Lebensformen, wie sie zur Zeit Muhammads üblich waren, die passende Antwort auf die Herausforderungen der westlichen Zivilisation und Wirtschaftsmacht. Entsprechend propagieren sie die Abkopplung von der übrigen Welt – nicht durch Anschläge und Attentate, sondern allein aus religiöser Überzeugung (»Religionen der Welt«, S. 376, 377).

Von christlicher Seite werden oftmals die vermeintlichen Gemeinsamkeiten in Ursprung und Lehre hervorgehoben. Die obigen Ausführungen haben unserer Meinung nach aber zweifelsfrei belegt, dass die Lehren beider Religionen unvereinbare Gegensätze beinhalten (siehe Seite 17 und 22). Wie bereits zu Beginn beschrieben, gehen beide Religionen von der ausschließlichen Wahrhaftigkeit *ihrer* Lehren aus, das schließt eine Mission des Andersgläubigen von beiden Seiten mit ein. Dabei sollte aber die in unserem Grundgesetz verankerte Glaubensfreiheit nicht außer Acht gelassen werden.

Literaturnachweis

»Kleines Islam-Lexikon« von Ralf Elger und Friederike Stolleis, Verlag C. H. Beck, 2001
»Was jeder vom Islam wissen muß« vom Lutherischen Kirchenamt der velkd und vom Kirchenamt der EKD, Gütersloher Verlagshaus, 2001
»Die fünfte Säule« von David Zeidan, Hänssler Verlag
»Ich kämpfte für Allah« von Johanna Al-Sain und Ernst Schrupp, Brockhaus Verlag, 2000
»Handbuch Weltreligionen«, Hrsg. Dr. theol. Wulf Metz, Brockhaus Verlag 1996
»Religionen der Welt« von Thomas Schweer und Stefan Braun, Heyne Verlag, 1995
»Islam und christlicher Glaube im Vergleich«, Aufsatz von Christine Schirrmacher, in »Bibel und Gemeinde«, 1/97,
»Weltreligion Islam« von Rüdiger Beile, aus »Münchner Reihe« im Claudius Verlag, 1993
»Der Koran«, Vollständige Ausgabe, Heyne Verlag, 1992
»Christen und Moslems« von Johan Bouman, Brunnen Verlag, 1995
»Knaurs Grosser Religionsführer« von Gerhard J. Bellinger, Droemersche Verlagsanstalt, 1992
»Der Judenstaat als Problem für den Islam«, Aufsatz v. Johannes Gerloff in »Bibel und Gemeinde«, 4/2001

I. 4. Unterscheidungsmerkmale zwischen dem christlichen und dem pantheistisch – animistischen Welt- und Gottesbild

Ein wesentliches Unterscheidungsmerkmal zwischen den verschiedenen Religionen ist aus den unterschiedlichen Weltbildern und Gottesvorstellungen ersichtlich, die diesen Glaubensauffassungen zugrunde liegen. Da es im weiteren Verlauf des Buches hauptsächlich um die Unterschiede zwischen dem Christentum und den fernöstlichen Religionen geht, sollen an dieser Stelle nur der Monotheismus und der Pantheismus miteinander verglichen werden.

I. 4. 1. Monotheismus

Das christliche Weltbild ist monotheistisch bzw. tritheistisch. Es beinhaltet den Glauben an nur einen absoluten Gott, der keine anderen Götter neben sich duldet. Gott ist zwar allgegenwärtig, aber er wohnt nicht in der Materie, sondern in einem unzugänglichen Licht (1. Tim. 6,16).

Der gesamte Kosmos und alles Leben sind eine bewusste, einmalige Schöpfung. Voller Staunen und Andacht über die Allmacht Gottes beschreibt der Psalmist die Erschaffung der Welt:

> Ich blicke zum Himmel und sehe, was deine Hände geschaffen haben;
> den Mond und die Sterne – allen hast du ihre Bahnen vorgezeichnet.
> Wie klein ist da der Mensch! Und doch beachtest du ihn!
> Winzig ist er, und doch kümmerst du dich um ihn!
> Du hast ihn zur Krone der Schöpfung erhoben
> und ihn mit hoher Würde bekleidet.
> Nur du stehst über ihm! Du hast ihm den Auftrag gegeben,
> über deine Geschöpfe zu herrschen.
> Alles hast du ihm zu Füßen gelegt:
> die Schafe und Rinder, die Tiere des Feldes,
> die Vögel unter dem Himmel und die Fische im weiten Meer .
> Herr, unser Herrscher! Groß und herrlich ist dein Name.
> Himmel und Erde sind Zeichen deiner Macht (Ps. 8,4-10).

Hier wird ein deutlicher Unterschied zwischen Gott und seinen Geschöpfen gemacht. Der Mensch wurde von einem allmächtigen Schöpfergott als eine individuelle Persönlichkeit geschaffen, ausgestattet mit einem freien Willen und dem einmaligen Auftrag, über die Schöpfung zu herrschen.

Er ist nicht Teil dieses Gottes, sondern lebt in einer persönlichen Verantwortung vor seinem Schöpfer, der die Menschen nicht sich selbst überlässt, sondern immer wieder in unterschiedlicher Form in das weltliche Leben eingreift. Das Heilsziel des Christen ist ein ewiges Leben in der Gemeinschaft mit einem liebevollen Gott-Vater.

Das Christliche Weltbild

- deutliche Trennung zwischen Gott und seinen Geschöpfen,
- der Mensch lebt in einer persönlichen Verantwortung vor Gott,
- Glaubensziel: Auferstehung zum himmlischen Leben, wobei die Persönlichkeit erhalten bleibt.

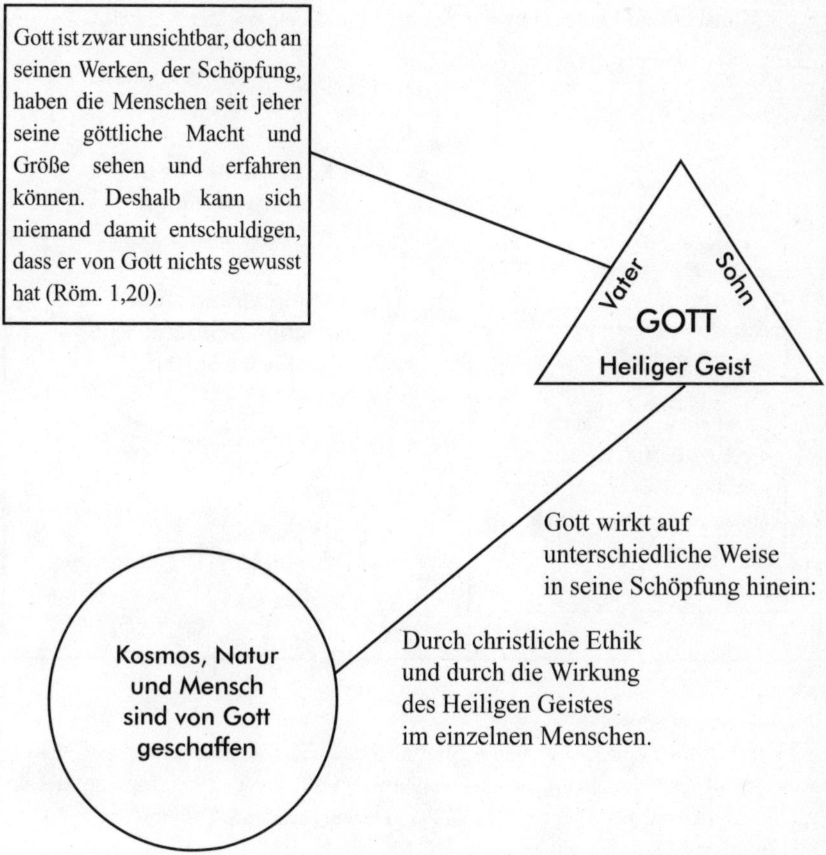

Das Pantheistisch* – Animistische** Weltbild

- Alles ist eins,
- kein Unterschied zwischen Gott und seiner Schöpfung,
- Grenze zwischen Gut und Böse ist aufgehoben,
- spirituelles Ziel: Rückführung zu einer unpersönlichen, kosmischen Allmacht und Verschmelzung der Individualseele mit der Allseele

Kosmos, Natur und Mensch bilden eine Einheit

Kein Unterschied zwischen Schöpfer und Geschöpften

Indem sie die Schöpfung anbeten und nicht den Schöpfer, haben sie Gottes Wahrheit verdreht und ihrer eigenen Lüge geglaubt. Aber dem Schöpfer allein gehören doch Lob und Ehre bis in alle Ewigkeit – das ist gewiss! (Röm. 1,25).

---

* **Pantheismus:** (von *griech.* pan = ganz, all, jeder und Theismus bzw. *griech.* theos = Gott) »Allgottlehre, Lehre, in der Gott und Welt identisch sind; Anschauung, nach der Gott das Leben des Weltalls selbst ist …« (Duden: Das Große Fremdwörterbuch).

* **Animismus:** (zu *lat.* anima »Seele«)
1. der Glaube an anthropomorph gedachte seelische Mächte, Geister (Völkerk.). 2. die Lehre von der unsterblichen Seele als oberstem Prinzip des lebenden Organismus (Med.). 3. Theorie innerhalb des Okkultismus, die mediumistische Erscheinungen auf ungewöhnliche Fähigkeiten lebender Personen zurückführt. 4. Anschauung, die die Seele als Lebensprinzip betrachtet (Philos) (Duden: Das Große Fremdwörterbuch).

I. 4. 2. Pantheismus – Animismus

In den meisten fernöstlichen Religionen und in der Esoterik wird überwiegend ein pantheistisch-animistisches Weltbild vertreten, in dem ein Gott nur ganz nebulös vorhanden ist. Im Zentrum dieser Weltanschauung steht eine große übergeordnete Kraft oder Weltseele, die mit der Welt und allem Sein identisch ist. Alles ist eine große, geistbeseelte Einheit und Ganzheit und einer genauen Verkettung von Ursache und Wirkung unterworfen. Ein Unterschied zwischen Schöpfer und Geschöpf ist nicht vorhanden. Alles ist eins, Gott und der Kosmos, Geist und Materie, Ich und Du. Menschen, Tiere, Steine und Pflanzen werden als Teil des Göttlichen verstanden, von denen »Schwingungen« oder »kosmische Energieströme« ausgehen.

Je nach religiöser Lehre erhält diese Energie die unterschiedlichsten Bezeichnungen (siehe Seite 126). Welche zentrale Bedeutung sie im neuen, religiösen Bewusstsein unserer Zeit hat, wird auf den folgenden Seiten noch zum Ausdruck kommen. Die Weltseele ist gleichzusetzen mit dem Universum und wird als Organismus oder Wesenheit verstanden, als eine potente, virtuelle und intelligente Kraft, die alles Sein steuert. Im Hinduismus wird sie als Brahman und im Taoismus als Tao bezeichnet. Das transzendente Ziel des Menschen ist das Einswerden mit dieser göttlichen Weltseele.

Es ist eine unumstrittene Tatsache, dass das Leben auf unserem Globus von unterschiedlichen Strahlen beeinflusst wird. Im Gegensatz zu der oben erwähnten kosmischen Energie sind diese physikalischen Strahlen messbar und damit auch wissenschaftlich beweisbar. Der Kosmos, unsere Erde und die Natur werden durch komplexe und präzise bio-physikalische Gesetze gesteuert und durch eine dynamische Kraft am Leben erhalten. Nach christlicher Auffassung ist diese Kraft aber nicht eine unpersönliche, universelle Weltseele, sondern der Geist Gottes, durch den alle Dinge ins Dasein gekommen sind. Die Bibel bringt das in vielen Texten zum Ausdruck, z. B. in Psalm 19,1-7:

> Der Himmel verkündet Gottes Größe und Hoheit,
> das Firmament bezeugt seine großen Schöpfungstaten.
> Ein Tag erzählt es dem nächsten, und eine Nacht sagt es der anderen.
> Ohne Worte reden sie, keinen Laut kann man hören.
> Doch auf der ganzen Erde hört man die Sprache der Schöpfung,
> ihre Botschaft erreicht noch die fernsten Länder.
> Der Sonne hat Gott am Himmel ein Zelt aufgeschlagen.
> Am Morgen geht sie auf und strahlt wie ein Bräutigam bei der Hochzeit.
> Siegesgewiss wie ein Held beginnt sie ihren Lauf;
> wo sie aufgeht und wo sie untergeht, berührt sie den Horizont.
> Nichts bleibt vor ihrer Hitze verborgen« (siehe auch 1. Mo. 1,1.2; Joh. 1,1-3).

Aber im spirituellen Denken der östlichen Religionen und des Esoterik-Zeitalters ist ein persönlicher Schöpfergott, der über der Schöpfung steht, kaum noch denkbar, sondern der Mensch versucht, sich durch kühne, phantasievolle Spekulationen und Theorien sein eigenes Gottesbild zu gestalten.

Während im Monotheismus eine Dualität* von Gut und Böse vorhanden ist, ist die Trennung dieser beiden Moralbegriffe im Pantheismus nicht mehr erkennbar. Hier geht man von einem Denksystem aus, in dem alle Gegensätze sich gleichzeitig auch ergänzen. Außerdem können Gut und Böse oder Recht und Unrecht nur getrennt werden, wenn eine oberste, souveräne Instanz die Grenze durch bestimmte Gesetze festschreibt. Doch wer sollte diese Grenze ziehen, wenn es keinen souveränen Gott gibt?

Auch den Begriff Sünde, der sowohl in hebräisch als auch in griechisch so viel wie »Zielverfehlung« oder »Auflehnung gegen Gott« bedeutet, kann es nicht mehr geben, wenn der Mensch ein Teil der göttlichen Allseele ist. Dies bringt auch der Apostel Paulus in Römer 7,7-9 zum Ausdruck:

> … Ohne die Gebote Gottes hätten wir nie erfahren, was Sünde ist. Würde es dort nicht heißen: »Du sollst nicht begehren …«, so wüsste ich nicht, dass meine Leidenschaften Sünde sind. Die Sünde aber gebrauchte dieses Gebot des Gesetzes, um in mir alle möglichen Leidenschaften zu wecken. Denn ohne das Gesetz wusste ich nichts von der Macht der Sünde in mir.

Doch nach pantheistischer Denkweise ist der Mensch scheinbar frei und unabhängig, zumindest braucht er seine Handlungsweise nicht vor einem persönlichen Gott zu verantworten.

I. 5. Die östlichen Religionen

Die drei östlichen Religionen – der **Hinduismus,** der **Buddhismus** und der **Chinesische Universismus** – gründen ihren Glaube überwiegend

- auf das pantheistisch-animistische Weltbild,
- auf verschiedene philosophische Systeme und auf einen Polytheismus (Vielgötterei).
- Für die Entstehung der Welt gibt es die unterschiedlichsten mystischen Vorstellungen. Im Gegensatz zu den monotheistischen Religionen wurde nichts bewusst

---

* **Dualismus** = 1. Zweiheit; Gegensätzlichkeit; Polarität zweier Faktoren. 2. philosophisch-religiöse Lehre, nach der es nur zwei voneinander unabhängige ursprüngliche Prinzipien im Weltgeschehen gibt (z.B. Gott -Welt; Leib -Seele; Geist- Stoff). (»Duden, das große Fremdwörterbuch«)

und absichtlich geschaffen, sondern eine kosmische Kraft mit negativen und positiven Polen hat die komplexe Welt durch Selbstorganisation aus der Urmaterie hervorgebracht.

- Alle drei Religionen sind pluralistisch geprägt und gehen davon aus, dass viele verschiedene Wege zu ein und demselben Gott führen.
- Die Geschichte ist für sie ein ewig währender Kreislauf von Werden und Vergehen, in dem ein Zeitalter, das mehrere hunderttausend Jahre dauert, vom nächsten abgelöst wird (siehe Seite 77).

I. 6. Kurzdarstellung des Hinduismus

Der Hinduismus ist die drittgrößte Religion der Erde, die ca. 400 v. Chr. entstand. Er entwickelte sich aus den ursprünglichen indischen Religionen, dem Vedismus (ca.1500-900 v. Chr.) und dem Brahmanismus (ca. 900-400 v. Chr.) und ist heute in 88 Ländern der Erde präsent. Allerdings leben 88 % aller Hindus in Indien.

Er ist nicht als einheitliche Größe zu sehen, sondern gilt als die vielschichtigste Religion der Erde, die verschiedene religionsphilosophische Systeme und eine unüberschaubare Göttervielfalt beinhaltet. Man kann durchaus von verschiedenen hinduistischen Religionen sprechen, die sich einerseits deutlich voneinander unterscheiden, andererseits aber durch etliche Gemeinsamkeiten miteinander verbunden sind, z. B. durch

- die rituelle Verehrung unterschiedlicher Götter,
- den Glauben an Karma und Reinkarnation
- und einen über allem stehenden Dharma,
- durch das Kastensystem
- und die Lehre von den Weltzeitaltern.

Der Religionswissenschaftler Thomas Schweer gibt einen Einblick in den hinduistischen Alltag:

> In der Tat ist diese Religion die alles beherrschende Macht, die dem gesamten Lebensalltag ihrer Anhänger sein unverwechselbares Gepräge gibt. Die Religiosität der Hindus äußert sich besonders in den zahlreichen Festen und Riten (Puja). Man gedenkt der Taten der Götter mit Prozessionen, trifft sich zu Tempelfeierlichkeiten, verehrt Schutzgottheiten oder beschwichtigt unheilvolle Mächte und besucht heilige Stätten. Innerhalb der Familie werden täglich wiederkehrende Riten vollzogen oder Zeremonien anlässlich wichtiger Ereignisse wie Geburt, Hochzeit und Sterbefälle durchgeführt. Regelmäßige Zusammenkünfte ähnlich den christlichen Gottesdiensten sind selten, meist geht ein Hindu allein oder mit seinen

> Angehörigen in den Tempel. Eine Verpflichtung dazu besteht nicht, es bleibt dem Einzelnen überlassen, wie er sein religiöses Leben gestaltet … (»Religionen der Welt«, S. 169).

Mahatma Gandhi, der Führer der indischen Freiheitsbewegung, bezeichnete sich selbst als orthodoxen Hindu, der an die Veden, Upanishaden und Puranas (siehe Seite 54) glaube. Gleichzeitig räumte er aber ein, dass er auch die Bibel, den Koran und die Zend Avesta (Heilige persische Bücher, Lehren des Zarathustra) für göttlich inspirierte Schriften halte.

Wegen seiner Assimilationsfähigkeit wird der Hinduismus von Religionskritikern als die vollkommenste Religion der Erde bezeichnet.

I. 6. 1. Geschichtliche Entwicklung

Um 1500 v. Chr. siedelten sich in den Stromgebieten des Indus und des Ganges Indo-Europäer an, die die dort ansässigen Ureinwohner bald unterwarfen und viele kleine Königtümer bildeten. Sie bezeichneten sich selbst als Arier (= Aryer, die Edlen), was vermutlich auch die Abgrenzung gegen die dunkelhäutige Urbevölkerung andeuten sollte. Ihre religiöse Verehrung richtete sich auf verschiedene Naturgötter. Das religiöse Wissen, das sich auf die Kenntnisse über jenseitige Mächte bezog und auf bestimmte Methoden und Rituale, um diese Mächte zu beeinflussen, wurde erst mündlich, später schriftlich in ihren Heiligen Büchern, den vier Vedas, weitergegeben.

Ihre Priester, die Brahmanen, nahmen von Anfang an eine Sonderstellung ein, denn sie galten als alleinige Inhaber des Heilswissens. Nur sie beherrschten die Verse des Veda in der erforderlichen Weise. Sie fungierten außerdem als Berater der Könige und diese ließen ihre Regierungsgewalt von ihnen legitimieren. Mit der Zeit wurden die Brahmanen unentbehrlich, was ihren steigenden Machtzuwachs zur Folge hatte.

Alle bei uns bekannten Gurusekten sind in ihrem Ursprung auf den Brahmanismus zurückzuführen (siehe Seite 201).

I. 6. 2. Schrifttum

Während der christliche Glaube sich ausschließlich auf die Bibel beruft, greift der Hinduismus auf eine umfangreiche Literatursammlung zurück.

Den vier Vedas wurden im Laufe von mehreren hundert Jahren weitere Schriften hinzugefügt, die als Gesamtheit die Grundlage für die unterschiedlichsten hinduistischen Glaubensvorstellungen bilden. Sie sind gegliedert in zwei große Gruppen:

- in die »Shruti« (das Gehörte oder von Gott Offenbarte)
- und die »Smriti« (das Gedächtnis oder die Überlieferung).

Die Texte der Shruti gelten als göttliche Offenbarung. Sie waren im Ursprung nur den Brahmanen zugänglich und genießen auch heute noch höchste Autorität. Der Guru Bhaktivedanta (Gründer der Hare-Krishna-Gesellschaft) ist überzeugt:

> Unsere Schriften gehören zur vedischen Literatur, die seit der Schöpfung existiert.

Er bezeichnet das vedische Schrifttum als »transzendentales Wissen«, das zuerst dem Schöpfergott Brahma offenbart wurde und dann an die heiligen Männer, die Acaryas und Gurus weitergegeben wurde, so dass es bis in die heutige Zeit unverfälscht geblieben sei (»Die Schönheit des Selbst«, S. 27, 65).

Zu der Shruti gehören:

- Die vier Vedas, die eine Sammlung von Götterhymnen und Opfergesängen, sowie Opfer- und Zaubersprüche enthalten.
- Die Brahmanas, die von den Brahmanen verfasst wurden und überwiegend Vorschriften für die Opferhandlungen beinhalten;
- die Aranyacas, die »Waldbücher«, die ca. 800 v. Chr. entstanden und Hinweise auf besondere heilige Rituale enthalten. Sie waren für die Eremiten, die in der Waldeinsamkeit lebten, bestimmt.
- Die Upanishaden (Geheimlehren) entstanden etwa zur gleichen Zeit und befassen sich mit metaphysischen Dingen, z. B. mit der Frage nach dem Urgrund des Universums und des Menschen. Man fragte nach dem transzendenten Ziel des Menschen und mit welchen Mitteln er es erreichen könne.

Die zweite Schrift-Gruppe, die Smriti, entstand ab ca. 300 n. Chr. Sie war von Anfang an allen Gläubigen zugänglich und enthält folgende Werke:

- Die Sutras (Leitfaden, kurze Regel) enthalten unter anderem Anweisungen für bestimmte Zeremonien, religiöse und soziale Vorschriften, sowie Sitten und Gebräuche.
- Die Puranas (alte Erzählungen) umfassen 36 Bände, die Mythen und Legenden über die indischen Götter enthalten und zu deren Verherrlichung geschrieben wurden.
- Das Ramayana (Ramas Lebenslauf) ist ein romantisches Epos, das sieben Bücher umfasst.
- Das Mahabharata (Epos vom Kampf) umfasst achtzehn Bücher und gilt als das längste Gedicht der Weltliteratur.

- Die Bhagavadgita (Gesang des Erhabenen (Krishna)) ist wohl das bekannteste und einflussreichste Gedicht Indiens. Es ist eingefügt in das Mahabharata, und die Vishnu-Anhänger glauben, dass Krishna (eine In-karnation des Gottes Vishnu) es selbst verfasst hat.

I. 6. 3. Kosmogonie

Im Großen und Ganzen kann man zwei mystische Weltbilder aus dem Schrifttum des Hinduismus ableiten, die sich gegenseitig ergänzen. Das erste Weltbild wird aus den Puranaschriften abgeleitet:

Die Erde ist demnach eine Scheibe und bildet den Mittelpunkt des Kosmos, um den Sonne, Mond und Sterne kreisen. Unter der Erde befinden sich die Unterwelten, die von Schlangen, Geistern und Dämonen bewohnt werden, und die Höllen, die Straforte für die Übeltäter.

Über der Erde erheben sich in mehreren Stockwerken die Oberwelten, die den Göttern und Geistern als Wohnung dienen. Nach hinduistischer Vorstellung gibt es eine Vielzahl von Welten, die von Göttern, Höllenwesen, Dämonen, Geistern, Menschen, Tieren und Pflanzen bevölkert sind. Jedes Wesen besteht aus einer rein geistigen Seele und einem stofflichen Leib.

Die Seelen (Atman) der einzelnen Wesen existieren seit anfangslosen Zeiten. Sie legen, je nach ihren guten oder bösen Taten, immer neue Leiber in den verschiedensten Seinsformen an.

Über die Daseinsform der Seelen gibt es verschiedene Deutungen: Für die Monisten* besitzt die Einzelseele keine unabhängige, selbständige Wirklichkeit, sondern ist Teil eines Allgeistes, aus dem sie herausgeflossen ist und in den sie wieder zurückkehrt.

Für die **Pluralisten** ist die Einzelseele letzte Realität und hat ewige Existenz.

Ein anderes Weltbild sieht den Gott Brahma als Schöpfer und »erstes Bewusstsein des Universums«. Das Universum nahm seinen Anfang, als Brahma »ausatmete«. Solange er schlief, existierte nichts, erst bei seinem Erwachen nahm die Welt Gestalt an. Er bleibt dann einen Tag lang wach, was zwei Milliarden Menschenjahre dauert. Schläft er wieder ein, endet die gesamte Erscheinungswelt, was einen ewigen Kreislauf von Werden und Vergehen zur Folge hat.

---

* **Monismus**: (zu *griech.* mónos, »allein«); Lehre, die alles aus einem Prinzip heraus erklärt, z.B. aus der Vernunft (Philos.); Ggs. z. Dualismus. (»Duden, Das große Fremdwörterbuch«)

I. 6. 4. Weltzeitalter

Nach hinduistischer Vorstellung ist die Geschichte ein ewiger Kreislauf, in dem sich jeweils vier aufeinander folgende Weltzeitalter (Yugas) ablösen.

Das erste, Krita-yuga, dauert 1 728 000 Jahre, das zweite, Treta-yuga, 1 296 000 Jahre, das dritte, Dvapara-yuga, 864 000 Jahre und das vierte, Kali-yuga, 432 000 Jahre.

Im Krita-yuga herrschten noch paradiesische Zustände, die sich in den folgenden Zeitaltern ständig verschlechterten. In der vierten Periode, in der sich die Menschheit zur Zeit befindet, werden sie ihren Tiefpunkt erreichen. Danach wird mit dem Krita-yuga der Kreislauf von neuem in Gang gesetzt.

I. 6. 5. Götterwelt

Die Anzahl der hinduistischen Götter ist unüberschaubar, man spricht von bis zu einer Million.

Diese Vielzahl wird aber nicht als Polytheismus gesehen, sondern alle Götter manifestieren bestimmte Wesenszüge oder Tätigkeiten des Brahman. Es ist also ein Versuch, das unpersönliche, undefinierbare Absolute für den menschlichen Geist wenigstens teilweise verständlich zu machen.

Die ältesten Götter aus der vedischen Zeit sind:

- Agni, der Gott des Feuers und des Opfers,
- Indra, der Himmels- und Kriegsgott,
- Varuna, der Erhalter der kosmischen Ordnung, der die Macht hat, zu strafen und zu belohnen.

Spätere Götter sind:

- Brahma, der Erschaffer, der Herr aller Geschöpfe, der nicht angebetet wird.
- Sarasvati, seine Gemahlin, ist die Göttin der Gelehrsamkeit und Wahrheit.
- Vishnu, der Erhalter, der sich zehnmal inkarnierte, um so als »Avatara« (*sanskrit* »der Herabgestiegene«) den Menschen zu Hilfe zu kommen. Immer wenn der Dharma (die Weltordnung) in Gefahr geriet, zerstört zu werden, stieg er herab und stellte die Ordnung wieder her. Er verkörperte sich als

    Fisch, Schildkröte, Eber, Löwe und Zwerg;
    als Purusha-Rama und Rama-Chandra;
    als Krishna, der nicht nur Avatara Vishnus ist, sondern gleichzeitig auch ein eigener, sehr beliebter Gott.
- Der neunte Avatara ist Buddha, »der Erleuchtete«.

- Der zehnte Avatara wird Kalki sein, der noch nicht erschienen ist.
- Lakshmi, seine Gemahlin, ist die Göttin der Schönheit und des Glücks.
- Shiva, der Zerstörer, der die Welt am Ende eines Weltzyklus vernichtet, dann aber neues Leben spendet. Er ist gleichzeitig Zerstörer und Schöpfer, Quelle des Guten und Bösen und Bekämpfer von Dämonen.
- Kali-Durga, seine Gemahlin, ist die »große Mutter«, Symbol des Gerichtes und des Todes.

Die drei Gottheiten Brahma, Vishnu und Shiva werden auch als dreigestaltige Gottheit »Trimuti« gesehen. Durch Brahma entstand das Universum, Vishnu erhält es, und Shiva wird es am Ende wieder zerstören.

Der Verehrung des Schöpfergottes Brahma kommt heute nur noch eine geringe Bedeutung zu. Die bedeutendsten drei Hauptrichtungen bezüglich der Götterverehrung sind:

- Der Vishnuismus, der den Gott Vishnu oder eine seiner Inkarnationen (z. B. Krishna oder Rama) verehrt;
- der Shivaismus, in dessen Mittelpunkt der Gott Shiva, der »Herr der Yogis« steht;
- der Shaktismus, der sich in seiner Verehrung der Muttergottheit Durga-Kali zuwendet.

Diese drei Hauptrichtungen haben zusammen wiederum 35 verschiedene Richtungen und Schulen hervorgebracht, die sich durch unterschiedliche Rituale und Heilswege unterscheiden. Auch haben sie jeweils eigene Schriften verfasst, die zusätzlich zu den anerkannten Offenbarungsschriften des Vedismus ihre Beachtung finden.

I. 6. 6. Atman und Brahman

Einen zentralen Platz in der hinduistischen Religion nehmen die Begriffe »Brahman« und »Atman« ein. Das Brahman wird als unpersönliche, schöpferische Potenz verstanden, als Weltseele im Universum, aus der alles Sein hervorgeht und in die alles zurückgeht, wenn es seine individuelle Existenz beendet hat. Es ist ein absolutes, kosmisches Prinzip, das alles umfasst. Es ist ewig, formlos, unveränderlich, unbegrenzt, immateriell und überall vorhanden. Es lebt in allen Göttern, aber auch in allen irdischen Geschöpfen.

Der Atman ist eher als Einzelseele zu verstehen, als menschliches Bewusstsein, als die Summe aller Lebenskräfte. Man könnte ihn als »göttlichen Teil«, als die transzendente Verbindung zum Brahman bezeichnen. Er ist in jedem Menschen verborgen und inkarniert bei dessen Tod in eine andere Lebensform.

Erst wenn Samsara*, das Rad der Wiedergeburten, beendet ist, wird Atman sich wieder mit Brahman vereinigen. Diesen Vorgang kann man allegorisch mit einem Regentropfen vergleichen, der seinen Weg wieder zurück in den Ozean findet.

Die indische Mystik würde allerdings nie eine so deutliche Trennung zwischen diesen Begriffen Brahman und Atman vollziehen, wie das im westlichen, rational-logischen Denken der Fall ist. Ein Zitat soll dies verdeutlichen.

> Atman bedeutet demnach »Weltseele, der grenzenlose Ozean des Seelenuniversums« sowie »Einzelseele, meine eigene Seele«. Wer immer diese zwei völlig widersprüchlichen Gedanken zu Ende denken und sie als einen sehen kann, hat angefangen, die Essenz des Hinduismus zu begreifen … (»Lexikon der indischen Mythologie«, S. 57).

Diese philosophischen Assoziationen werden nur dann verständlicher, wenn man bedenkt, dass es nach den meisten hinduistischen Philosophien keine tatsächlichen individuellen Seelen gibt, keine einheitlich geschlossenen Wesenheiten, sondern dass die göttliche Allseele alles in allem ist. Auch jede körperliche Erscheinung wird letztlich als Illusion (Maya) betrachtet. Dies kommt auch in einer indischen Parabel zum Ausdruck:

> Ein Vater gibt seinem Sohn eine Nuss und fragt ihn: »Was ist in der Nuss?« »In der Nuss ist der Kern« lautet die Antwort. »Und was ist im Kern?« »Im Wesentlichen der Nussbaum, der vielleicht eines Tages aus ihm wächst.« »Und was ist noch tiefer im Innern der Nuss?« Antwort: »Die Essenz des Lebens, das, was das Wachstum und die Befruchtung aller Lebewesen verursacht, das Geheimnis der Natur.« »Und was ist darin?« lautet die nächste Frage. Als der Sohn keine Antwort mehr zu geben weiß, erklärt ihm der Vater: »Das bist du!«

Diese Parabel will uns verdeutlichen, dass wir nicht das sind, was uns von anderen Lebewesen unterscheidet, sondern das, was uns mit der Essenz des Lebens, des Universums verbindet.

Doch bei der Vielfalt der hinduistischen Glaubensvorstellungen werden auch die Begriffe Atman und Brahman unterschiedlich gedeutet. Während einige Richtungen glauben, dass Atman und Brahman letztendlich identisch sind, gehen andere

---

* **Samsara**: Im Buddhismus die Kette der Existenzen. Jeder Mensch wird von einem Leben ins nächste gezogen, bis er sich von Gier, Angst und Zorn völlig befreit hat. Dann hat er die Kette durchbrochen und kann ins *Nirvana* eingehen. Folglich bedeutet *Samsara* jetzt »Schicksal, Bestimmung, Verhängnis«. (»Lexikon der indischen Mythologie«, Seite 260)

Gruppen davon aus, dass die Einzelseele (Atman), auch wenn sie sich wieder mit dem All-Einen (Brahman) verbindet, ihre Individualität behält. Nur das Ziel ist in allen unterschiedlichen Richtungen immer das gleiche, nämlich das Eintauchen oder Verschmelzen des Atman mit Brahman, dem höchsten göttlichen Prinzip.

I. 6. 7. Der Dharma

Das oberste Prinzip, nach dem alles Sein geordnet ist und alle Folgen und Abläufe in der Welt geregelt sind, ist der »Dharma«, ein ewiges, unveränderliches Weltgesetz oder ein alles bestimmendes Prinzip. Der Dharma

- steht über allen Göttern;
- er hält die ewige Ordnung des Kosmos aufrecht;
- regelt die rituellen Handlungen;
- legt allgemeine sittliche Normen fest
- und schreibt den Kastenangehörigen, je nach Kaste, unterschiedliche Gesetze und Verhaltensregeln vor.

Der Dharma hat nichts mit Bestrafung oder Belohnung zu tun, sondern soll den Gläubigen helfen, ihren Stand in der Gesellschaft anzunehmen. Alles was dem Hindu widerfährt, Gutes oder Böses, ist Dharma, sein unabänderliches Schicksal. Nach dieser Philosophie wird der Mensch zu einem manipulierten Subjekt, das von einer undefinierbaren Macht gesteuert wird.

I. 6. 8. Samkhya-Philosophie

Von den sechs verschiedenen philosophischen Systemen des Hinduismus soll hier nur die Samkhya-Philosophie genannt werden. Sie geht von zwei unterschiedlichen Prinzipien aus: **Prakriti**, die Urmaterie, ist

- weiblich,
- negativ,
- materiell,
- aktiv, aber unbewusst.

Purusha, die geistige Individualseele, ist

- männlich,
- positiv,
- bewusst, aber passiv.

Der Begriff »Materie« umfasst dabei nicht nur die grobstoffliche, sichtbare Natur, sondern auch alle unsichtbaren, aber erfahrbaren Bewusstseinsprozesse, wie das Ich-Bewusstsein, das Denkvermögen und geistige Tätigkeiten, die auch als »feinstoffliche Elemente« bezeichnet werden. Die Materie (Prakriti) umgibt und bedrängt die Individualseele des Menschen, so dass er fälschlicherweise glaubt, an die Materie mit ihren Wünschen und Begierden gebunden zu sein. Durch Yoga oder andere bewusstseinserweiternde Praktiken soll die Seele zu der Erkenntnis geführt werden, dass sie frei und ungebunden ist. Nur so hat sie die Möglichkeit – jenseits von Zeit und Raum – zurückzukehren zu der Universalseele (Brahman), um sich mit ihr zu vereinigen.

I. 6. 9. Das Kastenwesen

Ein besonderes Charakteristikum des Hinduismus, das ihn sowohl vom Buddhismus, als auch von allen anderen Religionen unterscheidet, ist das Kastenwesen. Das Wort »Kaste« bedeutet in der altindischen Sanskrit-Sprache »Farbe« und in portugiesisch »Rasse, Stamm oder Stand«.

Nach der Vorstellung der Brahmanen gibt es innerhalb der Menschheit verschiedene Klassen (Kasten), die sich gegeneinander abgrenzen, je nachdem, was ihnen aufgetragen oder verboten ist. Der Inder wird aufgrund seines Karmas in eine bestimmte Kaste hineingeboren, an die er sein Leben lang gebunden ist. Der Wechsel in eine andere Kaste ist nur durch eine Wiedergeburt (Reinkarnation) möglich.

Wenn dem gläubigen Hindu im metaphysischen Bereich seiner Religion auch eine Vielzahl von verschiedenen Wegen offen stehen, die ihm eine größtmögliche Glaubensfreiheit zusichern, so ist er andererseits aber mehr oder weniger (je nachdem, wie eng er mit den Traditionen verwachsen ist) gebunden an die unzähligen Kastenvorschriften, die sein persönliches Leben bis in alle Details hinein zu bestimmen versuchen (z. B. durch Vorschriften in Bezug auf die Ernährung und den Umgang mit anderen Menschen oder bestimmte rituelle Handlungen).

Das Kastenwesen ist ein religiös-gesellschaftliches System, das in vier große Hauptkasten und 3 000 bis 4 000 Unterkasten aufgeteilt ist. Die vier Hauptkasten und ihre ursprüngliche Bedeutung:

- *Brahmanen* (Priester) Nur ihnen war es aufgetragen, sich mit geistigen Weisheiten zu beschäftigen und den Veda zu studieren. Die brahmanischen Priester betrachteten sich als die, die den Göttern am nächsten standen. Sie lebten von den Gaben ihrer Anhänger, denn Arbeit war ihnen verboten. Man sagt ihnen auch heute noch eine besondere Heiligung nach und ihre ethischen und geistlichen Tugenden sollen die aller anderen Menschen übertreffen. Doch muss nicht jeder Brahmane ein Priester sein, sondern kann durchaus auch Angestellter eines Shudras sein, bleibt rituell gesehen aber immer der Höherstehende.

- *Kshatriyas* (Könige und Soldaten) Sie repräsentierten die weltliche Macht.
- *Vaishyas* (Kaufleute, Bauern, Ärzte und Lehrer) Diese Kaste sorgte für Fruchtbarkeit, Gesundheit, Wohlstand und Bildung.
- *Shudras* (Handwerker und Arbeiter) Diese Kaste war dazu geschaffen, den ersten drei Kasten zu dienen.
- Die fünfte große Gruppe der Hindus sind die »Unberührbaren« (Parias), die keiner Kaste angehören. Sie waren fast rechtlos und durften nur die niedrigsten Arbeiten verrichten.

Dieses Denken wurde im Laufe der Zeit von vielen Indern immer öfter hinterfragt. Der Sektenexperte Friedrich Wilhelm Haack zitierte bereits 1984 die kritische Äußerung eines damaligen Führers der Unberührbaren:

> Die »Karma-Theorie« ist eine brauchbare Philosophie für die besitzenden Klassen. Warum sind sie reich? Aufgrund ihrer zahllosen guten Taten in ihrem früheren Leben. Warum sind die Armen arm? Weil sie zahllose Verbrechen begangen haben. Wird auch er Punya (Frucht guter Taten) gewinnen, wenn er dem Gott dient? Sicher, lasst uns abwarten. Lasst ihn dienen, ohne dass er Forderungen zu stellen hat. Wenn er irgendeine gute Tat vollbringt, so hat er das zu tun, ohne Vorbedingungen, ohne irgendeinen Lohn zu erwarten. Wenn er Lohn erwartet und deshalb gute Taten vollbringt, mag es sein, dass er keinerlei Ergebnis erzielt. Können wir uns eine bequemere Philosophie in den Händen der herrschenden Klasse vorstellen als die »Karma-Theorie«? (»Eine Kastenordnung für das Abendland«, S. 13).

Viele theologische Gruppierungen lehnen das Kastenwesen ab, und auch die indische Regierung hat es offiziell abgeschafft. Doch man kann davon ausgehen, dass das Alltagsleben, besonders in den ländlichen Gegenden Indiens, immer noch vom traditionellen Kastendenken geprägt ist. Gleichzeitig hat sich aber das Denken der modernen Inder von den alten Glaubensvorschriften so weit gelöst, dass man im Juli 1997 einen Mann aus der Kaste der Unberührbaren (Kocheril Raman Narayanan) zum Ministerpräsidenten wählte.

I. 6. 10. Karma und Reinkarnation

Die Lehren von Karma und Reinkarnation wurden erstmals in der nachvedischen Zeit von den Brahmanen entwickelt. Heute sind sie in unterschiedlichen Versionen sowohl in verschiedenen fernöstlichen Religionen, als auch in esoterisch-neugnostischen Weltanschauungen, vorhanden. Wiedergeburt oder Reinkarnation bedeutet, dass sich nach dem Tod des Menschen seine Seele (Atman) wiederverkörpert und eine neue Lebensform als Mensch, Tier oder Gott annimmt. Durch gute Taten im Leben sammelt er positives Karma an, durch schlechte Taten negatives. Die Summe seiner Handlungen und Taten bestimmt die nächste Stufe seiner Wiedergeburt. Wenn seine schlechten Taten die guten übertreffen, wird er als »Shudra«, in die unterste der vier Kasten, als »Unberührbarer« oder Ausländer, und im ungünstigsten Fall sogar als Tier oder Insekt wiedergeboren. Hier liegt auch die Ursache für den im fernen Osten und in der Esoterik weit verbreiteten Vegetarismus. Dabei geht es viel weniger um gesundheitliche Aspekte, als viel mehr um die Angst, beim Schlachten eines Tieres vielleicht einen Verwandten zu töten, der in dieses Tier inkarnierte. Überwiegen die guten Taten, erreicht er die nächst höhere Stufe im »Samsara-Rad« der Wiedergeburten. Dave Hunt macht an einem Beispiel deutlich, welch ein negativer Kreislauf durch das Karma-Gesetz in Gang gehalten wird:

> Da Reinkarnation eine Grundüberzeugung der Hexerei ist, überrascht es nicht, dass sie in ihrem Wesen *unmoralisch* ist. Wenn ein Ehemann seine Frau schlägt, verursacht das Gesetz von Ursache und Wirkung des Karma, dass er in ein nächstes Leben wiedergeboren wird, in welchem er dann eine Frau ist, die von ihrem Mann geschlagen wird. *Dieser* Ehemann (der von seinem Karma zum Frauenschläger bestimmt wurde) muss wiederum in *seinem* nächsten Leben als Frau wiederkommen, die von ihrem Mann geschlagen wird; ein Mörder muss beim nächsten Mal als Opfer eines Mörders wiederkommen und so weiter und so fort, ohne Ende. Anstatt das Problem des Bösen zu lösen, setzen Karma und Reinkarnation es in einer unendlichen Wiederkehr fort (»Die okkulte Invasion«, S. 21).

Während die Menschen im Westen oft große Anstrengungen unternehmen, um sich aus einer sozialen Unterschicht hochzuarbeiten, muss der Hindu seine soziale Stellung als unabänderliches Schicksal akzeptieren. Ein Bettler ist deshalb ein Bettler, weil er in diesen Stand hineingeboren ist. Es ist sein Karma, gegen das er nichts auszurichten vermag. Aus diesem Grund wird ihm auch kaum Mitleid entgegengebracht, denn nur dadurch, dass er sein Schicksal klaglos annimmt, hat er die Chance, negatives Karma abzuarbeiten. Das Karma-Gesetz zwingt den Gläubigen in ein unerbittliches Schicksal, aus dem es kein Entrinnen gibt.

Menschen, die ihr Leben bedingungslos einer mystischen Macht unterstellen, werden kaum Schritte zur Verbesserung ihrer sozialen Situation unternehmen. Ihre Anstrengungen sind vorwiegend darauf ausgerichtet, ihr negatives Karma aus dem früheren Leben abzuarbeiten. Das geschieht aber weniger durch soziale Taten, sondern eher durch Götterverehrungen, religiöse Riten, Askese oder Meditationen, die letztlich einen Rückzug des Menschen aus der Realität bewirken können. All diese Anstrengungen sind egozentrisch auf das eigene »Ich« ausgerichtet. Dagegen fordert die Bibel den Menschen auf, im Sinne der Nächstenliebe Gutes zu tun, mildtätig und barmherzig zu sein. Nicht umsonst sind die meisten sozialen und caritativen Einrichtungen in Indien von Christen ins Leben gerufen worden. Hier drängt sich die Frage auf, ob die allgemeinen sozialen Missstände in Ländern, in denen der Hinduismus vorherrscht, nicht auch auf das Karma-Denken zurückzuführen sind.

Wenn man bedenkt, dass das Ziel jedes Hindus darin besteht, die Kette der Wiedergeburten zu durchbrechen und »Moksha« (Befreiung) vom Dasein zu erlangen, wird es völlig unverständlich, warum gerade die Lehre von Karma und Wiedergeburt vielen westlichen Menschen heute so attraktiv erscheint.

Die Reinkarnation darf auf keinen Fall mit der christlichen Wiedergeburt verwechselt werden. Die Wiedergeburt im biblischen Sinne ist ein rein geistlicher Prozess (siehe Seite 35): Sie vollzieht sich in dem Prozess der Bekehrung des Menschen. Erst wenn der Mensch sein ganzes Vertrauen auf Jesus Christus setzt, seine Schuld vor ihm bekennt und ihm die Leitung über sein weiteres Leben anvertraut, wird Gott, als Antwort auf diese Umkehr, seinen Heiligen Geist in das menschliche Herz ausgießen. Durch diesen einmaligen Akt ist der Mensch wiedergeboren durch den Geist Gottes. Dadurch wird er ein lebendiges Glied am Leib Christi und erhält gleichzeitig sein Bürgerrecht im kommenden Reich Gottes (Joh.1,13; Kap. 3; 1. Petr. 1,3.4).

Eine Seelenwanderung im Sinne der hinduistischen und griechischen Mystik wird an keiner Stelle der Heiligen Schrift gelehrt, sondern sie sagt voraus, dass die geistig-seelische und personhafte Struktur des Menschen nach seinem irdischen Tod erhalten bleibt. Er wird überkleidet mit einem geistlichen Leib und dann zu einer einmaligen Auferstehung kommen (1. Kor. 15,44-50; 2. Kor. 5,8).

I. 6. 11. Astrologie

Zu den vielen verschiedenartigen Fassetten des Hinduismus gehört – wie bei uns im Westen – auch die Astrologie, die einen prägenden Einfluss auf das Alltagsleben des Hindu ausübt:

> Weitaus wichtiger für das tägliche Leben als die eher idealtypische Karma-Vorstellung ist die Astrologie. Von ihr ist schon in den Brahmanas die Rede, voll ausgestaltet wurde sie etwa um 500 n. Chr. Die Lehre von den Sternen berührt alle Lebensbereiche, von der Wahl des Ehepartners über die Anlage von Tempelbauten bis zur Festlegung des besten Zeitpunktes für Unternehmungen aller Art. Wenn etwas misslingt, sucht ein Hindu den Grund dafür in seinem Horoskop oder religiösem Fehlverhalten und nicht in seinem Karma, auf das er sowieso keinen direkten Einfluss hat. Der Glaube an die Macht der Sternenkonstellation zieht sich quer durch alle Schichten. Auch unter Akademikern ist kaum einer zu finden, der die Astrologie rundweg ablehnt (»Religionen der Welt«, S. 171).

I. 6. 12. Glaubensziel

Oberstes Ziel des hinduistischen Glaubens ist es, sich mit Brahman zu vereinen, wobei das Brahman, je nach philosophischer Richtung oder theologischer Schule, verschiedene Deutungen erhält. So sehen es die einen als persönlichen Gott, die philosophisch geprägten Gruppen sehen es als unpersönlichen Weltgeist und aus atheistischer Sicht wird es als Urmaterie verstanden.

Diese Vereinigung von Atman und Brahman ist nur möglich, wenn man Samadhi, den »höchsten Bewusstseinszustand«, erreicht hat (siehe Seite 167). Dazu stehen dem Hindu verschiedene Schulungswege zur Verfügung. Mit Askese, Yoga, Meditationen oder bestimmten Ritualen muss er sich diesen Weg hart erarbeiten und auch die Hilfe von Göttern ist dabei unverzichtbar.

1. 6. 13. Gegenüberstellung der Heilswege

In der Reinkarnation	**In der Christlichen Wiedergeburt**
Die schlechten Taten des Menschen verhindern seine Erlösung.	Die Sünde des Menschen versperrt ihm den Weg zu Gott.
Er hat keine Sündenerkenntnis – alles ist Karma. Selbst wenn er Schuld erkennt und bereut, wer sollte ihm vergeben, wenn es keinen persönlichen Gott gibt?	Der Christ darf seine Schuld vor Gott und Jesus Christus bekennen und Gott sichert ihm die Vergebung zu. Wenn wir aber unsere Sünden bereuen und sie bekennen, dann dürfen wir darauf vertrauen, dass Gott seine Zusage treu und gerecht erfüllt: Er wird unsere Sünden vergeben und uns von allem Bösen reinigen (1. Joh. 1,8.9).
Deshalb muss er das negative Karma seines früheren Lebens in weiteren Inkarnationen durch bestimmte Regeln, Askese, Meditation und Götterverehrung abarbeiten. Sein Ziel, die unendliche Kette der Wiedergeburten zu durchbrechen, liegt immer in weiter Ferne, da er nie weiß, wie viele Inkarnationen er noch vor sich hat.	Wenn er bereit ist, Jesus Christus als persönlichen Herrn und Retter anzuerkennen, sichert ihm die Bibel ein ewiges Leben in der Herrlichkeit Gottes zu. Er hat schon in diesem Leben die Gewissheit seiner Erlösung. Die ihn aber aufnahmen und an ihn glaubten, denen gab er das Recht, Gottes Kinder zu

In der Reinkarnation	In der Christlichen Wiedergeburt
	sein. Das wurden sie nicht, weil sie zu einem auserwählten Volk gehörten, auch nicht durch menschliche Zeugung und Geburt. Dieses Leben gab ihnen allein Gott (Joh. 1,12.13; 1. Joh. 5,12.13).
Sein Leben endet in der gähnenden Dunkelheit des Alls, wo er von einem unpersönlichen Allgeist absorbiert wird. Seine Individualität ist entweder nur noch ansatzweise vorhanden oder wird völlig ausgelöscht.	Gottes Geist wird ihn zur Auferstehung bringen und er wird im Hause seines liebevollen, himmlischen Vaters leben, wobei seine Individualität erhalten bleibt.

Literaturnachweis

»Handbuch religiöser Gemeinschaften«, für den VELKD-Arbeitskreis, Gütersloher Verlagshaus, 1993

»Religionen der Welt« von Thomas Schweer u. Stefan Braun, Heyne Verlag, 1995

»Enzyklopädie der Religionen«, Weltbild Verlag, 1990

»Die fünf Weltreligionen« von Helmuth von Glasenapp, Eugen Diederichs Verlag, 1996

»Knaurs grosser Religionsführer« von Gerhard J. Bellinger, Droemer Knaur, 1992

»Das neue Lexikon der Esoterik« von Marc Roberts, Goldmann Verlag, 1995

»Lexikon der indischen Mythologie« von M. Görden u. H. CH. Meiser Heyne Verlag, 1994

»Christentum und Weltreligionen« von H. Küng, J. v.Ess, H.v. Stietencron und H. Bechert, R.Piper GmbH & Co.KG, 1984

»Eine Kastenordnung für das Abendland« v. F. W. Haack, Evg. Presseverband f. Bayern, aus d. Reihe »Münchner Texte«

»Die Schönheit des Selbst« von H. D. G. A.C. Bhaktivedanta Swami Prabhupada, The Bhaktivedanta Book Trust, 1979

»Die okkulte Invasion« von Dave Hunt, CLV, 1998

I. 7. Kurzdarstellung des Buddhismus

Die viertgrößte Religion der Erde ist der Buddhismus, der als Reformbewegung aus dem Hinduismus hervorgegangen ist. Er entstand ca. 600 v. Chr. und ist heute in 86 Ländern der Erde verbreitet.

Viele spezifisch brahmanistische Elemente des Hinduismus sind im Buddhismus nicht mehr vorhanden. Buddha lehnte den Veda als heilsnotwendige Schrift ab, ebenso die Vorrangstellung der Brahmanen, das indische Kastenwesen und eine Gottesvorstellung im Sinne eines höheren Seins. Auch für sich selbst hat er niemals den Anspruch auf göttliche Verehrung erhoben. Die heute bekannten Anbetungsrituale setzten erst nach seinem Tod ein. In später entstandenen buddhistischen Richtungen wird die Existenz von Göttern zwar nicht geleugnet, aber sie besitzen auch dort keine Allmacht.

I. 7. 1. Geschichtliche Entwicklung

Der Name Buddha bedeutet »der Erwachte«, d.h. der, welcher Einsicht und Erleuchtung (Bodhi) und strahlende Weisheit erlangt hat. Es gibt unterschiedliche Ansichten darüber, ob Buddha die Inkarnation eines vorhergehenden Buddhas war, eine Inkarnation des Gottes Vishnu oder die des Sonnengottes.

Ca. 550 v. Chr. wurde er als Prinz Siddharta Gautama im nordindischen Staate Sakaya geboren. »Siddharta« ist ein Ehrenname und bedeutet »der, der das Ziel erlangt hat«. Er lebte in der Abgeschiedenheit des väterlichen Königspalastes, von allen Leiden der Welt verschont. Es wird berichtet, dass der junge Siddharta Gautama auf seinen ersten drei Ausflügen in die nahe gelegene Stadt erkannte, dass Alter, Krankheit und Tod unabwendbare menschliche Schicksale sind. Auf dem vierten Ausflug begegnete er einem Bettelmönch, der in heiterer Gelassenheit alles Irdische abgelegt hatte. Dieses Erlebnis brachte ihn zu der Annahme, dass die einzige Möglichkeit, der scheinbar unabänderlichen Schicksalhaftigkeit des menschlichen Seins zu entgehen, die sei, alles irdische Streben und Begehren abzulegen. Er beschloss, seine Frau und seinen gerade erst geborenen Sohn zu verlassen und sein Leben im behüteten Wohlstand gegen die Heimatlosigkeit und das asketische Dasein eines Mönches einzutauschen. Mittellos und nur mit dem gelben Mönchsgewand bekleidet, machte er sich auf die Suche nach einer neuen Lebensweise, um das unabänderliche Leid zu überwinden.

Der Aufenthalt bei zwei Yogis verschaffte ihm zwar »höhere Bewusstseinszustände«, aber die Ergebnisse befriedigten ihn noch nicht. In den folgenden sechs Jahren lebte er zusammen mit fünf Asketen in der Waldeinsamkeit. Er übte strengste Askese, die ihn bis zur völligen Abmagerung und an die Grenzen seiner physischen Kräfte brachte. Trotzdem musste er erkennen, dass auch diese

Methode nicht zu dem Ziel führte, welches er erhoffte. Er nahm wieder Nahrung zu sich, erholte sich von den Auswirkungen seines Hunger-Daseins und zog weiter. Am Ufer eines Flusses, unweit von Patna, ließ er sich im Lotossitz unter einem Feigenbaum nieder, entschlossen, nicht eher aufzustehen, bis ihm die Erleuchtung zuteil werden würde. Nachdem er in tiefe Versenkung geraten war, erlangte er endlich die vollständige Erleuchtung (Bodhi), die er gesucht hatte. Von diesem Tage an war er der Buddha.

Nach anfänglichem Zögern entschloss er sich, seine neu gewonnenen Erkenntnisse auch anderen Menschen mitzuteilen. Sein nächster Weg führte ihn nach Benares, wo er wieder auf die fünf Mönche traf, mit denen er zuvor gelebt hatte. Vor ihnen hielt er seine erste Predigt, die »Predigt von Benares«, in der er über die »vier edlen Wahrheiten« sprach, die ihm während seiner Erleuchtung zuteil geworden waren. Er empfahl seinen Zuhörern, den »mittleren Weg« zu gehen, der zwischen einem Leben in übertriebener weltlicher Lust einerseits und dem Leben in strengster Askese andererseits verläuft. Dieser »mittlere Weg« ist die zentrale Lehre des Buddha und wird auch als »achtfacher Pfad« bezeichnet (siehe Seite 92).

Zum Zeitpunkt seiner Erleuchtung war Buddha etwa 35 Jahre alt. In den folgenden 45 Jahren, bis zu seinem Tode, zog er predigend durch das südliche Himalaja-Gebiet. Dabei gewann er immer mehr Anhänger, die alle von Almosen lebten und während der Regenzeit in Unterkünften wohnten, die ihnen von Gönnern zur Verfügung gestellt wurden. Aus dieser Anhängerschaft entwickelten sich Mönchsgemeinschaften, deren Erkennungsmerkmale der kahlgeschorene Kopf, die gelbe Robe und das dreimalige Rezitieren der neuen Zufluchtsformeln waren:

- Ich suche meine Zuflucht bei Buddha,
- ich suche meine Zuflucht bei Dharma (Lehre),
- ich suche meine Zuflucht bei Sangha (Gemeinde).

Als seine Jüngerzahl auf sechzig Personen angestiegen war, sandte er sie aus, um seine Botschaft zu predigen. Buddha starb mit 80 Jahren, nachdem er seine Mönche noch einmal aufgefordert hatte:

> Nach meinem Tod lehrt das Gute, tut das Gute, handelt gut. Wo auch immer so getan wird, werde ich zugegen sein.

Nach der Verbrennung seines Leichnams wurde seine Asche auf die neun Königreiche, in denen er seine Lehren verbreitet hatte, verteilt. Seine Reliquien wurden in kostbaren Gefäßen aufbewahrt, über denen große Grabhügelbauten in Halbkugelform, die »Stupas«, errichtet wurden.

I. 7. 2. Schrifttum

Da Siddharta Gautama als Buddha keine Zeile geschrieben hat, sondern seine Lehren erst nach seinem Tod von seinen Jüngern schriftlich niedergelegt wurden, gibt es eine Fülle von Aussprüchen und Predigten, die unter seinem Namen im Umlauf sind. Sie wurden in verschiedenen Sprachen verfasst, u.a. in Sanskrit, in den mittelindischen Dialekten Pali und Prakrit, in Chinesisch und in Tibetisch. Die ersten buddhistischen Schriften werden »Dreikorb« (Tripitaka) oder »Palikanon« genannt, denn sie wurden im Pali-Dialekt verfasst. Weil die beschriebenen Palmblätter in Körben aufbewahrt wurden, gliedern sie sich in die drei folgenden »Körbe«:

Der »Korb der Ordnung« (Vinaya-Pitaka) enthält eine Materialsammlung über die Person des Buddha und die Entstehung des Ordens, sowie die Regeln für das Mönchsleben.

Der »Korb des Leitfadens« (Sutta-Pitaka) beinhaltet die Lehren des Buddha und Legenden aus dessen früheren Existenzen.

Der »Korb der höheren Lehre« (Adhidhamma-Pitaka), dessen Inhalt nicht für die Allgemeinheit bestimmt ist, enthält wissenschaftlich-dogmatische Ausführungen.

Für die konservativen Theravadins-Buddhisten bildet der Dreikorb die alleinige Richtschnur für ihre Lehre. Andere buddhistische Richtungen haben dieser Grundlehre zusätzliche Schriften zur Seite gestellt, die philosophische Gedanken oder praktische Anweisungen enthalten.

I. 7. 3. Kosmogonie

Ähnlich wie im Hinduismus gibt es auch im Buddhismus die unterschiedlichsten mystischen Lehren über die Entwicklung des Kosmos und die Herkunft des Menschen.

Im Makrokosmos existieren nach buddhistischer Auffassung viele verschiedene Weltsysteme, die alle aus ewigem leeren Raum hervorgegangen sind. Jedes dieser Systeme hat eine Ober-, eine Mittel- und eine Unterwelt. In den Unterwelten liegen kalte und heiße Höllen, in denen die Übeltäter zeitlich begrenzte Qualen erleiden. Die Mittelwelt bildet die Erdscheibe, mit dem Berg Meru im Mittelpunkt. Die Erde, als die »Region der Begierde«, ist bewohnt mit Menschen, Tieren, Geistern und Dämonen. Der Berg Meru wird von Sonne, Mond und Sternen umkreist, auf denen die Götter in der »Region der reinen Formen« und der »Nicht-Formen« in fliegenden Palästen ein begierdefreies Dasein führen.

Wie im Hinduismus sind alle Weltsysteme in einen ständigen Zyklus von Werden und Vergehen eingebunden, der jeweils 20 Kalpas (Weltperioden) dauert, wobei ein Kalpa 1 680 000 Jahre umfasst.

Es gibt zwei Arten von Kalpas, das »Mahakalpa der Leere«, in dem kein Buddha in Erscheinung tritt, und das »Buddha-Mahakalpa«, in dem bis zu fünf verschiedene Buddhas auftreten können.

I. 7. 4. Die Welt der Buddhas

Zur Zeit befindet sich die Welt im »Buddha-Mahakalpa«. Vier Buddhas sind bereits erschienen, von denen Siddharta Gautama der vierte war. Der fünfte, mit Namen »Maitreya«, wartet im Himmel der Thushita-Götter auf den Zeitpunkt seiner Buddhaschaft. So, wie es verschiedene Weltsysteme gibt, gibt es auch viele verschiedene Buddhas. Der Ur-Buddha befindet sich im Nirvana und ist »reines Licht«. Durch fünf »kontemplative Entfaltungen seiner selbst« erschuf er fünf »Dhyani-Buddhas« (Buddhas der Meditation), die einen geistigen Leib haben und sich ebenfalls im Nirvana aufhalten. Weil sie von dort aus nicht auf der Erde wirken können, erzeugen sie, wieder durch Kontemplation, fünf »Dhyani-Bodhisattvas«, die für die jeweilige Ablösung der Weltensysteme sorgen. Einer dieser Bodhisattvas ist »Avalokitesvara«;

- er inkarnierte sich in Buddha Gautama;
- gilt als Inbegriff aller Barmherzigkeit und wird oft mit zehn nach allen Richtungen blickenden Gesichtern dargestellt.
- In China nimmt er die weibliche Form der Göttin Kuan-yin an;
- in Japan ist er ebenfalls weiblich und heißt Kwannon und
- in Tibet wird der Dalai-Lama als seine Inkarnation betrachtet.

Zu den fünf Dhyani-Bodishattvas kommen noch fünf »Manushi-Buddhas« in menschlicher Gestalt, die auf der Erde die Wahrheit verkünden. Zu ihnen gehören Buddha Gautama und Buddha Maitreya, der erst in Zukunft erwartet wird.

I. 7. 5. Dharma

Im Gegensatz zum Hinduismus ist der Dharma nicht nur die zugrunde liegende Ordnung aller Dinge, sondern bezeichnet unter anderem auch die Lehre des Buddha. Im Buddhismus geht man von mehreren Dharmas aus.

> Eine systematische Klassifizierung der Dharmas ist unmöglich. Aber wir müssen verstehen, dass die Dharma-Vorstellung klarmachen will, dass die Welt und alles in ihr aus dem Zusammenwirken ganz verschiedener Faktoren resultiert. Es sieht zwar so aus, als ob die menschliche Person eine Einheit wäre, aber das ist nur eine Illusion. Die Person gleicht in Wirklichkeit einem beständig dahinfließenden

Strom von Dharmas, der sich ständig verändert und nach dem Tod zu einem neuen Individuum formiert (»Handbuch Weltreligionen«, S. 231).

I. 7. 6. Karma und Reinkarnation

Genau wie im Hinduismus gibt es auch im Buddhismus das Gesetz von Karma und Wiedergeburt, allerdings wird es anders definiert. Während man im Hinduismus von einer Einzelseele (Atman) ausgeht, die sich immer wieder neu inkarniert, in ihren Eigenschaften, ihrem Selbst, aber bei jeder Verkörperung gleich bleibt, ist diese Individual-Seele im Buddhismus nicht mehr vorhanden. Hier geht man davon aus, dass alle Individuen aus einzelnen Daseinsfaktoren bestehen. So ist der Mensch eine Zusammensetzung von zwölf verschiedenen Faktoren, die sich bei seinem Tod voneinander lösen, um sich bei einer Wiederverkörperung mit anderen Daseinsfaktoren zu einem neuen »Selbst« zu verbinden. Hier kann man nicht mehr von einer kontinuierlichen Seelenwanderung von einer Psyche zur anderen sprechen, sondern im Buddhismus ist der Mensch ein Wesen ohne Persönlichkeit.

I. 7. 7. Die vier edlen Wahrheiten

Die Erleuchtung, die dem Buddha Gautama unter dem Feigenbaum zuteil wurde, gliedert sich in »vier edle Wahrheiten«, die das Kernstück der buddhistischen Lehre bilden.

1. Wahrheit: Dies, ihr Mönche, ist *die edle Wahrheit vom Leiden:* Geburt ist Leiden, Alter ist Leiden, Krankheit ist Leiden, Sterben ist Leiden; mit Unlieben vereint sein ist Leiden. Von Lieben getrennt sein ist Leiden. Nicht erlangen, was man begehrt, ist Leiden. Kurz, das Verbundensein an die fünf Objekte des Ergreifens (skandhas) ist Leiden.

2. Wahrheit: Dies, ihr Mönche, ist *die edle Wahrheit von der Entstehung des Leidens:* Es ist der die Wiedergeburt erzeugende Durst, begleitet von Wohlgefallen und Begier, der hier und dort seine Freude findet: nämlich der Durst nach Lust, der Durst nach Werden und Dasein, der Durst nach Vergänglichkeit.

3. Wahrheit: Dies, ihr Mönche, ist *die edle Wahrheit von der Aufhebung des Leidens:* Die Aufhebung dieses Durstes durch restlose Vernichtung des Begehrens, ihn fahren lassen, sich seiner entäußern, sich von ihm lösen, ihm keine Stätte gewähren.

4. Wahrheit: Dies, ihr Mönche, ist *die edle Wahrheit von dem Weg, der hinführt zur Aufhebung des Leidens*: Es ist dies der edle »achtfache Pfad«, der da heißt: rechtes Glauben, rechtes Denken, rechtes Sprechen, rechtes Tun, rechtes Leben, rechtes Streben, rechte Konzentration, rechtes Sichversenken (»Knaurs großer Religionsführer«, S. 68).

I. 7. 8. Der edle achtfache Pfad

Der achtfache Pfad stellt die praktische Anleitung zum rechten Leben und damit zur Überwindung des Leidens dar, er gliedert sich folgendermaßen:

- Rechtes Glauben (die rechte Anschauung über die Entstehung und die Aufhebung alles Leidens).
- Rechtes Denken (Sich befreien von jeglicher Begierde und Gewalt.)
- Rechtes Sprechen (Nicht lügen oder jemanden verleumden.)
- Rechtes Tun (Nicht töten oder stehlen, keinen unerlaubten Geschlechtsverkehr.)
- Rechtes Leben (Berufe wie Jäger, Schlachter, Gefangenenwärter aufgeben, auch den Handel mit Tieren oder Menschen, mit Fleisch, Gift oder Alkohol.)
- Rechtes Streben (Schlechte Gedanken und Empfindungen abbauen oder gar nicht erst entstehen lassen, die guten aber fördern und zur Vollendung bringen.)
- Rechte Konzentration (Seinen Körper, seine Gedanken und Empfindungen genau beobachten.)
- Rechtes Sichversenken (Das Verweilen des Geistes in tiefster Versenkung.)

Während die beiden ersten Bereiche zur Weisheit führen, zeigen die drei folgenden den Weg zu einem moralisch einwandfreien Leben. Die letzten drei gehören zur Meditation und dienen dazu, sich von allen realen Bewusstseinszuständen zu lösen.

I. 7. 9 Parallelen zum Christentum?

In den Geboten dieses Pfades sehen heute viele Menschen eine Parallele zu den ethisch-moralischen Wertmaßstäben des christlichen Glaubens, und in einigen Punkten ist sie durchaus auch erkennbar. Auch Christen sind aufgerufen, sich von Begierden und Gewalt fernzuhalten, nicht zu lügen, niemanden zu verleumden, nicht zu töten oder zu stehlen und Geschlechtsverkehr nur innerhalb des Schutzbereiches der Ehe zu praktizieren. Auch die beiden Haupttugenden des Buddhismus, eine allumfassende Liebe zu allen Lebewesen und erbarmungsvolles Mitleid mit allen Leidenden, kann jeder Christ nur befürworten.

Dennoch bestehen Unterschiede in der praktischen Anwendung. Der Buddhist versucht diese Gesetze einzuhalten, um sich auf seinem Weg der Selbsterlösung vorzuarbeiten. Wenn er sich jeglicher Gewalt enthält, dann geht es ihm vordergründig nicht darum, dem anderen keinen Schaden zuzufügen, sondern eher darum, sein eigenes Karma zu verbessern. Die Befindlichkeit des Mitmenschen spielt dabei eine untergeordnete Rolle. Ein Beispiel soll dies verdeutlichen:

> Der Mönch eines buddhistischen Klosters ist beauftragt, Feuerholz aus dem Wald zu holen und bittet einen Klosterschüler, der noch keine Gelübde abgelegt hat, ihm zu helfen. Als ihre Arbeit das Abschneiden von Schlingpflanzen erfordert, bittet er den Schüler, es für ihn »erlaubbar« zu machen, worauf der Schüler ihn fragt: »Du meinst, ich soll sie abschneiden?« »Darum kann ich dich nicht bitten« antwortet der Mönch, »es verstößt gegen die Regeln. Mach es nur erlaubt … Es heißt in den Regeln, dass ein Mönch keine Pflanze abschneiden oder jemand anderen darum bitten darf, es für ihn zu tun. Aber wenn du mir erlaubst, eine abzuschneiden, dann darf ich es tun.« Als der Schüler Bedenken äußert über diese Praktik, weist der Mönch ihn darauf hin, dass es nur auf die Achtsamkeit ankomme. Ungläubig fragt der Schüler noch einmal nach: »Ändert sich durch Achtsamkeit für die Pflanze etwas? Ich dachte, Mönche sollten deswegen keine Dinge töten, weil dadurch ihr kamma [Paliwort für Karma] blockiert wird. Weil die schlechten Taten irgendwann wieder zu ihnen zurückkommen. Und weil dadurch anderen Wesen ein Leid zugefügt wird. Also, wie kann ich es für dich erlaubt machen? … verstößt du dann nicht gegen dein Gelübde? Das ist doch nur eine bequeme Art, eine unbequeme Regel zu umgehen … (»Wovon Buddha nichts erzählte. Stolpersteine auf dem Weg zur Erleuchtung«, S. 107, 108).

Der Christ enthält sich der Gewalt, weil er seinem Nächsten nichts Böses tun will. Er versucht zwar auch, damit den Gesetzen Gottes zu genügen, aber er weiß, dass das Einhalten der Gesetze ihn letztlich nicht ins ewige Leben bringen kann, denn seine Erlösung ist ein Gnadengeschenk Gottes, zu dem er nichts, aber auch gar nichts hinzutun kann. Sein Verhalten wird also nicht bestimmt von dem Gehorsam gegenüber den Regeln, sondern von der Liebe und Dankbarkeit seinem Schöpfer gegenüber.

In der fünften Stufe dieses buddhistischen Tugendpfades wird der Unterschied zum Christentum sehr deutlich. Die dort genannten Forderungen zielen eindeutig auf ein asketisches Leben ohne jeglichen Genuss und auf einen ausgeprägten Vegetarismus ab, dessen Begründung im Glauben an die Reinkarnation zu suchen ist. Die Bibel misst diesen Dingen keinerlei Bedeutung bei, wie die Worte aus Kolosser 2,20-23 zeigen:

> … Weshalb lasst ihr euch vorschreiben: »Du darfst dieses nicht anfassen, jenes nicht essen und ganz bestimmte Dinge nicht berühren«? Diese Gebote sind doch nichts anderes als von Menschen erdachte Verhaltensregeln. Möglich, dass Menschen, die danach leben, den Anschein von Weisheit erwecken, zumal sie fromm wirken und sich selbst bei diesen Anstrengungen nicht schonen. Tatsächlich aber hat dies alles überhaupt nichts mit der Ehrfurcht vor Gott zu tun, sondern es dient ausschließlich menschlichem Ehrgeiz und menschlicher Eitelkeit.

Auch die achte Stufe des Pfades lässt sich mit christlicher Überzeugung nicht in Einklang bringen, was im Artikel über Meditation auf Seite 155 ff noch zum Ausdruck kommt.

I. 7. 10. Gebote

Ebenso wie im Juden- und Christentum sind dem Menschen auch im Buddhismus 10 Gebote gegeben. Für Mönche, Nonnen und Novizen sind alle zehn Gebote bindend, dagegen fühlen sich die Laien nur zur Einhaltung der ersten fünf Gebote verpflichtet. Die folgenden fünf (6. bis 10. Gebot) betrachten sie als Empfehlung zur freiwilligen Beachtung.

Die zehn Gebote im Buddhismus:

1. Ich beobachte das Gebot, mich fernzuhalten von Vernichtung der Lebewesen.
2. Ich beobachte das Gebot, mich fernzuhalten von Diebstahl.
3. Ich beobachte das Gebot, mich zu enthalten unerlaubten geschlechtlichen Verkehrs.
4. Ich beobachte das Gebot, mich fernzuhalten von Lüge und Trug.
5. Ich beobachte das Gebot, mich zu enthalten des Genusses berauschender Mittel.
6. Ich beobachte das Gebot, mich zu enthalten des Essens zu ungehöriger Zeit.
7. Ich beobachte das Gebot, mich zu enthalten des Tanzens, Singens, der Musik und unanständiger Schauspiele, ferner des Gebrauchs der Blumenkränze, Wohlgerüche, Spezereien, Schönheitsmittel, Salben und Schmuckstücke.
8. Ich beobachte das Gebot, mich zu enthalten der Benutzung hoher und breiter Betten.
9. Ich halte das Gebot, mich fernzuhalten vom Tanzen, Singen und unanständiger Aufführungen.
10. Ich halte das Gebot, mich zu enthalten des Annehmens von Gold und Silber.

Vier Dinge hat Buddha für den menschlichen Geist als unfassbar bezeichnet:

- Das Wesen und den Machtbereich eines Buddha;
- das Wesen der Versenkung in die Meditation;
- das Funktionieren der karmischen Vergeltung;
- die Erklärung über die Entstehung und Entwicklung des Kosmos.

Wer sich mit diesen Fragen zu sehr beschäftigt und sie gänzlich ergründen möchte, hat den Buddhismus noch nicht verstanden. Er verharrt in Unwissenheit, und Unwissenheit ist die Ursache allen Leidens.

I. 7. 11. Glaubensziel

Wie in allen anderen Religionen geht es um die Erlösung des Gläubigen.

> Die Frage ist, wie kann die große Kluft zwischen dem allmächtigen, heiligen Gott und dem um sich selbst drehenden, eigenwilligen Menschen überwunden werden? Der Buddhismus nennt seine verschiedenen Schulen »Fahrzeuge« (Hinayana, Mahayana u.a.), die den riesigen Strom des Leidens und der Verlorenheit überqueren sollen, um ins Nirvana zu führen. Aber wer gibt die Garantie, dass die von Menschen gebauten »Fahrzeuge« auch stabil genug sind, um das andere Ufer zu erreichen? Die Bibel zeigt einen anderen Weg: Gott selbst macht sich auf, den Menschen in seiner Verlorenheit zu suchen (Gen. 3,9: »Adam, wo bist du?«) … (»Bibel und Gemeinde« 4/1988, S. 404).

Der buddhistische Pfad ist ein Weg der Selbsterlösung, der alles Tun und Lassen des Einzelnen auf sein eigenes Ego konzentriert. Gut ist das, was ihn selbst auf seinem Erlösungsweg voranbringt, alles andere ist zu meiden. Es ist

> der Versuch, durch das Schwimmen gegen den Lebensstrom zur Lebensquelle zu gelangen – ohne dabei zu trinken –, um die Quelle zu verstopfen, damit der Lebensdurst aufhört (»Bibel und Gemeinde« 4/1988, S. 402).

Das Ziel der Gläubigen ist das *Nirvana*, ein Zustand, der als »glückselige Nicht-Existenz« beschrieben wird. Es ist weder ein ewiges Leben, noch eine endgültige Vernichtung des Lebens. Vielmehr ist es ein Zustand, der nur erfahrbar ist, aber nicht mit Worten beschrieben werden kann. Es ist das völlige Erlöschen des krampfhaften Willens, am Leben festzuhalten.

Die buddhistische Lehre ist keine in sich abgeschlossene Ideologie, sondern wurde ständig ergänzt oder auch den jeweiligen anderen nationalen Glaubensvorstellungen angepasst. Aus dem Ur-Buddhismus entwickelten sich mit der Zeit drei verschiedene Hauptrichtungen, die sich wiederum in viele unterschiedliche Schulen aufgliedern. Auch wenn es größere Gegensätze in den Lehrmeinungen gibt, so haben doch all die verschiedenen Richtungen und Schulen folgende Punkte als gemeinsame Glaubensgrundlage:

- Alle verehren den Prinzen Siddharta Gautama als Buddha;
- alle erkennen die von ihm verbreiteten »vier edlen Wahrheiten« an;
- alle glauben an Karma und Reinkarnation;
- für alle Buddhisten hat die dreifache Zufluchtsformel, die auch als »drei Juwelen« bezeichnet wird, die Bedeutung eines Glaubensbekenntnisses, wobei im tibetischen Buddhismus noch hinzugefügt wird: »Ich nehme Zuflucht zu Lama.«

- Alle Buddhisten haben das gleiche Ziel, nämlich dem Leid dieser Welt durch das Abtöten aller irdischen Begierden zu entfliehen und dadurch die Buddhaschaft zu erreichen.

Die Hauptunterscheidungsmerkmale der verschiedenen Schulen liegen in den unterschiedlichen Wegen, die zur Erlangung des Nirvana angeboten werden. Die drei Hauptrichtungen sind :

- Der Theravada-Buddhismus, auch »kleines Fahrzeug« oder Hinayana genannt;
- der Mahayana-Buddhismus, »großes Fahrzeug« genannt
- und der Vajrayana-Buddhismus, der auch als diamantenes Fahrzeug bezeichnet wird.

I. 7. 12. Theravada oder »kleines Fahrzeug«

Verbreitung überwiegend in Sri Lanka, Ceylon, Burma und Thailand. Die Anhänger glauben, dass jeder Mensch sich selbst erlösen muss, Hilfe von Göttern oder Menschen ist nicht zu erwarten. Deshalb wird auf die strenge Einhaltung der Lehren Buddhas geachtet, wie z. B. auf Ehelosigkeit und Verzicht auf Eigentum. In der Praxis sind diese strengen Regeln nur von Mönchen einzuhalten, weshalb auch nur ein kleines Fahrzeug benötigt wird, um die Erleuchteten ins Nirvana zu bringen. Zeremonien und priesterliche Rituale werden abgelehnt.

Auch im Theravada-Buddhismus ist Gautama nicht der einzige Buddha, wenn auch der wichtigste. Man spricht allerdings von sechs Buddhas, die vor ihm waren und einem »Maitreya«, der noch kommen wird. Die Gesamtzahl aller Buddhas wird mit achtundzwanzig angegeben.

I. 7. 13. Mahayana oder »großes Fahrzeug«

Verbreitung überwiegend in China, Korea, Japan und Vietnam. Diese Richtung, die im ersten Jh. n. Chr. entstand, wird deshalb als großes Fahrzeug bezeichnet, weil hier alle Gläubigen, nicht nur einige Mönche, die Erleuchtung erreichen können. Der Mahayana-Buddhismus kommt in seiner Großzügigkeit dem einfachen Volksglauben sehr entgegen. Er unterscheidet sich von dem kleinen und dem diamantenen Fahrzeug durch die Lehre von den Bodhisattvas, die die Erleuchtung bereits erreicht haben, aber aus Liebe zu ihren Mitmenschen darauf verzichten, in das Nirvana einzugehen. Statt dessen fungieren sie als Lehrer, die anderen Menschen helfen, das Ziel der Erlösung zu erreichen. Schon bald wurden die Bodhisattvas von ihren Anhängern als Gottheiten verehrt, die man anbetete und von denen man Trost und Hilfe erwartete. Ein weiteres Charakteristikum des

Mahayana-Buddhismus ist die Theorie von der »Leerheit« allen Seins. Sie geht davon aus, dass nichts auf dieser Welt wirklich real und definierbar ist. So, wie man z. B. Krankheit nur erkennen kann, wenn man auch Gesundheit kennt, sind alle Dinge im Leben nur durch das Gegenteil erfahrbar. Und weil Gesundheit nur an dem Begriff Krankheit erkannt werden kann, sind letztendlich beide Begriffe »leer«, das heißt, nicht definierbar und deshalb auch nicht real. Das, was wir im Leben als Realität bezeichnen, die empirische Wirklichkeit, betrachtet der Buddhist nur als Illusion (*maya*).

Dieses »abstrakte Absolute« ist mit dem menschlichen Verstand nicht zu erklären, weil es nur auf mystischem Wege erfahrbar ist. Nur wer diese »Leerheit« spirituell erkennen kann, der hat die Erleuchtung und damit die Buddhaschaft erreicht. Aus dieser Schule ist auch der im Westen so beliebte Zen-Buddhismus entstanden (siehe Seite 98).

I. 7. 14. Vajrayana oder »diamantenes Fahrzeug«*

Verbreitung überwiegend in Nepal, Sikkim, Tibet und Bhutan. Diese Richtung, die auch Mantrayana (Fahrzeug der Sprüche und Formeln) genannt wird, entwickelte sich im 6./7.Jh. aus dem Mahayana-Buddhismus heraus. Eng damit verbunden ist auch der Tantrayana, in dem eine ritualisierte Sexualität, magische Praktiken und Geheimlehren, die nur durch Initiation weitergegeben werden, eine große Rolle spielen. Durch Riten (Tantras) und besondere Formeln (Mantras) erlangt man Zutritt zum diamantenen Fahrzeug, um damit ins Nirvana zu gelangen.

I. 7. 15. Das Tibetanische Totenbuch

Von großer Bedeutung ist in diesem Zusammenhang das Tibetanische Totenbuch (Bardo Thödol), zu dem der Tiefenpsychologe C.G. Jung einen psychologischen Kommentar schrieb, und das in esoterischen Kreisen eine begehrte Lektüre darstellt. Während die meisten buddhistischen Schulen davon ausgehen, dass die Wiederverkörperung in ein anderes Leben unmittelbar nach dem Sterben geschieht, glaubt man im Vajrayana-Buddhismus, dass sich die »Seele«, oder das, was den Tod überlebt, noch 49 Tage lang im Bardo, einer Art Zwischenzustand befindet. Die Texte im »Tibetanischen Totenbuch« erklären die verschiedenen Stufen, die der Mensch während seines Sterbevorgangs durchlaufen muss. Im Bardo ist er verschiedenen Gefahren ausgesetzt, die ihn zu einer Wiederverkörperung führen wollen. Durch bestimmte Rituale können Mönche den Toten beim Umherirren

* weil der Geist des Buddhisten so rein wie ein Diamant werden soll

im Bardo so leiten, dass er einer erneuten Wiedergeburt entgehen und direkt ins Nirvana gelangen kann. Die Anweisungen der Mönche können aber nur von den Toten verstanden werden, die sich schon zu Lebzeiten mit den Schriften des Totenbuches beschäftigt haben.

I. 7. 16. Lamaismus

Alle Richtungen des Vajrayana-Buddhismus, die sich in Tibet entwickelten, werden als Lamaismus bezeichnet (Lama = Oberer Lehrer, vornehmer Mönch). Der Lamaismus ist ein reiner Mönchs-Buddhismus, dessen ranghöchster Lama der Dalai-Lama ist. Er gilt als Inkarnation des Bodhisattva Avalokitesvara und lebt in der heiligen Stadt Lhasa. Im Gegensatz zum Pantschen-Lama, dem geistlichen Oberhaupt, ist der Dalai-Lama eher als weltlicher Herrscher zu betrachten.

I. 7. 17. Zen*-Buddhismus

Der Begründer dieser Lehre war der indische Mönch Bodhidharma (470-543 n.Ch.), der 526 n. Chr. nach China einwanderte und dort die buddhistische »Chan-tsung-Schule« gründete, die später die Hauptform des chinesischen Buddhismus wurde. Von China aus kam die Lehre im 7.Jh. auch nach Japan, wo sie »Zen« genannt wurde. Dort hat sie heute über 9 Millionen Anhänger. Es ist eine Form des Buddhismus, die sich von den Grundlehren des Buddha Gautama absetzt. Während in allen anderen buddhistischen Schulen die Anhänger an eine Art Glaubensbekenntnis, nämlich an die so genannten Zufluchtsformeln (siehe Seite 88) gebunden sind, wird im Zen kein direktes Bekenntnis zum Buddhismus verlangt.

Diese Schulrichtung geht davon aus, dass die Anlage zur Erleuchtung, oder die Buddha-Natur, schon in jedem Menschen vorhanden ist. Durch Meditation und eigenes Bemühen soll jeder die Möglichkeit haben, die Erlösung zu erreichen und sich mit dem Absoluten zu vereinigen. Aus buddhistischer Sicht lässt sich der Zen deshalb in jedes andere religiöse Lehrsystem problemlos integrieren und hat so auch Eingang in unsere Volkskirchen gefunden. Nicht selten stehen, besonders in der katholischen Kirche, Zen-Meditationen auf der Liste der angebotenen Veranstaltungen.

Bodhidharma sah in der Meditation über die Leerheit die einzige Möglichkeit der Heilsgewinnung. Als kürzesten, aber auch steilsten Weg zum »Erwachen«

---

* Das japanische Wort »**Zen**« ist eine Übersetzung des Sanskrit-Wortes »Dhyäna« und bezeichnet die Sammlung des Geistes und die Versunkenheit, in der alle dualistischen Unterscheidungen wie Ich – Du, Subjekt – Objekt, wahr – falsch, aufgehoben sind.

lehrt Zen die Praxis des »Zazen«, das heißt »Sitzen in der Versunkenheit«. Zazen soll alle Gefühle und Vorstellungen und das Nachsinnen über Vergangenheit, Gegenwart und Zukunft auslöschen. Der Geist soll sich aus der Knechtschaft jeglicher Gedankenformen, Visionen und Dinge befreien. In seiner reinsten Form ist Zazen das Verweilen in einem Zustand gedankenfreier, hellwacher Aufmerksamkeit, die jedoch auf kein Objekt gerichtet ist, wie das in anderen Meditationsformen der Fall ist. Aus diesem Zustand heraus soll der Meditierende in einem plötzlichen Durchbruch zur Erleuchtung seines wahren Wesens gelangen können, das als »Buddha-Wesen« bezeichnet wird und mit der Weltenseele identisch ist. Wesentliche Hilfsmittel, um die Leerheit des Verstandes zu erreichen, sind der **»Mondo-Dialog«** und **»Koan«**.

Unter »Mondo« ist ein Dialog zwischen Meister und Schüler über existenzielle Probleme zu verstehen. Die Antworten des Partners dürfen weder Theorie noch Logik beinhalten. »Koan« bezeichnet eine paradoxe Aussage oder Frage, die ebenfalls nicht mit Hilfe der Logik und des Verstandes zu beantworten ist. Es gibt ca. 1700 solcher Fragen, die in mehreren Gruppen zusammengefasst sind. Das Nachdenken über diese Fragen soll dazu dienen, den Verstand zu erweitern und die Grenzen des Denkens zu sprengen. Doch welchen Sinn soll es z.B. haben, über einen längeren Zeitraum darüber nachzudenken, welches Geräusch entsteht, »wenn *eine* Hand zusammengeschlagen wird«?

Das Ziel dieser Technik wird mit den verheißungsvollen Begriffen »Bewusstseinserweiterung« oder »Höheres Bewusstsein« beschrieben. Doch unserer Meinung nach dient sie zur Benebelung des Verstandes, die bis zur Zerstörung desselben führen kann. Die Erklärungen in Esoterik-Lexikas sollen das belegen:

> »Die Aufgabe des Zen-Schülers besteht darin, dieses *Koan* zu »studieren«, selbstverständlich nicht mit Hilfe einer Analyse oder einer Untersuchung oder sogar einer formellen Konzentrationstechnik, sondern nach einer Methode, die auch eine Nicht-Methode ist, weil sie nicht objektiv mit präzisen Regeln erklärt werden kann … Der Schüler versucht im *Koan*-Studium, um jeden Preis in den Kern des *Koan* vorzustoßen. Daher lernt er, sich durch das *Koan* »durchzuarbeiten«, … Die Antwort ist das *Koan,* die Frage, die in einem vollkommen neuen Licht gesehen wird. Das *Koan* ist nichts anderes als das Selbst. Es ist eine verborgene Erscheinungsform des Selbst … Aber der Text gibt eine gute Vorstellung von der stufenweisen Vertiefung des Bewusstseins, die sich mit dem *Koan*-Studium einstellt. Die Zen-Erfahrung ist vor allem eine Befreiung von dem Gedanken an das »Ich« und an den »Geist«; aber sie ist keine Vernichtung oder pure Unbewusstheit (so wie westliche Menschen sich manchmal »Nirwana« vorstellen). Sie ist im Gegenteil eine Art von Über-Bewusstheit … Diese einfache »Bewusstheit« oder »Wachheit« ist eigentlich die wahre Identität, die der Zen-Schüler sucht und für die

> er sozusagen sein oberflächliches, empirisches Bewusstsein, seine Ego-Identität mit dem *Koan* opfert« (»Das große Praxisbuch der Esoterik«, S. 243, 244).
> ... Da sich das Koan jeder Lösung mit den Mitteln des Verstandes entzieht, macht es dem Zen-Schüler die Grenzen des Denkens deutlich und zwingt ihn schließlich, sie in einem intuitiven Sprung zu transzendieren, durch den er sich in die Welt jenseits aller logischen Widersprüche und dualistischen Denkweisen wiederfindet ... Durch die Koan-Schulung wird zunächst verhindert, dass der Schüler nach einer ersten Erleuchtungserfahrung wieder ins Jedermanns-Bewusstsein zurückfällt; darüber hinaus helfen sie ihm, seine Erfahrungen zu vertiefen und auszuweiten ... (»Das Lexikon des Zen«, S. 122, 123).

Nach christlicher Ansicht ist der Verstand eine Gabe Gottes, durch die sich der Mensch vom Tier unterscheidet. Jeder Mensch, der schon einmal Kontakt zu geisteskranken oder senilen Personen gehabt hat, weiß, welch verheerende Folgen es hat, wenn der Verstand eines Menschen nicht mehr voll funktionsfähig ist. Dazu schreibt der Theologe Dr. Wulf Metz:

> Diese *koans* bringen das Denken an den Rand des Absurden. Es ist sinnlos, rationale Antworten zu suchen. So kommt es zu ungeheuren Anspannungen des Geistes, die ausgehalten werden müssen. *Zazen* und *koans* dürfen nur unter strenger Aufsicht eines Zen-Meisters angewandt werden.

Dr. Metz weist auch auf Praktiken hin, die wohl nur von wenigen Menschen mit buddhistischer Glaubenslehre in Verbindung gebracht werden :

> Als bedeutender sichtbarer Niederschlag der Zen-Haltung fallen ganz bestimmte Übungen auf, die keineswegs nur als Techniken verstanden werden dürfen: Judo, Ikebana, Landschaftsmalerei, Kalligraphie, Bogenschießen und Schwertübungen (»Handbuch Weltreligionen«, S. 238) (siehe Seite 128).

Ein Zen-Anhänger definiert den Zen-Buddhismus so: »Sei nichts, denke nichts!« So paradox es klingen mag, Zen-Buddhismus ist ein Glaube, den man nicht glauben muss. Er ist eine irrationale Philosophie, denn alles Suchen und Nachsinnen des Menschen über die Schöpfung, den Schöpfer und ein Leben nach dem Tod werden bewusst ausgeschaltet. Es gibt nur ohnmächtig schweigende Götter und das Nirvana, als das gottlose Absolute.

Literaturnachweis

»Handbuch religiöser Gemeinschaften« für den VELKD-Arbeitskreis, Gütersloher Verlagshaus, 1993
»Religionen der Welt« von Thomas Schweer u. Stefan Braun, Heyne Verlag, 1995
»Enzyklopädie der Religionen«, Weltbild Verlag, 1990
»Die fünf Weltreligionen« von Helmuth von Glasenapp, Eugen Diederichs Verlag, 1996
»Knaurs grosser Religionsführer« von Gerhard J. Bellinger, Droemer Knaur, 1992
»Christentum und Weltreligionen« von H.Küng, J. van Ess, H. v. Stietencron und H. Bechert, R. Piper GmbH & Co.KG, 1984
»Innenansichten der großen Religionen«, Fischer Taschenbuch Verlag, 1997
»Buddhismus, der Traum vom Einssein« von Andreas Schneider, Brockhaus Verlag, 1995
»Wovon Buddha nichts erzählte, Stolpersteine auf dem Weg zur Erleuchtung« von Timothy Ward, Goldmann Verlag, 1992
»Handbuch Weltreligionen« von Wulf Metz, Brockhaus Verlag, 1996
»Das Menschenbild im Buddhismus und im Christentum« von Horst Engelmann, Bibel und Gemeinde 4/1988
»Das große Praxisbuch der Esoterik«, Hrsg. Diane von Weltzien, Goldmann Taschenbuch 1992

I. 8. Kurzdarstellung des chinesischen Universismus

Die fünfte große Weltreligion ist der Chinesische Universismus, dessen Anfänge bis auf ca. 600 v. Chr. zurückgehen. Ähnlich wie der Hinduismus ist er aus einer Vielzahl von religiös-philosophischen Traditionen der uralten Volksreligionen hervorgegangen. Die Universisten machen etwa 3,4% der Weltbevölkerung aus und sind in 56 Ländern beheimatet, 99,9 % von ihnen in Asien.

I. 8. 1. Geschichtliche Entwicklung

Bis heute gibt es keine eindeutige Erkenntnis darüber, wie die früheste chinesische Religion aussah. Sie entwickelte sich etwa im zweiten Jahrtausend v. Chr. und erreichte ihre Blütezeit in der ersten historischen Dynastie Chinas, in der Shang-Zeit (16.-11. Jahrh. v. Chr.).

Der Mensch lebte in einer Welt der Götter, Geister und dunklen Mächte, die sein Leben beeinflussten und ständige Opfer von ihm forderten. Den Ursprung aller Ereignisse, die ihm widerfuhren, suchte er stets in der Geisterwelt, zu der die Schamanen als einzige Mittler dienten. Auch Krankheiten wurden als dämonische Angriffe gewertet und wurden dementsprechend mit magischen Mitteln, wie

Talismane, Bannsprüche und ähnlichem von den Schamanen bekämpft bzw. geheilt.

In der Geisterwelt gab es nicht nur Naturgeister und Götter, sondern auch die Geister der Verstorbenen, woraus sich ein ritueller Ahnen- und Totenkult entwickelte, der teilweise auch heute noch zelebriert wird. Ein beredtes Zeugnis hierfür sind die Grabbeigaben in Form von Menschenopfern, die in der späteren Zeit dann durch Tonfiguren ersetzt wurden. Bei Ausgrabungen entdeckte man, dass das Grab des ersten chinesischen Kaisers von einer Armee tönerner Soldaten bewacht wurde.

Mit dem Verfall der Kaiserherrschaft wurde auch die alte Reichsreligion durch neue Denk- und Glaubensweisen abgelöst. Nach dem Untergang der ruhmreichen »Chou-Dynastie« (1000-256 v. Chr.) entwickelten sich verschiedene rivalisierende Denksysteme, die unterschiedliche Lösungen für die Probleme und das damals vorherrschende Chaos anboten. Die bekanntesten sind der *Konfuzianismus* und der *Taoismus*, die sich etwa im 6. bis 4. Jahrh. v. Chr. entwickelten und deren Einfluss bis in die Gegenwart hineinreicht.

Der Taoismus übte sich gegenüber allen weltlichen Dingen in Zurückhaltung und war eher auf das Jenseitige ausgerichtet, während der Konfuzianismus für eine ethisch-moralische Gesellschaftsordnung eintrat und sich auf die Erziehung des Einzelnen konzentrierte.

Ca. 500 n. Chr. kam noch der *Mahayana-Buddhismus* hinzu. Alle drei Religionen haben viele Elemente aus den alten Kulten übernommen und sie mit eigenen Vorstellungen vermischt. Taoismus, Konfuzianismus und chinesischer Buddhismus werden zusammen als »Ta-chiao« (*chin.* »große Lehre«) bezeichnet, im Gegensatz zu »Siao-chiao«, der »kleinen Lehre« des chinesischen Islam.

I. 8. 2. Kosmogonie

Die Chinesen haben ihr Reich stets als Mittelpunkt der Welt empfunden. Aus einer alten Überlieferung geht hervor, dass man an eine quadratische Erde glaubte, die von Wasser umgeben war und über der ein rundes Himmelsgewölbe um seine eigene Achse rotierte. Da diese Himmelsachse, die nach Ansicht der Chinesen durch den Polarstern ging, auf China wies, wurde das Land von seinen Bewohnern als »Reich der Mitte« bezeichnet.

Man geht auch heute noch davon aus, dass Himmel, Erde und Menschen in einem Dreiklang zueinander stehen und der Mensch religiös, geistig und kulturell eingebunden ist in den Kosmos. Alle großen Erscheinungsformen des Makro-Kosmos, wie z. B. die Planeten und die atmosphärischen Erscheinungen, stehen in einer ständig korrespondierenden Beziehung zu den Erscheinungen des Mikro-Kosmos, das heißt zu den Elementen, den Himmelsrichtungen, den Jahres- und Tageszeiten, den Farben, den Sinnen und Organen, den menschlichen Tugenden usw.

In dem alten »Buch der Urkunden« (»Shu-ching«) heißt es:

> Es ist ein innerer Zusammenhang zwischen dem Himmel oben und dem Volk unten, und wer das im tiefsten Grund erkennt, der ist der wahre Weise.

Dieser Gedanke wird im »Buch der Sitte« noch vertieft:

> Der Mensch vereint in sich die Geisteskräfte von Himmel und Erde, in ihm gleichen sich die Prinzipien des Lichten und Schattigen aus, in ihm treffen sich die Geister und Götter, in ihm finden sich die feinsten Kräfte der fünf Wandelzustände (Elemente). Darum ist der Mensch das Herz von Himmel und Erde und der Keim der fünf Wandelzustände. Wenn man Himmel und Erde zur Grundlage nimmt, so kann man alle Dinge erreichen. Wenn man das Licht zu Mitteln nimmt, so kann man die Gefühle des Menschen ergründen … Wenn man die Geister und Götter zu Gehilfen nimmt, so steht jede Arbeit unter sicherem Schutz. Wenn man die fünf Wandelzustände zum Stoff nimmt, lässt sich jede Arbeit wiederholen (»Die fünf Weltreligionen«, S. 142, 143).

I. 8. 3. Die Elementenlehre

Nach der oben beschriebenen Philosophie ist alles Sein einem ständigen Wandel unterworfen. Die fünf Elemente: Erde, Wasser, Feuer, Holz und Metall, die auch als »Wandelzustände« bezeichnet werden, stehen in einem permanenten Veränderungsprozess zueinander, in dem sie sich gleichzeitig zerstören, verändern und wieder erzeugen. Die unten beschriebenen fünf Reaktionsstufen weisen dabei immer die gleiche Reihenfolge auf.

Auch der menschliche Körper ist diesem Wandlungsprozess unterworfen (siehe Seite 127).

Das Prinzip der gegenseitigen Zerstörung	**Das Prinzip der gegenseitigen Erzeugung**
die Erde saugt das Wasser auf, das Wasser löscht das Feuer, das Feuer schmilzt das Metall, das Metall schneidet Holz, das Holz pflügt die Erde	Holz erzeugt Feuer, Feuer erzeugt Erde in Form von Asche, Erde erzeugt Metall, Metall erzeugt (wenn es schmilzt) Wasser Wasser erzeugt Holz.

Die Elemente entsprechen den	Holz	Feuer	Erde	Metall	Wasser
Himmelsrichtungen	Osten	Süden	Zentrum	Westen	Norden
Planeten	Jupiter	Mars	Saturn	Venus	Merkur
atmosphärischen Erscheinungen	Regen	Wärme	Wind	Klarheit	Kälte
Jahreszeiten	Frühling	Sommer		Herbst	Winter
Tageszeiten	Morgen	Mittag		Abend	Nacht
Farben	Grün	Rot	Gelb	Weiß	Schwarz
Organen	Galle	Lunge	Herz	Leber	Niere
Sinnen	Geruch	Gesicht	Gefühl	Geschmack	Gehör
Geschmack	sauer	bitter	süß	scharf	salzig
Tugenden	Liebe	Sitte	Treue	Gerechtigkeit	Weisheit
Tieren	Schaf	Huhn	Ochse	Hund	Schwein

I. 8. 4. Götterwelt

Ähnlich wie im Hinduismus finden wir auch hier eine unüberschaubare Vielzahl von Göttern, die nach chinesischer Ansicht das Weltall bevölkern. Während die positiven Wesenheiten dem Yang zugeordnet werden, entspringen die negativen dem Yin (siehe Seite 109). Vergleichbar mit einer Beamtenhierarchie werden die Götter in verschiedene Klassen eingeteilt und dürfen nur von den Menschen verehrt werden, die eine adäquate irdische Stellung in der Gesellschaft haben. Der oberste Himmelsgott ist »Shang-tie«, der nur vom Kaiser, als dem Sohn des Himmels, verehrt werden durfte.

Als Herrscher in der Höhe belohnte »Shang-ti« die Tugendhaften und bestrafte die Schuldigen. Wenn die Tugend einer chinesischen Dynastie erschöpft war, entzog er dem jeweiligen Herrscherhaus das Mandat. In der Chou-Dynastie wurde der Himmel (*chin.* »T'ien«) mit »Shang-ti« identifiziert, der von da an zu einer göttlichen Wesenheit gemacht wurde und den Namen »Huang-t'ien Shang-ti«, der »erhabene Himmel, der Herrscher in der Höhe« erhielt.

Bis zum Jahre 1913 wurde dem Himmelsgott »Shang-ti« jedes Jahr, am Tag der Wintersonnenwende, ein Staatsopfer dargebracht. Der Kaiser selbst zelebrierte es im größten Heiligtum des Reiches, im »T'ien-t'an« (Opfergelände des Himmels) im Süden von Peking, auf dem Altar des Himmelsrunds. Desgleichen opferte er als oberster Priester, der die Verbindung von Himmel und Erde herstellte, zur Zeit der Sommersonnenwende, dem Erdgott »Hou-t'u« sein Staatsopfer auf der quadratischen Altarterrasse im Norden von Peking.

Alle Gottheiten der verschiedenen Provinzen und Lehnsstaaten, denen die hohen Beamten opferten, waren dem Reichsgott »Hou-t'u« untergeordnet. Das einfache Volk durfte seine Opfer nur den Göttern mit lokaler Bedeutung darbringen. Neben Himmel und Erde wurden die Mächte, die die vier Himmelsrichtungen symbolisierten, ebenso verehrt wie Sonne, Mond und die fünf Planeten Jupiter, Mars, Saturn, Venus und Merkur.

Es gab Geister der Berge und Ströme, wie z. B. »Ho-po«, der als »Graf des gelben Flusses« galt und dem bis ca. 250 v. Chr. alljährlich ein Mädchen geopfert wurde, indem es als seine Braut den Fluten des Flusses übergeben wurde.

Es gab den Gott des Ackerbaus und der Literatur, die Götter der Stadtmauern, Hausgeister, die Herd und Tür bewachten, und Ähnliches.

I. 8. 5. Geister, Gespenster und Fabelwesen

Im Volk herrscht die weitverbreitete Ansicht, dass es eine Vielzahl von Geistern und Gespenstern gibt, die überall umherschwirren. Man glaubt, dass sie sich sichtbar machen können und dann als Fabelwesen in der Gestalt von Werwölfen, Füchsen, Tigern und Schlangen ihr Unwesen treiben. Durch mystische Beschwörungen, lärmende Prozessionen oder das Tragen von Amuletten wird alles Mögliche unternommen, um sie zu besänftigen oder fernzuhalten.

I. 8. 6. Der Ahnenkult

Eines der wichtigsten Elemente der chinesischen Religion war von je her der Ahnenkult. Er basiert auf der Vorstellung, dass beim Tode eines Familienangehörigen nur dessen irdischer Leib stirbt, der unsichtbare Teil des Menschen (nach christlichem Verständnis die Seele) aber in gewisser Weise auch weiterhin am Familienleben teilnimmt. Dem Menschen, der als ein Schöpfungsprodukt von Himmel und Erde verstanden wird, wurde bei seiner Entstehung vom Himmel das Fluidum aus der Urkraft Yang und von der Erde das Fluidum aus der Urkraft Yin verliehen. Bei seinem Tod trennen sich diese beiden »seelischen« Urkräfte Yang und Yin und kehren dann zu ihrem Ursprung zurück. Dieser immaterielle, seelisch-geistige Teil des Menschen lebt noch eine unterschiedlich lange Zeit weiter, bis er nach einer Reihe von Jahren aufhört zu existieren.

Um die Geister der Verstorbenen zurückzurufen, wird gleich nach dem Eintritt des Todes eine Zeremonie abgehalten. Nach Ablauf der Trauerzeit fertigt man eine Ahnentafel mit Namen, Titel und den Daten des Toten an, die im Haus der Hinterbliebenen in einer Nische, der »Ahnenhalle«, aufgestellt wird. Bei allen wichtigen Ereignissen hält man hier Zwiesprache mit den Verstorbenen und bringt ihnen regelmäßige Opfer und Verehrungen dar. Dadurch führt man den

Ahnen Kräfte zu, die sich segensreich auf die Hinterbliebenen auswirken sollen. So ist auch der Hauptteil des alljährlichen Neujahrsfestes der mitternächtlichen Ahnenverehrung gewidmet.

I. 8. 7. Der Konfuzianismus

Der Konfuzianismus ist keine institutionelle Religion, in der es um eine bestimmte Form einer göttlichen Verehrung geht, sondern er ist eine sozialethische Lebenshaltung und Weltanschauung. Konfuzius erteilte seine Lehren, ohne sich auf einen Gott zu berufen. Der Name »Konfuzius« ist die lateinische Wiedergabe des Namens »K'ung-fu-tse« (*chines.* »Weiser« oder »Lehrer« mit Familiennamen Kung).

Konfuzius wurde 551 v. Chr. in der Provinz Lu geboren, wo er 479 v. Chr. auch starb. Nach einer entbehrungsreichen Jugend – sein Vater starb, als er drei Jahre alt war – war er zunächst als Lehrer tätig. Nachdem er später verschiedene politische Ämter bekleidet hatte, wurde er zum Justizminister ernannt. Wegen politischer Intrigen legte er sein Amt 496 nieder und zog dreizehn Jahre lang, in der Begleitung von Schülern, ruhelos durch das Land. Mit 67 Jahren kehrte er in seine Heimat zurück. Dort widmete er sich in den letzten 6 Jahren seines Lebens dem Studium der Geschichte, der alten Riten, der Musik und der Literatur.

I. 8. 8. Konfuzianische Lehre und Ethik

Das Ziel des Konfuzianismus war eine friedliche, gut funktionierende Gesellschaftsordnung. Als Politiker wusste Konfuzius, dass dieses Ziel nur durch das Umdenken des Einzelnen erreicht werden konnte. Im Mittelpunkt seiner Lehren, die in dem Buch »Wu-ching« zusammengefasst wurden, stand deshalb das »Ich« des Menschen. Es sollte aber nicht individuell oder egoistisch geprägt sein, sondern zu einem verbindenden Glied in Familie und Gesellschaft werden. Er war davon überzeugt, dass der Mensch von Natur aus weder gut noch schlecht sei. Durch gerechtes Herrschen des Staates und ein lebenslanges, permanentes Lernen des Einzelnen könne eine Umgestaltung seiner Persönlichkeit zu seinem eigenen Wohlergehen und gleichzeitig zum Wohle der Gesellschaft erreicht werden. Den Herrschenden gab er folgende Ratschläge:

> Wer durch sein tugendhaftes Wesen herrscht, gleicht einem Polarstern, weil dieser an einem Ort feststeht und von allen anderen Sternen umkreist wird.
> Wenn man durch Erlasse leitet und durch Strafen ordnet, so weicht das Volk aus und hat kein Gewissen. Wenn man durch Sitte ordnet, so hat das Volk Gewissen und erreicht das Gute.
> Erhöhe die Rechtschaffenheit und setze beiseite die Schlechten, dann wird das Volk sich unterwerfen.

Und im einleitenden Kapitel zu »Das große Lernen« heißt es:

> In ihrem Wunsch, die »strahlende Tugend« in ihrer vollen Klarheit über die ganze Welt leuchten zu lassen, suchten die Alten zuerst ihren Staat zu regieren.
> In dem Wunsch, ihren Staat zu regieren, ordneten sie zuerst ihre Familie.
> In dem Wunsch, ihre Familie zu ordnen, kultivierten sie zuerst ihr eigenes Leben.
> In dem Wunsch, ihr eigenes Leben zu kultivieren, machten sie zuerst ihr Herz und ihren Geist aufrichtig.
> In dem Wunsch, ihr Herz und ihren Geist aufrichtig zu machen, suchten sie zuerst Wahrhaftigkeit in ihren Absichten.
> In dem Wunsch, ihre Absichten wahrhaft zu machen, verfeinerten sie zuerst ihr Wissen.
> Nur wenn die Dinge erforscht sind, wird das Wissen verfeinert.
> Nur wenn man das Wissen verfeinert, können die Absichten wahrhaft sein.
> Nur wenn man die Absichten wahrhaft macht, können Geist und Herz aufrichtig sein.
> Nur wenn man Aufrichtigkeit in Geist und Herz erreicht, wird das Leben kultiviert.
> Nur wenn man das Leben kultiviert, wird die Familie geordnet.
> Nur wenn man die Familie ordnet, wird der Staat gut regiert.
> Nur wenn man den Staat gut regiert, stellt sich Frieden überall unter dem Himmel ein (»Innenansicht der großen Religionen«, Seite 647).

Konfuzius stellte die reale Welt, der alles Jenseitige untergeordnet wurde, an die oberste Stelle allen Denkens. Die Erkenntnis, dass das menschliche Leben eingebunden sei in das große Tao, in das Zusammenspiel von geistigen und kosmischen Kräften, sollten das rechte Denken und Handeln hervorrufen.

Ähnlich wie im Buddhismus und im Christentum empfahl auch Konfuzius die »goldene Regel« als Richtschnur für alles menschliche Handeln:

> Was ihr wollt, das man euch nicht tut, das tut auch anderen nicht.

Dieser Grundsatz wird oft fälschlicherweise mit den Worten Jesu aus der Bergpredigt gleichgesetzt, aber dort heißt es:

> Alles nun, was ihr wollt, dass euch die Leute tun sollen, das tut ihnen auch! Das ist das ganze Gesetz und die Propheten (Matthäus 7,12).

Mit diesen Worten rief Jesus seine Nachfolger zur aktiven Nächstenliebe auf. Bei Konfuzius dagegen geht es eher um ein passives Verhalten. Wer dem Nächsten nicht Böses tut, hat alle ethisch-moralischen Anforderungen erfüllt.

Obwohl der Konfuzianismus nach der Revolution von 1911 offiziell abgeschafft wurde, genießt der große Gelehrte auch heute noch höchste Verehrung in China. Seine Lehren haben sowohl die chinesische Kultur als auch das politische, soziale und wirtschaftliche Leben vieler ostasiatischer Staaten ganz entscheidend geprägt. Sein Einfluss hat gerade in den letzten zwei Jahrzehnten wieder zugenommen.

I. 8. 9. Der Taoismus

Die meisten modernen chinesischen Forscher gehen davon aus, dass der philosophische Taoismus im 6. Jahrh. v. Chr. mit Lao-tse (*chin.* »alter Meister«) begann und im zweiten Jahrh. n. Chr. weiterentwickelt wurde.

Eine Legende erzählt, dass Laotse durch einen Sonnenstrahl gezeugt wurde. Nachdem seine Mutter 81 Jahre lang schwanger mit ihm ging, gebar sie ihn unter einem Pflaumenbaum aus ihrer linken Achselhöhle (nach einer anderen Version kam er aus ihrer Seite hervor). Laotse arbeitete später als kaiserlicher Archivar in der Stadt Lo-Yang. Er galt als starker Kritiker des Gesellschaftssystems, das von politischem und moralischem Verfall bedroht war. Später gab er sein Amt auf und verließ – auf einem schwarzen Büffel reitend – sein Land in westlicher Richtung. Bevor er die Landesgrenze überschritt, bat ihn ein Grenzwächter darum, seine weisen Lehren zurückzulassen. Daraufhin schrieb er seine Lehren in einem Werk von über 5000 Schriftzeichen nieder, das als »Tao-te-king« (Buch von dem Weltgesetz und seinem Wirken) bekannt und berühmt wurde. Nachdem er sein Land verlassen hatte, wurde er nie wieder gesehen.

I. 8. 10. Das Tao

Im Zentrum des taoistischen Denkens steht das Tao (*chin.* »der Weg«), das als Erlösungsweg verstanden wird. Es ist eine ewig ruhende Potenz, die allen Erscheinungsformen zugrunde liegt, eine Urkraft, die schon vor der Erschaffung des Universums bestand und aus der Himmel und Erde hervorgingen. Seine Paradoxie besteht darin, dass es einerseits ohne Handeln ist, gleichzeitig aber alle Erscheinungsformen hervorbringt und erhält. Ähnlich wie der hinduistische Dharma ist das Tao aber auch ein Gesetz und Ordnungsprinzip und die Richtschnur für rechtes Tun und Handeln.

I. 8. 11. Yang und Yin

Die ewige Urkraft des Tao teilte sich in die positive Kraft »Yang« (das männliche Prinzip) und in die negative Kraft »Yin« (das weibliche Prinzip), symbolisch dargestellt durch einen zweigeteilten Kreis. Yang steht dabei für das Männliche,

Das Tao

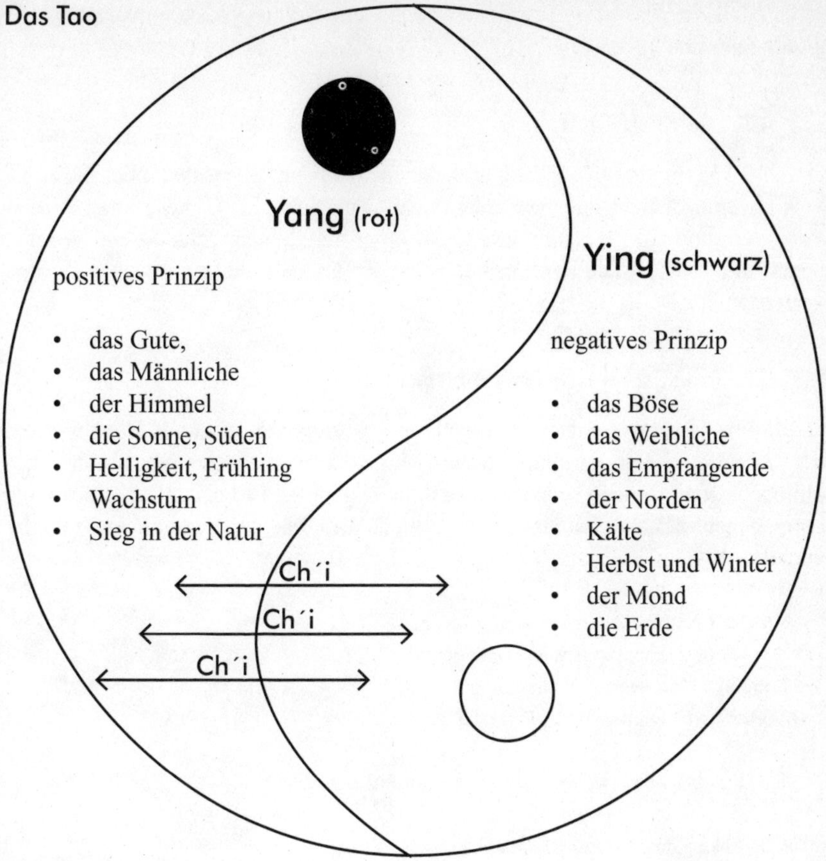

Aktive, Zeugende, sowie für Helle und Wärme. Ihm entsprechen der Himmel, die Sonne und der Süden, weshalb sich im Sommer Wachstum und Sieg der Natur einstellen.

Yin symbolisiert das Weibliche, Passive und Empfangende, das Feuchte, Dunkle und Kalte, sowie den Mond, die Erde und den Norden, weshalb sich Wachstum und Sieg im Winter nur bedingt entwickeln können. Das abstrakte philosophische Denken der Chinesen geht davon aus, dass sich beide Kräfte, trotz ihrer Gegensätzlichkeit, gleichzeitig auch wieder ergänzen. Das richtige Zusammenspiel beider Kräfte führt zu Ordnung, Frieden und Gesundheit. Wird diese Harmonie gestört, entstehen Konflikte, Zwietracht und Krankheit. Es gibt praktisch kein Ereignis, in dem die Chinesen keinen Yin- oder Yang-Aspekt sehen, weil die gesamte weltliche und kosmische Ordnung aus dem Wechselspiel dieser Energien besteht.

I. 8. 12. Die Kraft Ch´i

Durch die Verbindung von Yang und Yin entstand der Lebensatem oder die Kraft *»Ch´i«* (*chin.* »Atem oder Hauch«) (siehe auch Seite 126). Diese Dreiheit von Yang, Yin und Ch´i erzeugte alle Geschöpfe, die als »die zehntausend Wesen« bezeichnet werden. Die Kraft des Taos ernährt und gestaltet sie und sein Wirken vollendet sie.

I. 8. 13. Taoistische Lehre und Ethik

Die Philosophie des Laotse war gegen die Tradition und das rigide Herrschertum der damaligen Zeit gerichtet. Seine Methodik war einzigartig und hat das philosophische Denken seiner Zeit besonders geprägt. Er behauptete, jedes Ding berge gegensätzliche Seiten in sich, und jede dieser beiden Seiten hänge von der anderen ab:

> Sein und Nichtsein erzeugen einander,
> Schwer und Leicht vollenden einander,
> Lang und Kurz gestalten einander,
> Vorher und Nachher folgen einander.

Auch Gegensätze verkehren sich ineinander:

> Unglück ist das, wovon Glück abhängt,
> und Glück ist das, worin sich das Unglück verbirgt.

Es gibt in dieser Wechselseitigkeit und Verkehrung zueinander etwa 70 paarweise auftretende Begriffe. Die meisten dieser Begriffe entsprechen den Gegensätzen: Aktiv / Passiv, Härte / Weichheit, Wettstreit / Nachsicht usw.

Nach Laotse kann man nur dann etwas erreichen, wenn man beim Gegenteil des Angestrebten beginnt, deshalb empfahl er seinen Anhängern:

> was du zusammendrücken willst, musst du erst richtig ausdehnen lassen,
> was du schwächen willst, musst du erst richtig stark werden lassen,
> was du vernichten willst, musst du erst richtig aufblühen lassen,
> wem du nehmen willst, dem musst du erst richtig geben.

Dieses Nichthandeln wird mit dem Begriff »Wuwei« (wörtlich: »Nichts-Tun« oder »Nicht-Verhalten«) bezeichnet und setzt eine bewusste Hingabe an das Tao und ein Sich-fallen-lassen in dessen Führung voraus. Durch diese Abgabe der Verantwortung an das Tao sollen vergebliches und sinnloses Tun verhindert werden. Laotse war überzeugt davon, dass Wuwei zu einer friedlichen, harmonischen Gesellschaft führen könne:

> Je mehr die Leute List und Geschick pflegen, desto mehr erheben sich böse Zeichen. Je mehr die Gesetze und Befehle prangen, desto mehr gibt es Diebe und Räuber. Darum spricht ein Berufener: Wenn wir nichts machen, so wandelt sich von selbst das Volk … Wenn wir nichts unternehmen, so wird das Volk von selber reich (Kap. 57).
> Das Allerweicheste auf Erden überwindet das Allerhärteste auf Erden … Auf der ganzen Welt gibt es nichts Weicheres und Schwächeres als Wasser. Und doch, in der Art, wie es dem Harten zusetzt, kommt nichts ihm gleich … Dass Schwaches das Starke besiegt und Weiches das Harte besiegt, weiß jedermann auf Erden, aber niemand vermag danach zu handeln (Kap. 78) (»Innenansichten der großen Religionen«, S. 223, 224).

Das Gegenteil von Wuwei ist Youwei (absichtsvolles Handeln). Die Begriffe List und Geschick, Gesetze und Befehle, sowie Diebstahl und Raub, fallen in den Bereich des Youwei.

Doch eigene Stärke gewinnen und dadurch den Gegner besiegen konnte der schwache Mensch nur durch Wuwei. Insofern war die taoistische Philosophie das ideale Instrument der Unterdrückten, sich gegen die despotische Herrschaft ihrer Zeit zur Wehr zu setzen.

Eine (nach christlicher Überzeugung) von Gott geforderte Verantwortung des Einzelnen ist nach dieser Philosophie kaum noch möglich.

Laotse betonte die Einheit des Menschen mit der Natur. Er strebt nach einer einfachen, harmonischen Lebensweise, in weitgehendster Anpassung an die Naturgesetze, wobei Kriege, Wettstreit und Konkurrenzdenken vermieden werden sollten.

I. 8. 14. Das Heilsziel

Laotse beschrieb die Erlösung als eine Versenkung in das Absolute. Diese mystische Erfahrung macht nur der, der bereit ist, sein individuelles »Ich« zu überwinden und sich in absoluter Hingabe dem Tao auszuliefern. Erreicht werde dieses Ziel durch die Befolgung der überlieferten Sittenordnung, durch Selbstzucht, Askese und Alchimie (Versuche, unedle Stoffe in edle zu verwandeln), und durch das Praktizieren bestimmter Atemtechniken. Die Einhaltung dieser Ordnungen befähige den Menschen, seinen Körper aufzugeben und auf den Wolken zum Himmel zu fliegen. Auf diese Weise ließen sich alle Widersprüche und Unterschiede der menschlichen Existenz auflösen.

Der Universismus, der schon in seiner Namengebung seinen starken Bezug zum Universum betont, vereinigt schamanistische, taoistische und konfuzianistische, sowie viele buddhistische Elemente. Heute findet in China niemand etwas dabei, Buddhist, Konfuzianer und Taoist gleichzeitig zu sein. Seit der erneuten Öffnung Chinas für den Westen sind auch die Christen Chinas wieder organisiert.

Auch die Grundannahmen der »Traditionellen Chinesischen Medizin« (TCM), die in ihren Anfängen bis auf ca. 400 v. Chr. zurückgeht, bauen auf diesem philosophischen Gedankengut auf (siehe Seite 127).

Literaturnachweis

»Die fünf Weltreligionen«, von Helmuth von Glasenapp, Eugen Diederichs Verlag, 1996
»Knaurs grosser Religionsführer«, von Gerhard J. Bellinger, Droemer Knaur, 1992
»Innenansichten der großen Religionen«, Fischer Taschenbuch Verlag, 1997
»Chinesische Medizin«, Bd. 1 und 2, von Michael Kotsch, Reihe »Aufklärung«, Logos Verlag

I. 9. Einblick in die religiöse Vielfalt

Aus jeder der hier behandelten fünf Weltreligionen entwickelten sich zum Teil verschiedene Schulen und Richtungen. Außerdem bildeten sich Absplitterungen und Sekten, die zwar einige Elemente ihres religiösen Ursprungs übernahmen, sie aber mit eigenen Ideen und Vorstellungen vermischten und sich dann völlig separierten. In den esoterischen Gruppierungen sind oftmals Elemente aus verschiedenen Religionen miteinander vermischt, die dann als neue Lehre präsentiert werden.

So finden wir Gemeinschaften,

deren Grundelemente überwiegend in der fernöstlichen Mystik beheimatet sind, hierzu zählen vor allen Dingen die Gurusekten und esoterische Gemeinschaften;
andere stützen sich in ihrer Argumentation hauptsächlich auf die Bibel, wie z. B. die Zeugen Jehovas und die Neuapostolische Kirche.
Es gibt philosophisch-neugnostische Gruppen, wie die Theosophie und die

Anthroposophie, die mystisch-philosophische Gedanken mit christlichen Elementen vermischen.
Wir finden Geheimkulte und Logen, wie die Rosenkreuzer und die Freimaurer, aber auch völkische Kreise, die die Riten und Bräuche germanischen und keltischen Götterglaubens wieder aufleben lassen;
und eine neue Ufo-Gläubigkeit, deren Anhänger eine Föderation mit Außerirdischen anstreben.
Den Neuoffenbarungs-Religionen stehen häufig medial veranlagte Menschen vor, die angeblich neue Offenbarungen ihres Gottes zur Rettung der Menschheit erhielten.
Eine weitere Gruppe sind die Psycho-Organisationen, wie z. B. Scientology, die ihre Mitglieder mit massiven Psychotechniken zu willigen Werkzeugen ihrer Ideen machen.
Auch spiritistisch-okkulte Zirkel haben gegenwärtig wieder Hochkonjunktur.

Das religiöse Spektrum ist heute fast unüberschaubar geworden. Auf den nachfolgenden Seiten soll nur auf einige dieser Gruppierungen eingegangen werden:

Auf das Gedankengut der Esoterik, das uns ein eindrückliches Beispiel für den Synkretismus (Religionsvermischung) unserer Zeit liefert;
auf den Guruismus;
auf Sekten, die sich ausschließlich auf die Bibel beziehen
und auf solche, die nur einzelne christliche Elemente in ihr Lehrsystem übernommen haben.
Außerdem soll der Hintergrund für die weltweite religiöse Verführung untersucht werden.
Und den Abschluss bildet eine Beschreibung des biblischen Heilsweges.

Teil II: Esoterisches Denken im New Age-Zeitalter

II. 1. New Age – Eine Alternative für die Menschheit?

Seit den achtziger Jahren hat sich im deutschen Sprachraum der Begriff »New Age« etabliert, ein Sammelbegriff für eine neue Religiosität, die durchaus als Reaktion auf die weltweiten Krisen unserer Zeit zu werten ist. Die Anhänger dieser Bewegung haben sich besonders etabliert in alternativen Kreisen, ökologischen Gruppen, Friedensinitiativen und in feministischen Bewegungen, in Kreisen der Alternativmedizin, in Selbsterfahrungsgruppen und in der modernen Psychologie.

Sie behaupten, die gegenwärtige Menschheitsepoche stehe an der Schwelle einer astrologischen Wendezeit. Sie gehen dabei von einem großen kosmischen Rhythmus aus, in dem ein Weltenjahr 25.268 Jahre und ein Weltenmonat zirka 2.100 Jahre dauert. Astrologisch gesehen durchläuft die gedankliche Verlängerung der Erd- bzw. Sonnenachse (hier gibt es unterschiedliche Aussagen) in einem Weltenjahr alle zwölf Tierkreiszeichen. Im Augenblick soll die Erdachse gerade den Weltenmonat des Fischezeitalters durchlaufen haben und in das nachfolgende Zeichen des Wassermanns eingetreten sein, deshalb spricht man vom »Beginn des Wassermann-Zeitalters«. In diesem Ereignis sehen die New Age-Anhänger eine kosmische Evolution.

Weil die Natur sich ihrer Meinung nach in permanenten, zyklischen Rhythmen zu immer höheren Stufen entwickelt, ist auch die Menschheit in diesen Entwicklungsprozess mit eingeschlossen. Wie wir bereits festgestellt haben, steht diese Ansicht im krassen Gegensatz zum biblischen Schöpfungsbericht. Und wenn man den Rückgang der Artenvielfalt in Flora und Fauna betrachtet, kann man doch eher zu der Überzeugung gelangen, dass in der Natur eine Rückwärtsentwicklung stattfindet.

Durch eine Neugestaltung des menschlichen Denkens in allen wichtigen Lebensbereichen wie in Politik, Wirtschaft und Medizin, im Erziehungswesen, der Philosophie und Psychologie, soll eine Transformation, das heißt eine Umgestaltung des Bewusstseins aller Menschen erreicht werden. Man spricht in diesem Zusammenhang von einem »neuen Paradigma« für die Gesellschaftsordnung. Aber die Bewegung ist nicht so zu verstehen, dass sich der Mensch dieses neue Bild selbst auszudenken und zu formen hätte. Da der Kosmos, dem neuen Denkmuster gemäß, einer bestimmten Naturdynamik unterworfen ist, ist diese Umgestaltung unausweichlich. Die menschliche Freiheit besteht darin, in diesen Prozess einzuwilligen und ihn durch eigenes Tun und Handeln zu erweitern.

Dieses universelle, ganzheitliche Denken, in dem alles Sein als große Einheit betrachtet wird, ist an sich nichts Neues, sondern weicht nur geringfügig von den alten religiös-philosophischen Denksystemen der griechischen Gnosis und der fernöstlichen Religionen ab. Das angeblich neue Wissen der New Age-Bewegung setzt sich aus verschiedenen Elementen der unterschiedlichsten Religionen und Glaubensüberzeugungen zusammen. Wir finden Gedankengut aus dem

- chinesischen Universismus,
- aus Hinduismus und Buddhismus,
- aus dem Christentum,
- aus neugnostischen Philosophien, wie Theosophie und Anthroposophie.
- Man greift zurück auf Okkultismus und Spiritismus
- und auf das Wissen der Astrologie und der Geheimkulte.

Weil das alte, mentale Denken, gegründet auf Vernunft und Logik, bei vielen Menschen bisher hauptsächlich auf das Materielle ausgerichtet war, blieben die uralten Fragen der Menschheit nach Ursprung, Ziel und Sinn ihres Lebens zum größten Teil unbeantwortet. Da man die biblische Antwort auf diese Sinnfragen des Lebens außer Acht lässt, versucht der Mensch nun, mit verschiedenen Methoden neue Bewusstseinsstufen zu erlangen, um so das Geheimnisvolle und Verborgene des menschlichen Daseins begreifen und gleichzeitig erleben zu können. Man spricht

- von der Erweiterung und Intensivierung des Bewusstseins,
- von der Integration des Bewusstseins in die Gesellschaft, als Teil einer kosmischen Einheit,
- von transpersonalem Bewusstsein und meint das Geistige, Innere des Menschen, das sich mit dem kollektiven Unbewussten aller Menschen verbinden soll.

II. 1. 1. Die Verführung im New Age

Eine der führenden Persönlichkeiten der New Age-Bewegung war die Amerikanerin Marylin Ferguson. Sie schrieb in ihrem Buch »Die sanfte Verschwörung«:

> Ein führerloses, aber dennoch kraftvolles Netzwerk arbeitet, um in dieser Welt eine radikale Veränderung herbeizuführen. Seine Mitglieder haben sich von gewissen Grundkonzeptionen westlichen Denkens losgesagt und dabei möglicherweise sogar die Kontinuität der Geschichte unterbrochen. Dieses Netzwerk ist die sanfte Verschwörung im Zeichen des Wassermanns. Eine Verschwörung ohne politische Doktrin. Ohne Manifest (»New Age oder Neuer Bund?«, Seite 16).

Es geht also um ein nicht zentral organisiertes Netzwerk, das sich aus einzelnen Personen, Gruppen, Initiativen und Bewegungen zusammensetzt, um Einfluss zu nehmen auf die unterschiedlichsten Lebensbereiche der Menschen. Es hat den Anschein, als ob eine geheimnisvolle, mystische Macht – wie eine Riesenspinne – den Globus mit einem religiösen Netz überzogen hat, in dem die meisten Menschen gefangen sind.

Da die Bibel uns auf die unsichtbare Macht Satans hinweist, kann man durchaus annehmen, dass der Diabolos und seine Anhänger dieses Netzwerk der Verführung gewoben haben (siehe Seite 311 ff).

Das Motto im New Age lautet: »Denke global – handle lokal!« Mit diesem Wahlspruch soll ein neues, kollektives, universelles »Ich-Bewusstsein« gefördert werden. Marylin Ferguson beschreibt einen »Vier-Stufen-Pfad«, der zu einer endgültigen Transformation des Bewusstseins führen soll:

Ein Einstieg beginnt ihrer Meinung nach mit Zweifeln am bisherigen Weltbild oder durch neue Erfahrungen, z. B. mit LSD oder Meditation. Auf dem verheißungsvoll angepriesenen Weg der Verführung wird der Mensch erst einmal neugierig gemacht.

In der zweiten Stufe, der Erforschung, sollen verschiedene Psychotechniken oder Meditationsformen ausprobiert werden (hier werden insbesondere Zen und Yoga angepriesen), ohne dass man sich auf eine bestimmte Praktik festzulegen hat.

Erst in der dritten Stufe, der Integration, soll der suchende Mensch dann intuitive Erfahrungen mit der universalen Ganzheit machen. Marylin Ferguson führt dazu folgenden Bericht an:

> Der Physiker Fritjof Capra erzählte von einer solchen Erfahrung. Er erinnert sich, dass er an einem späten Sommernachmittag am Strand saß, die Wellen beobachtete und den Rhythmus seines Atmens fühlte, als er plötzlich die ganze Umgebung als einen kosmischen Tanz erfuhr – nicht bloß als physikalisches Konzept, sondern als eine unmittelbare, lebendige Erfahrung: Ich »sah« förmlich, wie sich aus dem Weltraum Kaskaden von Energie ergossen, in denen in einem rhythmischen Impuls Teilchen erzeugt und zerstört wurden. Ich »sah«, wie sich die Atome der Elemente und jene meines Körpers an diesem kosmischen Tanz der Energien beteiligten; ich fühlte dessen Rhythmus, und ich »hörte« dessen Klang, und in diesem Augenblick wusste ich, dass dies der Tanz Shivas war … [Anm.d.Verf.: Shiva ist ein hinduistischer Hochgott] (»New-Age oder Neuer Bund?«, S. 27,28).

Die vierte Stufe zur endgültigen Transformation des Bewusstseins ist dann die Verschwörung.

Personen, die bereits eine ganzheitliche Erleuchtung erreicht haben, sollen sich mit ihrem transformierten Bewusstsein untereinander verbinden, um gemeinsam die Umgestaltung der Gesellschaft zu bewirken.

Alle bereits Erleuchteten sollen den übrigen Menschen helfen, den Guru in sich selbst zu entdecken, so dass irgendwann alle anderen Gurus und Meister – und natürlich auch ein Gott – überflüssig werden und jeder Mensch, ohne Vermittlung, zu einer inneren Erleuchtung gelangen kann.

Das angestrebte Endziel ist, das Geistige im Menschen wieder zum Geistigen im Kosmos zurückzuführen. Hier stützt man sich auf die Theorie des Psychologen C.G. Jung (siehe Seite 190), der davon ausging, dass das persönliche Unbewusste in das unpersönliche, kollektive Unbewusste übergehen kann. Demgemäß ist der Mensch ein integraler Teil der Natur und der gesamten Menschheit; und da seine Herkunft von der Urmaterie abgeleitet wird, wird er gleichzeitig auch als Teil des Universums verstanden.

Der freie Wille des Individuums, der uns vom Schöpfergott der Bibel zugesichert ist, verliert dann seine Bedeutung. Wenn das »Ich« ganz Universum ist, kann es keine Einflüsse von außen mehr geben. So gesehen wird, analog zum buddhistischen Nirvana, ein »New Age-Nirvana« propagiert. Die Buddhisten beschreiben ihr »Nirvana« als ein »nicht mehr wahrnehmbares Bewusstsein«. Ein ähnlicher Zustand wird auch von den New Age-Anhängern angestrebt, die davon ausgehen, dass die individuelle Persönlichkeit des Menschen durch das Verschmelzen mit dem Kosmos nur noch ansatzweise vorhanden sein wird.

Der Name »New Age« tritt heute nur noch selten in Erscheinung, er ist in unseren Tagen abgelöst worden durch das »Zauberwort« Esoterik*. Doch das Gedankengut dieser Bewegung hat an Aktualität noch zugenommen und tröpfelt wie eine giftige Substanz langsam und stetig in alle gesellschaftlichen Bereiche.

Die Gegenüberstellung auf den Seiten 120/121 zeigt, dass Esoteriker von einem grundsätzlich anderen Menschenbild ausgehen als Christen.

---

* **Esoterik** (*griech.* »esoterikos«) bedeutet »nach innen gerichtet«, ursprünglich Geheimlehren für Eingeweihte. Heute ein Sammelbegriff für unterschiedliche mystische Philosophien und alternative Praktiken, die zu Glück, Gesundheit, Selbsterkenntnis und Sinnfindung führen sollen.

New Age-Zeitalter

weltweiter Synkretismus mit monistisch-pantheistischem Weltbild und einer Vernetzung von religiös-neugnostischen Elementen mit esoterischen Praktiken

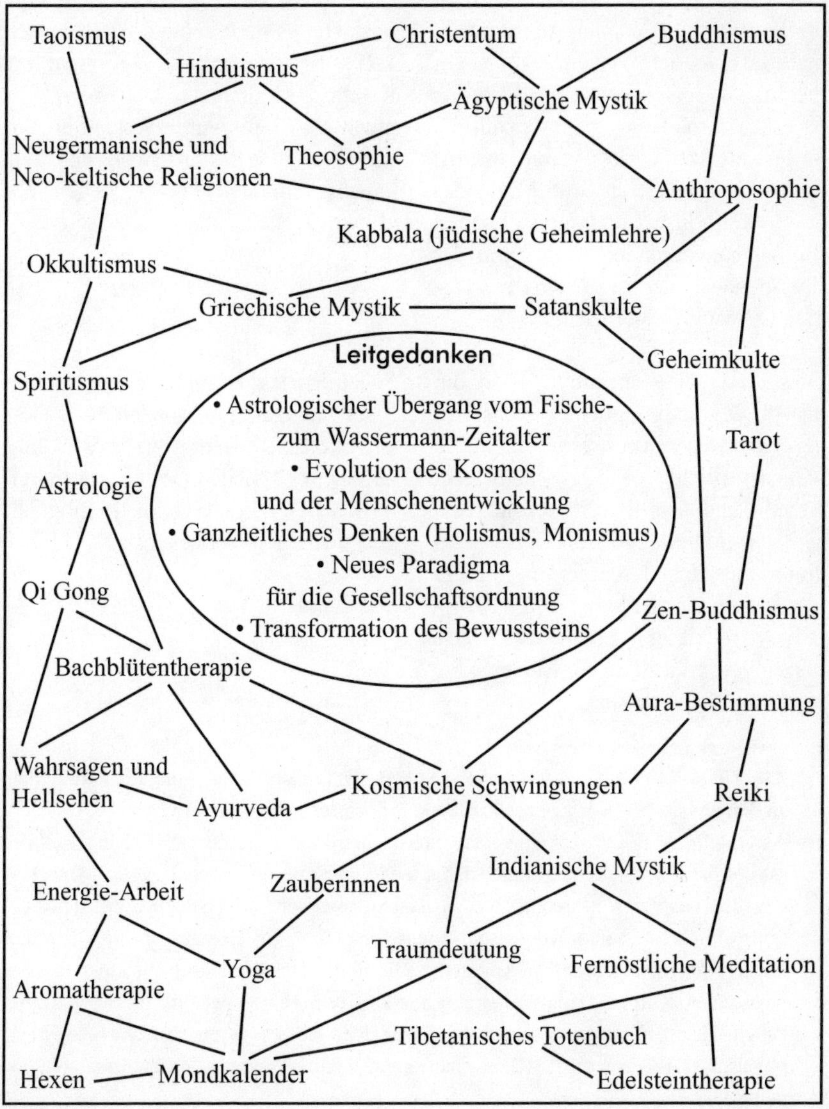

II. 1. 2. Gegenüberstellung der Menschenbilder

Das esoterische Menschenbild

Der Ursprung des Menschen liegt im Kosmos, wo er sich aus der Urmaterie oder der Weltseele zu einem mächtigen Geistwesen entwickelte. Er ist als Mikrokosmos oder kosmische Zelle ein Abbild des Makrokosmos. Durch »Turbulenzen im All« oder durch ein »Luziferereignis« sollen die harmonisierenden Kräfte und der Energiehaushalt des Kosmos ins Ungleichgewicht geraten sein.

Dies rief eine negative Wirkung hervor. Die ursprüngliche Lebensform der Geistwesen veränderte sich. Ihre »Geiststofflichkeit«, das heißt ihr Äther-* und Astralleib**, verdichteten sich zur Materie und inkarnierten in einen physischen Körper. In diesem physischen Erdenleib sind Äther- und Astralleib nur noch ansatzweise vorhanden. Sie sollen für Eingeweihte als Aura erkennbar sein.

Das christliche Menschenbild

Der Mensch ist eine einmalige Schöpfung Gottes nach seinem Bild (1. Mo. 1,27). Sein Ursprung liegt nicht im Kosmos, sondern auf der Erde. Sein physischer Leib wurde geschaffen aus den Elementen des Erdbodens und Gott hauchte ihm den Odem des Lebens ein (1. Mo. 2,7).

Sein irdisches Dasein ist keine »negative Erscheinungsform«, sondern von Gott gewollt. Eine lineare Höherentwicklung zu einem göttlichen Geistwesen (durch mystische Praktiken) ist nicht möglich, aber auch nicht notwendig.

---

* **Ätherleib**: Von *lat.* »aether« = obere, feine Luft; feinstoffliche Hülle, die unmittelbar an den physischen Körper anschließt und Träger der Lebensenergie ist.

** **Astralleib**: Von *lat.* »astralis«, die Sterne betreffend. In Zusammenhang mit der astrologischen Vorstellung, dass Charakterstruktur und -eigenschaften des Menschen von den Gestirnen bestimmt werden. Nach esoterischem Verständnis ebenfalls ein feinstofflicher, zweiter Körper des Menschen (auch Seelenleib genannt), der den physischen Körper und den Ätherleib umschließt. Der Astralkörper kann sich vom physischen Körper trennen (Astralprojektion) und zeitweilig eine eigene Existenz haben. Er ist durch eine Silberschnur mit dem Körper verbunden und geht beim physischen Tod eines Menschen nicht unter, sondern beginnt in der Astralwelt ein neues Dasein.

Das esoterische Menschenbild

Je nach Philosophie werden verschiedene mystische Praktiken und Schulungswege angeboten, die eine stufenweise Aufwärtsentwicklung des Menschen bewirken sollen. Der Yoga ist z. B. solch ein Weg .

Astral- und Ätherleib überleben den physischen Tod des Menschen als feinstoffliche Transzendenz und sollen dann zu höheren Bewusstseinszuständen geführt werden.

Das transzendente Ziel besteht darin, die verlorene Göttlichkeit des Urzustandes wiederzuerlangen. Dieses Ziel wird selten in *einem* irdischen Leben erreicht, sondern meistens erst nach unzähligen Wiederverkörperungen.

Das christliche Menschenbild

Die Umgestaltung des Christen besteht in der positiven Veränderung seiner charakterlichen Struktur durch die christliche Ethik, in Verbindung mit dem Geist Gottes.

Nach seinem physischen Tod wird Gott ihn zur Auferstehung in einem neuen, geistlich-himmlischen Leib bringen (1. Kor. 15,44). Es findet keine Verschmelzung der Individualseele mit der Allseele statt, sondern der Mensch bleibt mit seiner Persönlichkeit ein Gegenüber Gottes.

Das ewige, vollkommene Leben, in der unmittelbaren Nähe Jesu, ist ein Gnadengeschenk Gottes an alle christusgläubigen Menschen.

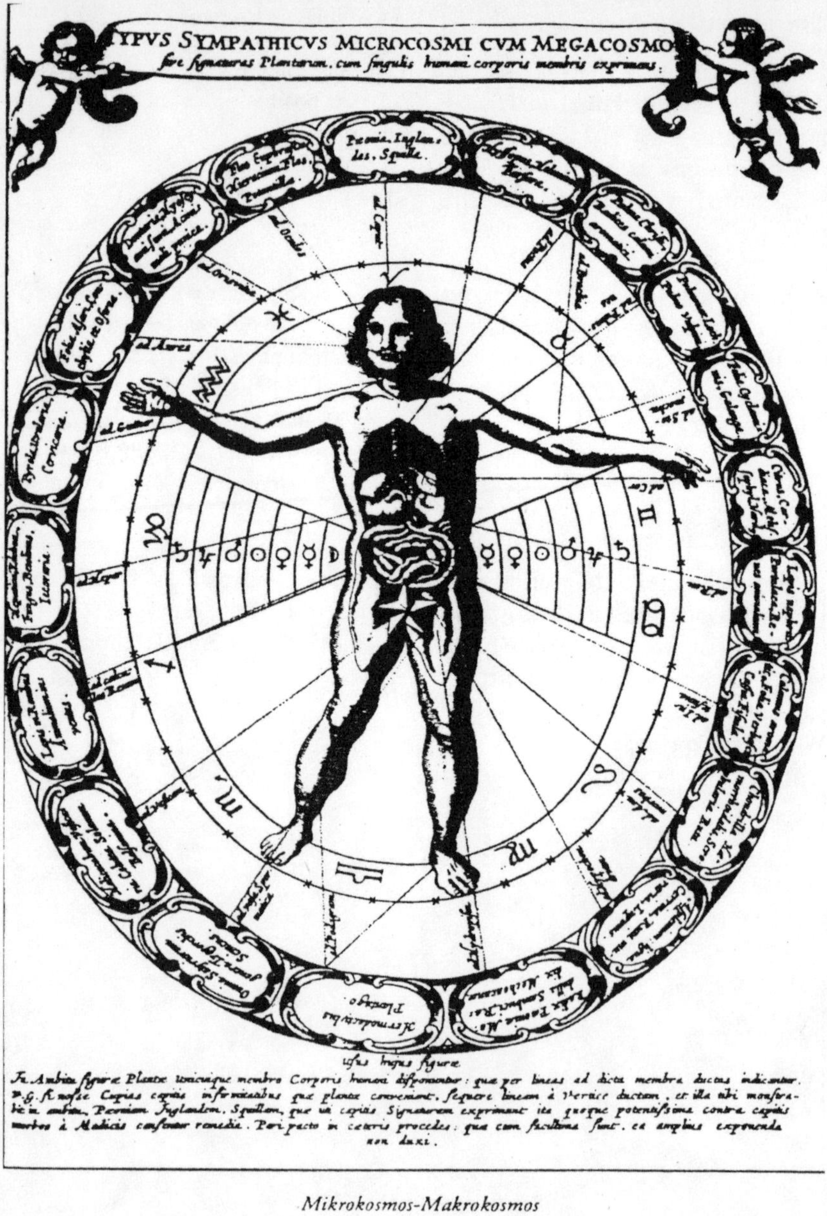

Mikrokosmos-Makrokosmos

aus »Das neue Lexikon der Esoterik« von Marc Roberts, S. 377

II. 1. 3. Die Aura

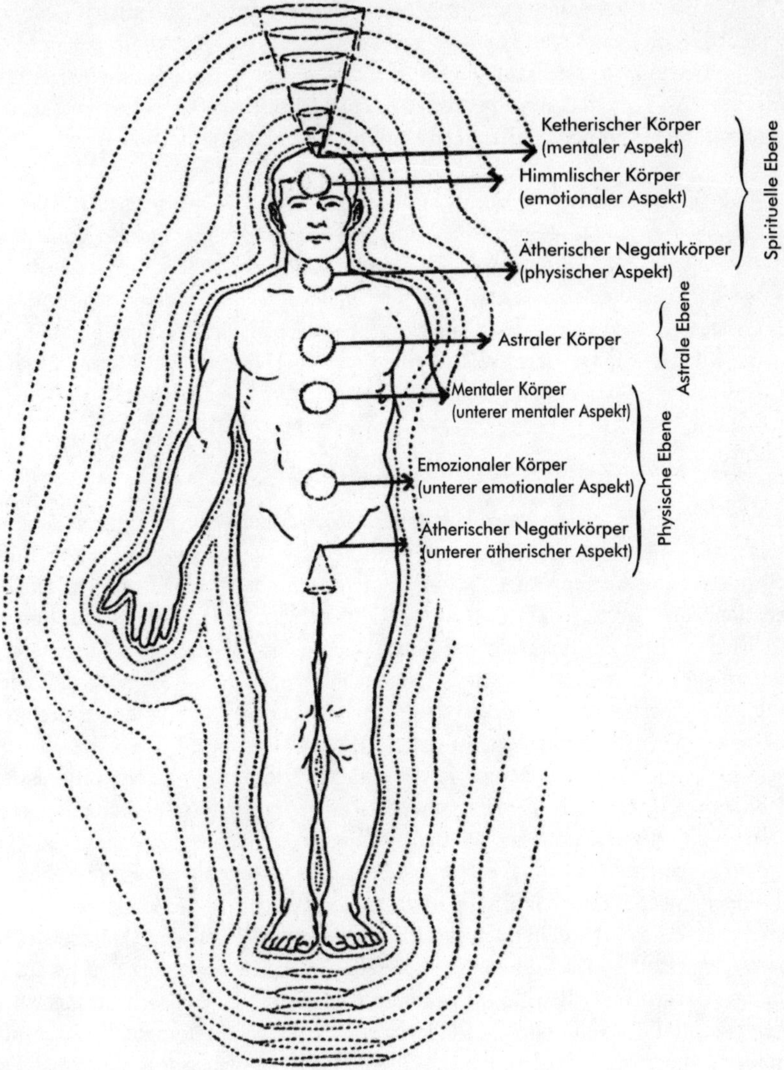

Die sieben Auraschichten

aus »Das große Praxisbuch der Esoterik«, Seite 185 von Diane von Weltzien (Hrsg.), Goldmann Verlag München, 1992.

Das Lexikon beschreibt die Aura mit: Wirkungsweise, Vorzeichen oder als Ausstrahlung einer Person.

In der Esoterik versteht man die Aura als ein Energiefeld, das je nach Lehre bis zu sieben Schichten haben kann. Es soll vom Äther- und Astralleib (siehe oben) gleichsam wie von einem Magneten abstrahlen und den menschlichen Körper umgeben. Von medial-sensitiv veranlagten Menschen soll es in leuchtenden Farben wahrgenommen werden. Ein Esoterik-Lexikon sagt dazu Folgendes:

> Aura, lat.: »Hauch«, … ist ein mehrschichtiges Energie- bzw. Schwingungsfeld um den menschlichen Körper, das mit Hilfe der Kirlian-Fotografie optisch sichtbar gemacht werden kann … In der Aura sieht der Esoteriker Abstrahlungen von Energie, die der Mensch kontinuierlich aus dem Universum aufnimmt und durch die verschiedenen Chakren, die man sich als Energiekonzentrationen vorzustellen hat, allen Bereichen des Körpers zuführt. Überflüssige Energie wird in Form von Farbschwingungen abgestrahlt … (»Das neue Lexikon der Esoterik« v. Marc Roberts, S. 96, 97).

II. 2. Die Auswirkungen des neuen Denkens

Anders als bei Sekten, in denen bestimmte Gesetze und festgeschriebene Dogmen anerkannt und befolgt werden müssen, wird in der esoterischen Szene Freiheit und Selbstverwirklichung angesagt. Das eigene Ego steht im Mittelpunkt allen Denkens und Handelns. Gut und richtig ist, was gefällt und was ein gutes Gefühl vermittelt. Der Mensch ist nicht mehr auf der Suche nach einem persönlichen Schöpfergott, sondern sucht das »göttliche Selbst« in seinem eigenen »Ich«. Er muss sich nicht festlegen auf bestimmte Methoden oder Praktiken, sondern soll sein Inneres entleeren und neue spirituelle Erfahrungen machen. Gerade dieser Gedanke wird vermehrt auch in den christlichen Raum hineingetragen. Besonders durch verschiedene Meditationsformen soll hier ein »neuer Zugang zu Gott« gefunden werden. Jahrtausende altes mystisches Wissen soll in so genannten morphogenetischen Feldern gespeichert und durch bestimmte Praktiken für jedermann abrufbar sein.

Einen großen Raum nehmen die so genannten alternativen Heilpraktiken ein, von denen die meisten unter dem Dachbegriff »Traditionelle Chinesische Medizin« (TCM) zusammengefasst und heute schon in speziellen Kliniken angeboten und praktiziert werden. Alle gehen von den gleichen Grundgedanken aus. Egal, ob sich die angebotene Therapie auf Edelsteine oder Kristalle bezieht, oder auf bestimmte Pflanzen oder Aromen, immer ist es so, dass die gewünschte Heilkraft nicht auf nachweisbare, natürliche Substanzen und Wirkstoffe zurückgeführt wird, sondern auf energetische Ströme oder Schwingungen, die den Pflanzen und Steinen angeblich innewohnen.

In welch vielfältiger Form uns die Auswirkungen dieses neuen Denkens heute begegnen, ist aus dem Diagramms auf Seite 119 ersichtlich.

II. 2. 1. Morphogenetische Felder

Viele esoterische Praktiken basieren auf der phantasievollen Vorstellung, dass es im Kosmos, in der Natur und auch im Menschen geheimnisvolle Intelligenzträger gibt, die sich aus einem völlig autonomen System heraus selbst organisieren. Sie stehen in einer Wechselwirkung zueinander und sind ständigen Wandlungen und Veränderungen unterworfen. Die Reiki-Lehrer Wolfgang Distel und Wolfgang Weilmann erklären das so:

> Ein selbstorganisiertes System erzeugt seine eigene Struktur und behält sie so lange bei, wie genügend Energie hindurchfließt. Verändert sich die Energiemenge über ein bestimmtes Maß hinaus – wird also eine systemspezifische Toleranzgrenze erreicht –, verändert das System seine Form, es organisiert sich neu, es passt sich an ... Lebende Systeme – wie zum Beispiel der menschliche Körper mit seinen Milliarden Zellen, mit seinen Organen und Gliedmaßen – erhalten sich selbst, wenn genügend Energie hindurchfließt. Ein Zustrom Universeller Lebensenergie, der uns zum Beispiel durch die Reiki-Praxis geschenkt werden kann, muss also aus diesen Einsichten heraus (auch) zu einer Stabilisierung der Gesundheit führen ... (»Der Geist des Reiki«, S. 27-29).

Das gesamte Universum und all seine Erscheinungsformen folgen nach dieser Theorie bestimmten Mustern. Jeder Form und jedem Verhalten sollen unsichtbare Konstruktionspläne zugrunde liegen, die so genannten morphogenetischen Felder (*griech.* »morphe« = Form, und »genesis« = Entstehung) oder Skalarfelder. Diese Felder werden weder als Materie noch als Energie verstanden, sondern als »reine Information«, die das Bild oder Muster eines erst in der Zukunft fertigen Subjekts oder Objekts darstellt.

Eine ganz ähnliche Vorstellung ist auch in der Anthroposophie von Rudolf Steiner zu finden. Er sprach von der Akasha-Chronik, einem universellen Weltengedächtnis, in dem alle Taten und Handlungen der Menschen aus der Vergangenheit, Gegenwart und Zukunft aufgezeichnet seien.

Die morphogenetischen Felder werden verglichen mit dem architektonischen Bauplan eines Hauses, der zwar sämtliche Informationen für den zukünftigen Bau enthält, selbst aber immateriell ist und keinerlei Energie enthält. Da sich diese Felder jenseits von Zeit und Raum befinden, enthalten sie Informationen sowohl aus der Vergangenheit als auch aus der Zukunft. Im Reiki-System und ähnlichen Therapien sollen sie für jeden Menschen zugänglich gemacht werden. Hier können die jeweils richtigen Informationen abgerufen werden, die dann auf geheimnisvolle Weise das körpereigene bioenergetische Schwingungsfeld oder das morphogenetische Muster stabilisieren. Besonders bei seelischen Erkrankungen sollen diese Informationen zu einer natürlichen inneren Harmonie und Gesundheit beitragen.

II. 2. 2. Geheimnisvolle kosmische Kräfte

Geheimnisvolle mystische Energien, mit den unterschiedlichsten Bezeichnungen, haben in der Geschichte der Menschheit schon immer eine Rolle gespielt.

Die alten Ägypter sprachen von **Ba oder Ka** (Lebenskraft, Seele, Belebung); im Hinduismus ist es das **Prana** (*sanskrit* »Aushauch«); die Chinesen sprechen von **Qi oder Ch'i** (Atem) und die Japaner von **Ki.** Dr. med. Franz Anton Mesmer (1734-1815), auf dessen Therapie die heutige Hypnose aufbaut, bezeichnete die Energie als **Animalischen Magnetismus**. Der österreichische Chemiker von Reichenbach (1788-1859) nannte diese Energie **Od** (*altnordisch* »Gefühl«), nach dem germanischen Gott Odin.

Bei vielen der heutigen alternativen Heilstherapien ist die Rede von der **Bioenergie** (*griech.* (Lebensenergie). Rutengänger und Pendler sprechen dagegen von **Erdstrahlen**, die in so genannten Störfeldern auftreten, die sich negativ auf den menschlichen Organismus auswirken sollen.

II. 2. 3. Die Kraft Ch'i

Die kosmische Energie Ch'i oder Qi ist die geistige Kraft im chinesischen Taoismus, wo sie sich unter anderem harmonisierend auf Yang und Yin auswirken soll. In einem Esoterik-Buch wird sie folgendermaßen beschrieben:

> Der Mensch ist in Ch'i, und Ch'i ist innerhalb des Menschen selber. Vom Himmel und der Erde bis hin zu aller Art von Schöpfung ist da nichts, was nicht Ch'i benötigen würde, um am Leben zu bleiben. Der Mensch, der es versteht, sein Ch'i zirkulieren zu lassen, erhält seine eigene Person und bannt auch Übel, die ihm schaden könnten (»Die Kraft des Ch'i«, S. 55).

Die lebenserhaltende Kraft, die hier einer unpersönlichen, kosmischen Energie zugeschrieben wird, ist nach christlicher Überzeugung die Gabe eines persönlichen Gottes, hervorgerufen durch den Heiligen Geist. Deshalb konnte auch Elihu seinen Freund Hiob darauf hinweisen:

> Gottes Geist hat mich geschaffen, der Atem des Allmächtigen hat mir das Leben geschenkt (Hiob 33,4).

Und der Apostel Paulus beschreibt seinen Zuhörern in Athen den biblischen Gott mit folgenden Worten:

> Es ist der Gott, der die Welt und alles, was in ihr ist, geschaffen hat. Er, der allen das Leben gibt und was zum Leben notwendig ist, er hat den einen Menschen geschaffen, von dem alle Völker auf der ganzen Erde abstammen. Er hat auch bestimmt, wie lange und wo sie leben sollen … Durch ihn allein leben und existieren wir (Apg. 17,24-28).

II. 2. 4. »Traditionelle Chinesische Medizin« (TCM)

Eine grundlegende Bedeutung kommt dem Ch'i oder Qi in der TCM zu. Je nach Herkunft oder Aufgabe der Energie wird sie hier noch einmal in vier Kategorien aufgeteilt:

- In das Urqi, das von den Vorfahren ererbt wird,
- in das Brustqi,
- das nahrhafte Qi,
- und das Verteidigungsqi.

Man legt die fünf Wandlungsphasen der Elementenlehre (siehe Seite 103) zugrunde und unterteilt die menschlichen Organe in fünf Zang- und sechs Fu-Organe, die in einer besonderen Beziehung zueinander stehen und sich gegenseitig beeinflussen. Die einzelnen Organe sind durch Meridiane miteinander verbunden, durch die die Lebensenergie Ch'i fließt. Krankheiten und Schmerzen entstehen nach dieser Überzeugung durch Blockaden im Energiefluss des Körpers, durch ein Ungleichgewicht von Yin und Yang, oder auch durch eine gestörte Beziehung zur Natur. Alle Behandlungsmethoden zielen darauf ab, die Energie-Blockaden zu beseitigen bzw. die Harmonie zwischen Yin und Yang wiederherzustellen, damit die kosmische Kraft wieder frei und ungehindert fließen kann.

Bei den Therapien und pharmakologischen Anwendungen spielen auch astrologische Gesichtspunkte eine Rolle. (Für eine intensivere Auseinandersetzung mit der TCM sind die Hefte »Chinesische Medizin 1 u. 2«, Logos Verlag empfehlenswert.)

Esoterische Therapien und Praktiken

II. 3. Qi Gong

Im 2. Jahrh. n. Chr. lebte der chinesische Arzt Hua Tuo. Durch Beobachtungen verschiedener Tiere kam er zu der Überzeugung, dass der – im Vergleich zum

Menschen – bessere Gesundheitszustand der Tiere auf deren regelmäßige, harmonische Bewegungsabläufe zurückzuführen sei. Aus dieser Erkenntnis entwickelte er fünf Bewegungsabläufe, von denen später die Techniken Qi Gong und Tai Ch'i abgeleitet wurden.

Qi Gong ist eine Abfolge von festgelegten, langsamen, fließenden Bewegungen. Gleichzeitig soll sich der Übende auf seine Atmung konzentrieren und sie auf bestimmte Körperbereiche oder Organe lenken. Durch diese Übungen will er die kosmische Qi-Energie vermehrt in seinen Körper lenken, um dadurch seine Selbstheilungskräfte zu aktivieren. Auch eine allgemeine Leistungssteigerung und innerer Frieden und Harmonie sollen durch diese Technik erreicht werden.

II. 4. Tai Chi

Ein ähnliches Übungssystem wie Qi Gong ist Tai Ch'i. Auch hier soll durch meditative Bewegungen, die von den natürlichen Bewegungen der Tiere abgeleitet sind, das körpereigene Ch'i gelenkt und mit dem Kosmos in Einklang gebracht werden. Auch wenn beide Techniken im Westen vordergründig als gesundheitsfördernde, körperliche Übungen angeboten werden, sind sie ihrem Wesen nach eine geistlich-philosophische Praktik. Durch regelmäßiges Training soll der Übende lernen, sein Denken und Wollen zurückzudrängen, um sich stattdessen nur noch der Bewegung »hinzugeben«. In dieser Praktik kommt das absichtslose Tun, das taoistische »Wuwei« zur praktischen Anwendung.

II. 5. Kampfsportarten

Tai Ch'i Chuan ist ursprünglich eine Kampfkunst. Alle im Westen bekannten Kampfsportarten wie Kung fu, Karate, Judo, Jujitsu, Taekwon-Do oder Aikido haben ihren Ursprung im chinesischen Taoismus, als der »weichen, inneren Schule« und dem Buddhismus, als der »harten, äußeren Schule«. Sie haben im Laufe der Zeit zwar viel von ihrem religiösen Charakter verloren, aber das wesentliche Glaubenssystem hinter diesen Disziplinen wurde nie völlig aufgegeben.

Alle Übungen zielen darauf ab, das Ch'i im Körper so zu kanalisieren, dass es exakt dem kosmischen Gesetz folgt.

> Das Fließen des Ch'i ist die Grundlage für die fließenden Bewegungen des Tai-chi-ch'uan, für den »taoistischen Tanz des Kriegers«. Alle Kampfkünste bedienen sich dieses Prinzips … Wie alle Kampfkünste lehrt Tai-chi-ch'uan nicht eine Kampftechnik, sondern die Kultivierung von Ch'i im Körper und seine Projektion auf einen Gegner. Hier zeigt sich wieder deutlich, dass die Grundvoraussetzung

> aller Kampfsportarten die Kontrolle über den Geist, die Atmung und den Ch'i-Fluss ist … (»Die Kraft des Ch'i«, Seite 83 u. 88).

Auch in diesen im Westen als Selbstverteidigungstechniken angebotenen Praktiken geht es letztlich darum, eine spirituelle Einheit mit dem Kosmos zu erlangen.

> Im Tai-chi-ch'uan werden die körperlichen, emotionalen, mentalen und spirituellen Energien wieder einer ungeteilten Einheit zugeführt. Die Betonung liegt auf »wieder« und ist als Hinweis zu verstehen, dass eine Rückkehr zur Geschmeidigkeit des Kleinkindes möglich ist, mehr noch, eine Rückkehr in den Zustand des »unbehauenen Klotzes«, jenes Symbols für das uranfängliche Tao … (»Die Kraft des Ch'i«, Seite 96).

II. 6. Feng Shui

Feng Shui (*chines.* Feng = Wind und Shui = Wasser) ist eine chinesische Form der Geomantie (*griech.* Erdweissagung). Man geht davon aus, dass die »Adern des Ch'i«, die als Drachenlinien bezeichnet werden, durch das Erdinnere strömen. Nur wer sich in der Nähe der »wohlbringenden« Ch'i-Linien aufhält und in Harmonie mit der Natur lebt, erlangt Glück, Frieden und ein langes Leben.

Anfänglich wurde diese Technik im Westen hauptsächlich angewandt, um eine harmonische Raumgestaltung zu fördern. Dabei sollen – in Verbindung mit chinesischer Astrologie – durch die richtige Platzierung von speziellen Möbeln, Pflanzen und Dekorationsgegenständen die Räume von negativen Energien befreit werden. Erst dann können sich positive Energien ausbreiten, die die menschlichen Chakras (Energiezentren) öffnen und damit ein allgemeines Wohlbefinden des Menschen hervorrufen.

Inzwischen hat diese Technik auch Einzug in den Städtebau gehalten. In mehreren Städten (z. B. Massing) wurden ganze Neubaugebiete geomantisch untersucht und nach der Feng-Shui-Methode geplant und angelegt. Häuser wurden nur auf die »harmoniebringenden« Ch'i-Linien gebaut, während die so genannten »Störfelder« mit Straßen zubetoniert wurden. Auch bei der Landschaftsgestaltung kommt Feng Shui häufig zur Anwendung.

II. 7. Akupunktur

Geschichte und Lehre

Die Anfänge der Akupunktur gehen zurück bis ca. 400 v. Chr. und wurden im Laufe der Geschichte ständig weiterentwickelt. Auch sie gründet sich auf die taoistische Vorstellung von Yin und Yang und die Annahme, dass der menschliche Körper nicht nur von Blut-, Nerven- und Lymphbahnen durchzogen wird, sondern auch von so genannten Meridianen (die medizinisch nie nachgewiesen werden konnten). In diesen zwölf Haupt- und acht Nebenstraßen, die miteinander in Verbindung stehen, fließt die kosmische Energie durch den Körper. Auf diesen Meridianen liegen 700 Akupunkturpunkte verteilt, die bestimmten Organen und Krankheiten zugeordnet werden. Durch das Einstechen der Nadeln in diese Punkte soll die energetische Balance zwischen Yin und Yang wiederhergestellt werden.

Was sagt die Schulmedizin?

Unter den Befürwortern der Akupunktur befindet sich eine große Anzahl Schulmediziner, die den mystisch-religiösen Ursprung der Methode zwar nicht bestreiten, ihn für sich und ihre Behandlung aber konsequent ablehnen.

In medizinischen Forschungen hat man inzwischen nachgewiesen, dass durch das Nadeln bestimmte körperliche Reaktionen hervorgerufen werden. Eine entzündungshemmende Wirkung konnte der kanadische Forscher Bruce Pomeranz von der Universität Toronto nachweisen. Außerdem ist inzwischen wissenschaftlich bewiesen, dass durch die Akupunktur Endorphine (beruhigende Stoffe), körpereigene Morphine und andere schmerzhemmende Substanzen freigesetzt werden. Michael Kotsch schreibt dazu:

> Für bestimmte, eng umgrenzte Teilgebiete der TCM (z.B. Akupunktur zur *Schmerz-* und Anspannungs*bekämpfung*, …) konnte unabhängig von deren weltanschaulichem Hintergrund eine naturwissenschaftlich nachvollziehbare Wirkungsweise nachgewiesen werden (siehe Band 2). Diese Einsatzmöglichkeiten scheinen *für Christen genauso denkbar* wie ein Auto, auch wenn der Medizinmann eines Eingeborenenstammes erklärt, dasselbe fahre durch magische Kräfte. *In diesem Fall muss lediglich die Erklärung, nicht aber der Vorgang an sich abgelehnt werden* … (»Chinesische Medizin 1«, S. 66).
> Für alle über Schmerz- und Übelkeitsbekämpfung hinausgehenden Therapieangebote der Akupunktur liegen *keine überzeugenden klinischen Studien* vor. Außerdem lässt sich eine darüber hinausgehende Wirkung heute weder naturwissenschaftlich erklären noch beweisen … (»Chinesische Medizin 2«, S. 55, 56).

Auch Dr. Samuel Pfeifer kommt in einer kurzen Zusammenfassung über die Akupunktur zu einem ähnlichen Ergebnis: Die Methode gründet sich auf das taoistische Weltbild. Das Einstechen der Nadeln soll das Gleichgewicht von Yin und Yang wiederherstellen. Die Methode lässt sich auch ohne okkulte esoterische Modelle erklären.

Forschungen haben gezeigt, dass beim Einstechen der Nadeln zwei Mechanismen wirksam werden können: a) Durch das Einstechen der Nadeln in Haut und Muskeln werden Schmerzreize im Gehirn blockiert (Gate Control Theorie). b) Es werden Stoffe (Endorphine) in der Haut, im Gehirn und im Rückenmark freigesetzt, die zu einer gewissen Schmerzlinderung und Beruhigung führen können. Diese Erklärung ist vor allem bei der Behandlung von Kopfschmerzen und rheumatischen Beschwerden sinnvoll. Hingegen taugt sie nichts für die Behauptung der Meridiane, der Energiepunkte und vieler anderer Behauptungen. Hier herrscht auch unter den Akupunkteuren Streit über die richtige Anwendung.

Die Wirksamkeit ist in begrenztem Maße medizinisch nachweisbar, nämlich bei klar umrissenen Schmerzzuständen.

Bei psychischen Problemen und bei funktionellen körperlichen Beschwerden ist hingegen ein Wirksamkeitsnachweis nicht gelungen. Hier muss von einer Placebowirkung ausgegangen werden. Die breite Anwendung der Akupunktur hat auch ihre Grenzen deutlicher als früher aufgezeigt.

Die Anwendung kann auch ohne die Vermischung mit okkulten bzw. esoterischen Praktiken erfolgen.

Das kommt sehr auf den Arzt oder Heilpraktiker an. Immerhin wenden heute viele Ärzte die Therapie an, ohne sich große Hintergedanken über die Philosophie zu machen, die der Methode zugrunde liegt. Sie sehen darin einfach eine Methode, die bei ca. einem Drittel der Patienten die Schmerzen ohne den Einsatz von Medikamenten lindert. Weitere Anwendungsgebiete sind die Raucherentwöhnung oder der Abbau von Beruhigungsmitteln (mit wechselhaftem Erfolg). Es darf aber nicht verschwiegen werden, dass es auch viele Ärzte und Heiler gibt, die die Akupunktur ganz offen mit anderen esoterischen Praktiken vermischen (Broschüre »Spannungsfeld Alternativmedizin, Psyche und Glaube«).

Für eine gründlichere Auseinandersetzung mit der Akupunktur sind die Hefte »Chinesische Medizin 1 u. 2« und »Gesundheit um jeden Preis? Alternative Medizin und christlicher Glaube« von Dr. Pfeifer empfehlenswert.

II. 8. Kinesiologie

Begründer und Lehre

Auch die Kinesiologie (*griech.* »kinesik«, Lehre von der Bewegung) basiert auf der Annahme, dass Organe und Muskeln durch Meridiane miteinander in Verbindung stehen. Die Technik geht zurück auf die einfachen Muskeltests der Maya und wurde in den 60er Jahren von dem amerikanischen Arzt und Physiotherapeuten Georg Goodheart als Diagnose- und Behandlungsverfahren entwickelt. Die Therapeuten gehen davon aus, dass Zusammenhänge bestehen zwischen den Emotionen des Menschen, seinen Muskeln und bestimmten Organen. Dabei wird die Kraft eines Muskels als ein Indikator (beweiskräftiges Anzeichen) von Krankheiten gesehen. Bei störungsfreiem Energiefluss und einer Ausgewogenheit zwischen Yin und Yang sind die Organe gesund und der entsprechende Muskel ist stark und fest. Ist der Energiefluss blockiert, erkranken die Organe und die Muskeln bieten keinen Widerstand. Diese Annahme wird auch auf den psychischen Bereich übertragen. Bei unangenehmen Ereignissen oder Empfindungen reagiert der Muskel schwach, bei positiven Gedanken und Gefühlen ist er stark.

In der Kinesiologie will man Heilung auf drei Ebenen bewirken, nämlich auf der körperlichen, der geistigen Ebene, dem »mind«, dessen wesentlichster Teil das Unterbewusstsein ist; und auf der seelischen Ebene, die Depressionen, Angstzustände und Phobien umfasst.

Diagnose

Eine Diagnose wird wie folgt beschrieben:

> Der Behandler fordert den Patienten auf, mit dem erhobenen Arm beziehungsweise mit dem angewinkelten Bein gegen den Druck seiner Hand Widerstand auszuüben. Während dieses Muskeltests legt der Behandler die andere Hand auf die Organregion, deren Funktion er prüfen will. Widersteht der Arm beziehungsweise das Bein des Patienten dem Druck gut, ist das Organ angeblich gesund. Gibt der Arm beziehungsweise das Bein nach, ist das Organ angeblich nicht funktionstüchtig … (Zeitschrift »Christliches Zeugnis«, Esoterik II, Seite 30, 31).

Auf diese Weise wird getestet, welche Spurenelemente dem Körper fehlen, welche Speisen der Patient verträgt und welche Medikamente ihm verordnet werden. Dazu wird die Arznei an die Stelle des erkrankten Organs gelegt; ist der Muskel daraufhin erstarkt, handelt es sich um das richtige Medikament.

Bei einigen Therapeuten müssen die Patienten mit beiden Händen fest auf eine Waage drücken, um so den Muskelwiderstand zu messen; andere verwenden einen Biotensor (eine Art von Wünschelrute), um ihre Diagnose zu stellen.

Behandlungsmethoden

Bei der **Angewandten Kinesiologie** (AK) werden bestimmte Reaktionspunkte des Körpers mit Massagen von unterschiedlicher Dauer behandelt. Zu verordnende Medikamente (meistens pflanzliche oder homöopathische Mittel) werden zuvor mit dem Muskeltest ausgetestet.

Auf der Grundlage der AK wurden weitere Verfahren für spezielle Anwendungsbereiche entwickelt.

Touch for Health wird eingesetzt, um Verspannungen im Körper, die durch geistig-emotionale Probleme ausgelöst werden, mit Berührungen, Bewegungen und Massagen zu heilen. Auch bei Kopf- und Rückenschmerzen wird diese Behandlung angewandt.

Educational Kinesiology oder **Brain-Gym** wurde von dem Amerikaner Paul Dennison in Bezug auf die Pädagogik entwickelt. Diese Methode soll die Zusammenarbeit der beiden Gehirnhälften fördern und dadurch zur Verbesserung der Lernfähigkeit und der Konzentration beitragen. Dies geschieht durch gezielte Bewegungsübungen, wie z.B. eine liegende Acht in die Luft malen oder Überkreuzbewegungen. Die Methode wird inzwischen in vielen Schulen praktiziert. Unbestritten ist, dass diese Übungen die Durchblutung fördern, Verspannungen lösen und den Übenden zu einem besseren Wahrnehmungs- und Lernvermögen führen. Dass es sich bei Brain-Gym aber nicht nur um gymnastische Übungen handelt, sollen zwei Zitate aus dem Buch »Befreite Bahnen« von Paul Dennison belegen. Er beschreibt dort, dass er verschiedene Methoden zur Haltungsverbesserung ausprobierte, z.B. orthopädische und chiropraktische Maßnahmen, Selbsthypnose und Yoga.

> Meine jetzige Körperhaltung aber … erreichte ich jedoch, indem ich begann, Energie zu verstehen und zu kontrollieren … Ob sie nun Ch'i, Prana, kosmische Energie oder Liebe genannt wird, man glaubt an ihre Existenz; aber nur wenige haben sie gefühlt und erfolgreich angewendet.
>
> Wenn wir uns beim Muskeltest gegenseitig berühren, treten wir in den Lebensraum der anderen Person ein … Wenn sie diesen Raum betreten, betreten sie sein Energiefeld und vermischen ihre Energie mit seiner … Merken sie sich vorerst nur, dass wir beim Muskeltest eigentlich die Energie testen, weniger die physische Kraft.

Die **Psychokinesiologie** (PK), die von Dr. med. Klinghardt entwickelt wurde, konzentriert sich überwiegend auf die Behandlung des Unterbewusstseins.

> Nach Dr. Klinghardt hat jede körperliche Erkrankung ihren Ursprung ganz oder teilweise im Unterbewusstsein, in dem alle Kindheitserinnerungen gespeichert sind … Die Psychokinesiologie ermöglicht es, sich an die Situationen, an den Zeitpunkt und an das damalige Gefühl zu erinnern und den USK (unerlösten seelischen Konflikt) zu »erlösen«. Wird der Konflikt mit Hilfe der PK wieder aktiviert und der Patient in diese Zeit zurückversetzt, testen [oder reagieren] die gleichen Organe, die heute krankheitsauslösend sein können. Jetzt ist es möglich, sie mit der PK zu lösen und zu entkoppeln (»Energie und Schwung durch Kinesiologie« von Brigitte Tiesel, S. 10, 11).

Durch eine besondere Art von Muskeltest soll es auch möglich sein, »Rückmeldungen« vom Unterbewusstsein zu erhalten.

Die **Kinesiologisch-Kybernetische Strategie** (KKS) ist dagegen ein Programm zur Wirtschaftsberatung.

Kritische Anmerkung

Eine vorherige berufliche Qualifikation ist zur Ausbildung der Behandler nicht notwendig und eine Qualitätskontrolle der Anwendungen gibt es nicht. Das bedeutet in der Praxis, dass sich der physisch oder psychisch Kranke in die Hände von Heilern begibt, die in vielen Fällen weder eine medizinische noch eine psychologische Kenntnis besitzen. Die Muskeltestung kann von jedem Behandler subjuktiv interpretiert werden.

> Es gibt bis heute keine wissenschaftliche Dokumentation darüber, ob der Test wirklich herausfinden kann, was behauptet wird. AK kann keine stichhaltigen Aussagen über Krankheiten machen. Und es können damit auch nicht die »passenden« Medikamente gefunden werden. Dagegen haben zwei Kontrollstudien, die in amerikanischen Kliniken durchgeführt wurden, und eine deutsche Studie keine der behaupteten Zusammenhänge entdecken können. Fazit der Harvard Universität: »AK erweckt den Eindruck eines Salontricks« … (»Esoterik II«, S. 32).

II. 9. Reiki

In diesem japanischen Wort stoßen wir auf die Silbe »Ki«, vergleichbar mit dem chinesischen »Ch´i«, das für die kosmische Lebensenergie steht.

Begründer und Lehre

Reiki ist eine Methode der Geistheilung. Der Begründer dieses Systems war der japanische Mönch Mikao Usui (1865-1929), der an einer christlichen Klosterschule in Kyoto lehrte. Eines Tages sprachen ihn seine Studenten auf die Geistheilungen Jesu an. Er hätte seinen Jüngern auch den Auftrag gegeben, Kranke zu heilen (Mk. 16,18; Luk. 10,9); außerdem hätte er vorhergesagt, dass die Jünger noch größere Dinge tun würden als er selbst (Joh. 14,12).

Die Frage seiner Studenten lautete dann:

> Wenn die Worte der Bibel wahr sind, warum gibt es dann nicht mehr Heiler auf der Welt? Warum werden wir nicht gelehrt, wie man heilt?

Betroffen stellte der Mönch fest, dass er das nicht lehren konnte. Doch die Frage seiner Studenten ließ ihn nicht mehr los. Er legte sein Amt nieder und begann in Chicago ein Theologiestudium. Als seine Fragen auch dadurch nicht beantwortet wurden, kehrte er in seine Heimat zurück, um in buddhistischen Klöstern nach Antwort zu suchen. Er lernte alte Sprachen, studierte alte religiöse Schriften, bis er in einem Zen-Kloster auf merkwürdige Symbole stieß, die er nicht zu deuten vermochte. Nach einer zwanzigtägigen Meditation hatte er eine Vision, in der ihm eine Lichtgestalt erschien. Seine Seele konnte plötzlich in die Astralwelt (siehe Seite 120) blicken, wo ihm die geheimnisvollen Symbole erklärt und ihm entsprechende Rituale und Mantras übermittelt wurden. Nach diesen Erklärungen durch überirdische Wesen probierte er die neue Heilmethode zuerst an sich selbst aus, bevor er sie auch bei anderen Menschen anwandte.

Später gab er sein Wissen an einen ausgewählten Nachfolger weiter, der sich dann Großmeister nannte. Ähnlich wie bei den hinduistischen Gurus (siehe Seite 202) durfte das streng geheime Wissen über die Reiki-Rituale nur von einem Großmeister an andere weitergegeben werden, die in einer feierlichen Zeremonie als Meister geweiht wurden.

Die Gründerin der »Reiki-Alliance«, Phyllis Lei Furumoto, gab diese Meisterweihe 1989 frei.

Nach und nach verflachte die Geheimhaltung. Es wurden verschiedene Vereinigungen gegründet, die unterschiedliche Lehrsysteme anbieten. Die Meisterweihen sind nicht mehr nur dem Großmeister vorbehalten, sondern werden heute auch von ausgebildeten Lehrern vorgenommen. Während diese Weihen in den Anfängen noch bis zu 20000 DM kosteten, sind sie heute für jedermann erschwinglich geworden.

Wie im Gesamtbereich der Esoterik wurden auch die einst so streng geheimen Symbole und Rituale inzwischen in vielen Publikationen veröffentlicht.

Man schätzt, dass es in Deutschland heute 300 – 400 000 Reiki-Praktizierende gibt. Das Reiki-System ist ein Zusammenspiel von verschiedenen Komponenten, das dem Reiki-Praktizierenden folgende Möglichkeiten bieten soll:

- Zugang zu den Informationen der morphogenetischen Felder oder Skalarfelder;
- Heilen durch Handauflegung bei sich selbst und anderen;
- Wachstum der eigenen Spiritualität, besonders in Verbindung mit Meditation;
- Zugang zur universellen Lebensenergie, die zu höheren Bewusstseinszuständen führen soll (hauptsächlich durch die Arbeit mit bestimmten Symbolen);
- ein besonderes Erfülltsein mit Liebe, die dann wieder nach außen verströmt werden kann.
- So sollen sich Menschen auf dem gesamten Globus zu Reiki-Heilkreisen zusammenschließen, um mit Hilfe der Fern-Reiki-Technik der Erde Energie und Heilkraft zu senden, um sie »einzuhüllen in die Liebe der Reiki-Kraft«.

Zugang zum Reiki-Geist

Der Zugang zu diesem mystischen Reiki-Geist wird dem Schüler von einem Reiki-Lehrer durch ein Einweihungsritual und durch Handauflegung auf die Chakren (siehe Seite 169 ff) vermittelt. Durch fortschreitende Erkenntnis kann der Schüler – je nach Schulungssystem – bis in sieben verschiedene Reiki-Grade eingeweiht werden. Das traditionelle Reiki-System nach Usui ist in drei Grade aufgeteilt, die folgendermaßen beschrieben werden:

> Konkret wird beim ersten Grad der körperliche Aspekt betont, und man arbeitet auf der grobstofflichen Ebene. Beim zweiten Grad steht der mentale Aspekt im Vordergrund, wobei vor allem auf der Ebene des Mentalkörpers* gearbeitet wird. Und beim dritten Grad (Meistergrad) nun liegt der Schwerpunkt auf dem seelischen Aspekt … Mit dem Meistergrad hat man Zugang zur Astralebene, dem Transformationspunkt zwischen materieller und immaterieller Welt (»Der Weg zum wahren Reiki-Meister«).

Symbole

Das Energiesystem des Reiki basiert auf acht universalen Symbolen, in Form von Piktogrammen (formelhafte, graphische Symbole). Sie sollen die universale Lebensenergie aktivieren und zu höheren Bewusstseinszuständen führen. Die

---

* **Mental:** (*spätlat.* »mentalis«, geistig, vorgestellt zu *lat.* »mens«, Gen. »mentis«, Geist, Vernunft): geistig; aus Gedanken und Überlegungen hervorgegangen; den Verstand, die Psyche oder das Denkvermögen betreffend.

Mittlerkraft dieser Symbole wird für den Schüler aber erst durch die Einweihung in den zweiten und dritten Grad besonders erfahrbar. Diese Symbole werden unter anderem auch gechantet, das heißt, ihr klangvoller Name wird durch rhythmisches Singen unablässig wiederholt, ähnlich wie die Mantras im hinduistischen Guruismus (siehe Seite 202). Das Chanten soll dem Meditierenden helfen, sich innerlich zu zentrieren und von allen Einflüssen der Außenwelt zu befreien. Nur so kann er den Kontakt zu der Reiki-Kraft herstellen, die ihn befähigt, die Informationen der morphogenetischen Felder anzuzapfen. Durch die Energieschwingungen, die diese Symbole verströmen, soll es ihm auch möglich werden, die Reiki-Kraft an andere weiterzugeben.

Behandlungsmethode

Bei einer Behandlung mit Reiki liegt der Patient angekleidet in entspannter Haltung auf einer Liege. Nach einem vorgegebenen Ritual legt der Reiki-Heiler seine Hände zuerst auf die Stirn und anschließend auf bestimmte Körperstellen des Patienten. Dabei konzentriert er sich darauf, die kosmische Energie durch seinen eigenen Körper hindurch auf den Heilsuchenden zu lenken. Manchmal werden als unterstützende Maßnahme auch Kristalle oder Edelsteine aufgelegt, die zusätzliche Heilenergie übertragen sollen. Eine vorherige Diagnose ist bei dieser Heilmethode nicht nötig.

Nach einem Urteil des Landgerichts Koblenz (3 HO 73/2000) sollen Person, die keine medizinische oder Heilpraktikerausbildung haben, künftig keine Reikibehandlungen mehr anbieten dürfen. Der Begriff »Behandlung« suggeriere den Patienten, dass eine Heilung möglich sei, das Anbieten von Heilungen aber sei erlaubnispflichtig. Von Nicht-Heilpraktikern und Nicht-Ärzten dürfen nur noch Reiki-Seminare, Reiki-Unterricht oder Reiki in Verbindung mit Adjektiven angeboten werden (z. B. »Entspannungsreiki«) (EZW, 8/2001, S. 273). Dieses Urteil gilt zunächst nur für den Bereich des Koblenzer Landgerichts, es könnte aber zum Präzedenzurteil für andere Gerichte werden. Außerdem bleibt abzuwarten, wie weit sich dieses Urteil auch auf andere esoterische Praktiken anwenden lässt, soweit sie von Personen angeboten werden, die über keine offizielle Heilbefugnis verfügen.

Christliche Gegenüberstellung

Es ist unzweifelhaft, dass mit dieser Methode auch Heilerfolge erzielt werden. Die meisten Reiki-Heiler sind überzeugt, dass es eine »göttliche Kraft« ist, die sie an Hilfesuchende weitergeben. Darum sehen Insider auch keinen Widerspruch zum christlichen Glauben, sondern empfehlen sogar den christlichen Gemeinden, Reiki-Kurse anzubieten, um den Teilnehmern dadurch einen neuen Zugang zu Gott zu ermöglichen. So glauben sie, dass durch Reiki die Christus- oder Buddhanatur im Menschen zur vollen Entfaltung gelangt. Nach fernöstlichem Denkmuster wird auf diese Weise die Vergöttlichung des eigenen »Ich« erzielt, und die steht im krassen Widerspruch zum ersten Gebot.

Man darf auch nicht vergessen, dass Reiki und Christentum zwei völlig unterschiedliche Sichtweisen über Handauflegung beinhalten. Während man im Reiki-System sein Vertrauen auf kosmische Energien und dubiose geistige Konstruktionspläne setzt, vertraut der hilfesuchende Christ allein auf Gott. Hier wird durch das Handauflegen, verbunden mit Gebet, durch den Heiligen Geist der Segen des lebendigen Gottes übertragen. Das kommt besonders in Jakobus 5,13-16 zum Ausdruck:

> Leidet jemand unter euch? Er bete … Ist jemand krank unter euch? Er rufe die Ältesten der Gemeinde zu sich, und sie mögen über ihm beten und ihn mit Öl salben im Namen des Herrn. Und das Gebet des Glaubens wird den Kranken retten, und der Herr wird ihn aufrichten, und wenn er Sünden begangen hat, wird ihm vergeben werden … viel vermag eines Gerechten Gebet in seiner Wirkung.

Die Einweihungsrituale, denen sich der Reiki-Heiler gutgläubig unterwirft, stellen – besonders durch die zugesprochenen Symbole und Mantras – eindeutig eine Verbindung zur dämonischen Welt her. In 2. Korinther 11,14 warnt der Apostel Paulus ausdrücklich vor solchen Verführungen.

II. 10. Therapeutic Touch

Begründerin

Eine weitere Methode des energetischen Heilens durch Handauflegung ist Therapeutic Touch (Therapeutische Berührung). Sie wurde in den siebziger Jahren von der amerikanischen Professorin Dolores Krieger und der Heilerin Dora Kunz entwickelt. Die Methode ist speziell zugeschnitten auf den Einsatz in Krankenhäusern, Pflegeheimen und Arztpraxen und will eine Brücke schlagen zwischen energetischem Heilen und der Schulmedizin.

Behandlungsmethode

Eine Behandlung dauert ca. 15 Minuten und läuft in fünf Schritten ab:

- Im ersten Schritt soll sich die Therapeutin auf den jeweiligen Patienten einstimmen. Dazu muss sie sich »zentrieren«, ihre eigene Mitte finden.

- Im zweiten Schritt wird der Körper des Patienten mit den Händen »abgetastet« (die Hände bewegen sich wenige Zentimeter über dem Körper), um energetische Unterschiede wie Kälte oder Wärme, Dichte oder Leere usw. festzustellen.
- Im dritten Schritt wird das Energiefeld des Patienten durch langsame, streichende Bewegungen vom Kopf bis zu den Füßen »geglättet«. Dabei soll das Bewusstsein des Therapeuten neue, heilende Energie auf den Kranken übertragen.
- Wurden besondere Auffälligkeiten im Energiefeld festgestellt, werden diese Körperstellen in einem vierten Schritt lokal, durch Handauflegung behandelt.
- Im fünften Schritt wird das körpereigene Energiefeld noch einmal »glattgestrichen«.

Ende 1998 waren in Amerika bereits etwa 80 000 Krankenschwestern, Pfleger und Ärzte in Therapeutic Touch ausgebildet. In den Niederlanden waren es zum selben Zeitpunkt etwas mehr als 1000 Schwestern. Auch in Deutschland gibt es inzwischen in Overath ein »Deutsches Institut für Therapeutic Touch«. 1998 schlossen sich die Institute aus verschiedenen europäischen Ländern zur »International Therapeutic Touch Assosiation« (ITTA) zusammen. Seit 1999 wird die Methode an diesen Instituten nach denselben vertraglich festgelegten Qualitätsstandards und Lehrplänen unterrichtet (»esotera« 1/99, S. 33-35).

II. 11. Aura – Soma* Therapie

Begründerin und Lehre

Diese Aura-Soma-Therapie will die angeblich heilenden Energien von Edelsteinen, Farben, Pflanzen und Düften miteinander kombinieren. Sie wurde von der britischen Pharmazeutin Vicky Wall (geb.1918) Anfang der achtziger Jahre entwickelt. Die Rezepturen der verwendeten Substanzen »empfing« die erblindete Pharmazeutin in meditativen Visionen. Im Handel sind drei verschiedene Arten von Aura-Soma-Substanzen erhältlich: Pomander;

Etwa neunzig verschiedene Balance-Öle, die direkt auf bestimmte Körperteile aufgetragen werden und vierzehn Meister-Quintessenzen, zum »Einfächeln« in die menschliche Aura.

Die Auswahl unter den verschiedenen Mitteln wird vom Anwender intuitiv selbst vorgenommen. Grundsatz der Aura-Soma-Therapie ist: Wir sind die Farbe, die wir wählen. Ein ausgebildeter Aura-Soma-Berater versucht, anhand der gewählten

* Der Begriff kommt aus dem *lat.* »aura« (Hauch) und dem *griech.* »soma« (Körper).

> Farbkombinationen Aussagen über Lebenssinn, wesentliche Problembereiche, Vergangenheit und Zukunft des zu Beratenden auf körperlicher, emotionaler, mentaler und spiritueller Ebene zu machen. Die gewählten Substanzen werden anschließend benutzt, um einen Heilungsprozess in Gang zu bringen beziehungsweise zu unterstützen … (»Der Geist des Reiki«, S. 69).

II. 12. Bachblüten Therapie (Blumen, die die Seele heilen.)

Begründer und Lehre

Das System dieser Therapie wurde von dem englischen Arzt Dr. Edward Bach (1886 -1936) entwickelt. Er ging davon aus, dass es nicht nur Heilpflanzen gibt, deren heilende Substanzen wissenschaftlich nachweisbar sind, sondern für ihn gab es eine zweite Kategorie von »Pflanzen höherer Ordnung«, deren Heilkräfte wissenschaftlich nicht nachweisbar sind. Die Wirkungsweise dieser Pflanzen wurde von ihm wie folgt beschrieben:

> Bestimmte wildwachsende Blumen, Büsche und Bäume höherer Ordnung haben durch ihre hohe Schwingung die Kraft, unsere menschlichen Schwingungen zu erhöhen und unsere Kanäle für die Botschaften unseres spirituellen Selbst zu öffnen; unsere Persönlichkeit mit den Tugenden, die wir nötig haben, zu überfluten und dadurch die (Charakter-) Mängel auszuwaschen, die unsere Leiden verursachen Sie heilen nicht dadurch, dass sie die Krankheit direkt angreifen, sondern dadurch, dass sie unseren Körper mit den schönen Schwingungen unseres Höheren Selbst durchfluten, in deren Gegenwart die Krankheit hinwegschmilzt wie Schnee in der Sonne … (»Selbsthilfe durch Bachblüten – Therapie«, S. 18).

Allein die Begriffsbestimmung »Pflanzen höherer Ordnung« erscheint doch ziemlich dubios. Laut der Zeitschrift »esotera« 4/92 soll Dr. Bach diese Erkenntnisse in einem schamanenähnlichen Einweihungsritual (siehe Seite 187) erhalten haben. Er beschäftigte sich eingehend mit der Homöopathie und stimmte mit dem Grundsatz von deren Entdecker Samuel Hahnemann (1755-1843) überein, der lautete: »Behandele den Patienten und nicht die Krankheit.« Ja, er ging sogar noch weiter, wenn er behauptete:

> Heile dich selbst. Denn im Letzten sind es wir selbst, das universelle Heilprinzip oder die göttliche Heilkraft in uns, die die Heilung zulässt und möglich macht.

Er legte 38 Pflanzen dieser »höheren Ordnung« fest, die alle einem bestimmten menschlichen Seelenkonzept entsprechen. Angeblich »schwingt« jede dieser

Pflanzen in einer bestimmten »Schwingungsfrequenz«. Deshalb soll von dem Therapeuten, vom Arzt oder Apotheker vor jeder Behandlung durch gezielte Fragen die charakterlich-psychische Struktur des Patienten ermittelt werden.

> Manche Therapeuten versuchen auch durch moderne Diagnoseverfahren einen tieferen Einblick in den spirituellen bzw. feinstofflichen Bereich eines Menschen zu gewinnen, z. B. durch das Bach-Blüten-Orakel, eine Art Tarot*, das aus 38 Karten besteht. Durch Intuition wird die passende Bachblüte herausgefunden. Oder durch die Verbindung der Bach-Blüten-Therapie mit der Farbtherapie, die auf den Farbschwingungen der Chakren beruht; in diesem Fall wird durch kombinierte Farb- und Blütenkarten die Diagnose hergestellt. Die ermittelte Blütenessenz kann dann auf das betreffende Chakra aufgeträufelt werden … (Aus »Das neue Lexikon der Esoterik«, S. 106).

Diese mystische Heilkunst soll sich vor allen Dingen positiv auf die Psyche auswirken, so dass negative Gemütszustände, wie Ungeduld, Kleinmütigkeit, Unsicherheit, Eifersucht usw. behoben werden können. Psychische Störungen, die normalerweise in den Zuständigkeitsbereich eines geschulten Therapeuten gehören, sind zum größten Teil angeblich auch durch die Bachblüten heilbar. So soll beispielsweise bei innerer Ausweglosigkeit, oder wenn man glaubt, die Grenze dessen, was ein Mensch ertragen kann, sei nun erreicht, die Heilkraft der Edelkastanie ihre harmonisierende Wirkung haben.

Die Bachblüten werden vom Gesetzgeber nicht als Arzneimittel eingestuft, deshalb darf die Etikettierung auch keine Heilanzeigen enthalten.

Herstellung der Bachblüten-Essenzen

Während in der Homöopathie die Heilmittel mechanisch, durch Reiben und durch Schütteln hergestellt werden, entwickelte Dr. Bach zwei neue, einfache Methoden des Potenzierens, die er als »Sonnenmethode« und »Kochmethode« bezeichnete.

Die Sonnenmethode

Im Frühling oder Sommer, wenn die Sonne ihre volle Kraft erreicht hat, werden morgens, an einem sonnigen, wolkenlosen Tag, die wild wachsenden Blüten gesammelt. Sie werden auf eine Schüssel mit Quellwasser gelegt, bis die Oberfläche

---

* **Tarot**, Kartenspiel mit 78 Karten, das unterschiedlich gedeutet wird. Einige bringen es mit altägyptischen Geheimlehren in Verbindung, andere mit der Kabala (jüdische Geheimlehre) oder mit Okkultismus.

dicht bedeckt ist. Diese Schüssel bleibt so lange in der Sonne stehen, bis die Essenz der Blüten auf das Quellwasser übergegangen ist. Erst nach einer Verdünnung dieser Essenz, im Verhältnis von 1:240, sind dann gebrauchsfertige Tropfen entstanden.

Die Kochmethode

Der Prozess der Kochmethode wird überwiegend für Blüten von wild wachsenden Bäumen, Büschen und Sträuchern angewandt. Er unterscheidet sich dadurch, dass die Blüten noch vor Sonnenaufgang gepflückt werden. Sie werden ausgekocht und die so gewonnene Essenz wird dann mehrmals gefiltert, bevor sie als Bachblüten-Tropfen in den Handel gelangt.

Im Zusammenhang mit der Potenzierung der Essenzen weisen die Vertreter der Bachblüten-Therapie immer wieder darauf hin, dass die Essenzen keine nachweisbaren Substanzen enthalten, die sich in ihrer Wirkung direkt auf den erkrankten Organismus auswirken.

II. 13. Homöopathie

Begründer und Lehre

Die wohl bekannteste Therapie ist die Homöopathie, die von dem Arzt Dr. Samuel Hahnemann (1755-1843) begründet wurde. Sein Denken war stark beeinflusst von dem spirituellen Zeitgeist seiner Epoche, die das traditionelle Gedankengut des Christentums mehr und mehr verdrängte und sich dem Weltbild des Deismus zuwandte. Hahnemann sympathisierte mit den Freimaurern und war gleichzeitig Schüler des Arztes F. Mesmer (1734-1815), der die Lehre von der Heilkraft des Magnetismus, aus der die Hypnosetherapie entwickelt wurde, erfunden hatte.

Im Gegensatz zur Allopathie, einem Heilverfahren, das Krankheiten mit entgegengesetzt wirkenden Mitteln zu behandeln sucht, stellte Hahnemann den Leitsatz auf:

> Wähle, um sanft, schnell und dauernd zu heilen, in jedem Krankheitsfall eine Arznei, welche ein ähnliches Leiden erregen kann, als sie heilen soll!

So, wie viele andere Heiler vor ihm, ging auch Dr. Hahnemann von der Annahme aus, dass nicht er selbst, seine Essenzen oder Konzentrate die eigentliche Heilung bewirkten, sondern eine kosmische Energie und Lebenskraft, die den jeweiligen Pflanzen angeblich innewohnt. Er selbst sei nur der Entdecker dieser Methode und die Heilkraft finde auf mystische Weise den richtigen Weg, um positive Informationen auf die erkrankte Seele zu übertragen und dadurch den Selbstheilungsprozess des Patienten zu mobilisieren.

Potenzierung

Um die kosmische Energie der Pflanzen voll wirksam werden zu lassen, kam er auf die Idee, die Substanzen in eine Art »geistigen, immateriellen Zustand« zu versetzen. Dies gelang ihm, indem er die Naturkonzentrate und Pflanzenessenzen zigfach verdünnte. Diesen Verdünnungsprozess nannte er »Potenzieren« und »Dynamisieren«. So werden die homöopathischen Mittel auch heute noch nach einem bestimmten Verfahren des Reibens und Schüttelns hergestellt. Man unterscheidet Dezimalpotenzen im Mischungsverhältnis 1:10 und Centesimalpotenzen im Verhältnis 1:100.

D 1 besteht aus 1 Teil Pflanzen- oder Mineralsubstanz, vermischt mit 10 Teilen Alkohol als Trägerstoff für flüssige Mittel. (Bei den kleinen Kügelchen, den Globuli, wird Milchzucker als Trägerstoff benutzt.) (Die Angaben über das Mischungsverhältnis differieren, einige Autoren sprechen von 1 Teil Pflanzensubstanz und 9 Teilen Alkohol.)

Um D 2 zu erhalten, wird dieser Mischung wieder 1 Teil entnommen, der wiederum mit 10 Teilen Alkohol vermischt wird, das entspricht einem Verhältnis 1: 100. Bei einer D 6 Potenz hat man bereits ein Verhältnis von 1: 1 Million, bei C 6 kommt man schon auf die astronomische Zahl von 1: 1 Billiarde. Man kann davon ausgehen, dass bei D 6 nur noch wenige Moleküle der Ursubstanz vorhanden sind und ab D 23 sind wissenschaftlich überhaupt keine Substanzen mehr nachweisbar. Die gebräuchlichsten Hochpotenzen liegen bei D 20 bis D 30, doch die Mischungsverhältnisse gehen noch weit darüber hinaus, nämlich bis zu D 2000 und C 200. Das Mischungsverhältnis D 30 ist vergleichbar mit einem Tropfen Substanz für den gesamten Bodensee. Dazu stellt der Homöopath Dr. E. Rehm fest:

> Das chemisch-materielle Mittel wirkt auf den chemisch-materiellen Teil des Menschen, auf seinen Körper. Das nicht-chemische, nicht-mehr materielle Mittel (und jedes homöopathische Mittel ist etwa ab D 6 praktisch ohne Materie, ist also nur noch Kraft) wirkt auf den nicht-materiellen Teil des Menschen, auf seine Seele, auf seine den Körper leitenden Kräfte und auf die diese Kräfte leitenden vegetativen Nerven (»Heilkraft durch Verdünnen«, S. 51).

Was sagt die Wissenschaft?

Die Naturwissenschaft hat sich wiederholt mit der Homöopathie auseinandergesetzt. 1976 befasste sich der Wissenschaftliche Beirat der Bundesärztekammer mit der Frage, ob Homöopathie ein wissenschaftlich fundiertes Therapiekonzept sei, und kam zu dem Ergebnis:

> Der Beweis einer naturwissenschaftlich begründeten Wirksamkeit homöopathischer Mittel ist bisher nicht erbracht worden. Die Literaturberichte, die eine solche Wirksamkeit behaupten, entsprechen nicht den wissenschaftlichen Erfordernissen eines Wirkungsnachweises.

1993 wurde die so genannten »Marburger Erklärung« herausgegeben in der es heißt:

> Der Fachbereich Humanmedizin der Philipps-Universität Marburg verwirft die »Homöopathie« als eine Irrlehre. Nur in diesem Sinne kann sie Gegenstand der Lehre sein. »Wir betrachten die Homöopathie nicht etwa als unkonventionelle Methode, die weiterer wissenschaftlicher Prüfung bedarf. Wir haben sie geprüft. Homöopathie hat nichts mit Naturheilkunde zu tun« (Manfred Schäller in »Bibel und Gemeinde«, 4/99, S. 311, 312).

Wenn in den Hochpotenzen keine Moleküle der Ursubstanz mehr vorhanden sind, wovon versprechen sich die Therapeuten dann noch eine Wirkung? Kann es sein, dass ein ganzer Berufsstand von vornherein auf Placebo-Effekt oder Autosuggestion setzt? Der Esoteriker Thorwald Dethlefsen beschreibt, woran man bei der Homöopathie tatsächlich glaubt. Krankheit an sich versteht er als eine Art von Entwicklungsstufe des ganzheitlichen Menschen, die sich lediglich in körperlichen Symtomen ausdrückt. Der Mensch als Mikrokosmos wird als Entsprechung des Makrokosmos gesehen. Beide werden durch die gleichen Urprinzipien am Leben erhalten.

> Alle Prinzipien sind im Makrokosmos als Mineralien, Tiere oder Pflanzen individualisiert. Das Wesentliche einer Heilpflanze ist gerade ihre Individualität, ihre Seele als Repäsentant eines Urprinzips, die sich in ihrem körperlichen Organismus ausdrückt. Fehlt einem Mensch ein Urprinzip …, so kann man es im Makrokosmos suchen und dem Kranken diese Information einverleiben. Dafür ist es aber notwendig, die Information einer Pflanze, eines Minerals, Tieres usw. von seiner korporalen Erscheinungsform zu lösen, sie aus dem materiellen Verhaftetsein zu befreien und diese befreite Information an einen geeigneten Informationsträger zu koppeln, um sie weitergeben zu können. Genau das geschieht durch die Potenzierung in der Homöopathie. Bei dem beschriebenen Vorgang wird schrittweise (!) das Wesentliche der Pflanze, ihre Individualität, von ihrer korporalen Form gelöst und gleichzeitig die frei werdenden Informationen an einen neuen, neutralen Träger – Alkohol, Milchzucker – gebunden … [Anmk. d. Verf.: Diesen Gedanken liegt die Annahme von morphogenetischen Feldern zugrunde, siehe Seite 125.]

> Wer die Potenzierung als schrittweisen »Vergeistlichungsprozess« der Materie verstanden hat, erkennt auch den Unterschied zwischen einer Verdünnung und einer Potenzierung eines Stoffes. Daher hat das Bild von dem einen Tropfen in den Bodensee keinen Bezug zur Homöopathie, denn es kommt nicht auf die Verdünnung des Stoffes an, das Wesentliche besteht im Potenzieren. Homöopathie im Sinne Hahnemanns ist nicht eine Therapie »mit ganz geringen Arzneimengen«, sondern eine ohne materielle Arznei (»Das große Praxisbuch der Esoterik«, S. 134, 135).

Man könnte auch sagen, die Homöopathie ist ein Versuch, nicht mehr vorhandene substanzielle Elemente zu vergeistigen.

II. 14. Radiästhesie

Der Begriff setzt sich zusammen aus dem *lat.* »radius« (Strahl) und dem *griech.* »aisthäsis« (Wahrnehmung, Empfindung). Er bezeichnet ein System von wissenschaftlich nicht nachweisbaren Strahlungen, die sich, nach Meinung von Rutengängern, nur »mit dem sechsten Sinn erfassen lassen«. Im Volksmund versteht man unter dem Begriff Radiästhesie die Fähigkeit, mit Hilfe von Wünschelrute oder Pendel so genannte Erdstrahlen, Reizzonen oder Störzonen wahrzunehmen.

Was verstehen die Radiästheten unter Erdstrahlen?

Es gibt keine einheitliche Definition über Erdstrahlen und deren Entstehung. Einige Radiästheten glauben, dass diese Strahlen über unterirdisch fließenden Wasseradern entstehen, hervorgerufen durch die Reibung der Moleküle an den Wasserufern. Man spricht von geopathischen (krankmachenden) Zonen, die durch den Boden, das Klima oder das Wetter entstehen;von Störzonen und Reizstreifen, die sich angeblich über den ganzen Erdboden ziehen und sich bis in große Höhen ausdehnen sollen. Ein Globalgitternetz, das Dr. Hartmann entdeckt haben will, soll sich in bestimmten Abständen von Nord nach Süd und von Ost nach West über den Globus ziehen. Ausgemessen wurde es mit einer Wünschelrute. Man will herausgefunden haben, dass die Abstände zwischen den Nord-Süd-Linien 2 Meter und die zwischen den Ost-West-Linien 2,5 Meter betragen. Je nach Wetterlage soll die Breite der Strahlungsstreifen variieren. Ein zweites Netz entdeckte der Mediziner Dr. Curry. Die Störzonen seines Netzes sollen rechtwinklig verlaufen und einen größeren Abstand zueinander haben. Die Strahlung dieser Netze soll je nach Jahres- und Uhrzeit Schwankungen unterworfen sein und wärme- oder kälteempfindliche Menschen sollen darauf unterschiedlich reagieren.

Möglichkeiten der Anwendung von Rute und Pendel

- Suche nach Wasser beim Brunnenbau;
- nach Metallen und unter Putz verlegten Stromleitungen;
- nach vergrabenen Schätzen oder verlorenen Gegenständen.
- »Vermessung« des Hauses oder Schlafplatzes, um Störzonen und Erdstrahlen festzustellen, so dass man gegebenenfalls das Bett aus dem »Gefahrenbereich« wegrücken kann.
- Auspendeln von Medikamenten;
- »Muten« von Erzadern oder anderen Mineralien.

Radiästesiegläubige Menschen führen fast jede Krankheit bei Mensch und Tier auf die berüchtigten Erdstrahlen zurück. Rutengänger und Pendler haben heute Hochkonjunktur, für viele ist diese dubiose Tätigkeit ein lukratives Geschäft. Die Angebotspalette umfasst

- Vorträge und Ausbildungsseminare zum Rutengänger oder Geobiologen, wobei als Ausbildungsschwerpunkte unter anderem
- Elektroakupunktur,
- Augendiagnose,
- oder Störfeldmessungen im Zahn-Kiefer-Höhlenbereich genannt werden;
- Erdstrahlen-Schutzgeräte jeglicher Art,
- Magnetkissen und -anhänger,
- Kupferarmbänder,
- Wünschelruten und Pendel.

In Deutschland sind etwa fünftausend Menschen in verschiedenen Rutengänger-Verbänden organisiert und niemand kennt die Dunkelziffer der »privaten« Rutengänger und Pendler.

Aufspüren und Erkennen der Strahlung

An bestimmten Stellen der Erde empfinden Rutengänger gewisse Reize, die ihrer Meinung nach aus dem Erdinneren kommen und die sie als Erdstrahlen bezeichnen. Sie können diese Reize nur wahrnehmen, wenn sie sich bewusst darauf konzentrieren. Gleichzeitig können an ihrem Körper Muskelzittern oder Veränderungen des Blutdrucks aufreten. Einige erleiden nach solch einem Rutengang Schwächeanfälle oder einen regelrechten Kreislaufkollaps. Die Wünschelrute oder das Pendel dient somit in der Hauptsache als Anzeigeinstrument, um Störfelder im Körper des Menschen oder Reizzonen in der

Umwelt aufzuspüren. Es wird behauptet, Reizzonen seien meterhoch über dem Erdboden genauso feststellbar wie knapp über der Erde, und für den »Fühlenden« sollen sie alle Materialien durchdringen, selbst dicke Betonplatten. Schlägt die Rute über einer bestimmten Stelle an einem Tag aus und am anderen nicht, wird das damit erklärt, dass manche Reizzonen zu bestimmten Jahres- und Tageszeiten überhaupt keine Auswirkung auf den Radiästhesisten haben.

Was sagt die Wissenschaft?

Geologen wissen, dass es in Mitteleuropa zwar Grundwasserseen, Grundwasserstockwerke und -horizonte gibt, aber sie sind sicher, dass es nichts gibt, was man auch nur im entfentesten als Wasseradern bezeichnen könnte. Außerdem sind sie davon überzeugt, dass man auf einem Grundstück, auf dem ein Rutengänger eine Stelle für eine Brunnenbohrung gemutet hat, an verschiedenen anderen Stellen des gleichen Grundstücks ebenfalls Wasser finden würde.

> Der »SPIEGEL« erwähnte Anfang 1987 ein holländisches »Erdstrahlen«-Forschungsprojekt. Demnach hatten Amsterdamer Wissenschaftler Anfang der 50er Jahre in verschiedenen Gebieten Hollands nach angeblich besonders starken »Erdstrahlen« gefahndet. Und trotz vierjähriger Bemühungen war die Suche nach unterirdischen Störquellen ergebnislos geblieben. Selbst mit modernem, wissenschaftlichem Instrumentarium waren keine Erdstrahlen aufgespürt worden und die Forscher hatten kommentiert: »Es gibt überhaupt keine Erdstrahlen« (»Erdstrahlen, Wünschelruten, Wasseradern«, S. 28).

Welche Strahlungen kennt die Physik?

Das Lexikon beschreibt den Begriff »Strahlen« als

> eine physikalische Sammelbezeichnung für die aus elektromagnetischen Wellen bestehenden Licht-, Röntgen- und Gammastrahlen sowie die aus Elementarteilchen bestehenden Strahlen, z. B. Alpha-, Beta-, Kathodenstrahlen; … (Wahrig, »Deutsches Wörterbuch«, S. 1237).

Wir kennen diese Strahlen vom Fernsehgerät und von der Mikrowelle, vom Bildschirm des Computers, von Radaranlagen, Röntgengeräten und ähnlichem.

- Lang-, Mittel- und Kurzwellen sind uns aus dem Bereich des Rundfunks und
- Infrarotstrahlen aus der Medizin bekannt;
- auch Gammastrahlung, die beim radioaktiven Zerfall von Atomen freigesetzt wird.

Außerdem kennen wir

- Lichtstrahlen,
- kosmische Strahlung, die aus dem Weltall kommt;
- oder ionisierte, das heißt elektrisch aufgeladene Luft. (Ionisation: Versetzung von Atomen oder Molekülen in elektrisch geladenen Zustand).

Es ist also eine Tatsache, dass Strahlungen und elektrische Felder als völlig natürliche, physikalisch erklärbare Erscheinungen vorhanden sind. Im Gegensatz zu den von den Radiästheten angenommenen Erdstrahlen sind diese Strahlen messbar und wissenschaftlich bewiesen.

Strahlen und Krankheit

Es ist allgemein bekannt, dass insbesondere die Steuerung des vegetativen Nervensystems durch Feldkräfte wie Mikrowellenstrahlung, elektrische Strahlung und Luftionisation tatsächlich negativ beeinflusst werden kann. Zum Beispiel können sich bei Föhn oder anderen Wetterveränderungen chronische Leiden und bereits vorhandene Krankheiten verstärkt bemerkbar machen. Doch liegt es in der Natur der Sache, dass niemand beweisen kann, ob nicht nachweisbare Strahlen oder Wellen Verursacher von Krankheiten sein können.

Wie wird die Gabe des Mutens oder Pendelns erworben?

Grundkenntnisse der Geologie und Wasserkunde sind nicht notwendig. Der Theologe Dr. Kurt E. Koch, ein erfahrener Seelsorger bei okkult belasteten Menschen, schreibt:

> Die Rutenfühligkeit und die Pendelreaktion ist eine mediale Veranlagung … Die Gabe, mit der Rute zu gehen oder durch das Pendel Verborgenes aufzuspüren, kann auf dreifache Weise erworben werden: entweder durch Vererbung von den Vorfahren, zweitens durch Übertragung durch einen starken Okkultisten, und drittens durch Experimentieren mit magischen Formeln,wie sie in okkulten Büchern veröffentlicht sind … Die Medialität findet sich meistens in der Nachbarschaft der Zaubersünden. Wenn die Vorfahren im dritten oder gar vierten Glied Spiritisten waren oder Magie und andere Formen der okkulten Künste betrieben haben, dann sind die Nachkommen gewöhnlich medial veranlagt. Die Medialität kann bewusst oder unbewusst sein. Manche Menschen sind medial, wissen es aber nicht. Bei anderen kann die Medialität durch ein bestimmtes Erlebnis erkannt werden (»Okkultes ABC«, S. 516, 517).

Kritische Fragen

- Ist die Praxis der Radiästhesie eine Sucht, von der sich die betreffende Person nicht mehr trennen kann, selbst dann wenn sie es gerne möchte?
- Wieso sind nicht alle Menschen so sensitiv oder medial veranlagt?
- Es gibt genügend Beispiele, dass die Rute oder das Pendel keine Messgeräte sind. Wenn sich diese trotzdem drehen oder ausschlagen, muss man sich fragen, was die auslösenden Faktoren dafür sind.
- Öffnet sich der Rutengänger oder Pendler vielleicht dämonischen Einflüssen oder ist er in einen magischen Bann geraten?
- Warum kann man diese Fähigkeit nur erlangen, wenn man bewusst oder auch unbewusst mit dieser Materie in Verbindung gebracht wird?
- An was glauben die Rutengänger?
- Sind ihnen die Warnungen der Heiligen Schrift bekannt? In Hosea 4,12 heißt es z. B.: Mein Volk befragt sein Holz, und sein Stab gibt ihm Auskunft. Denn der Geist der Hurerei hat (es) irregeführt, und sie huren von ihrem Gott weg (Elberf. Bibel).

II. 15. Schlussbetrachtung über alternative Heiltherapien

Schon diese wenigen Beispiele belegen, dass sich die Aussagen in den esoterischen Praktiken und Lehren gleichen. Man geht dabei immer von folgenden Grundhypothesen aus:

> Alles Seiende ist auf ein Einheitsprinzip zurückzuführen (pantheistisches Weltbild).
> Alles Leben hat sich aus der Urmaterie durch Selbstorganisation entwickelt und der Ursprung des Menschen liegt im Kosmos (esoterisches Menschenbild).
> Alles Sein wird von einer kosmischen Energie (Ch´i oder Prana) und paranaturalen Schwingungen durchströmt.
> Krankheit ist die Folge eines Energie-Ungleichgewichts. Auslösende Faktoren sind z. B. negative Schwingungen, Störfelder wie Wasseradern, Erdstrahlen, giftige Substanzen.
> Heilung ist die Wiederherstellung und Harmonisierung des gestörten Energieflusses im Körper, mittels verschiedener mystischer Methoden.

Anhand dieser wenigen Kriterien können die diversen Angebote auch von Laien auf ihren geistig-philosophischen Hintergrund hin überprüft werden.

An dieser Stelle möchten wir betonen, dass viele Naturheilverfahren durchaus eine gute Alternative zur Schulmedizin darstellen, beispielsweise die Pflanzenheilkunde, deren Wirkungsweise nachweisbar auf pflanzliche Substanzen zurückgeführt werden kann.

Unbestritten ist auch, dass es zwischen Himmel und Erde Dinge gibt, die mit wissenschaftlichen Methoden niemals belegt werden können, insbesondere das, was sich im geistigen, nicht-materiellen Bereich abspielt, und nicht alle diese »Wunder« sind von vornherein als esoterisch oder okkult zu bezeichnen. Spontanheilungen, die durch Gebet hervorgerufen und durch den Heiligen Geist Gottes vollbracht werden, sind wissenschaftlich auch nicht beweisbar.

II. 15. 1. Positive Aspekte

Der weltanschauliche Hintergrund kommt bei den diversen Angeboten nicht immer deutlich zum Ausdruck und wird von den Kranken nur selten hinterfragt. Für ihn zählt hauptsächlich die Tatsache, dass ihm eine nebenwirkungsfreie, unterstützende Maßnahme offeriert wird. Denkt man allein an die Nebenwirkungen chemischer Medikamente, wird deutlich, dass auch die Schulmedizin etliche Risiken in sich birgt. Da ist es nur allzu verständlich, dass Kranke nach einer »sanften Alternative« Ausschau halten.

Immer mehr Patienten leiden heute auch unter der Anonymität in Arztpraxen und Kliniken. Sie werden zu einem »Fall«, zu einer »Galle« oder einer »Leber« degradiert und durch ein hochmodernes, durchorganisiertes Gesundheitssystem hindurchgeschleust, oftmals ohne Rücksicht auf ihr Alter und ihre Persönlichkeit. Dagegen wird ihnen von Therapeuten und Heilpraktikern in der Regel Zeit und Verständnis entgegengebracht. Hier wird nicht nur ihr Symptom behandelt, sondern sie erhalten darüber hinaus persönliche Zuwendungen.

Gewisse Heilerfolge, besonders im psychosomatischen Bereich, sind unbestreitbar. Viele alternative Geist-Heilmethoden haben Suggestiv-Charakter und beinhalten deshalb ein hohes Placebopotenzial*, das unter Umständen wohltuend und auch heilend wirken kann. Bei einem Placeboeffekt wird die Heilung allein durch den Glauben des Patienten an seine Heilung hervorgerufen.

Dass Qi Gong, Tai Ch'i, Yogaübungen und Edu-Kinesthetik Stress und Spannungen abbauen, ist nur natürlich, weil der Mensch sich völlig auf die Ausführung bestimmter Körperbewegungen konzentrieren muss. Doch könnte man den gleichen Effekt nicht auch mit entsprechenden gymnastischen oder sportlichen Übungen erzielen?

---

* **Placebo**, einem echten Arzneimittel in Aussehen, Geschmack usw. gleichendes, unwirksames Scheinmedikament.

II. 15. 2. Geistige Hintergründe

Bei allen Heilungsangeboten, die sich auf der nichtstofflichen Ebene abspielen, ist es unserer Meinung nach dringend notwendig, die Frage nach dem geistigen Hintergrund zu stellen.

Nachdenklich sollte es auch machen, dass die TCM in ihrem Gesamtkonzept von Meridianen ausgeht und einem Organ, das als »Dreifacher Erwärmer« bezeichnet wird, die beide medizinisch nicht nachweisbar sind. Auch die Philosophie über die fünf Wandlungszustände (siehe Seite 103) spielt eine tragende Rolle in der TCM. Diesbezüglich äußert Michael Kotsch folgende Bedenken:

> Es existieren keine einsichtigen und nachprüfbaren Kriterien, nach denen bestimmten Stoffen oder Personen Holz-, Feuer- oder Erdeigenschaften zugeschrieben werden. Diese Zuordnungen entspringen eher einer ideologischen Willkür als einer wissenschaftlichen Methode, da den entsprechenden Körpern oder Eigenschaften keine offensichtlichen »Ähnlichkeiten« zu anderen in dieselbe Kategorie gehörenden Stoffen angesehen werden können … (»Chinesische Medizin 1«, S. 49).

Alle Heilerfolge werden der Wirkungsweise einer nicht beweisbaren, kosmischen Energie zugeschrieben, einer Energie, die die Bibel auf unsichtbare Mächte »in der Luft« zurückführt (Eph. 2,2) und die als Teil des satanischen Reiches definiert werden.

Wenn man bedenkt, dass das Ziel aller fernöstlichen Religionen die mystische Vereinigung mit einer unpersönlichen Gottheit ist, kann das Ziel der hier angeführten Praktiken sich nicht nur auf eine körperliche Heilung beschränken, sondern muss sich zwangsläufig auch auf die geistliche Ebene beziehen. Dies wird auch im folgenden Zitat von Ernst Stürmer deutlich:

> Gesund sein heißt im Osten heil sein. Heilung kann nicht von Heil getrennt werden. **Deshalb wurzelt die klassische Medizin des Ostens nicht in der Naturwissenschaft, sondern in der Philosophie, der Religion, der Spiritualität und der Mystik** … Was dem Heil dient, weiß die Religion besser als die von der Religion abgelöste Medizin (»Chinesische Medizin« Bd. 2, S. 41).

Unter diesen Gesichtspunkten ist es auch zu verstehen, dass bei vielen Praktiken neben einer körperlichen Heilung häufig innerer Frieden, Ruhe und Harmonie versprochen werden.

Die sportlichen (Kampfsportarten) und körperlichen Übungen dienen häufig nur dazu, den Schülern das geistige Gedankengut zu vermitteln.

Klammert man die positive Wirkung eines Placeboeffekts einmal aus, sind die esoterischen Heilerfolge auf rein geistige Prozesse zurückzuführen, deren Ursprünge in den mystisch-religiösen Weltbildern des Hinduismus und des Taoismus zu finden sind; deshalb sollte man sie richtigerweise als Geistheilmethoden bezeichnen. (Ausnahmen bilden hier die Akupunktur zur Schmerzbekämpfung und eventuell körperliche Übungen wie Qi Gong und ähnliche, bei denen der geistige Hintergrund nicht zum Tragen kommt.)

Alle Methoden sind eingebettet in ein esoterisches Umfeld, in dem häufig die Rede ist von

- »unsichtbaren Helfern auf dem Weg nach innen«
- und von »spirituellen Meistern«, die angeblich den rechten Weg weisen.
- Die Begründer der verschiedenen Praktiken haben ihre Erkenntnisse oft aus der jenseitigen Welt empfangen:
- Dr. Hahnemann soll Kontakt zu Freimaurern gehabt haben;
- Vicky Wall, die Begründerin der Aura-Soma-Therapie, empfing ihre speziellen Rezepturen während ihrer Meditationen;
- auch dem Begründer des Reiki-Systems wurden seine Erkenntnisse während der Meditation aus der Astralwelt übermittelt.
- Dr. Edward Bach erhielt seine Erkenntnisse über die »Pflanzen höherer Ordnung« in einem schamanenähnlichen Einweihungsritual (esotera 4/92).
- Bei vielen Methoden werden Meditationsübungen und Yoga als unterstützende Maßnahmen empfohlen.

Wenn man dieses Umfeld mit in Betracht zieht, fällte es schwer anzunehmen, dass es sich bei der kosmischen Energie um eine neutrale Kraft handelt. Es ist wohl eher davon auszugehen, dass hinter dieser Energie ein mächtiger Geist steht, der »Geist des Kosmos«, vor dem der Apostel Paulus in 1. Korinther 2,11 f. warnt:

> So hat auch niemand erkannt, was in Gott ist, als nur der Geist Gottes. Wir aber haben nicht den Geist der Welt (wörtliche Übers. des Griech.: »Geist des Kosmos«) empfangen, sondern den Geist, der aus Gott ist, damit wir die Dinge kennen, die uns von Gott geschenkt sind.

Doch schon von jeher war bei den Menschen die Tendenz vorhanden, lieber aus anderen, mystischen Quellen zu trinken, anstatt sich an die einzig wahre Lebensquelle des Schöpfergottes zu wenden. Bereits bei Jeremia klagt Gott sein Volk an, wenn er sagt:

> Mein Volk hat eine doppelte Sünde begangen: Erst haben sie mich verlassen, die

> Quelle mit frischem Wasser, und dann haben sie sich rissige Zisternen ausgehauen, die das Wasser nicht halten (Jer. 2,13).

Auch in unseren Tagen wird der Natur und ihren Geheimnissen mehr Vertrauen geschenkt als Gott selbst. Der Glaube an heilende kosmische Kräfte ist durchaus mit Aberglauben und Götzendienst zu vergleichen, denn in Habakuk 2,19.20 heißt es:

> Du bist verloren! Denn du sagst zu einem Stück Holz: »Wach auf!« und zu einem toten Stein: »Werde lebendig!« Kann denn ein solcher Götze einen guten Rat erteilen? Er ist mit Gold und Silber überzogen, aber er hat kein Leben in sich! Der Herr dagegen wohnt in seinem heiligen Tempel. Seid still vor ihm, ihr Menschen auf der ganzen Welt!

So versuchen auch viele Heilstherapeuten mittels fadenscheiniger, mystischer Deutungen den Naturalien, die Gott als »tot« bezeichnet, autonomes, intelligentes Leben zu verleihen, das sich quasi verselbständigt. Würde man den geistig-mystischen Hintergrund der Therapien ausklammern, bliebe nur noch das über, was uns die Natur in ihrer Herrlichkeit bietet: wunderschöne Edelsteine, Pflanzen und Mineralien und eine von Gott gewirkte Naturdynamik.

Wie treffend passt doch die Warnung aus dem Kolosser-Brief in unsere heutige Zeit:

> Lasst euch von keiner Ideologie oder irgendwelchem leeren Gerede einfangen. All das haben sich Menschen ausgedacht; aber hinter ihren Gedanken stehen dunkle, dämonische Mächte und nicht Christus (Kol. 2,8).

Letztlich geht es bei all unseren Überlegungen zu diesem Thema um den Gehorsam gegenüber unserem Schöpfer. Schon in 5. Mose 18 hat er der Menschheit für alle Zeiten mitgeteilt, welche Praktiken für ihn legitim sind und welche nicht.

Indirekt verpackt in dieses Gedankengut ist auch der Glaube an die Selbsterlösung des Einzelnen. Es wird ihm eine Palette von Möglichkeiten geboten, mit deren Anwendung er fast alle misslichen Lebenslagen im Alleingang, ohne Anbindung an einen Gott, meistern kann. Die Parole lautet heute:

> Entdecke den Gott in dir selbst! Wenn du alle deine in dir schlummernden Kraftpotenziale gebrauchen lernst, wirst du unabhängig von jeder Bevormundung!

In der Bibel werden seelische Probleme, physische Krankheiten und letztlich der Tod als eine Folge des Sündenfalls beschrieben (Röm. 5,12). In manchen

Fällen kann sogar bewusstes sündhaftes Verhalten die Ursache von Krankheit sein. Eine ganzheitliche Heilung des Menschen an Körper, Seele und Geist kann nach christlicher Überzeugung daher nur vom Schöpfer kommen. Christus kam auf diese Erde, um die zerstörte Beziehung zu Gott wieder »heil« zu machen (Jes. 53,5; 57,18-21). Allen, die bereit sind, von ihm, dem Sohn Gottes, zu lernen, denen verspricht er »Ruhe für ihre Seelen« (Matth. 11,28-30). Und weil heute ein großer Teil aller physischen Krankheiten psychosomatisch bedingt sind, wird mit dieser neuen Seelenruhe in vielen Fällen auch eine körperliche Heilung einsetzen. Manchmal kann Krankheit den Menschen auch dazu führen, ein neues, vertrauensvolles Verhältnis zu Gott aufzubauen. Als Hilfe bei Krankheiten jeglicher Art gibt uns Gottes Wort außerdem den Rat, neben der Behandlung durch einen Arzt und die Einnahme seriöser Medizin über uns beten zu lassen und damit die Hilfe Gottes zu erflehen (Jak. 5,13-15). Allerdings dürfen wir bei all diesen Überlegungen nicht vergessen, dass uns ein Leben ohne Schmerzen und Krankheiten erst für die Ewigkeit verheißen ist.

II. 15. 3. Risiken

Die Diagnostik bei esoterischen Heilmethoden bringt auch gewisse Risiken mit sich. Nicht alle Therapeuten und Heiler verfügen über eine grundlegende medizinische Ausbildung, deshalb ist es möglich, dass unnötige Diäten und Vorschriften verordnet werden. Es könnte auch passieren, dass die Krankheit nicht richtig diagnostiziert wird und deshalb eine notwendige medizinische Behandlung unterbleibt, und eventuell sogar lebenserhaltende Maßnahmen versäumt werden.

Wie weit ein Patient durch alternativ-medizinische Anwendungen ungewollt mit fernöstlichen Philosophien beeinflusst werden kann, ist nicht so leicht zu beantworten. Fest steht, dass die Anwendung etlicher Methoden kaum möglich ist, ohne dabei auch das entsprechende Glaubenssystem oder Weltbild zu akzeptieren. Der Christ sollte unter Gebet abwägen, ob er das Risiko einer eventuellen geistigen Beeinflussung eingehen will.

Literaturnachweis

»New Age oder Neuer Bund?« von Medard Kehl, Topos Taschenbücher
»Die Kraft des Ch´i« von Michael Page, Heyne Verlag, 1997
»Der Geist des Reiki« von Wolfgang Distel und Wolfgang Wellmann, Goldmann Taschenbuch 1995
»Materialdienst der EZW« 8/2001
»Der Weg zum wahren Reiki-Meister«, von Andress Dalberg, Knaur-Verlag

Zeitschrift »Christliches Zeugnis«, Esoterik II, Febr. 99, von Campus für Christus,
»Gesundheit um jeden Preis? Alternative Medizin und christlicher Glaube« von Dr. Samuel Pfeifer, Brunnen Verlag 1990
»Spannungsfeld Alternativmedizin, Psyche und Glaube« von Dr. Samuel Pfeifer, Klinik Sonnenhalde, Gänshaldenweg 22-32, CH 4124 Riehen
»Energie und Schwung durch Kinesiologie« von Brigitte Tiesel, Urania Verlag, 1998
»Selbsthilfe durch Bach-Blüten-Therapie« von Mechthild Scheffer, Heyne Taschenbuch
»Der Mensch und die Welt sind eins« von Rüdiger Dahlke, Heyne Taschenbuch
»Das neue Lexikon der Esoterik« von Marc Roberts, Goldmann Taschenbuch
»Heilkraft durch Verdünnen« von Georg Müller, CLV Verlag
»Das große Praxisbuch der Esoterik«, Hrsg. Diane von Weltzien, Goldmann Taschenbuch, 1992
»Erdstrahlen, Wünschelruten, Wasseradern« v. E. Brembati und D. Harjung, Schwengeler Verlag, 1996
»Chinesische Medizin« Bd. 1 und 2 von Michael Kotsch, aus der Reihe »Aufklärung«, Logos Verlag
»Okkultes ABC« von Dr. Kurt E. Koch, Bibel- und Schriftenmission, Aglasterhausen, 1984

Fernöstliche Weisheiten

II. 16. Meditation

Unsere Welt ist heute überwiegend geprägt von Hektik, Stress und einem Überangebot von Informationen jeglicher Art. Gut organisiert, mit Handy und Terminkalender, ist der Mensch jederzeit erreichbar und »funktionsfähig«. Er lebt in einem solch rasanten Tempo, dass seine Seele leer und unbefriedigt bleibt. Wen wundert es, dass er da freudig nach den angebotenen Entspannungstechniken greift? Die Anbieter von Autogenem Training, Meditation, Yoga, Hypnose und Fantasiereisen versprechen ihm nicht nur Entspannung, sondern auch Gesundheit, Selbstvertrauen, Persönlichkeitsentwicklung und Bewusstseinserweiterung. (Als ergänzende Lektüre ist die Broschüre »Entspannungstechniken« v. Prof. Dr. R. Franzke, Logos Verlag, zu empfehlen.) Eines der häufigsten Angebote auf diesem Sektor sind Meditationen unterschiedlichster Art. Der Begriff Meditation wird im Lexikon wie folgt definiert:

> Meditation aus *lat.* meditatio, »das Nachdenken«: 1. Nachdenken, sinnende Betrachtung, 2. geistig-religiöse Übung (besonders im Hinduismus und Buddhismus), die zur Erfahrung des innersten Selbst führen soll (Duden, »Das große Fremdwörterbuch«).

Meditation ist erst einmal ein bewusstes Heraustreten aus dem alltäglichen Getriebe, um äußere und innere Stille zu suchen. Die Zielvorstellungen sind allerdings unterschiedlich: Während die eine Gruppe körperliche und geistige Entspannung sucht, haben andere Teilnehmer den Wunsch, ihre Beziehung zu Gott zu intensivieren. Und die dritte Gruppe verbindet mit Meditation die Hoffnung auf eine Bewusstseinserweiterung, um dadurch Zugang zum »höheren Selbst«, zum »kosmischen Bewusstsein« oder zum »Gott in uns selbst« zu erlangen.

Gerade in kirchlichen Kreisen wird vermehrt darauf hingewiesen, dass es sich bei der Meditation um eine alte christliche Praktik handele, die im Laufe der Jahrhunderte in Vergessenheit geraten sei und die es nun neu zu entdecken gelte. Befremdlich ist allerdings die Tatsache, dass man dabei häufig auf Zen-Meditationen und ähnliche Praktiken zurückgreift und nicht auf christliche Formen, wie sie schon im Alten Testament beschrieben sind.

II. 16. 1. Christliche Meditation

In Josua 1,8 heißt es beispielsweise:

> Sag dir die Gebote immer wieder auf! Denke Tag und Nacht über sie nach, damit du dein Leben ganz nach ihnen ausrichtest. Dann wird dir alles gelingen, was du dir vornimmst.

Und in Psalm 119,27 betet David:

> Hilf mir, deine Anordnungen zu verstehen, damit ich über die Wunder nachdenken kann, von denen dein Wort berichtet (siehe auch Ps. 119,16. 47.97; 1. Tim. 4,15).

Hier geht es immer um das längere Nachsinnen und -denken über die Worte Gottes. In der Stille und Abgeschiedenheit soll sich der menschliche Geist dem Geist Gottes öffnen, so dass Gott ihn über seinen wachen Verstand erreichen kann. Auf diese Weise will Gott sich seinen Kindern offenbaren, sie sollen nicht nur seinen Willen erkennen, sondern auch seine Nähe spüren. Im stillen Gebet sollen sie neue Kraft schöpfen. Das besondere Geschenk eines christlichen Lebens liegt gerade darin, dass der Gläubige Ruhe, Kraft und Hilfe nicht aus sich selbst schöpfen muss, sondern sie von einem liebevollen Gott-Vater als Gnadengeschenk erhält.

II. 16. 2. Fernöstliche Meditation

In der östlichen Mystik wird genau das Gegenteil angestrebt. Der Verstand, der

Geist und das Ego des Menschen sollen verdrängt werden, um sich einem höheren, universalen Selbst zu öffnen. Eventuelle Bedenken von christlicher Seite versucht man zu zerstreuen, indem man vermeintliche Gemeinsamkeiten hervorzuheben versucht. Nachfolgende Zitate sollen das deutlich machen:

> Die Meditation über die Upanishaden [siehe Seite 75] kann einerseits dem Christen helfen, verschüttete und vergessene Erfahrungen aus seiner eigenen Tradition wieder auszugraben und nachzuvollziehen; andererseits, neue Dimensionen der religiösen Erfahrung zu entdecken, die eine wertvolle Ergänzung zu seiner einstigen, oft rationalisierten Spiritualität darstellen. Ferner werden viele Aussagen der Upanishaden den christlichen Leser an die radikalen Aussagen Jesu erinnern, wenn auch die Ausdrucksweise eine andere ist. Besonders die Aufforderung, sein eigenes Leben zu verlieren, um das ewige Leben zu gewinnen, entspricht der Herausforderung der upanishadischen Weisen, die nichts weniger von ihren Schülern verlangen als die Selbstaufgabe, die vollkommene Entsagung, um Zugang zum großen Selbst, dem Atman, bzw. Brahman zu finden … (»Upanishaden – Befreiung zum Sein«, S. 46).

Hier wird die Aussage in Lukas 9,23.24 völlig sinnentfremdet. Jesus fordert seine Zuhörer nicht dazu auf, dem aktiven Leben völlig zu entsagen, wie die östlichen Mystiker es tun, sondern er warnt davor, über der übertriebenen Sorge um das tägliche Leben den Glauben zu vergessen, weil dann die Gefahr besteht, das ewige Leben zu verlieren. Es gibt auch nicht *einen* Bibeltext, der dazu auffordert, Zugang zum »großen Selbst« zu suchen, sondern Jesus fordert seine Zuhörer auf: »Sucht zuerst die Königsherrschaft Gottes und seine Gerechtigkeit …« (Matth. 6,33) Wenn die Autorin des Esoterik-Buches anschließend das Ziel einer upanishadischen Meditation beschreibt, sollte jedem Leser deutlich werden, dass dieses Ziel mit einer christlichen Überzeugung nicht zu vereinbaren ist:

> Es geht dabei nicht wie im yogischen pranayama (Atemdisziplin) um eine Kontrolle über den Atem, sondern um ein »Einstimmen« des »individuellen« Atems in den kosmischen Wind, bzw. um die praktische Entdeckung, dass beide nur ein Teil eines Ganzen sind. Dieses Ganze ist etwas wie die göttliche Lebenskraft im Menschen wie im Kosmos. Durch diese Übung überwindet der Meditierende die Vorstellung eines »privaten Ich«, das sich als »Besitzer« aufspielt, damit überwindet er auch die individuellen Ängste und Beklemmungen, weil er die Einheit seines Atems mit dem Atem des Ganzen, des Universums (sarvam) entdeckt und so Zugang zu der göttlichen Kraft im eigenen Innern gewinnt, die ihn unendlich frei und selig macht (»Upanishaden – Befreiung zum Sein«, S. 47).

Es geht eindeutig *nicht* um eine körperliche und geistige Entspannung, sondern wie bereits im Hinduismus und Buddhismus beschrieben, um das Einssein mit dem Kosmos.

Das Ziel der fernöstlichen Meditation besteht immer darin, zuerst seinen Geist zu entleeren. Allen Anhängern fernöstlicher Religionen wird beigebracht, dass ihr Wahrnehmungsvermögen verkümmert ist, weil es sich nur auf den Verstand, auf die Ratio stützt. Deshalb sollen sie zuerst lernen, die Botschaften ihres Verstandes zu überhören, weil der Verstand den Zugang zu einem übergeordneten, kosmischen Bewusstsein blockiert, das ihnen helfen soll, ihr »wahres Selbst« zu erkennen. Weil das Ego des Menschen immer wieder Wünsche und Begierden hervorbringt, die ihn von einer endgültigen Erleuchtung abhalten, muss das Ego ausgeschaltet werden, was einer Depersonalisierung gleichzusetzen ist. Doch was ist der Mensch ohne Ego?

Die Ausführungen des Kanadiers Timothy Ward, der für einige Zeit in einem buddhistischen Kloster lebte, um dort die Meditation zu erlernen, machen die emotions- und seelenlose Philosophie des buddhistischen Denkens deutlich, denn er schreibt:

> Der Geist ist wie ein Affe, sagen die Buddhisten. Er springt von einem Platz zum nächsten, ruhelos und wild. Wir haben keine Kontrolle darüber. Unsere Empfindungen, Wahrnehmungen, Erinnerungen, Wünsche und Gedanken schwatzen in unserem Gehirn ständig durcheinander. Es gibt keinen Frieden. Das Ziel der Meditation ist es, zu lernen, wie man zuerst den Affen-Geist beherrschen und sich dann von ihm befreien kann … Um den Affen-Geist zum Schweigen zu bringen, muss das Ego beseitigt werden, nicht nur einfach verbessert oder weiterentwickelt. Es muss ausgemerzt werden, erstickt dadurch, dass man den Regeln folgt [Anm. d. Verf.: hier sind die Vorschriften des Buddhistenklosters gemeint], ohne etwas Sinnvolles tun zu wollen …

Je länger Timothy Ward sich im Kloster aufhält, den vorgeschriebenen Regeln folgt und die Mönche in seiner Umgebung beobachtet, desto stärker werden seine Zweifel an der Richtigkeit dieser Lehre:

> Wenn ich keinen Sinn im Leben sehe, wird mein Ego dahinschwinden und sterben. Aber dann ist ja niemand mehr da, der feststellen kann, wie gut ich das kann, oder der sich nur darüber freut, nicht zu leiden. Wenn man ohne Ego handelt, dann hat man auch nichts davon … Es gibt kein Glück, denn es ist das Ego, das Glück empfindet …

Zum Schluss kommt er zu der Überzeugung, dass ihm die Erleuchtung nichts nützen würde, weil das wahrnehmende Ego nichts mehr davon spüren würde

(»Wovon Buddha nichts erzählte« S. 67, 290, 239). Zu den Risiken der Meditation siehe Seite 165.

II. 16. 3. Meditatives Tanzen

Beim meditativen Tanzen werden zwei Entspannungs-Elemente miteinander verknüpft: Die Stille der Meditation (deren unterschiedliche Grundlagen oben beschrieben wurden) und die rhythmischen Bewegungen des Tanzes. Das Lexikon unterscheidet verschiedene Arten des Tanzes:

- Tänze der Naturvölker, die ursprünglich der Lebensäußerung des Menschen dienten. Hier ist der Tanz eine magische Zweckhandlung, die meist mit zauberisch-religiösen Vorstellungen verbunden wird, wie z. B.: Liebestänze, Masken- oder Kriegstänze.
- Seit dem 14. Jahrhundert Paartänze, die zur gesellschaftlichen Unterhaltung dienen,
- Volks- und Nationaltänze, die erst Ende des 18. Jahrhunderts gesellschaftsfähig wurden (»Meyers Grosses Handlexikon«, 1994, S. 861).

Befürworter des meditativen Tanzes sprechen davon, dass der Tanz auch ein Ausdruck des Gebets sei. Ein Kenner der indischen Kultur merkt dazu an:

> Anders als bei uns sind in der Hindukultur Musik, Poesie, Gesang, Tanz und Drama die einzig gültige und würdige Sprache, in welcher Gott in seinem höheren Element verkündet, angesprochen und verehrt werden darf. Der Tanz ist dabei die höchste Ausdruckskunst, im Innersten Erfahrenes wird durch den Tanz nach außen hin sichtbar (Christoph Stottele) (»Okkultes ABC«, S. 586).

Tanz als »die einzig gültige und würdige Sprache« Gott gegenüber? Verkündet, angesprochen und verehrt wurde Gott nach biblischen Berichten nur durch das gesprochene Wort. In Israel war der Tanz oder Reigen allgemein ein Zeichen der Freude, die entweder Männer oder Frauen und Mädchen untereinander zum Ausdruck brachten. So tanzte das Volk Israel, nachdem es nach dem Auszug aus Ägypten das Rote Meer durchquert hatte (2. Mo. 15,20); heimkehrende Krieger wurden von den Frauen mit Tanz und Gesang empfangen (1. Sam. 18,6) und König David tanzte bei der Überführung der Bundeslade (2. Sam. 6,14-16). Tanz mit meditativem Charakter kommt in der Bibel nicht vor.

Dagegen werden fernöstliche Gurus verehrt und angebetet, indem die Anhänger deren Foto als Meditationsobjekt nehmen und anschließend im Kreis, in einem tranceähnlichen Zustand um dieses Bild herumtanzen.

Die Angebote zum meditativen Tanzen sind überwiegend auf Frauen zugeschnitten, wobei der religiöse Hintergrund nicht immer klar ersichtlich ist.

Nachfolgend möchte ich, die Autorin, persönliche Eindrücke weitergeben, die ich als Teilnehmerin beim meditativen Tanzen, das in einer evangelischen Kirchgemeinde angeboten wurde, gesammelt habe. Der Abend setzte sich aus Elementen zusammen, die meiner Meinung nach ihren Ursprung in fernöstlichen Philosophien haben.

Die Teilnehmerinnen hielten sich an den Händen und tanzten nach klassischer Musik und israelischen Tänzen im Kreis um eine »Mitte«. (In esoterischen Gruppen greift man hier auch auf fernöstliche Meditationsmusik zurück.) Während bei einer Guruverehrung das Bild des Gurus die Mitte bildet, war es hier eine ansprechende Dekoration aus Kerzen und Blumen.

Die Leiterin forderte dazu auf, »zur Mitte zu finden«, dabei blieb offen, wer oder was die Mitte ist. Im Hinduismus geht »die Mitte« zurück auf das pantheistische Weltbild und die damit verbundene Vorstellung, dass der Mensch in seinem Innern, seiner Mitte, Zugang zu einer kosmischen Weltseele finden kann.

Durch Atemtechniken sollten die Teilnehmerinnen zur Ruhe kommen, wobei angeregt wurde, Bibeltexte ein- und auszuatmen. Hier ist zu bedenken, dass Atemübungen und Atemtechniken seit Jahrhunderten zu den Werkzeugen der Magie, der Hexerei und des Schamanismus gehören und dazu dienen, Trancezustände und Bewusstseinsveränderungen hervorzurufen. Im Hinduismus dienen sie dazu, sich mit dem Gott Krishna zu verbinden und die Tür zur unsichtbaren Welt zu öffnen.

Bei der Anleitung zu einer kurzen Meditation sollten die Teilnehmerinnen auf eine gute Bodenhaftung der Füße achten. Eine Erklärung für diese Aufforderung gab es nicht. Mir ist allerdings bekannt, dass diese Haltung in der Esoterik dazu dient, den Energiefluss zwischen Erde, Kosmos und Mensch zu fördern.

Wie in der Hypnose-Praxis oder beim Autogenen Training wurden so genannte »Vorsatzformeln« benutzt (mein rechter Arm wird schwer, mein linker Arm wird schwer …). Neben einigen Bibeltexten wurden auch Texte von Anselm Grün gelesen (siehe Seite 177 ff). Die gesamte Gestaltung des Abends zielte darauf ab, sich fallen zu lassen und zu entspannen.

Natürlich wurde an diesem Abend auf Jesus Christus hingewiesen und darauf, dass unsere Hilfe von ihm kommt. Das missionarische Anliegen der Leiterin war zu spüren.

An dieser Stelle soll eingeräumt werden, dass die Veranstaltungen, die unter dem Begriff »meditatives Tanzen« angeboten werden, recht unterschiedlich strukturiert sein können, und nicht alle weisen die oben beschriebenen Elemente auf. Die Risiken des meditativen Tanzes sind in etwa vergleichbar mit denen, die auf Seite 165 beschrieben werden.

II. 17. Hypnose

Nach dem Duden ist die Hypnose ein

> schlafähnlicher, eingeschränkter Bewusstseinszustand, der vom Hypnotiseur durch Suggestion herbeigeführt werden kann und in dem die Willens- und teilweise auch die körperlichen Funktionen leicht zu beeinflussen sind (»Das große Fremdwörterbuch«, S. 595).

Man könnte auch von einem Zustand des eingeengten Bewusstseins sprechen.

In Ostasien, bei Medizinmännern, Schamanen und Yogis wird die Hypnose schon seit Jahrtausenden praktiziert. Im Westen wurde sie im Zusammenhang mit dem Mesmerismus* etwa seit 1778 bekannt.

In der Praxis wird die Hypnose entweder durch Fremd- oder durch Autosuggestion erreicht.

II. 17. 1. Hypnose durch Fremdsuggestion

Die Macht der Hypnose liegt in der Macht des Glaubens, deshalb versucht der Hypnotiseur das völlige Vertrauen des Patienten zu erreichen, dabei ist seine Persönlichkeit, sein Charisma, von erheblicher Bedeutung. Immer ist auch sein Verantwortungsbewusstsein gegenüber seinem Patienten gefragt, denn durch die Hypnose bricht er praktisch in dessen Persönlichkeit ein, er besetzt sozusagen seine Phantasie.

Ähnlich wie beim autogenen Training und der Meditation muss sich der Hilfesuchende auf die monotone, eindringliche Stimme des Hypnotiseurs und auf dessen suggestive Vorsatzformeln konzentrieren. Seine Augen sind dabei auf einen bestimmten Punkt oder Gegenstand fixiert.

Oft nimmt der Hypnotiseur gegenüber dem Hilfesuchenden eine höhere Sitzstellung ein und beobachtet jede seiner Reaktionen. Wenn zum Beispiel der Patient mit den Augen blinzelt, kann er ihm sagen: »Sehen Sie, Sie haben jetzt nur geblinzelt.« Ähnliche Worte wird er verwenden, wenn er zum Beispiel schluckt. Diese psychologischen Tricks wirken als Verstärker und suggerieren dem Patienten, dass er gut auf die Hypnose anspricht.

---

* **Mesmerismus** geht zurück auf den Arzt Dr. Franz Anton Mesmer (1734-1815). Auch er ging von einer alles durchdringenden Lebenskraft aus, ähnlich dem chinesischen Ch´i. Durch die äußerliche Zuführung dieser Energie, die er »animalischen Magnetismus« nannte, sollen Kranke geheilt werden. Bei dieser Prozedur fällt der Patient in einen Trancezustand, der heute als Hypnose bezeichnet wird.

Das Ziel des Hypnotherapeuten besteht vorerst darin, die Fähigkeit des kritischen Denkens seines Patienten herabzusetzen, um ihn so für Halluzinationen zugänglich zu machen. Seine Phantasiewelt und Einbildungskraft sollen gestärkt werden, um sein Wahrnehmungsvermögen zu reduzieren, was eine Einschränkung seines persönlichen Willens nach sich zieht. Ähnlich wie in den verschiedenen Meditationstechniken gibt es unterschiedliche Phasen in der Hypnose:

- Die leichte Trance, in der lediglich das Wahrnehmungsvermögen reduziert ist;
- die mittleren Trancezustände, in denen das Wachbewusstsein des Patienten aufgelöst ist und der Hypnotiseur die Führung seiner Vorstellungen übernimmt;
- und die tiefenhypnotische Trance, in der auch der letzte eigene Gedanke sich auflöst und das Bewusstsein einem großen leeren Raum gleicht, den der Hypnotiseur mit beliebigen neuen Vorstellungen füllen kann.

Auch der Psychologieprofessor Charles Tart geht von unterschiedlichen Phasen während der Hypnose aus. Bei seiner Untersuchung der Tiefenhypnose, bei der ihm ein Student namens William als Versuchsperson diente, kam er zu folgenden Ergebnissen:

> Zuerst lässt sich ein Gefühl der Entspannung feststellen, dann ein Loslassen vom physischen Körper, den William als »nur irgendein Ding, irgendwas, das ich zurückgelassen habe«, bezeichnet. Seine Sehkraft ist beeinträchtigt, und er hat eine Empfindung von Schwärze, die nach und nach intensiver wird. Er fühlt sich ruhig und friedlich, so lange, bis Ruhe und Frieden keine »sinnvollen Begriffe mehr sind … es gibt, wenn man diesen Punkt überschritten hat, kein Ich oder Selbst mehr, das sich ruhig oder unruhig fühlen könnte«. Neben diesen Empfindungen erlebt William auch verschiedene Grade des Bewusstseins seiner Umgebung und seines eigenen Ichs. In den Anfangsstadien ist sich Williams seiner selbst bewusst, dann jedoch wird seine Identität allmählich »im Kopf konzentriert«. Später hat er das Gefühl, nicht mehr länger nur er selbst zu sein, sondern etwas viel Größeres: »das Potenzial, alles oder jeder sein zu können.« Williams Zeitgefühl löst sich auf, weicht einem Gefühl der Zeitlosigkeit. Auf den unteren Ebenen findet sich ein Bewusstsein einer Art von gleichförmiger Musik oder eines Summtones, das von dem Gefühl begleitet wird, dass noch mehr und noch größere Erfahrungen möglich sind.

Tart hält fest:

> Die Musik, von der William spricht, steht wahrscheinlich im Zusammenhang mit der hinduistischen Vorstellung von der heiligen Silbe Om, wahrscheinlich ein Grundton des Universums, den der Mensch »hören« kann, wenn sein Geist

mehr im Einklang mit dem Universum schwingt. Williams Gefühl des Einsseins mit dem Universum erinnert eindeutig an die religiösen Erfahrungen der Hindus (»Hypnose«, S. 25, 26).

Ernest Hilgard, der sich über 25 Jahre lang eingehend mit Hypnose beschäftigt hat, … beschreibt die Tiefenhypnose unter anderem mit folgenden Worten:

… es treten Verzerrungen des Bewusstseins auf, die gewisse Gemeinsamkeiten mit den Beschreibungen mystischer Erfahrungen aufweisen … Die Zeit, die vergeht, verliert ihre Bedeutung, man scheint den Körper hinter sich zu lassen, ein neues Gefühl der unbegrenzten inneren Möglichkeit taucht auf, das schließlich im Gefühl des Einsseins mit dem Universum seinen Höhepunkt und Abschluss findet (»Hypnose«, S. 27).

II. 17. 2. Unterschiedliche Anwendungsbereiche

Die fachmännisch durchgeführte Hypnose

Unter Vermeidung jeglicher Scharlatanerie und magischer Showeffekte wird diese Methode von Ärzten, Zahnärzten, Psychotherapeuten und Heilpraktikern als Heilung von geistig-seelischen Krankheiten, besonders im vegetativen und psychosomatischen Bereich, häufig angewendet. Von vielen Therapeuten wird heute bewusst eine Abgrenzung zur »Laienhypnose« gezogen.

Hypnose zurück zur Geburt (hypnotische Regression)

Etliche Therapeuten gehen heute davon aus, dass das Geburtserlebnis Auswirkungen auf das spätere Leben haben kann. Sie sind überzeugt, dass der Fötus im Mutterleib und das Baby bei der Geburt die Worte, Haltungen und Handlungen der sie umgebenden Personen verstehen kann. Die amerikanische Fachzeitschrift Brain/Mind stellte fest, dass Personen bis zum Alter von 23 Jahren »unter Hypnose ihr Geburtserlebnis genau wiedergeben«. Deshalb werden Patienten aus therapeutischen Gründen während einer Hypnose bis zu ihrer Geburt zurückgeführt.

Durch Hypnose Zugang zu früheren oder späteren Leben?

Ja, man geht sogar noch weiter, indem man behauptet, den Patienten über seine Geburt hinaus in ein vorgeburtliches Leben zurückzuführen, um so den Glauben an die Reinkarnation zu stützen und nachzuweisen.

Einige Therapeuten wollen einen Menschen angeblich auch in die Zukunft hineinhypnotisieren können. Berichten zufolge wird der Patient dabei zu zukünftigen Zeiten und Orten geführt, er sieht angeblich zukünftige Ereignisse, klärt Morde auf und enthüllt das zukünftige Schicksal berühmter Persönlichkeiten.

Hypnose als Showeffekt

Eine Attraktion sind von jeher die Bühnenhypnotiseure, die ihre magischen Tricks und Hypnoseversuche öffentlich zur Schau stellen. Dabei ist es schon vorgekommen, dass die hypnotisierten Versuchspersonen erst nach intensiver, fachärztlicher Behandlung wieder aus ihrem Trancezustand zurückgeführt werden konnten.

Das Amtsgericht Schwabach verurteilte einen Bühnenhypnotiseur zum Ersatz von Heilbehandlungs- und Krankentransportkosten, nachdem eine von ihm hypnotisierte Teilnehmerin seiner Hypnoseshow sich bei einem Sturz Kopf- und Kieferverletzungen zugezogen hatte (AZ:1 C0300/97 v. 7.7.2000). Als er mit anderen, ebenfalls hypnotisierten Personen beschäftigt war, war sie hinter seinem Rücken wie ein Brett zu Boden gefallen. Ein Gutachter stellte fest, dass die Gestürzte an »persönlichen Auffälligkeiten mit Neigungen zu einer emotionalen Störung« litt, die der Hypnotiseur vorher nicht festgestellt hatte (EZW 7/2001, S. 242).

In zahlreichen Fallbeispielen wird beschrieben, dass es diesen »Laien-Hypnotiseuren« gelungen ist, die kuriosesten Dinge von den von ihnen hypnotisierten Personen zu verlangen.

So trat zum Beispiel ein Hypnotiseur in einer Schule auf und führte seine Kunststücke vor. Einem Jungen suggerierte er, dass die rohe Kartoffel, die er ihm gab, ein Apfel sei und er die Kartoffel essen dürfe. Der Junge hielt die rohe Kartoffel tatsächlich für einen Apfel und aß sie mit Vergnügen.

Einem anderen suggerierte er, er sei ein Baby und gab ihm eine Milchflasche, die er dann wie ein Baby austrank.

Einem dritten Jungen sagte er, dass es sehr heiß sei und er sich an einem See befinde und baden gehen dürfe. Der Junge zog sich tatsächlich seine Kleider aus und vertauschte sie gegen eine Badehose.

Anderen Hypnotiseuren gelang es, Menschen so zu hypnotisieren, dass sie steif wie ein Brett wurden und in der Luft schweben konnten.

Die Autohypnose (Selbsthypnose)

Schamanen und Yogis können sich durch bestimmte Initiationsmethoden selbst in Trance versetzen, die der Hypnose sehr ähnlich ist. In diesem Zustand sind sie völlig schmerzunempfindlich, so dass sie sich Bambusstäbe durch die Arme oder einzelne Gesichtspartien stecken können. Sie können ihre Herztätigkeit herabsetzen und dadurch einen extremen Zustand der Askese und Enthaltsamkeit erreichen (siehe Seite 173).

II. 17. 3. Die Beurteilung der Hypnose

Weil die Hypnose nicht nur als medizinische Behandlungsmethode einzustufen, sondern auch stets mit Magie, Spiritismus und ähnlichen zwielichtigen Strömungen in Verbindung zu bringen ist, gibt es hier die unterschiedlichsten Meinungen. Manche Ärzte lehnen Hypnose als Eingriff in die menschliche Psyche ab. Andere erklären, sie hätten die Freiheit, die Hypnose zur Diagnose, aber nicht zur Therapie zu verwenden. Eine anderen Gruppe glaubt, die Hypnose sowohl zur Diagnose als auch zur Therapie verwenden zu können.

II. 17. 4. Können alle Menschen hypnotisiert werden?

Am geeignetsten sind Person, die sich der Autorität des Hypnotiseurs völlig unterwerfen und diesem vertrauen. Auch Menschen, die sich ihren Einbildungen und Phantasien ergeben, sind für die Hypnose gut geeignet. Dr. Kurt E. Koch berichtet aber:

> Die Erfahrung zeigt, dass Menschen mit einem starken Willen nicht gegen ihren Willen hypnotisiert werden können. Vor allem trifft das zu, wenn der gläubige Mensch im Gebet sich gegen die Hypnose stellt, dann ist der Hypnotiseur machtlos. Ist aber ein Mensch ein- oder zweimal hypnotisiert worden, dann ist eine Wiederhypnose viel leichter. Ein Fachmann auf diesem Gebiet (Brennmann) formulierte folgende Aussage: »Niemand gelangt ohne seinen Willen in den Zustand der Hypnose. Es kann aber sein, dass er sich dieser Absicht nicht bewusst ist« (»Okkultes ABC«, S. 241).

II. 17. 5. Risiken der Meditationstechniken

Aus unserer Sicht stellt sich die Frage, ob Meditation und Hypnose überhaupt getrennt gesehen werden können.

Bei all diesen Praktiken werden suggestive und autosuggestive Verfahren angewandt. Häufig wird mit so genannten Vorsatzformeln (mein rechter Arm wird schwer, mein linker Arm wird schwer) und mit Visualisierungstechniken (siehe Seite 175) gearbeitet oder mit Atemübungen, bei denen bestimmte Worte ein- und ausgeatmet werden. Alle diese Techniken sollen dazu dienen, den Meditierenden in eine tiefe Versenkung zu führen.

Allerdings werden die gleichen Praktiken auch von Schamanen angewandt, um mit Geistern in Kontakt zu treten, und die Anhänger fernöstlicher Religionen wollen dadurch eine Verbindung zur kosmischen Allseele herstellen.

Der kritische Betrachter muss sich hier die Frage stellen, ob es überhaupt möglich ist, diese Techniken neutral, ohne weltanschaulichen Hintergrund, zu benutzen. In der Hypnose, in der Meditation, bei den Schamanen und in den fernöstlichen Religionen dienen sie dazu, die Bewusstseinsgrenze des Menschen zu durchbrechen. Welche Auswirkungen das auf die menschliche Psyche hat, ist bisher nicht explizit belegt.

Die Fachliteratur weist auch auf die Risiken der Meditation hin, so schreibt der Psychologe, Dr. phil. Michael Utsch:

> Schon Ignatius von Loyola, der Gründer des Jesuitenordens im 16. Jahrhundert und Autor der »Spirituellen Übungen«, wusste, dass wahre Versenkung strenger und kompetenter Anleitung bedarf, um nicht in unkontrollierbaren Untiefen zu enden. Ausdauernd geübte Meditation führt in psychische Ausnahmezustände, gelegentlich tranceähnliche Erschöpfungen mit »Aufwach-Elementen«, die oft als »Erleuchtung« im spirituellen Sinne gedeutet werden ... Solche Erlebnisdimensionen bedürfen der verlässlichen Beziehung zwischen Schüler/in und Meister/in. Diese Beziehung verlangt eine außerordentliche Kompetenz des Meisters bzw. der Meisterin und schließt eine erhebliche Verantwortung für die psychische Unverletztheit des anvertrauten Meditierenden ein. Neureligiöse Bewegungen lassen oft die Frage aufkommen, ob sie diese Kompetenz anbieten und sich dieser Verantwortung bewusst sind (Materialdienst der EZW 4/2000).

Was hat Ignatius von Loyola gemeint, wenn er von »unkontrollierbaren Untiefen« sprach? Kann man hier wirklich nur von »psychischen Ausnahmezuständen« reden? Berichte von Esoterik-Aussteigern lassen viel eher den Schluss zu, dass der Meditierende in diesen »Untiefen« in einen dämonischen Machtbereich vorstößt. Wieso sind diese »Untiefen« unkontrollierbar? Kann es daran liegen, dass der Mensch hier eine vom Schöpfer festgesetzte Grenze überschreitet?

Menschen, die eine Bewusstseinserweiterung anstreben, haben sich solch eine Grenzüberschreitung zum Ziel gesetzt. Doch was ist mit den vielen »Gutgläubigen«, deren Ziel ausschließlich in einer körperlichen und seelischen Entspannung liegt? Sind sie sich der Gefahr bewusst, ungewollt über eine Grenze zu gehen, die sie eigentlich nicht überschreiten wollten? Welcher Meditierende ist in der Lage, diesen Grenzbereich früh genug zu erkennen? Niemand kann diese Grenze vorher festschreiben.

Wie passt es zusammen, dass Menschen, die in einer Gesellschaft leben, in der Freiheit und Selbstbestimmung oberste Priorität genießt, andererseits bedenkenlos bereit sind, durch Entspannungstechniken ihr Bewusstsein einer Fremdsteuerung auszusetzen? Wer kann vorher feststellen, in wessen Hände er sich begibt? Und welcher Hypnotiseur oder Meditationsleiter kann sich absolut sicher sein, dass ihm sein anvertrauter Patient während der Trance psychisch nicht entgleitet?

Der Anschlag auf das Denkvermögen des Menschen kann auch durch psychische oder verbale Mittel geschehen, z. B. durch Fasten, bestimmte Körperhaltungen, durch Schweigezeiten oder das Wiederholen von Mantras (siehe Seite 202). Im Körper können dadurch physiologische Prozesse ausgelöst werden, die denen ähnlich sind, die nach dem Genuss von Drogen auftreten. Da nach Berichten von Sektenaussteigern in tiefen Meditationsphasen oft unbeschreibliche Freuden, Frieden und Glücksgefühle erlebt werden, kann es auch zu einem gewissen Suchtverhalten kommen, vor dem selbst der Vorsteher eines Buddhisten-Klosters seine Schüler mit folgenden Worten warnt:

> Was dem Meditierenden am meisten schaden kann, ist völliges Versinken im *samadhi**, das samadhi mit tiefer, andauernder Ruhe. Dieses *samadhi* bringt großen Frieden. Und wo Frieden ist, da ist auch Glück. Und wo Glück ist, da entsteht ein Gebundensein und Sich-Klammern an das Glück. Der Meditierende will nichts anderes mehr betrachten, er möchte sich nur noch diesem angenehmen Gefühl hingeben. Wenn wir schon seit langer Zeit Meditation praktizieren, kann es sein, dass wir darauf versessen sind, dieses *samadhi* möglichst schnell zu erreichen. Sobald wir uns auf unser Meditationsobjekt konzentrieren, betritt unser Geist die Ruhe, und wir möchten sie nicht mehr verlassen, um irgendetwas anderes zu erfahren. Wir hängen einfach an diesem Glück. Das ist eine Gefahr für jemanden, der Meditation betreibt (»Was Buddha nicht erzählte«, Seite 77, 78).

Nach den obigen Ausführungen von Dr. Utsch besteht für den Meditierenden außerdem die Gefahr, in die Abhängigkeit von seinem Lehrer zu geraten.

Bei allen guten Absichten, die man den meisten Kursleitern nicht absprechen kann, bleibt die Frage nach der Akzeptanz aus göttlicher Sicht. Bei den meisten Meditationsangeboten ist die Tendenz zum Synkretismus unverkennbar. Doch wir haben es als Christen mit einem heiligen Gott zu tun, dem alle falschen Anbetungsrituale ein Gräuel sind (2. Kor. 6,15). Wenn wir bedenken, dass er im AT die Israeliten mehrmals davor warnte, die heidnischen Praktiken ihrer Nachbarvölker zu übernehmen (2. Mo. 34,11-17; 3. Mo. 18,1-5; 5. Mo. 7,1-5), dürfen wir dann heute zweifelhafte Techniken anwenden, nur weil wir sie mit christlichem Vokabular gefüllt haben?

Weil in tiefer Trance das Bewusstsein und der Verstand entleert, unbewacht

* **samadhi**: Tiefste Meditation, Zustand geistiger Erhebung, der dem Dhyana, dem Schweigen, vorausgeht.

und nicht mehr verteidigungsbereit sind, kann es auch passieren, dass dämonische Wesen von diesem geistig verteidigungslosen Menschen Besitz ergreifen und so gewissermaßen in ein »entleertes Haus« einziehen (Luk. 11,24-26) (siehe Seite 191 ff). Im *Spiritual Conterfeits Newsletter* warnt David Haddon:

> Jede Technik oder Praxis, die das Bewusstsein dahingehend verändert, dass ein entleerter, passiver Geisteszustand erreicht wird, sollte vermieden werden …

Haddon führt die Gefahren eines leeren, gedankenlosen Bewusstseinszustandes an:

> … er macht den Geist für die Wahrheit des Evangeliums blind, indem er den Verstand als Mittel zu Erkenntnis der Wahrheit ersetzt … er macht den Geist offen für falsche Vorstellungen über Gott und die Wirklichkeit … macht die Persönlichkeit anfällig für das Eindringen dämonischer Mächte (»Hypnose«, S. 29,30).

Natürlich brauchen wir alle Entspannung und »einen Raum der Stille«, um neue Kraft zu schöpfen für die vielfältigen Aufgaben, die die meisten Menschen heute zu bewältigen haben.

Selbst Jesus Christus, als vollkommener Mensch und Gott, suchte immer wieder die Stille und Abgeschiedenheit eines Berges auf, um dort im Gebet alles vor seinen himmlischen Vater zu bringen. Auch wir sollten den Mut haben, uns inmitten des alltäglichen Getriebes einen »Berg der Stille« zu suchen. Einen Ort, an dem wir bei wachem Bewusstsein, ohne jegliches Risiko für unseren Geist und unsere Seele, zur Ruhe und Stille kommen können. Der Zeitaufwand für solch eine »stille Zeit« wäre sicherlich nicht größer als für eine tiefe Meditation, die auch nur bei regelmäßiger Anwendung ihren Zweck erfüllt.

II. 18. Yoga

Yoga ist eine 5000 Jahre alte Hindu-Tradition, die mystische Lehren als Grundlage hat. Er ist eine religiöse Meditationsform, während der der Meditierende in einer bestimmten Position sitzt oder steht. Der Begriff ist sinnverwandt mit dem deutschen Wort »Joch«. Durch bestimmte Techniken sollen Körper und Geist an das »Göttliche« angejocht werden, um das »Samadhi«, die absolute Erleuchtung, und gleichzeitig das Einssein mit dem göttlichen All-Einen zu erreichen. Je nach philosophischer Ausrichtung ist dieser All-Eine einer der indischen Hochgötter Brahma, Shiva oder Vishnu; oder die unpersönliche All-Seele Brahman. Nur wer diese Einheit erreicht hat, erfährt auch die Befreiung vom Schicksalsrad der Wiedergeburten.

II. 18. 1. Chakren

Bei den unterschiedlichen philosophisch-mystischen Erklärungen, die das Ziel des Yoga definieren, spielen auch die Chakren eine Rolle.

Der Begriff »Chakra« (*sanskrit* »Rad«), der in engem Zusammenhang mit der kosmischen Energie steht und als »feinstoffliches Energiezentrum« bezeichnet wird, hat seinen Ursprung im Yoga. Nach dieser Lehre soll sich ein Hauptenergiekanal an der Wirbelsäule des Körpers entlang ziehen, der mit den sechs Haupt-Chakren verbunden ist. Die beiden unteren Chakren liegen im Bereich der Genitalien, die anderen haben ihren Sitz im Bereich des Nabels, des Herzens, des Halses und auf der Stirn, zwischen den Augenbrauen (Drittes Auge). In ihnen wird die kosmische Energie gesammelt und je nach Bedarf im Körper verteilt, was körperliche und geistige Gesundheit fördern soll. Ein siebtes Chakra liegt außerhalb des Körpers, über dem Scheitel. Die Bezeichnungen der Chakren sind je nach Schule unterschiedlich. In der modernen Esoterik werden sie auch als Schwingungskörper gesehen, die zusätzlich Energien von Tieren, Pflanzen und Mineralien empfangen und verteilen können.

II. 18. 2. Kundalini

Eine mystische Erklärung des Yoga geht auf den Gott Shiva und dessen Gemahlin Shakti zurück. Nach dieser Überzeugung ruht die Göttin Shakti sinnbildlich, als eine zusammengerollte Schlange, genannt Kundalini, im menschlichen Körper, am Ansatz der Wirbelsäule. Der Gott Shiva hat seinen Sitz unter dem Schädeldach. Durch Atemtechniken, Mantra-Meditationen und ähnlichem sollen die Kräfte der Schlange aktiviert werden, so dass sie durch einen schmalen Kanal, der angeblich durch die Wirbelsäule verläuft, aufsteigt. Bei ihrem Aufstieg durchkriecht sie die sechs Chakren, um sie mit kosmischer Energie zu aktivieren, so dass sie wie eine Lotosblüte erblühen. Dies soll nicht nur unbeschreibliche Glücksgefühle vermitteln, sondern auch übersinnliche Fähigkeiten. Erst wenn das siebte Chakra, der tausendblättrige Lotus, unmittelbar über dem Kopf, erreicht wird, soll es zu einer mystisch-sexuellen Vereinigung mit dem Gott Shiva kommen, durch die die Befreiung und Erleuchtung der Seele erreicht wird.

Eine andere Erklärung gründet sich auf die indische Samkhya-Philosophie (siehe Seite 80).

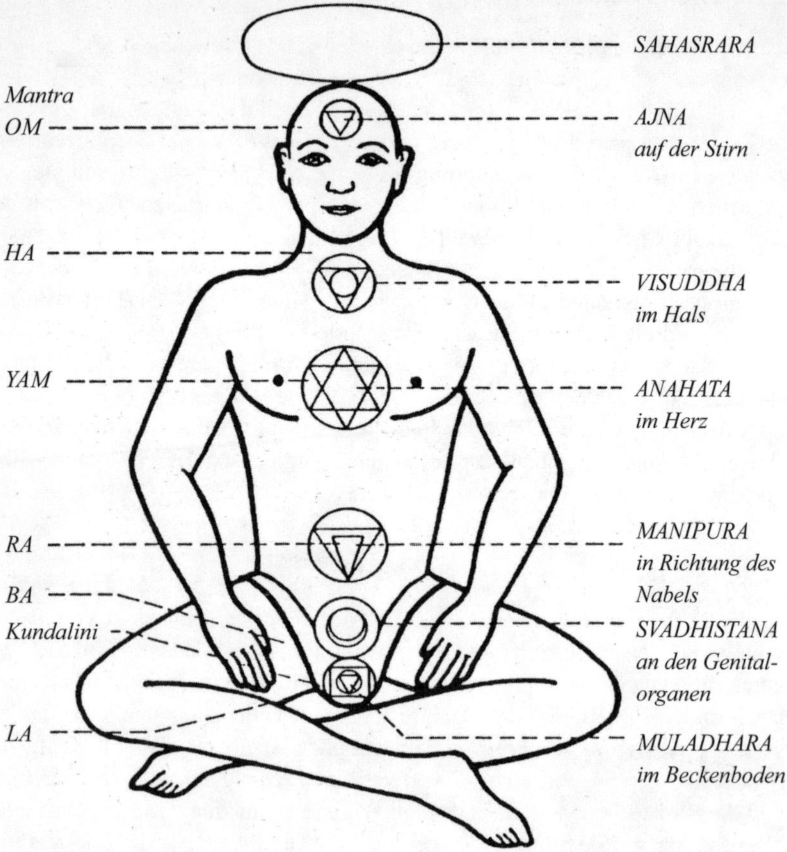

Rechts sind die Chakras aufgeführt, links die zugehörigen Mantras. Unten ist der Sitz der Kundalini

* Yogi, entnommen aus »Hexen, Gurus,Seelenfänger« von Rüdiger Hauth, S. 29, Brockhaus Verlag, 1995.

II. 18. 3. Die bekanntesten Yoga-Formen

Die bekanntesten Yoga-Formen und ihre besonderen Merkmale:

- Raja-Yoga: der klassische Weg, der Purusha von Prakriti befreit.
- Hatha-Yoga: ist eine Form des Raja-Yoga und geht zurück auf den Gründer einer Shiva-Sekte.
- Bhakti-Yoga: Hingabe an einen persönlichen Gott, den der Yogi sich selbst aussucht; keine vorgeschriebenen Regeln; ständiges Chanten des Gottesnamens.
- Jnana-Yoga: strenge geistige und asketische Disziplin; nur mit Hilfe eines Gurus und einer Initiation erlernbar.
- Karma-Yoga: gute Werke und religiöse Rituale führen zur Vereinigung mit dem Göttlichen.

Die im Westen bekannteste Yoga-Technik ist der Hatha-Yoga (sanskrit: »ha« = Sonne, »tha« = Mond), der allein in Deutschland von ca. 1 Million Anhängern mehr oder weniger intensiv praktiziert wird. Vergleichbar mit Yin und Yang aus dem chinesischen Tao, symbolisieren beide Himmelskörper zwei einander entgegengesetzte Energieströme, die jedoch gleichzeitig zusammenwirken. Hatha-Yoga wird meistens als therapeutische Maßnahme, die zur Verbesserung der psycho-physischen Konstitution beitragen soll, angeboten. Die meisten Menschen halten Yoga für harmlos, weil der religiöse Hintergrund von den westlichen Lehrern meistens gar nicht oder nur beiläufig erwähnt wird. So behauptet eine langjährige Yogalehrerin:

> Yoga ist weder eine Religion noch eine religiöse Heilslehre und tritt auch nicht in Konkurrenz zum christlichen Glauben … Gläubige Christinnen und Christen … können Yoga sogar als Weg nutzen, ihren eigenen Glauben zu vertiefen und (noch besser) zu praktizieren …

Zum Schluss weist sie darauf hin, dass im Vorstand des Berufsverbands Deutscher Yogalehrer seit Jahren der katholische Geistliche und Yogalehrer Werner Vogel aus Fulda tätig ist (»100 Fragen zum Yoga«, S. 20).

II. 18. 4. Die acht Stufen des Yoga

Die Technik des Yoga setzt sich aus acht ineinanderfließenden Stufen zusammen.

- Yama – äußere Zucht (Gewaltlosigkeit, Wahrhaftigkeit, Nichtstehlen, reiner Lebenswandel, Verzicht auf Eigentum);

- Niyama – innere Zucht (Reinigungsvorschriften, Zufriedenheit, asketische Praxis, Studium der heiligen Texte, Rezitieren von Sprüchen, insbesondere der Silbe »om«, bedingungslose Hingabe an den jeweiligen Lehrer bzw. Guru);
- Asana – rechte Körperstellung, als Voraussetzung für die Meditation;
- Pranayama – Regulierung und Verlangsamung des Atems, um die kosmische Lebenskraft (Prana) aufzunehmen und im Körper zu halten;
- Pratyahara – Zurückziehung der Sinnesorgane von der Außenwelt.

Nur für den Raja -Yoga gelten:

- Dharana – Konzentration, Ausrichtung des Denkens auf einen Punkt;
- Dhyana – Meditation, Versenkung; der Meditierende beginnt, mit dem Objekt seiner Meditation zu verschmelzen;
- Samadhi – reines Bewusstsein, Erleuchtung.

II. 18. 5. Grundlage des Yoga und deren Kontrast zum christlichen Glauben

Die ersten beiden Stufen des achtfachen Yoga-Pfades (äußere und innere Zucht, das Studium der heiligen Schriften usw.) sind im Westen hauptsächlich den Lehrern und Fortgeschrittenen bekannt.

Die im Hatha-Yoga angebotenen, angeblich gymnastischen Übungen gehören zweifelsfrei in die dritte Stufe (*asana*) des achtfachen Pfades. Jede Form der Körperhaltung hat in ihrem Ursprung einen religiösen Hintergrund und dient teilweise der Verehrung einer hinduistischen Gottheit, wie z. B. die Sonnenübung, bei der man mit dem Gesicht zur aufgehenden Sonne sitzt und zwölfmal den Namen der Sonnengottheit wiederholt. Andere Haltungen sind nach Gottheiten benannt (z. B. Baby Krishna) oder nach Lebewesen, die als heilige Tiere verehrt werden (Löwe, Skorpion, Kobra). Jede Haltung ist dazu gedacht, Körper, Drüsen und das psychische Nervensystem auf eine Ebene geistiger Wahrnehmbarkeit und Bewusstseinsveränderung zu bringen. Der Guru Swami Vishnudevananda erläutert dazu:

> Bei Hatha-Yoga sind für den Anfänger köperliche Übungen vorgesehen, so dass der Schüler bei fortgeschrittenen Methoden seinen Geist leichter manipulieren kann, um zu einer Kommunikation mit seinem höheren »Ich« zu gelangen (»Das große Buch der Kulte«, S. 519).

Nachdem ein Yoga-Anfänger die wichtigsten Körperhaltungen gelernt hat, wird er in die vierte Stufe (*pranayama*) der Atemübungen eingeführt. Dies geschieht meistens mit dem Hinweis, dass diese Übungungen zur Entspannung und

Reinigung der Lungen dienen. In ihrem Ursprung sind sie aber dazu gedacht, das Prana zu steuern (siehe Seite 126).

So, wie die ersten vier Stufen des achtfachen Yoga-Pfades, stellt auch die fünfte Stufe (*pratyahara*), in der die Sinnesorgane von der Außenwelt zurückgezogen werden sollen, einen starken Kontrast zum christlichen Glauben dar.

Die sechste und siebte Stufe (*dharana und dhyana*) dienen eindeutig dazu, den Verstand des Menschen zu umnebeln oder nach Möglichkeit völlig auszuschalten. So soll in der sechsten Stufe das Denken auf einen festen Punkt (z. B. ein Mandala) konzentriert werden; und die siebte Stufe strebt eine absolute Versenkung an, in der der Yoga-Übende mit seinem Meditationsobjekt verschmelzen soll.

Erst in der achten Stufe kann der Yogi sein Ziel erreichen. Hier erlangt er durch die mystische Vereinigung mit Brahman das *samadhi*, das reine Bewusstsein.

Erfahrene Yogis sind fähig, den Energieverbrauch ihres Körpers in großem Maße zu verringern. In einer tiefen geistigen Versenkung sind sie in der Lage, die Signale ihres Körpers, wie Schmerz, Hunger und Durst, einfach zu ignorieren. Der Körper, der während der Meditation in einer bestimmten Sitzhaltung verharrt, könnte irgendwann steif werden, der Kreislauf würde anfangen zu stocken und der Meditierende würde langsam austrocknen und sterben. So hat man tatsächlich Skelette gefunden, die im Lotossitz sitzend völlig steif und vertrocknet waren.

Der Einfluss auf die Psyche bei regelmäßig praktiziertem Yoga darf nicht unterschätzt werden. Selbst Menschen, die Yoga aus rein therapeutischen Gründen praktizieren und den religiösen Hintergrund ablehnen, setzen ihr Unterbewusstsein antichristlichen Praktiken und Gedanken aus, die bei allen Yogaübungen niemals ganz ausgeschlossen werden können. Auch an dieser Stelle weisen wir noch einmal auf die Risiken der Meditationstechniken hin, die auf Seite 165 beschrieben sind.

II. 19. Mandala

Eine beliebte Beschäftigung in Kindergärten und Schulen war und ist das Ausmalen runder oder eckiger Bilder mit konzentrisch-grafischen Darstellungen. Früher nannte man sie Rosetten (Ornamentmotiv in Form einer stilisierten Rose), die dazu dienten, die Fertigkeiten des Malens und Zeichnens und den Umgang mit einem Zirkel zu fördern. Heute bezeichnet man sie als Mandalas (sanskrit »Kreis«), die häufig eingesetzt werden, um die Konzentrationsfähigkeit der Kinder zu erhöhen und sie zu einer inneren Ruhe zu bringen.

Der Begriff Mandala kann sich sowohl auf den Kosmos, als auch auf den einzelnen Menschen beziehen. Alle Mandala-Rituale basieren auf einem pantheistischen Weltbild.

Auch wenn sich viele Menschen ausschließlich an den harmonischen Farbmustern der Bilder erfreuen, darf man nicht vergessen, dass Mandalas von ihrem Ursprung her religiöse Hilfsmittel sind. Seit Jahrtausenden werden diese mystisch-magischen Kreis- oder Vieleckbilder von indischen Yogis, von Buddhisten und indianischen Schamanen als Grundlage zur Bildmeditation benutzt. Der Meditierende, der sich selbst als Mikrokosmos versteht, dringt gedanklich von außen in das Mandala ein und nähert sich dem Zentrum, um so auf mystische Weise, je nach Philosophie, entweder die göttliche Mitte, die Erleuchtung oder die Einheit mit dem Makrokosmos zu erlangen. Beispielsweise gehört

> zu jedem tibetischen Mandala ein Text oder eine mündliche Überlieferung, die Anweisungen zur Erstellung eines »Geistbildes«, einer Imagination oder Visualisierung des Mandalas enthält (Zeitschrift »Visionen« 4/98, S. 15).

Die Darstellungen der Bilder sind vielfältig. Einige enthalten Symbole der Magier oder der Freimaurer, sowie der indischen Chakrenlehre. In der Kathedrale von Lyon ist als Mittelpunkt eines Kirchenfensters das Zeichen des chinesischen Tao zu sehen. Der Esoteriker Rüdiger Dahlke fragt:

> Wenn Astrologie ein »teuflischer Aberglaube« ist, warum sind dann so viele astrologische Symbole in den Kathedralen? Ja, fast jede zweite gotische Fensterrose ist auf den Zwölfer-Schlüssel aufgebaut und enthält die Darstellung der zwölf Tierkreiszeichen … (»Mandalas der Welt«, S. 74).

Abbildung des Kirchenfensters von Lyon, aus »Mandalas der Welt« von Rüdiger Dahlke, Heyne Verlag.

Er weist ebenfalls darauf hin, dass das »Schicksalsrad« der zehnten Tarotkarte (siehe Seite 141) das Portal der Kathedrale von Beauvais ziert und schreibt:

> Diese Übereinstimmung zwischen dem Motiv eines Kartenspiels, das eine tiefe esoterische Wurzel hat, und einer römisch-katholischen Kirche mag anfangs überraschen – wir werden uns daran gewöhnen, denn es gibt viele ähnliche Übereinstimmungen (»Mandalas der Welt«, S. 52).

Unserer Meinung nach zeigen diese Beispiele, wie stark der Synkretismus schon in den Anfägen der katholischen Kirche vertreten war (siehe Seite 38).

Im Schamanismus (siehe Seite 187) dient das Mandala als Hilfsmittel, um das Tor zur jenseitigen Welt der Finsternis zu öffnen. Schamanen sind in der Lage, außerkörperliche Seelenreisen durchzuführen, bei denen sie Raum und Zeit blitzschnell überwinden können und der Körper in einem seelenlosen Trancezustand zurückbleibt. Für diese Reise muss der Schamane zuerst eine Öffnung oder ein Tor visualisieren (z. B. den Mittelpunkt eines Mandalas), das in einen Tunnel führt. Nur auf dem Weg durch diesen Tunnel kann die Seele die »andere Seite« erreichen.

Wer sich für das Mandala-Malen interessiert, wird schnell feststellen, dass die entsprechende Literatur sich nicht nur auf die Darstellung von Formen und Farbkompositionen beschränkt, sondern heidnisch-okkultes Gedankengut verbreitet. Einige Zitate aus dem Buch »Kinder zur Stille führen« von G. Preuschoff, das besonders Eltern und Erzieherinnen anspricht, sollen dies deutlich machen. Das neunte Kapitel ist überschrieben: »Mit Mandalas zur Mitte finden«, dann heißt es:

> Der Kreis ist ein uraltes Symbol der Menschheit. Wo immer er auftaucht – ob in alten Sonnenkulturen oder in Märchen als Kugel, in religiösen Darstellungen oder Meditationsbildern –, weist er uns auf einen Aspekt des Lebens hin: seine ursprüngliche Ganzheit …

Es wird empfohlen, mit den Kindern zusammen aus Naturmaterialien ein Bild zu legen, nämlich ein Mandala. Weiter wird ausgeführt:

> Später können Sie Ihrem Kind erzählen, dass Indianer und tibetische Mönche wunderschöne, kunstvolle Muster aus Sand herstellen, um Menschen zu helfen und um sich selbst zu sammeln. Oft werden solche Mandalas in Heilungs-Rituale eingebettet, und immer werden sie nach dem Gebrauch mit Dankbarkeit der Mutter Erde zurückgegeben. Sie hat die vielfältigen Farben und Formen hervorgebracht, von ihr können wir lernen, dass alles wächst und vergeht, dass Leben ein ewiger

> Kreislauf ist. Dass das Interesse und die Begeisterung für das Malen von Mandalas in unserer Zeit so groß ist, scheint auch ein Beweis für die Tendenz zur Selbstheilung zu sein, die allen Menschen innewohnt. Der Schweizer Psychologe C.G. Jung [siehe Seite 190] hat diese Kraft in uns »das Selbst« genannt, es ist unser Zentrum, unser göttlicher Funke oder unser großes Geheimnis, das auch in allen Lebewesen um uns wirkt. Während »das Ich« sich oft einsam, verwirrt und hilflos fühlt, hat das Selbst Anschluss an die großen Kraftquellen, an die göttliche Energie oder die Kraft des Universums, den Großen Geist …

Das Buch endet dann mit Yoga-Übungen für Kinder (S. 89-92). Hier sind auf nur wenigen Seiten fast alle Aspekte des neuen religiösen Denkens zusammengetragen:

> Der Kreis als Symbol für ein ganzheitliches Weltbild; die Selbstheilungskräfte, die angeblich als göttlicher Funke in allen Menschen wirken; und der Hinweis, dass alle Menschen angeschlossen sind an eine übergeordnete, göttlich-kosmische Energiequelle.

Aus christlicher Sicht erscheint es auch äußerst bedenklich, dass teilweise in Kindergärten und Schulen bei der Durchführung von Traum- oder Fantasiereisen Rituale vollzogen werden, die Parallelen zum Schamanismus aufweisen. Dabei soll die Konzentration auf ein Mandala den Kindern helfen, durch einen Tunnel in eine andere Welt zu gelangen. So schreibt Debora Rozman in ihrem Buch »Meditation für Kinder« (S. 166):

> Jetzt setz dich aufrecht in Meditationshaltung hin und konzentrier dich mit Herz und Geist auf das Zentrum des Mandalas. Richte wirklich alle deine Aufmerksamkeit auf jenes Zentrum. Du fühlst dich als würdest du da hereingezogen … Stell dir vor, dass du einen langen Tunnel entlang in das Zentrum hineinwanderst. Du gehst direkt in das Zentrum hinein, durch dieses Zentrum hindurch und kommst auf der anderen Seite in das reine Licht hinaus …

Die Kinder werden angeleitet, auf ihrer Rückreise genau den gleichen Weg zurückzukommen. Debora Rozman sagt sogar, dass sie »in ihren Körper« zurückkehren sollen (S. 174).

Der Erziehungswissenschaftler Prof. Dr. Reinhard Franzke wirft dazu folgende Fragen auf:

> Von wo sollen die Kinder eigentlich zurückkehren? Sie haben doch nie den Raum, die Gruppe, den Ort verlassen, oder etwa doch?

Warum sollen sie unbedingt exakt den gleichen Weg zurückkommen? Sie sind doch angeblich nur in der Fantasie gereist. Wie kann es da zu Schwierigkeiten kommen, wenn man einen anderen Rückweg nimmt? (»Stilleübungen und Fantasiereisen«, S. 24).

Wie viele Erzieher die mystisch-religiösen Aspekte der Mandalas tatsächlich an ihre Kinder weitergeben ist schwer einzuschätzen. Bei jeder Beschäftigung mit diesen ornamentalen Kreisen sind Eltern aufgerufen, genau zu differenzieren, ob es sich um eine reine Maltechnik handelt, oder ob auf spielerischem Wege esoterisch-okkultes Gedankengut weitergegeben wird, oder sogar entsprechende Praktiken angewandt werden.

Esoterik-Aussteiger warnen sogar vor dem reinen Ausmalen der Mandalas. Werden die Bilder von außen nach innen gemalt, könnte das – besonders bei psychisch labilen Personen – eventuell zu einem psychischen »Sog zur Mitte« führen. Niemand sollte die Gefahr, dass Kinder durch bestimmte Anleitungen und Rituale unter den Einfluss dunkler Mächte geraten können, unterschätzen.

II. 20. Die sanfte Umdeutung des Evangeliums

Bei den im christlichen Raum angebotenen Meditationen werden unter anderem kontemplative Texte christlicher Autoren benutzt. Wie stark der Synkretismus (Religionsvermischung) auch in der christlichen Literatur vertreten ist, soll am Beispiel des Benediktinerpaters Anselm Grün, der die Verwaltung des Klosters Münsterschwarzach leitet, deutlich werden. Die zahlreichen Buchtitel des Paters sind sowohl in den Esoterik-Regalen allgemeiner Buchhandlungen, als auch in evangelikalen Buchläden zu finden.

Sein Buch *»Herzensruhe. Im Einklang mit sich selber sein«* beschreibt ihn als »modernen Seelenführer zu einem tieferen Leben«. Doch in welchen geistigen Bereich werden die Seelen der Leser hineingeführt? (Unterstreichungen innerhalb der Buch-Zitate sind durch die Autoren hervorgehoben.) In der Einleitung zum Kapitel »Meditation« schreibt er:

> Die christliche Meditation, die seit dem 3. Jahrhundert geübt wird, verbindet den Atemrhythmus mit einem Wort … Wir können z. B. beim Einatmen still sagen: »Siehe« und beim Ausatmen »Ich bin bei dir« … Ich habe einen Anker – das Wort mit dem Atem verbunden –, der das Schiff meines Herzens inmitten der tosenden Gedankenwellen festhält (S. 112).

Wenn Anselm Grün darauf hinweist, dass diese Meditations-Technik erst ab dem dritten Jahrhundert (als das Heidentum begann, in die christlichen Gemeinden einzubrechen) praktiziert wurde, bedeutet das gleichzeitig, dass das Urchristentum diese Praktik nicht ausübte.

Die Atemtechnik, die er hier beschreibt, erinnert an die Mantra-Meditationen fernöstlicher Gurus und an magische und schamanistische Praktiken (siehe Seite 188). Nur weil bei dieser Übung Bibelverse benutzt werden, muss die Technik als solche noch längst nicht christlich sein, denn auch durch Bibeltexte können bei Missbrauch magische Wirkungen entfaltet werden (z.B. auch durch »weiße Magie«) (1. Kor. 10,19-22). Auf Seite 113 weist der Pater auf die christlichen Mystiker hin, die davon überzeugt seien,

> … dass *in uns ein Raum des Schweigens ist, in dem Gott wohnt* … Die Meditation will mich wieder in Berührung bringen mit diesem inneren Ort … Meditation ist das Eintauchen in die innere Ruhe, die auf dem Grund unseres Herzens in uns verborgen ist … Jetzt bin ich ganz da, ganz bei mir, ganz bei Gott (S. 114).

Dagegen stellt der Apostel Paulus fest:

> … denn ich weiß, dass in mir, das heißt in meinem Fleisch, nichts Gutes wohnt (Röm. 7,18, Elberfelder Übers.).

Andererseits sagte Jesus voraus, dass er zusammen mit dem Vater in den Gläubigen wohnen würde (»… und wir werden zu ihm kommen und Wohnung bei ihm machen« [Joh. 14,23, Elberfelder Übers.]) und im Hohenpriesterlichen Gebet bittet er um das »Einssein« aller Gläubigen mit dem Vater und dem Sohn:

> Ich bitte, dass sie alle eins seien, wie du, Vater, in mir und ich in dir, dass auch sie in uns eins seien … (Joh.17,21, Elberfelder Übers.).

Sind diese Texte nicht eine Bestätigung dessen, was Anselm Grün schreibt? Hier ist zu beachten, dass Johannes 14,23 vom Vater und vom Sohn spricht und zahlreiche andere Stellen im NT davon reden, dass wir *»in Christus«* sind, oder

> … dass der Christus durch den Glauben in euren Herzen wohne … (Eph. 3,17; vgl. Röm. 8,10.11; 2. Kor. 13,5; Gal. 2,20).

Bedingt durch die Trinität Gottes sind der Vater und der Heilige Geist in diese Einheit mit eingeschlossen. Aber nirgends ist im NT die Rede davon, dass der Gläubige »in Gott« ist, oder dass Gott »in einem Raum der Stille« in ihm wohnt. Warum bleibt Anselm Grün nicht bei der biblischen Formulierung? Kann es sein, dass er einen anderen Gott meint als den Vater Jesu Christi?

Auch in der Frage, wie die Einheit zwischen den Gläubigen und Gott hergestellt wird, entfernt sich Anselm Grün von biblischen Aussagen. In der Bibel wird die Einheit durch den Heiligen Geist hervorgerufen, sie bezieht sich *nur* auf den dreieinigen Gott und wiedergeborene Christen (siehe Seite 35), nicht aber auf den Kosmos oder die Natur (Joh. 7,38.39; Eph.1,13.14; Eph. 4,3.4).

Anselm Grün erklärt diese Einheit mit dem »Jesusgebet«:

> Jesus zeigt uns im Hohenpriesterlichen Gebet einen Weg, wie wir zur wahren Einheit gelangen: »Vater, ich will, dass alle, die du mir gegeben hast, dort bei mir sind, wo ich bin« (Joh. 17,24). Der Ort, an dem wir bei Christus sind, ist das Gebet. Für die Ostkirche ist es das Jesusgebet, das sie mehr und mehr mit dem Geist Jesu Christi erfüllt. Die Ostkirche versteht das Jesusgebet als Zusammenfassung des ganzen Evangeliums. Für sie ist es der Weg, den Geist an Christus zu binden und durch Christus eins zu werden mit dem Vater wenn ich mit dem Einatmen die Worte spreche: »Herr Jesus Christus« und beim Ausatmen: »Sohn Gottes, erbarme dich meiner«, dann bin ich dort, wo Christus ist. Dann erlebe ich, dass Christus hinabsteigt in alle Abgründe meiner Seele, … (S. 145, 146)

Dagegen schreibt der Apostel Johannes:

> Die ihn [Jesus] aber aufnahmen und an ihn glaubten, denen gab er das Recht, Kinder Gottes zu sein … (Joh. 1,13.14).

Aufnehmen kann ich Jesus aber nicht dadurch, dass ich bestimmte Worte ein- und ausatme, sondern dadurch, dass ich mein ganzes Vertrauen auf ihn setze und mich zu ihm, als dem Herrn und Retter der Welt, bekehre (siehe Seite 315).

Dass Anselm Grün tatsächlich kein biblisches Gottesbild vertritt, wird in seinem Jahreslesebuch *»Mit Herz und allen Sinnen«* deutlich, wenn er schreibt:

> Glaube ist in allen Religionen wesentlich der Glaube an das rettende und befreiende Wirken Gottes. Jesus Christus ist Gipfel und Vollendung der Erlösung. *Aber wir dürfen nicht so tun, als ob Erlösung erst mit Jesus Christus anfange. Gott ist schon immer der erlösende Gott. Und er wirkt Erlösung auch in anderen Religionen* (S. 200).

Bei genauer Betrachtung stellt man fest, dass das Gottesbild von Anselm Grün pantheistisch-neugnostisch eingefärbt ist:

> … dann stelle ich mich manchmal in dieser Kreuzgebärde in die Sonne und in die frische Luft des Morgens. *Dann fühle ich mich ganz eins, eins mit der Schöpfung,*

> *eins mit Gott,* eins mit mir selbst, eins mit allen Menschen … indem ich die Arme weit ausbreite, erahne ich manchmal, wie das ist, mit allem eins zu sein, *all-eins zu sein* (»Herzensruhe«, S. 117).
>
> Wenn die Gegensätze in mir sich nicht mehr bekämpfen, wenn alles in mir eins ist, wenn *Gott und Mensch, Geist und Trieb, Licht und Dunkelheit, Stärke und Schwäche, animus und anima miteinander eins werden,* dann bin ich tief in meiner Seele ruhig geworden (»Herzensruhe«, S. 144).

Hier werden wir mit einer der größten und raffiniertesten Verführung dieses Jahrhunderts konfrontiert, nämlich mit dem christlich verbrämten Irrglauben, dass Gott und Mensch eins seien. Genau diese Worte gebrauchte die Schlange im Paradies bei der Verführung der Eva: »Ihr werdet sein wie Gott« (1. Mo. 3,5).

Auch in seinem Buch *»50 Engel für das Jahr. Ein Inspirationsbuch«* gibt er das pantheistische Gedankengut weiter, wenn er über das Alleinsein schreibt:

> Im Alleinsein erahne ich, dass *ich mit allem, mit dem Letzten, mit dem Urgrund allen Seins eins werde ...* (S. 52).

In diesem Buch werden den Engeln 50 bestimmte Haltungen zugeordnet, die es als Tugenden einzuüben gelte. Gleich auf den ersten Seiten des Buches werden die 50 Engel beim Namen genannt. Die Aufzählung beginnt mit dem Engel der Liebe, geht dann weiter mit Engeln der Versöhnung, der Ausgelassenheit, der Leidenschaft und des Risikos, der Wärme und der Heilung, und endet mit den Engeln des Verstehens, des Dunkels und der Stille. Auch der esoterische Ursprung dieser Ansicht über Engel wird schon in der Einleitung offengelegt:

> Die Vorstellung, dass Engel bestimmten Haltungen entsprechen, ist in der Gegenwart von der Gemeinschaft von Findhorn* aufgegriffen worden. Die Menschen in dieser Gemeinschaft sind offensichtlich davon überzeugt, dass wir uns mit Engeln verständigen können, dass Engel uns etwas über uns und unsere Wandlungsmöglichkeiten sagen, dass sie uns Halt geben und uns neue Haltungen anvertrauen …

---

* **Findhorn** ist ein kleines schottisches Dorf, in dem das Ehepaar Caddy seit 1962 auf einem unfruchtbaren Stück Land nach besonderen biologischen Anbaumethoden erstaunlich große Pflanzen und Gemüsesorten anbaute. Ihre Erfolge führten sie zurück auf die Hilfe von Naturgeistern, zu denen sie Verbindung hatten. Inzwischen ist Findhorn unter dem Namen »Universität des Lichtes« zu einem der wichtigsten Esoterik-Zentren geworden.

Die Engel, die in der Bibel als »Boten Gottes« beschrieben werden, holt Anselm Grün sinnbildlich »vom Himmel herunter« und stellt sie in die Verfügbarkeit des Menschen:

> Du kannst aber auch für Dich selbst so einen Engel aussuchen, der Dich in der kommenden Woche oder im kommenden Monat oder im neuen Lebensjahr begleiten soll. Suche Dir den Engel, der Dich unmittelbar anspricht, von dem Du glaubst, dass er Dir gerade jetzt guttäte. Und wenn Du möchtest, kannst Du Dich auch austauschen mit anderen Menschen, von denen Du weißt, dass sie auch mit so einem Engel leben. Was hat Dich Dein Engel gelehrt? Welche Erfahrungen hast Du mit ihm gemacht? …

Werden die Menschen hier nicht angeleitet, ihr Vertrauen auf Engel anstatt auf Christus zu setzen? Es sollte uns auch zu denken geben, wenn die Esoterik-Zeitschrift VISIONEN 1/98 das Buch des evangelischen Pfarrers und Bibelübersetzers Jörg Zink *»Dornen können Rosen tragen. Mystik, die Zukunft des Christentums«* rezensiert. Auch die Zitate dieses Buches weisen pantheistisch-neugnostische Tendenzen auf:

> … Unsere Welt ist nicht geteilt (in Diesseits und Jenseits). Sie ist vielmehr ein großes Spiel, *ein Tanz von Kräften, von Bewegungen und Energien*, die sich oft jenseits und manchmal diesseits unserer Erkenntnisgrenzen abspielen … Die Welt ist eine vom Staubkorn bis zu den 25 Dimensionen, von denen die Physiker reden, und bis zu der Dimension, in der die Toten und die Engel leben, und bis hin zu Gott selbst. *Nirgends ist eine Trennung. Es gibt objektiv keine Grenzen, und die vorhandenen Grenzen, die unsere Sinne uns vortäuschen, sind überschreitbar ...*

Auch für Jörg Zink werden die Worte des ersten Gebotes, »Du sollst keine anderen Götter haben neben mir«, ersetzt durch ein christlich-pluralistisches Denken:

> [Die Spiritualität] zeigt sich unter anderem in einem gewissen Spürsinn für das Heilige, das uns in einer fremden Gestalt begegnet. *So werden für uns heute auch fremde Religionen nicht mehr die Gegner sein, denen wir zu widerstehen hätten, sie werden unsere Ehrfurcht wecken vor den Wegen Gottes zu Menschen, die uns fremd sind ...*

So könnten noch viele ähnliche Beispiele angeführt werden, was aber den Rahmen dieses Buches sprengen würde. Diese Literatur birgt eine raffinierte, schleichende Verführung in sich. Leser ohne biblisches Basiswissen werden diese Bücher relativ unkritisch als christliches Gedankengut in sich aufnehmen. Dabei wird der biblisch bezeugte persönliche Schöpfergott ersetzt durch ein unpersönliches, alles umfassendes göttliches Prinzip. Es geht in diesen Büchern überwiegend um das Wohlfühl-Prinzip, der Mensch dreht sich ausschließlich um seine eigene Achse.

Die Lehre Jesu zielt aber darauf ab, den Menschen zur Buße und Umkehr zu bringen. Die christliche Ethik (Bergpredigt) fordert uns zur aktiven Tätigkeit auf, nicht zum »fallen lassen in uns selbst«, denn

> wer meine Worte hört und danach handelt, der ist klug (Matth. 7,24).

Hier treffen die Wort des Apostels Paulus zu, der schrieb:

> … Ihr meint, ein anderes Evangelium, einen anderen Weg zur Rettung, gefunden zu haben? Dabei kann es gar kein anderes Evangelium geben! Es gibt nur ein paar Leute, die unter euch Verwirrung stiften, indem sie die Botschaft von Christus verfälschen. Wer euch aber einen anderen Weg zum Heil zeigen will als das Evangelium, das wir euch verkündigt haben, den wird Gottes Urteil treffen; auch wenn wir selbst das wären oder gar ein Engel vom Himmel … Wer euch ein anderes Evangelium verkündet, als ihr angenommen habt, der soll verflucht sein! (Gal. 1,6-9, vgl. Kol. 2,8).

Literaturnachweis

»Entspannungstechniken, Anti-Stress-Programme oder Magie?« von Prof. Dr. R. Franzke, Logos Verlag
»Upanishaden – Befreiung zum Sein« von Bettina Bäumer, Heyne Verlag, 1994
»Buddhismus, der Traum vom Einssein« von Andreas Schneider, Brockhaus Verlag, 1995
»Wovon Buddha nichts erzählte, Stolpersteine auf dem Weg zur Erleuchtung«, von Timothy Ward, Goldmann Verlag, 1992
»Wozu meditieren? Anspruch und Wirklichkeit aus psychologischer Sicht« von Dr. phil. Michael Utsch, in Materialdienst der EZW 4 / 2000 EZW 7/2001, Notiz v. Michael Utsch, S. 242
»Meyers Großes Handlexikon«, 1994
»Hypnose« von Martin Bobgan, CLV-Verlag, 1991
»Okkultes ABC« von Dr. Kurt E. Koch, Bibel- und Schriftenmission, Aglasterhausen, 1984
»Mandalas der Welt. Ein Meditations- und Malbuch« von Rüdiger Dahlke, Heyne Verlag
»Kinder zur Stille führen« von Gisela Preuschoff, Herder Verlag
»Stilleübungen und Fantasiereisen. Moderne Wege der Pädagogik?« von Prof. Dr. Reinhard Franzke, Faith-Center Hannover

»Meditation für Kinder« von Debora Rozman, Bauer Verlag
Zeitschrift »Damals« 6/99,
»Handbuch Religiöse Gemeinschaften«, für den VELKD-Arbeitskreis, Gütersloher Verlagshaus, 1993
»Religionen der Welt« von Thomas Schweer u. Stefan Braun, Heyne Verlag, 1995
»Enzyklopädie der Religionen«, Weltbild Verlag, 1990
»Lexikon der indischen Mythologie« von M. Görden u. H. CH. Meiser Heyne Verlag, 1994
»Das große Buch der Kulte« von Bob Larson, Verlag der Francke-Buchhandlung 1992
»100 Fragen zu Yoga« von Anni Kraus und Margaret Minker Goldmann Taschenbuch Verlag 1995
»50 Engel für das Jahr. Ein Inspirationsbuch« von Anselm Grün, Herder Verlag
»Herzensruhe. Im Einklang mit sich selber sein« von Anselm Grün, Herder Verlag
»Dornen können Rosen tragen. Mystik, die Zukunft des Christentums« von Jörg Zink, Kreuz Verlag

TEIL III: Okkultismus – Spiritismus

Ein wesentlicher Bereich im esoterischen Denken unserer Tage sind der Okkultismus und der Spiritismus. Das Wort Okkultismus kommt aus dem lat. »occultus« und bedeutet: »Das Geheime und Verborgene«. Es ist eine Bezeichnung für wissenschaftlich nicht fundierte Lehren und Praktiken, die sich mit der Wahrnehmung übersinnlicher Kräfte beschäftigen.

Das Wort Spiritismus kommt aus dem lat. »spiritus« und bedeutet »Geist«. Es gilt als Sammelbezeichnung für alle Lehren und Praktiken, bei denen man versucht, mit Geistern oder mit dem Seelenleib von Verstorbenen in Verbindung zu treten. Dies geschieht unter anderem durch medial veranlagte Personen, die als Verbindungskanal zwischen der jenseitigen und der diesseitigen Welt fungieren.

III. 1. Geschichtliche Entwicklung

In den antiken gesellschaftlichen Kulturen waren die Glaubensvorstellungen der Menschen durchdrungen von der Annahme, dass Geister, Dämonen, Götter, Ungeheuer und Urwesenskräfte den Menschen und die Natur beherrschen. Deshalb gab es schon immer Esoteriker, Magier, Zauberer, Schamanen, Hexen-, Satans- und Geheimkulte, die die Macht der dunklen Transzendenz in geheimen Ritualen und Künsten für sich und ihre Umwelt zu nutzen suchten.

III. 1. 1. Helena Petrowna Blavatsky (1831 – 1891)

Die Geschichte des Okkultismus-Spiritismus ist untrennbar verbunden mit der Mitbegründerin der Theosophischen Gesellschaft, Helena Petrowna Blavatsky. Sie ist es, die die heutige esoterisch-okkulte Szene entscheidend mitgeprägt hat.

Madam Blavatsky wurde als Gräfin Hahn-Rottenstern in Jekaterinoslaw in Russland geboren. Schon als Kind soll sie hellseherische und telepathische Fähigkeiten gehabt haben und mit okkulter Literatur konfrontiert worden sein. Schon früh wurde sie vom Reisefieber gepackt und reiste zusammen mit ihrem Vater in mehrere europäische Staaten. 1848 heiratete sie den 60-jährigen General Blavatsky, von dem sie sich nach dreijähriger Ehe wieder scheiden ließ.

Nach ihrer Scheidung unternahm sie ausgedehnte Studienreisen mit dem Ziel, das esoterische Wissen der Welt zu sammeln. Auf ihren Reisen lernte sie Voodoo-Riten kennen, ließ sich in Tibet von geheimen Meistern (Mahatmas) in die östlichen Weisheitslehren einführen, beschäftigte sich mit ägyptischer Mythologie, studierte in Kanada die alte Indianerkultur, ließ sich in Italien von einer Hexe in deren Künste einweisen und wurde Mitglied in einigen mystischen Orden des Orients. Sie lernte die weltweit namhaftesten Okkultisten der damaligen Zeit kennen. Geleitet wurde sie auf ihren Reisen von den unsichtbaren, geheimen Meistern, von denen sie glaubte, dass einige von ihnen, als »weiße Bruderschaft«, in Tibet noch lebten, um von dort aus die geistige Entwicklung der Menschheit zu steuern.

Das, was sie Theosophie* nannte, war für sie der innere Kern aller bis dahin weltweit praktizierten Geheimlehren und religiösen Systeme. Ihre umfangreichen Kenntnisse auf diesem Gebiet schrieb sie in ihrem ersten Buch »Die Stimme der Stille« nieder. Sie wurde zu einem begehrten Medium, gründete in New York den »Miracle Club« und erwarb sich den Ruf einer weltweit bekannten Spiritistin. Zusammen mit dem Anwalt Henry S. Olcott gründete sie dann, ebenfalls in New York, am 17. 11. 1875 die »Theosophical Society«. Die festgeschriebenen Ziele der Theosophischen Gesellschaft waren:

> Einen Kern universaler Bruderschaft der Menschheit zu bilden ohne Unterschied der Rasse, des Glaubensbekenntnisses, des Geschlechts, der Kaste oder der Hautfarbe; das Studium der vergleichenden Religionswissenschaft, Philosophie und Naturwissenschaft anzuregen; die unerklärlichen Naturgesetze und die im Menschen schlummernden Kräfte zu erforschen (»Madame Blavatsky und die Theosophische Gesellschaft«, S. 25).

Das von Madame Blavatsky zusammengetragene okkulte Wissen gelangte größtenteils über die Theosophische Gesellschaft in die westliche Welt.

Nach ihrem Tod traten **Annie Besant** (1847-1933), **Alice Bailey** (1880-1949) und der Inder **Krishnamurti** (1895-1986) als populäre Vertreter der Theosophie in den Blickpunkt der Öffentlichkeit. Auch **Rudolf Steiner** (1861-1925), der Begründer der späteren Anthroposophischen Gesellschaft war von 1902 bis 1913 Mitglied der Theosophischen Gesellschaft. Der Einfluss des Blavatskyschen Gedankengutes auf die Lehren der Anthroposophie sind unverkennbar (siehe Seite 251).

III. 1. 2. Aleister Crowley (1875-1947)

Auch Aleister Crowley, der bekannteste Satanist des 20. Jahrhunderts und Begründer mehrerer magisch-esoterischer Geheimorden, wurde nicht unwesentlich von den Lehren Blavatskys beeinflusst.

---

* **Theosophie** (griech. »Gottesweisheit«) ist eine Sammelbezeichnung für alle geistigen Bestrebungen, um zur Erkenntnis des Göttlichen, Absoluten und Übersinnlichen zu kommen. Im Gegensatz zu der Philosophie oder der Theologie bedient sich die Theosophie der übernatürlichen Erkenntnisfähigkeit. Dazu gehören: Die Erleuchtung; außersinnliche Offenbarungen; die innere Schauung; alle Formen von Bewusstseinserweiterung.

Zeit seines Lebens war Crowley auf der Suche nach transzendenter Erkenntnis. Wie H. P. Blavatsky bereiste auch er die Welt, um bei spirituellen Meistern in verschiedenen Ländern sein Geheimwissen zu erweitern. Er beschäftigte sich mit schwarzer Magie, mit Dämonismus, Yoga, Tantrismus (Sexualmagische Praktik) und Tarotkarten.

Die Freiheit des Willens bezeichnete er als das höchste Gut eines Menschen, aber er müsse zunächt einmal herausfinden, was er eigentlich wolle. Wenn ihm sein Wille ganz bewusst würde – und die abscheulichen Dinge seien hier mit eingeschlossen –, dann müsse er sie auch in die Tat umsetzen. Nur wenn der Mensch so lebe, dass er seinem inneren Wesen – mit allen guten und bösen Seiten – nicht entgegen handele, erwecke er in sich noch schlummernde Kraft, die bei einer Aktivierung zu ungeahnten Erkenntnissen und Möglichkeiten führe. Dann sei der Mensch in der Lage, auch Geister herbeizuzitieren und für sich arbeiten zu lassen.

Der mystisch-spirituelle Einfluss dieses Großmeisters der Geistesmagie ist unter anderem auch bei Ron Hubbard, dem Gründer der Scientology-Bewegung, vorhanden.

Liane v. Billerbeck und Frank Nordhausen berichten über ihn:

> Nach dem Krieg betätigte sich der Autor auch persönlich als Satanist. Er verschrieb sich der kalifornischen Sektion des »Ordo remplis Orientis« (O. T.O.), einer okkulten Gesellschaft, die auf den Lehren des englischen Magiers, Aleister Crowley, beruht und zeitweise auch Rudolf Steiner in ihren Bann gezogen hat! Heute zitieren viele Heavy-Metal-Popgruppen in ihren Texten den berüchtigten Hexenmeister. Einer dieser Texte lautet: »Tue was Du willst soll sein das ganze Gesetz« – in dem satanischen Motto Crowleys fand Hubbard seine Science-Fiction-Phantasien vom Gottmenschen* wieder, dazu magische Rituale und okkulte Praktiken … (»Der Sekten-Konzern«, S. 30).

III. 1. 3. Der Schamanismus

Eine spiritistische Variante, die besonders unter den Naturvölkern in Sibirien, Afrika und Amerika verbreitet ist, ist der Schamanismus. Der Begriff Schamane kommt aus der Sprache der Tungusen und bedeutet: »von Geistern beeinflusster Mensch«. Sie gelten als Priester, Magier, Medizinmänner, Hexen, Wahrsager und Zauberer.

---

* **Gottmensch,** auch »Operierender Thetan« (OT): Nach Durchschreiten der »Feuerwand«, weiterer Abenteuer und Kursgebühren von mindestens einer Viertelmillion Mark (Preis steigend) wird der Scientologe als Herr über Raum, Zeit, Energie und Materie anerkannt und kann nun das Universum »klären« (»Der Sekten-Konzern«, S. 294).

Durch Drogen oder bestimmte Rituale wie Trommeln, Tanzen, Singen, Atemtechniken und ähnlichem sind sie in der Lage, sich in Trance zu versetzen. In diesem tranceinduzierten Zustand können sie so genannte Seelenreisen durchführen, die mit der Konzentration auf einen fixen Punkt (häufig die Mitte eines Mandalas) beginnen. Sie stellen sich vor, durch einen Tunnel, ein Fenster oder eine Tür in eine andere, jenseitige Welt zu reisen, um dort mit Geistern Kontakt aufzunehmen. Diese Seelen- oder Astralreisen vollziehen sich blitzschnell: Raum und Zeit sind aufgehoben und werden dabei von einer Sekunde zur anderen überwunden. Der physische Körper bleibt in einem seelenlosen Trancezustand zurück.

Darum ist es wichtig, dass der Schamane auf dem gleichen Weg, den er gegangen ist, wieder zurückkehrt, da sonst die Gefahr besteht, dass die Seele nicht mehr in den Körper zurückfindet, den sie verlassen hat. Ist das der Fall, kann es durchaus passieren, dass der Schamane stirbt oder geisteskrank wird.

Ihre übernatürlichen Kräfte und Fähigkeiten, die sich oft bei ihnen beobachten lassen, erwerben sie entweder bei ihrer Kontaktaufnahme mit Geistwesen, denen sie dann als Medium (siehe Seite 193) dienen, oder weil sie von Geistern besessen sind. Dies ist möglich, weil dic inkorporierten (innewohnenden) Geister den menschlichen Geist, ähnlich wie ein Sende- und Empfangsgerät, für ihre übersinnlichen Fähigkeiten manipulieren und benutzen können.

Schamanen und ihre Fähigkeiten sind auch vergleichbar mit den Zauberpriestern des alten Ägypten, die uns in der Bibel beschrieben werden (siehe Seite 196).

III. 2. Gibt es überhaupt böse Geister?

Die Existenz von Geistern und Dämonen wird heute zunehmend geleugnet. Für Spiritisten, Okkultisten und etliche Esoterik-Aussteiger ist es allerdings keine Frage, ob es unsichtbare Geister gibt, denn sie haben unmittelbaren Kontakt mit ihnen gehabt und können von unterschiedlichsten Erlebnissen berichten. Selbst der Psychoanalytiker C.G. Jung bekannte:

> Professor [James] Hyslop … hat zugegeben, dass … metaphysische Phänomene besser erklärt werden könnten mit der Hypothese der Existenz von Geistern als durch … das Unbewusste. Und hier bin ich – auf der Grundlage meiner eigenen Erfahrung – verpflichtet einzugestehen, dass er Recht hat (»Die Okkulte Invasion«, S. 6).

Papst Johannes Paul II. gab bei seinem Amtsantritt zu:

> Der Teufel hat sich durch eine Lücke in den Vatikan einschleichen können. Vor Pilgern stellt er fest: »Natürlich kann der Teufel Besitz vom Menschen ergreifen.«

> Wäre dem aus Sicht der katholischen Kirche nicht so, bräuchte es keinen Exorzismus und man könnte das Rituale Romanum aus dem Jahre 1616, das diesen regelt, außer Kraft setzen … (»Die spirituelle Herausforderung«, S. 24).

III. 2. 1. Was sagt die Wissenschaft?

Die Wissenschaft nimmt gegenüber dem Glauben an die Existenz von Geistwesen allgemein eine Ignoranzposition ein. An der Universität Freiburg wurde inzwischen ein Institut für Parapsychologie gegründet, das übernatürliche Phänomene wissenschaftlich zu erklären versucht. Die Psychologie beschäftigt sich seit Jahrzehnten mit der Erforschung übersinnlicher Wahrnehmungen und will belegen, dass mediale Kräfte ihren Ursprung im Unbewussten des Menschen selbst haben.

Bei Jakob Lorber (siehe Seite 268), der stets innere Stimmen aus der Geisterwelt vernahm, die ihn zur Niederschrift des von ihm Gehörten drängten,

> diagnostizierte *H. Heimann* eine »paranoide Schizophrenie … und eine so genannte paranoide Halluzinose« … *A. Stettler-Schär* … vermutet in ihrer Arbeit, dass die Schriften Lorbers »unter dem Diktat von Pseudohalluzinationen, … und vielleicht auch aus einer gewissen autistischen Fabulierkunst heraus entstanden seien … Weiter heißt es: Damit wird die Herkunft der Niederschriften Lorbers aus der himmlischen Welt bestritten, statt dessen wird ihr Entstehungsort im Unterbewussten Lorbers angesiedelt, wie es *W. Geppert* umschreibt: »In Wahrheit sprach hier der im Unterbewussten, unterhalb der Schwelle des hellen Bewusstseins geistig produzierende Jakob Lorber zu dem im hellen Tagesbewusstsein die ihn umdrängenden Bilder und Gedanken emsig niederschreibenden Jakob Lorber. Was dieser je gelernt, gelesen, gehört und an Eindrücken aufgenommen hatte, erfuhr in seinem kraftvollen Geist die erste Bearbeitung, sank alsdann in die geistigen Räume des Unterbewusstseins, wurde dort aus der Kraft seiner bildhaft gestaltenden Phantasie wie in einem geistigen Geheim-Laboratorium zu bildhaft sich darstellenden Erkenntnissen geformt, durchbrach die dünne Schicht des reflektierenden Bewusstseins und drang als eine Überfülle von Bildern und Erkenntnissen in sein helles Tagesbewusstsein. Hier wurde es durch die fleißige Hand des zweiten Lorber fixiert …« (»Lorber-Bewegung – durch Jenseitswissen zum Heil?«, S. 19, 21, 22).

Diese psychologischen Erklärungsmodelle werden von Steffen Rink und Holger Lösch in Frage gestellt, denn sie schreiben:

> Problematisch ist dieser an Wissenschaftlichkeit orientierte Okkultismusbegriff,

weil er davon ausgeht, dass prinzipiell alle Bereiche des Menschseins und alle Phänomene der natürlichen Umwelt rationell erklärt, also »entzaubert« werden können. Er unterstellt, dass die im Okkultismus wie in den Religionen vorausgesetzte Existenz jenseitiger Mächte eine Illusion ist, ein Konstrukt zur Erklärung des Unerklärlichen. Es ist eine Frage der Weltanschauung, ob alle Phänomene in rationale Ursache-Wirkungs-Zusammenhänge aufgelöst werden können oder nicht. Wenn dem so wäre, müsste religiöses oder okkultistisches Verhalten lediglich als unaufgeklärte oder auch gewollte Interpretation erscheinen. »Man sieht nur das, was man sehen will« ist die vereinfachte Form dieser rationalistischen Auffassung. Angesichts der zunehmenden Verbreitung von Spiritualität und fundamentalistischer Religiosität sowie des wachsenden Interesses an okkulten Interpretationen greift diese Analyse offensichtlich zu kurz, denn dann wäre in unserer hochtechnisierten und rationalisierten Welt kein Platz mehr für okkulte Praktiken ...« (»Stichwort Okkultismus«, von Steffen Rink u. Holger Lösch, S. 10).

III. 2. 2. Die tiefenpsychologische Exegese C.G. Jungs (1875-1961)

Wie bereits berichtet, wird im esoterischen Bereich gern auf die Theorien von C.G. Jung zurückgegriffen. Dies ist nicht weiter erstaunlich, wenn man weiß, wie Jung zu seinen tiefenpsychologischen Ansichten kam. Johannes Lange berichtet:

> Er beschäftigte sich sein ganzes Leben lang mit Parapsychologie und Okkultismus. Jung schreibt: »So seltsam und zweifelhaft sie mir auch vorkamen, waren die Beobachtungen der Spiritisten für mich doch die ersten Berichte über objektive psychische Phänomene ... Ich las sozusagen die ganze mir damals erreichbare Literatur über Spiritismus ...« Später schrieb er dann seine Dissertationen über von ihm selbst durchgeführte spiritistische Experimente mit seiner Kusine. Er schreibt weiter: »Alle meine Schriften sind sozusagen Aufträge von innen her, sie entstanden unter einem schicksalhaften Zwang. Was ich schrieb, hat mich von innen überfallen. Den Geist, der mich bewegte, ließ ich zu Worte kommen.« ... »Es war ein Dämon in mir, und der war in letzter Linie ausschlaggebend« ... »Im Jahre 1916 verspürte ich einen Drang zur Gestaltung: Ich wurde sozusagen von innen her gezwungen ... So kamen die ›Septem Sermones ad Mortuos‹ (Sieben Reden an die Toten, d. Verf.) zustande. Es begann damit, dass eine Unruhe in mir war ... Es war eine seltsam geladene Atmosphäre um mich herum, und ich hatte das Gefühl, als sei die Luft erfüllt von gespenstischen Entitäten (Wesenheiten, d. Verf.). Dann fing es an, im Haus zu spuken. Die Luft war dick, sage ich Ihnen! Da wusste ich: Jetzt muss etwas geschehen. Das ganze Haus war angefüllt wie von einer Volksmenge, dicht voll von Geistern ... Dann fing es an, aus mir herauszufließen, und in drei

Abenden war die Sache geschrieben ... So bildeten die ›Septem Sermones‹ eine Art Vorspiel zu dem, was ich der Welt über das Unbewusste mitzuteilen hatte: eine Art von Ordnungsschema und Deutung der allgemeinen Inhalte des Unbewussten.« Die Lehre Jungs über das kollektive Unbewusste und die Archetypen entstammt also okkulter Inspiration (vgl. 1. Tim. 4,1)! ... (»Bibel und Gemeinde«, 3/92, S.178, 179).

III. 2. 3. Biblische Erlärung paranormaler Phänomene

Setzt man die Glaubwürdigkeit der Heiligen Schrift voraus, so liefert sie uns schlagende Beweise für die Existenz dämonischer Geister, sowie deren Macht und Bösartigkeit. Ja, man könnte sogar sagen, dass allein die Bibel eine logische Erklärung für die meisten parapsychologischen Phänomene liefert.

Neben unserer sichtbaren, materiellen Welt beschreibt sie auch eine unsichtbare Welt. Diese Welt ist zweigeteilt:

- in die Welt des Lichts, in der Gott und Jesus Christus zusammen mit den Engeln wohnen
- und in die Welt der Finsternis, die vom Teufel und seinen Dämonen bevölkert ist (Apg. 26,18; Joh. 8,12) (siehe Seite 312).

Nach christlicher Überzeugung ist es von Anfang an Gottes Wunsch gewesen, das Vertrauen und die Anbetung der Menschen zu gewinnen. Allerdings hat er niemals einen Menschen zu dieser Anbetung gezwungen, denn bei ihm gilt nur die Freiwilligkeit. Dagegen ist es das Ziel der unsichtbaren Finsternismächte, die Anbetung Gottes zu verhindern. Der Einfallsreichtum dieser Mächte ist nicht zu unterschätzen, und sie bedienen sich häufig okkult-spiritistischer Praktiken, um ihr Ziel zu erreichen.

Geist und Seele des Menschen leben in seinem Körper wie in einem Haus (2. Kor. 5,1-8). Die Türen dieses Hauses, die zur unsichtbaren Welt führen, sind normalerweise fest verschlossen, so dass auf direktem Wege keine Einflüsse aus der Geisterwelt möglich sind. Doch jeder Mensch hat die Möglichkeit, diese Türen zu öffnen. Durch Gebet und die Hinwendung zu Gott öffnet der gläubige Christ die Tür zum Reich des Lichts (Röm. 8,14-17) und wird von nun an durch den Heiligen Geist Gottes geleitet.

Aber durch die Beschäftigung mit Magie, esoterisch-okkulten oder spiritistischen Praktiken öffnet er automatisch auch die Tür zum Reich der Finsternis, auch dann, wenn das nicht seinem bewussten Willen entspricht.

In vielen biblischen Beispielen werden die Auswirkungen solch eines Schrittes belegt. Wir lesen

- von einem besessenen Gerasener, der von unreinen Geistern geplagt wurde (Mark. 5,1-20);
- von der Tochter einer syrophönizischen Frau, die ebenfalls von bösen Geistern beherrscht war (Mark. 7,26-30);
- von einem Besessenen, der blind und stumm war (Matth. 12,22);
- dass ein Jüngling, der einen stummen Geist hatte, von diesem oft ins Feuer oder Wasser geworfen wurde, weil er ihn umbringen wollte (Mark. 9,17-27);
- und von einem Besessenen, dessen inkorporierter Geist mit lauter Stimme Jesus als den Sohn Gottes bezeugte (Luk. 4,31-36).

Alle diese Menschen wurden durch die machtvollen Worte Jesu von den unreinen Geistern befreit. Wer die Bibel als Gottes Wort akzeptiert, kommt um den Glauben an die Existenz von Teufel und Dämonen nicht herum.

III. 2. 4. Wodurch machen sich Geister bemerkbar?

Bei Menschen, die mit der Geisterwelt auf irgendeine Weise in Kontakt geraten, tauchen ganz plötzlich die unterschiedlichsten paranormalen Phänomene auf:

- unsichtbare Erscheinungsvisionen,
- unerklärbare Veränderungen in der Psyche,
- eruptive, emotionale Ausbrüche,
- Schwermut und Lebensüberdruss,
- Horrorvisionen in Träumen
- und bei Poltergeistern: Spukerscheinungen wie Klopfzeichen oder Verrücken von Gegenständen.
- Visionäre Begegnungen mit Verstorbenen, die Angst einflößen usw.

III. 3. Was treibt den Menschen zu okkulten Praktiken?

Ganz sicher geraten viele Menschen ungewollt und aus Unwissenheit in den Sog eines okkulten Strudels. Sie haben Lebensängste und suchen Hilfe für ihre persönliche Situation.

In einer Gesellschaft, in der die Existenz eines Teufels selbst von Kirchenvertretern weitgehendst geleugnet wird, glaubt auch niemand mehr an die Gefahren, die von dieser unsichtbaren Welt ausgehen können, und so wird jede erdenkliche Hilfe erst einmal angenommen, ohne nach der Quelle zu fragen. Angst vor Teufel und Dämonen stellt sich erst wieder bei den Menschen ein, die durch okkulte Praktiken Kontakt mit diesen Geistwesen gehabt haben. Sie erfahren, dass die Hilfe, die sie anfänglich erhielten, sich meistens in eine zwanghafte Abhängigkeit verkehrt.

Andere Personen sind in unserer reizüberfluteten Welt ständig auf der Suche nach einem neuen Nervenkitzel. Tabus sind kaum noch vorhanden, darum werden auch okkulte Praktiken ohne Bedenken in den Medien vermarktet.

D. Adolf Köberle berichtet in einem Geleitwort zu dem Buch »Seelsorge und Okkultismus« von Dr. Kurt E. Koch:

> In erstaunlich vielen Fällen ergab das Beichtgespräch, dass die Hilfesuchenden entweder aktiv auf dem okkulten Gebiet experimentiert hatten oder dass sie im passiven Sinn solchen Einflüssen unterworfen worden waren. Die Wirkungen aber zeigten sich jedesmal in der gleichen Weise: Die Menschen gelangten wohl auf diesen Wegen zu bestimmten Wunscherfüllungen, mussten sie aber bezahlen mit seelischen Belastungen aller Art in Gestalt von Schwermut, Lebensüberdruss, Selbstmordgedanken, Zwangslästerungen, Tobsucht oder lüsternen Perversionen … Der Antrieb, der zur Wahrsagerei, zum Kartenlegen, zum Handlinienlesen und zur magischen Besprechung führt, ist immer der Wille zur Macht, ist das Wissend-Sein-Wollen wie Gott. Der Mensch erzwingt sich seine Wünsche. Er durchbricht mit Gewalt die ihm von Gott gesetzten Schranken. Er erreicht vielleicht auch sein Ziel, verliert aber darüber das höchste Gut, dessen der Mensch fähig ist: die Gemeinschaft mit Gott (»Seelsorge und Okkultismus«, S. 10, 11).

III. 3. 1. Überblick über gängige okkult-spiritistische Praktiken

- **Astrologie**: Durch die Deutung bestimmter Sternenkonstellationen das Geschehen auf der Erde und das Schicksal der Menschen vorhersagen und Horoskope erstellen.
- **Auf Zahlen achten**: Die Zahl 13 bringt Unglück.
- **Besprechen von Krankheiten** durch »weise Frauen« usw.
- **Channeling** bedeutet, sich zum Kanal für Geistwesen zu machen.
- **Hellsehen**: Inneres Sehen von räumlich entfernten Gegenständen und Sachverhalten; das Auffinden von verschollenen Personen usw. Dabei werden Hilfsmittel wie z. B. eine Kristallkugel oder Gegenstände und Kleidungsstücke der vermissten Person benutzt.
- **Hexenkulte**: Die Anbetung einer »Mutter-Göttin», mit der man sich durch die Mondin verbinden kann; Vollzug bestimmter Natur-Rituale im Wicca-Kult.
- **Kontaktaufnahme mit Geistern**: Dazu gehören der Schamanismus, alle Geistheilmethoden, Versuche, um mit Verstorbenen in Verbindung zu treten, spiritistische Sitzungen (Seancen), bei denen eine Person als Medium* fungiert,

---

* **Medium**: Personen die über die Fähigkeit außersinnlicher Wahrnehmungen verfügen und als Zwischenglied der diesseitigen und jenseitigen Welt dienen. Medialität kann vererbt werden (hier spricht man von einer unbewussten Medialität), erlernt, aber auch durch die Weitergabe von einem Medium zu einer ihr nahestehenden Person erworben werden.

Gläser- und Tischerücken, automatisches Schreiben, usw.
- **Pendeln**: Man unterscheidet das »physikalische Pendeln« und das »mentale Pendeln«. Ersteres dient zur Ermittlung von Wasseradern, Erzadern, Erdstrahlen usw. (siehe Seite 145) und das zweite zur Ermittlung von Krankheiten und Medikamenten.
- **Satanismus:** Anbetung des Satans, meistens in geheimen Ritualen.
- **Tagewählen**: Freitags nicht auf Reisen gehen, an bestimmten Tagen keine Haare waschen oder Fingernägel schneiden.
- **Tarotkarten**: Ein mystisches Kartenspiel aus 78 Karten (siehe Seite 141)
- **Telepathie**: Gedankenübertragung von einer Psyche zur andern; dazu gehören außersinnliche Wahrnehmungen.
- **Vogelschrei beachten**: Wenn das Käuzchen ruft, stirbt jemand.
- **Wahrsagen:** mittels Karten legen, Handlinien oder Kaffeesatz deuten die Zukunft und das Schicksal voraussagen .
- **Zeichen und Talisman**: Hufeisen über der Tür, Glückspfennig, Maskottchen usw., die Glück bringen oder vor Unheil schützen sollen.

Viele Menschen, die diese Praktiken vollziehen, sehen darin wahrscheinlich gar keinen Widerspruch zum christlichen Glauben. Doch ein altes Sprichwort sagt:

> Wer dem Glauben die Tür versagt, dem steigt der Aberglaube ins Fenster.
> Wer die Engel Gottes verjagt, den quälen die Gespenster.

III. 3. 2. Warnungen Gottes vor heidnischen Praktiken

In Gottes Augen sind die oben angeführten mystischen Praktiken ein Gräuel! Durch alle christlichen Zeitalter hindurch hat er die Menschen vor der Beschäftigung mit diesen Dingen gewarnt:

- Bete nicht Sonne, Mond und Sterne an! (5. Mo. 4,19.20)
- Verehre keine heidnischen Götter! (Jes. 44,9-20)
- Mach dir kein Bild oder Gleichnis! (2. Mo. 20,4.5)
- Suche keine Hilfe in der Astrologie! (Jes. 47,13-15)
- Übe keine okkulten Praktiken aus! (Apg. 16,16-18; 19,19)
- Pflege keine heidnischen Bräuche! (5. Mo. 18,9)
- Gehe nicht durchs Feuer! Du sollst nicht Wahrsagen, Hellsehen oder Zeichen deuten! (5. Mo. 18,10)
- Eine Zauberin sollt ihr nicht am Leben lassen! (2. Mo. 22,17)
- Treibe keinen Ahnenkult und keine Geisterbeschwörung! (5. Mo. 18,11)
- Lass dich nicht von der Philosophie und den Mächten der Welt verführen! (Kol. 2,8)

Über allen Warnungen steht auch heute noch das erste Gebot Gottes:

> Du sollst keine anderen Götter haben neben mir.
> Du sollst dir kein Bildnis noch irgendein Gleichnis machen,
> weder von dem, was oben im Himmel, noch von dem, was unten auf Erden,
> noch von dem, was im Wasser unter der Erde ist:
> Bete sie nicht an und diene ihnen nicht!
> Denn ich, der Herr, dein Gott,
> bin ein eifernder Gott, …
> (2. Mo. 20,3-5)

III. 3. 3. Fallbeispiele

Wer den Okkultismus-Spiritismus auch heute noch nur in dunklen Hinterzimmern vermutet, wird bei genauer Prüfung schnell eines Anderen belehrt.

Nach Rüdiger Dahlke hat die moderne Wiedergeburt des Spiritismus in den USA bereits über fünf Millionen Anhänger gewonnen und wird in eigenen Fernsehsendungen propagiert (»Die spirituelle Herausforderung«, S. 11), und auch in deutschen Unterhaltungsserien sind immer häufiger spiritistische Praktiken zu sehen.

Die Polizei berichtet vermehrt über begangene Ritualmorde mit satanischem Hintergrund:

- Ein Vierzehnjähriger tötete seine Mutter, nachdem ihm Satan in einer Vision erschienen war.
- Ein Fünfzehnjähriger erschießt seinen Bruder, um dem Teufel ein Opfer zu bringen.
- Ein junges Mädchen bringt sich um und hinterlässt ein Tagebuch voller satanischer Zeichnungen.
- Ein Junge beichtet, einen Polizisten umgebracht zu haben, weil ihn während einer Seance ein Dämon dazu aufgefordert habe.
- In München werden zehn junge Leute zwischen 15 und 21 Jahren zu mitternächtlicher Stunde auf einem Friedhof festgenommen; »Luzifer, Herr der Finsternis, höre uns!« hatten sie während ihres Teufelsdienstes ausgerufen (Zeitschrift: »IDEA SPEKTRUM« 13/2001).
- In Rothenburg o.T. hielt eine Gruppe von fünf Mädchen auf einem Spielplatz eine spiritistische Sitzung ab, in der Hoffnung, mit verstorbenen Angehörigen in Kontakt zu kommen. Sie gerieten dabei psychisch total außer Kontrolle, so dass zwei von ihnen in die Jugendpsychiatrie überwiesen werden mussten (Fränkische Landeszeitung, Nr. 276).
- Wolfgang Hund, der als Beauftragter des bayerischen Kultusministeriums gegen

den Okkultismus an den Schulen zu Felde zieht, sagt: Es gibt in Bayern wohl keine Schule mehr, an der okkulte Praktiken nicht gang und gäbe sind.

Das Wissen über Geheimpraktiken wird den Kindern nicht nur in Büchern, sondern auch in Jugendzeitschriften wie der »Bravo« vermittelt, wo detaillierte Anleitungen darüber zu finden sind, wie man geheime Rituale in die Praxis umsetzen kann.

Harry Potter

Im Moment stehen die Bücher über Harry Potter, der in den Romanen der Kinderbuchautorin Joanne K. Rohling als Zauberlehrling in die Welt der Geistmagie und des Okkulten eingeweiht wird auf der Bestsellerliste. Ihre Romane haben inzwischen weltweit eine Auflage von über 35 Mill. Exemplaren erreicht.

Die Welt, die sie in ihren Büchern schildert, ist zu vergleichen mit dem Schamanismus und der schwarzen Magie. Es ist die Welt des Schreckens, des Horrors, des Ekels und der Angst, der Geisteskrankheit und des Wahnsinns. Wie die Schamanen und Spiritisten hört Harry Potter Stimmen von unsichtbaren Wesen, die ihn ängstigen und nachdrücklich zum Töten auffordern. Diese Bücher werden heute teilweise in unseren Schulen im Unterricht als Lesestoff verwendet.

Die seelischen Auswirkungen auf unsere Kinder, die mit einer sintflutartigen dämonisch-satanischen Welt konfrontiert werden, sind heute in ihren Ausmaßen noch nicht abzusehen. Und alles deutet darauf hin, dass sich diese unheimliche Welt des Okkulten noch weiter ausbreiten wird.

III. 3. 4. Wunder Gottes oder Trugbilder des Teufels?

Man findet eine Fülle von Berichten, in denen das Wunderwirken Gottes von dem Engel des Lichts und seinen Dienern nachgeahmt wird.

Ein Beispiel ist die Geschichte des Auszugs Israels aus Ägypten: Gott wollte sein Volk aus der Versklavung in Ägypten befreien. Um die Genehmigung des Pharao zum Auszug zu bekommen, sollten Mose und Aaron die Macht Gottes durch Wunder demonstrieren. Er gebot ihnen, einen Stab vor den Thron des Pharao zu werfen. Vor aller Augen verwandelte Gott diesen Stab in eine Schlange. Daraufhin ließ der Pharao seine Weisen und Zauberer rufen. Sie zeigten ihre dämonische Macht dadurch, dass sie das gleiche Wunder vollbrachten, indem sie ihre Zauberstäbe ebenfalls in Schlangen verwandelten. Jetzt aber demonstrierte Gott seine Macht und Herrschaft über die Gewalt der Finsternis, indem die Schlange Aarons die verwandelten Stäbe der Zauberpriester verschlang (2. Mo. 7,1-12). Anschließend brachte Gott 10 Plagen über Ägypten, und mit jeder dieser lagen wurde eine ägyptische Gottheit entthront (2. Mo. Kap. 7-11).

Wunderheilungen können durch Gottes übernatürliches Wirken, aber auch durch so genannte medial veranlagte Geistheiler spontan geschehen (Matth. 12,15).

Die Aufhebung physikalischer Gesetze ist nicht nur bei Gott möglich (er lässt z. B. durch den Propheten Elia ein versunkenes Eisen schwimmen [2. Kön. 6,6], Jesus und Petrus konnten auf dem Wasser laufen); sondern auch durch Magier und Zauberer (z. B. durch Psychokinese und Telekinese. Vor Jahren trat Uri Geller im Fernsehen auf, der über magische, psychokinesische Kräfte verfügte und es fertig brachte, dass sich bei etlichen Zuschauern plötzlich Löffel verbogen und Uhren stehen blieben.) In diesem Zusammenhang muss auch die Frage gestellt werden, wie die Marienerscheinungen in Lourdes und Fatima einzuordnen sind.

Von weltweiter Bedeutung sind die sechs Marienwunder des Jahres 1917 in dem kleinen portugiesischen Ort Fatima. Es wird berichtet, dass Maria, in einem weißen Nebel schwebend und einen wundervollen Wohlgeruch verbreitend, den drei Kindern der Familie Santos als Rosenkranz-Königin erschien. Während ihrer Erscheinung in engelgleicher Lichtgestalt rieselte himmlischer Lichtschnee (der auch fotografiert wurde) vom Himmel herab und in der Hand hielt sie einen Rosenkranz. Bei der sechsten Erscheinung folgte das Sonnenwunder, das von mehr als 70 000 Menschen gesehen wurde. Etwa 10 Minuten lang vollführte die Sonne einen Regenbogen-Rundtanz am Himmel. Doch die Kinder sahen nicht nur Marienerscheinungen, sondern hatten auch Höllenvisionen, in denen ihnen der Teufel und große Drachentiere erschienen Sie wurden so in Angst und Schrecken versetzt, dass das Mädchen Lucia plötzlich auch Angst vor den Marienerscheinungen bekam und glaubte, dass diese eine Täuschung des Teufels seien. Eines Nachts hatte sie einen Traum, den sie folgendermaßen beschrieb:

> Ich sah im Schlaf den Teufel, wie er darüber lachte, dass er mich getäuscht hatte; er bemühte sich, mich in die Hölle zu zerren. Als ich mich in seinen Krallen fand, begann ich dermaßen zu schreien und nach unserer lieben Frau (Maria) zu rufen.

Aus Angst weigerte sie sich, noch einmal an den Ort zu gehen, an dem ihr die Lichtgestalt der Maria erschienen war. Sie berichtet dann weiter:

> Doch als die Stunde heranrückte, wo ich wieder dort hingehen sollte, fühlte ich mich plötzlich von einer fremden Macht, der ich nicht widerstehen konnte, gedrängt … (»Fatima aktuell«, S. 87, 90, 94).

III. 3. 5. Hilfe für Betroffene

Niemand sollte vorschnell von einer okkulten Belastung anderer Menschen sprechen! Der Seelsorger Dr. Kurt Koch

> warnt vor einer vorschnellen Besessenheitsdiagnose, er versagt sich selbst das Ausweichen ins Übersinnliche, solange noch stichhaltige rationale Erklärungsmöglichkeiten bestehen. Er weiß um die Sonderexistenz und Selbsttätigkeit des unbewussten Seelenlebens, das an dämonische Spukerscheinungen erinnert und solche zur Erklärung doch nicht nötig hat … (»Seelsorge und Okkultismus«, S. 10).

Menschen, die bewusst oder unbewusst in die Abhängigkeit von der Finsterniswelt geraten sind, können sich nur mit der Hilfe Jesu Christi wieder davon befreien! Sie sollten das Gespräch mit einem gläubigen Seelsorger suchen und sich in dessen Beisein ganz bewusst im Namen Jesu Christi von allen esoterisch-okkulten Praktiken lossprechen, denn er allein ist der Herr über alle Reiche und Gewalten (Eph. 1,20.21). Der Apostel Johannes sichert den Gläubigen zu:

> Denn der Teufel hat sich schon immer gegen Gott aufgelehnt, von Anfang an. Doch Christus, der Sohn Gottes, ist gerade deswegen zu uns gekommen, um die Werke des Teufels zu zerstören (1. Joh. 3,8).

Die Kenntnisse über die raffinierten Täuschungsmanöver des Diabolos und das absolute Vertrauen in den dreieinigen Gott sind die besten Bollwerke gegen die Mächte der Finsternis! Der Apostel Jakobus fordert alle Menschen auf:

> Unterstellt euch Gott im Gehorsam, und widersetzt euch mit aller Entschiedenheit dem Teufel. Dann muss er vor euch fliehen (Jak. 4,7).

Literaturnachweis

»Madame Blavatsky und die Theosophische Gesellschaft« von Stephan Holthaus, TELOS Bücher, Schwengeler Verlag, 1990
»Der Sekten-Konzern« von Liane v. Billerbeck und Frank Nordhausen, Ch. Links Verlag, 1993
»Die Okkulte Invasion« von Dave Hunt, CLV Verlag, 1999
»Die spirituelle Herausforderung« von M. und R. Dahlke, Wilhelm Heyne Verlag, 1994
»Lorber-Bewegung – durch Jenseitswissen zum Heil?« von Matthias Pöhlmann, Friedrich Bahn Verlag, 1994
»Stichwort Okkultismus« von Steffen Rink u. Holger Lösch, Wilhelm-Heyne-Verlag, 1997
»Seelsorge und Okkultismus« von Dr. Kurt E. Koch, Bibel- und Schriftenmission e.V., Aglasterhausen, 1985
»Okkultes ABC« von Dr. Kurt E. Koch, Bibel- und Schriftenmission e.V., Aglasterhausen 1984

Fränkische Landeszeitung (FA Nummer 276)
Zeitschrift: IDEA SPEKTRUM; 13/2001
»Fatima aktuell« von Georg Scharf, Theodor-Schmitz-Verlag
»Bibel und Gemeinde«, 3/92,
»Das große Buch der Esoterik« von Walter-Jörg Langbein, Verlagsunion Pabel Moewig

Teil IV: Sekten

IV. 1. Guruismus und fernöstliche Sekten

Wie bereits beschrieben, geht der Hinduismus davon aus, dass der Mensch in den Kreislauf von Karma und Reinkarnation eingebunden ist. Da die Erlösung von diesem ewigen Kreislauf der Wiedergeburten nur durch spezielles spirituelles Wissen erreicht werden kann, benötigte der ernsthaft Suchende schon immer einen spirituellen Lehrer.

Zur Zeit der Veden (1500-600 v. Chr.) (siehe Seite 75) wurde das religiöse Wissen von den damaligen Lehrern, den Brahmanen, nur an Angehörige der oberen drei Kasten weitergegeben. Die Schüler lebten im Haus ihres Lehrers, dienten ihm mit allen alltäglichen Arbeiten und wurden dafür von ihm in das spirituelle Leben eingewiesen. In der Zeit der Upanishaden (600-300 v. Chr.) tauchte zum ersten Mal der Begriff »Guru« auf, mit dem die spirituellen Lehrer von nun an bezeichnet wurden.

Der Hinduismus war in seinem Ursprung eine ethnische Religion, ohne Missionstätigkeit, denn Hindu konnte man nur werden, wenn man in eine der vier Hauptkasten hineingeboren wurde. Als 1893 amerikanische Christen, aus Anlass der Weltausstellung, zu einem »Parlament der Religionen« nach Chicago einluden, erkannte der Vertreter des Hinduismus, Swami Vivekananda, das große Interesse, das seiner Religion entgegengebracht wurde. Er kam zu der Überzeugung, dass es nun an der Zeit sei, den Hinduismus auch im Westen zu verbreiten. In Indien gründete er eine Missions-Gesellschaft, deren Arbeit sich sowohl auf sein Heimatland, als auch auf den Westen erstreckte. Seit dieser Zeit kann die bis dahin verbreitete Meinung, der Hinduismus sei keine missionierende Religion, nicht mehr aufrecht erhalten werden.

Waren es in der westlichen Welt anfangs überwiegend Intellektuelle, die sich mit dem hinduistischen Gedankengut beschäftigten, so ziehen die Gurus heute, besonders seit den sechziger Jahren, überwiegend junge Menschen aus allen Gesellschaftsschichten in ihren Bann.

Wie in der Zeit der Upanishaden gelten auch die heutigen Gurus als spirituelle Meister, die ihren Schülern den Weg der Erleuchtung weisen. Die Heiligen Männer kennen vier Lebensstadien:

- Das Jugendalter, in dem sie eine »spirituelle Lehre« absolvieren,
- das Mannesalter, in dem sie eine Familie gründen und ihr vorstehen,
- das Greisenalter, in dem sie ihre Familie der Obhut des ältesten Sohnes anbefehlen und selbst ein asketisches Leben in der Waldeinsamkeit führen
- und im hohen Alter sollen sie als Wanderasketen durch das Land pilgern.

Ähnlich wie bei einem Familienstammbaum, der bis auf die Ur-Ur-Ahnen zurückgeht, ist jeder Guru in eine lange Traditionskette eingereiht, die auf etliche Gurus zurückgeht, und an deren Anfang ein hinduistischer Gott steht. Jeder dieser Gurus ist transzendenter Teil des Gottes, in dessen Linie er steht. Der Begründer der Hare Krishna-Bewegung, »Seine göttliche Gnade« A.C. Bhaktivedanta Swami Prabhupada, schreibt dazu:

> Der *guru* ist Krsnas Stellvertreter, der Stellvertreter des früheren vorangegangenen *ăcărya*. Krsna sagt, dass alle *ăcăryas* Seine Stellvertreter sind; deshalb sollte dem *guru* die gleiche Achtung entgegengebracht werden wie Gott … Wenn wir uns daher dem echten *guru* ergeben, ergeben wir uns Gott. Gott nimmt unsere Ergebenheit gegenüber dem *guru* an (»Die Schönheit des Selbst«, Seite 52).

Um die lange Traditionskette der Gurus von Generation zu Generation fortzusetzen, wählt jeder Guru einen seiner Schüler zu seinem offiziellen Nachfolger aus.

Der Schüler muss folgende Bedingungen erfüllen: Er muss fähig sein, in seiner Meditation *samadhi* zu erreichen und er muss fähig sein, anderen den Weg zum *samadhi* zu zeigen. Er muss die spirituelle Vollmacht haben, andere im Rahmen einer Initiation in die geistigen Geheimnisse einzuweihen, außerdem wird erwartet, dass er über eine gründliche Kenntnis der heiligen hinduistischen Schriften verfügt.

Die Gurus bilden klosterähnliche Wohngemeinschaften (*ashrams*), in denen sie mit ihren Anhängern leben. Entschließt sich ein Neuling, im *ashram* zu leben, muss er vom Guru akzeptiert werden, bevor er als offizieller Schüler anerkannt wird. Nach einigen Wochen oder Monaten erhält er dann seine Initiation: Im Rahmen eines geheimnisvollen, rituellen Verfahrens übermittelt der Guru dem Schüler unter vier Augen ein Mantra, eine geheimzuhaltende Klangsilbe, die immer mit einer hinduistischen Gottheit in Verbindung steht. Unter Anleitung des Gurus lernt der Schüler, diese Silbe nach einem vorgegebenen Klang-Modus auszusprechen.

IV. 1. 1. Das Mantra

Dem Mantra kommt eine ganz besondere Bedeutung zu, deshalb sprechen einige Gurus sogar von einer »spirituellen Hochzeit«. Durch das Mantra ist der Schüler für immer an den Guru und den hinduistischen Gott, den dieser verehrt, gebunden. Diese Bindung endet auch dann nicht, wenn der Schüler sich von seinem Guru trennt. Nach verschiedenen Berichten von Sekten-Aussteigern hat der Guru selbst nach dem Ausstieg aus der Sekte noch eine geheimnisvolle Macht über seinen Schüler. Den Berichten zufolge ist es kaum möglich, sich aus eigener Kraft aus dessen Bannkreis zu lösen. Aus biblischer Sicht ist eine echte Befreiung nur möglich, wenn sich der ehemalige Guruanhänger – möglichst im Beisein eines erfahrenen Seelsorgers – ganz bewusst und im Namen Jesu Christi von seinem Guru lossagt.

Oft wird versucht, die Bedeutung eines Mantras zu verschleiern oder zu verharmlosen; dagegen bezieht der Däne Vagn Folkermann eine entschiedene Stellung, wenn er erklärt:

> … Es muss darauf hingewiesen werden, dass TM behauptet, dass das Mantra ein sinnloses Wortstück ist. Beispiele solcher Silben sind AlM, SEM und AINGA. Es lässt sich jedoch beweisen, dass diese Silben alle Codeworte für Gottesnamen sind. Beispielsweise ist das Mantra AlM Codewort für die Göttin Saraswati. Wenn man dieses Wort meditiert, wird man nach der Mythologie zum Brahma zurückgeführt, das die Quelle des Gedankens oder kreative Intelligenz genannt wird, von wo die Silbe ursprünglich einmal ausgegangen ist. Dadurch hat man Transzendenz erlangt … Das Mantra … hat seinen Ursprung im Brahma und ist selbst als Mantra ein Teil der weiblichen Urkraft. Das Mantra, das also göttlich ist, hat die Kraft, den Menschen zu seinem Ausgangspunkt zurückzuleiten, der selbst Brahma ist … (»Transzendentale Meditation«, S. 28).

Das Mantra wird in diversen Situationen gechantet, das heißt ununterbrochen rezitiert, und hat in seiner Anwendung eine mehrfache Bedeutung: Bei der Meditation soll es das Abschweifen der Gedanken verhindern und eine mystische Einheit mit dem Guru und dessen göttlichen Kräften herstellen; es gilt gleichzeitig als ein Akt der Gottesanbetung und wird auch als Gedankenstopptechnik angewandt, um kritische Argumente von außen abzublocken;

Hare-Krishna Anhänger werden beispielsweise angehalten, sich auf der Straße, beim Verkauf ihrer Bücher, nicht länger als eine Minute auf Glaubensgespräche mit anderen Menschen einzulassen. Lässt der Fremde sich nicht abweisen, beginnt der Hare-Krishna-Jünger sein »Hare Krishna, Hare Krishna, Hare, Hare, Rama, Rama, …« vor sich hinzumurmeln.

Der Guru Bhaktivedanta hebt die wichtige Bedeutung des Chantens und der Klangsilbe »om« hervor, wenn er sagt:

> … *Omkāra* ist die Klangrepräsentation des höchsten Herrn und deshalb das wichtigste Wort in den Veden. Krsna sagt in diesem Zusammenhang: *pranavah sarvavedesu.* »Ich bin die Silbe *om* in allen vedischen *mantras*.« (Bhagavadgita

---

* **Bhagavadgita** bedeutet »Gesang des Erhabenen« (Krishna) und ist das bekannteste und einflussreichste Gedicht Indiens. Es lehrt Glaube, Hingabe und die pantheistische Theologie des Vedanta (heilige Bücher).

> 7.8) … Hier ist also bestätigt, dass der Vorgang des Chantens die richtige Methode ist, mit der Höchsten Absoluten Wahrheit, der Persönlichkeit Gottes, Verbindung aufzunehmen. Einfach durch das Chanten des Heiligen Namens »Krsna« wird die Seele von der Höchsten Person, Krsna, angezogen, nach Hause, zurück zu Gott zu gehen (»Die Schönheit des Selbst«, S. 85,86).

Wie bereits beschrieben, werden auch Yoga-Schüler in der zweiten Stufe teilweise angeleitet, diese Silbe *om* zu rezitieren. Hier sollte sich jeder bewusst machen, dass solch eine Rezitation niemals ohne geistige Bedeutung ist, sondern immer dazu dient, eine mystische Verbindung zu einer unsichtbaren Welt herzustellen, aus der man sich nicht ohne weiteres wieder befreien kann.

Das Alltagsleben in den *ashrams* ist streng reglementiert und der gesamte Tagesablauf ist lückenlos und genauestens geordnet. Das beinhaltet Vorschriften über

- das Aufstehen und Schlafengehen,
- die Kleidung und das Essen,
- das Reden und Schweigen,
- den Umgang mit dem Guru und den Mitschülern,
- das Lesen und Auswendiglernen der heiligen Schriften des Hinduismus
- und das Meditieren.

Viel Zeit nehmen die Meditationsübungen und die rituellen Guru-Verehrungen ein, die als Erlösungsweg verstanden werden. Der Guru ist für den Schüler die Verkörperung des höchsten Seins. Er kann Sünden vergeben, negatives Karma abbauen und dadurch die Erlösung schenken. Die rituellen Gesänge der Anhänger bringen das zum Ausdruck, wie einige nachfolgende Liedtexte zeigen:

> Guru, du bist mein Vater, meine Mutter, mein Bruder, mein Gott.
> Um Wissen und Befreiung zu erlangen, trinke das (Wasch-) Wasser von des Gurus Füßen, das die Unwissenheit zerstört und das Karma beendet, die Ursache der Wiedergeburten.
> Wenn Gott (Shiva) zornig ist, rettet dich der Guru, aber wenn der Guru zornig ist, dann wird dich Gott (Shiva) gewiss nicht retten (»Handbuch religiöser Gemeinschaften«, Seite 626).

Sonstige Riten und Gesetze können in den verschiedenen Gruppen differieren, dienen aber letztlich alle dazu, die Anhänger an die jeweilige Gruppe und deren Guru zu binden. Um den Christen die Hinwendung zu einer Gurulehre zu erleichtern, werden oft christliche Glaubensgrundsätze mit den Guru-Aussagen vermischt. In vielen Gruppen werden christliche Begriffe verwandt, die man dann allerdings mit hinduistischem Inhalt füllt. Durch gezielte Manipulationsmethoden werden die Glaubensvorstellungen des Guru zum Lebensinhalt der Anhänger gemacht. Die im Westen bekanntesten Gruppen mit hinduistischem Hintergrund sind:

- Ananda Marga,
- Bhagwan Rajneesh Bewegung, die sich seit 1989 »Osho« nennt,
- Brahma Kumaris,
- Hare Krishna (siehe Seite 212)
- Sathya Sai Baba
- Sri Chinmoy
- Transzendentale Meditation

Sie unterhalten sowohl in Indien als auch in den USA und Europa Ashrams und Trainings-Center, in denen sie ihre Anhänger versammeln. Die Beschreibung jeder einzelnen Gruppe würde den Rahmen dieses Buches sprengen, deshalb sollen im Anschluss nur die »Hare Krishna Gesellschaft« und die »Transzendentale Meditation« vorgestellt werden.

IV. 2. Transzendentale Meditation (TM)

IV. 2. 1. Entstehungsgeschichte

Der Begründer von TM, Maharishi Mahesh Yogi (MMY), wurde wahrscheinlich 1918 in Jabalput in Indien geboren. Seine Familie gehörte der Kshatriya-Kaste an. Der Name »Maharishi« ist ein Ehrentitel und bedeutet wörtlich »großer Seher«. Sein spiritueller Lehrer war der Mönch Swami Brahmananda Sarasvati, auch »Guru Dev« genannt, der ihm den Auftrag zu einer »geistigen Erneuerung der Welt« gegeben haben soll. So gründete er 1958 in Madras / Indien eine Yoga-Schule unter dem Namen »Spiritual Regeneration Movement« / SRM (Geistige Erneuerungsbewegung). Weil er damit in Indien wenig Anklang fand, reiste er 1959 in die USA und kam ein Jahr später auch nach Deutschland, um seine Idee von »der Erneuerung des menschlichen Bewusstseins durch TM-Meditation« publik zu machen. Weltweites Aufsehen erregte die Bewegung, als sich 1967 die Beatles zu TM bekannten.

IV. 2. 2. Lehre

Durch die praktische Ausführung der TM-Praktiken soll die Grenze der von unseren Sinnen erfahrbaren Welt überschritten werden. Das heißt, der Meditierende soll in der Meditation die Linie zwischen dem Bewusstsein und dem

Unterbewusstsein überschreiten, um so zu einem neuen »Einheitsbewusstsein« zu gelangen. In Werbevorträgen, die von TM-Lehrern durchgeführt werden, wird dem Interessierten versprochen, TM fördere

- die psychische Flexibilität,
- die eigene Energie und Entscheidungskraft,
- die Selbstheilungskräfte,
- die Leistungsfähigkeit und Eigenverantwortung,
- den Abbau von Ängsten,
- die Kreativität und Führungskraft.

Das alles sei durch eine einfache, für jeden Menschen erlernbare Entspannungstechnik, die auch selbständig zu Hause durchgeführt werden könne, zu erreichen. Im Gegensatz zu anderen Meditationspraktiken sollen durch TM die äußeren groben Denkschichten durchdrungen werden, um auf diese Weise zu tieferen Bewusstseinsschichten, zum reinen Bewusstsein, der eigentlichen Quelle der schöpferischen Intelligenz, vorzudringen. Dieses neue »Seligkeitsbewusstsein« will TM den Menschen vermitteln, deshalb gab MMY 1972 seinen »Weltplan« und dessen konzeptionelle Zielvorstellung bekannt, nämlich »die uralten Probleme der Menschheit noch in dieser Generation zu lösen«. Durch die Anwendung der TM-Praktik soll das Bewusstsein vieler Menschen eine Erneuerung erfahren und dadurch zu einem neuen Weltbewusstsein heranwachsen. Das Ziel ist eine neue, in jeder Hinsicht perfekte Weltgesellschaft. Maharishi behauptet, dass dieser Prozess schon dann in Gang gesetzt wird, wenn nur 1 % aller Menschen TM praktiziert. Am 12. Januar 1975 rief der Yogi auf dem Vierwaldstätter See feierlich »Das Zeitalter der Erleuchtung« aus.

Das allgemeine Weltbewusstsein soll so gereinigt und verbessert werden, dass die Menschheit zur vollkommenen körperlichen und geistigen Gesundheit fortschreitet. Für diesen Zweck wurde 1985 ein »ayurvedisches Gesundheitssystem« gegründet. Zu dem Maharishi-Ayurveda-Programm gehören u.a.:

- Fortgeschrittene Techniken der TM mit dem Ziel, Einheitsbewusstsein zu entwickeln,
- Klangtherapie, abgeleitet aus den Urklängen der vier Veden,
- Farb- und Aroma-Therapie,
- Reinigungsverfahren für den Körper (Einläufe, Diät- und Fastenkuren),
- pflanzliche und mineralische Rezepte zur Vorbeugung von Krankheiten und zur Verlängerung des Lebens,
- Astrologische Beratung und Edelstein-Therapie.

Doch von Medizinern wird vor diesem Programm gewarnt:

> Deutsche Mediziner, die sich in wissenschaftlichen Forschungsprojekten ernsthaft mit der echten ayurvedischen, der traditionellen Medizin Indiens befassen, haben sich bisher einhellig ablehnend und warnend gegenüber dem Maharishi-Konzept geäußert. Kritisiert wird u.a. der leichtfertige Umgang mit angeblichem oder auch tatsächlichem (volks-) medizinischem Wissen. Während die echte indische Ayurvedamedizin z.B. eine neunjährige, intensive akademische Ausbildung verlangt, kann man in der Maharishibewegung das dortige Wissen auch in Wochenkursen erlernen (»Transzendentale Meditation«, S. 63, 64).

Um die »Harmonie der Welt« noch zu verbessern, wurden so genannte Kohärenz-Gruppen (Kohärenz = Zusammenhang) gegründet. Angestrebt sind bis zu 1000 Mitglieder pro Gruppe, die durch Gruppen-Meditation und Siddhi-Technik zu einem einzigen Bewusstsein verschmelzen sollen. Mit dieser so erreichten geistigen Stärke sollen besondere Projekte und Vorhaben von TM unterstützt werden.

Immer wieder hat MMY versucht, seiner Botschaft einen wissenschaftlichen Anstrich zu geben und Menschen aus den verschiedenen akademischen Bereichen anzusprechen. Die Namen der vielen von ihm gegründeten Unterorganisationen machen das deutlich:

- Akademie für die Wissenschaft der kreativen Intelligenz,
- Akademie für vedische Wissenschaft,
- Maharishi-Kolleg für Naturgesetze,
- Maharishi Ayurveda Gesundheitszentrum,
- Internationale Meditationsgesellschaft.

Um es Neulingen leicht zu machen, sich der TM anzuschließen, wurde stets betont, dass TM keine Religion und keine religiöse Praktik darstelle. Dagegen haben sowohl amerikanische Gerichte, als auch 1989 das Bundesverfassungsgericht festgestellt, dass TM »als Religion oder religionsähnliche Weltanschauung« anzusehen ist. Allein die Tatsachen, dass MMY sich von seinen Anhängern als »Seine Heiligkeit« ansprechen lässt und selbst von einem »Zeitalter der Erleuchtung« redet, weisen deutlich auf den religiösen Charakter dieser Bewegung hin.

Die Gottheit, von der MMY spricht, ist ein pantheistischer, unpersönlicher Mechanismus, dessen Gesetzmäßigkeiten es zu nutzen gilt.

IV. 2. 3. Anwerbung

Um sein Ziel zu erreichen, versucht MMY, die Werbung für seine pseudowissenschaftliche Methode auf die zentralen Bedürfnisse der jeweiligen Nation in geistiger, sozialer und wirtschaftlicher Hinsicht abzustimmen und weist seine Mitarbeiter an:

> Wenn die Religion das Massenbewusstsein beherrscht, sollte die Transzendentale Meditation in religiösen Begriffen gelehrt werden. Wenn das metaphysische Denken im Bewusstsein der Gesellschaft dominiert, sollte sie metaphysisch definiert werden, mit dem Ziel, das metaphysische Denken der Zeit zu erfüllen. Wenn die Politik das Bewusstsein der Massen beherrscht, sollte die Transzendentale Meditation in politischen Begriffen gelehrt werden, mit dem Ziel, die politischen Bestrebungen der Zeit zu erfüllen. Wenn wirtschaftliche Fragen im Massenbewusstsein vorherrschend sind, sollte die Transzendentale Meditation in ökonomischen Begriffen dargelegt werden, mit dem Ziel der Erfüllung der ökonomischen Aspirationen der Zeit. Heute, solange die Politik das Schicksal der Menschen bestimmt, sollte die Lehre vornehmlich auf den Bereich der Politik und in zweiter Linie auf den der Wirtschaft bezogen werden. Dann wird es leichter sein, sie über alle Länder zu verbreiten und sie nicht nur überall volkstümlich und beliebt, sondern auch allen Menschen praktisch verfügbar zu machen … (»Die Wissenschaft vom Sein und die Kunst des Leben«, S. 247).

In groß angelegten Werbekampagnen werden auch nationale Regierungen von TM zur Lösung ihrer Probleme angesprochen. Unter der Überschrift: REGIERUNGEN EINGELADEN IHRE PROBLEME ZU LÖSEN schaltete TM 1983 eine Anzeige im »Spiegel« (Nr. 35). Dort hieß es unter anderem:

> DIE WELTREGIERUNG DES ZEITALTERS DER ERLEUCHTUNG ERKLÄRT ihre Bereitschaft, die Probleme jeder Regierung zu lösen, ungeachtet des Ausmaßes und der Natur des Problems – ob politisch, ökonomisch, sozial oder religiös, und unabhängig von dem jeweiligen System – sei es Kapitalismus, Kommunismus, Sozialismus, Demokratie oder Diktatur. Jede Regierung ist eingeladen, zur Lösung ihrer Probleme mit der Weltregierung des Zeitalters der Erleuchtung einen Vertrag abzuschließen, wobei die entstehenden Kosten erst zu erstatten sind, wenn das gesetzte Ziel erreicht ist …

Das Inserat endete:

> Mit dem Segen Guru Devs steht das Leben auf Erden jetzt an der Schwelle des immerwährenden Sonnenscheins des Zeitalters der Erleuchtung.

IV. 2. 4. Initiation

Personen, die an Werbeveranstaltungen von TM teilgenommen haben, werden zu weiterführenden Kursen eingeladen. Hat der Interessierte zwei Einführungskurse besucht, wird ihm von einem TM-Lehrer ein persönliches Gespräch angeboten. Bevor er zur Teilnahme an weiteren Kursen zugelassen wird, muss er eine Erklärung unterschreiben, die unter anderem Folgendes aussagt:

> … Um die Wirksamkeit der Lehre zu gewährleisten, versichere ich, dass ich das Mantra, das ich erhalte, und seine mir erklärte Anwendungsweise niemandem direkt noch indirekt zugänglich machen werde. Ich versichere weiterhin, dass ich die Technik der Transzendentalen Meditation weder enthüllen, veröffentlichen noch irgendeinen Versuch unternehmen werde, sie zu lehren, bevor ich nicht von MAHARISH MAHESH YOGI die notwendige Ausbildung erhalten habe, um ein qualifizierter Lehrer der Transzendentalen Meditation zu werden (»Transzendentale Meditation«, S. 19).

Die eigentliche Einführungszeremonie findet unter vier Augen statt. Der TM-Lehrer führt den Neuling in einen Raum, der nur von Räucherstäbchen und Kerzen erhellt wird. Auf einem kleinen Altar sind die Bilder von MMY und von Guru Dev (dessen spiritueller Meister) aufgebaut. Vor den Bildern liegen bereits Opfergaben wie Reis, als Symbol für die Nahrung, eine Schale mit Wasser, Sandelholzpaste oder Kampfer. Der Neuling, dem man vorher geboten hatte, wenigstens sechs frische Blumen, zwei Stück süßes Obst, ein neues weißes Taschentuch (Symbol für Kleidung) und eine Spende für die Einführung (zwischen 200,- und 800,- DM) mitzubringen, wird nun aufgefordert, seine Gaben mit auf den Altar zu legen. Noch während der Einführungsvorträge hatte man den Neulingen erklärt, dass diese Initiation als eine »Zeremonie der Dankbarkeit gegenüber der Tradition« zu verstehen sei, die in Sanskrit, der altindischen Sprache, abgehalten werde, sie sei keine religiöse Zeremonie. Der TM-Lehrer beginnt nun, in Sanskrit die Liturgie einer Puja, eines Opferdienstes oder -festes zu zelebrieren. Dem Neuling wurde zuvor eine Blume in die Hand gegeben, die ihn in diese Zeremonie mit einbinden soll. Da kaum ein Neuling Sanskrit beherrscht, werden die meisten von ihnen gar nicht bemerken, dass sie an einer altvedischen Götterverehrung teilnehmen. Während dieser Zeremonie wird dem Neuling dann auch sein persönliches Mantra mitgeteilt, dessen korrekte Aussprache er einige Male vor dem Lehrer einübt. Es wird ihm nochmals eingeschärft, dass dieses Mantra nur für ihn persönlich ausgesucht wurde und er es auf keinen Fall preisgeben darf. An den drei folgenden Tagen nach der Einführungspuja kontrolliert der Lehrer die Meditationspraktik des Schülers, angeblich um ihm zu einem erfüllteren spirituellen Leben zu verhelfen.

Nicht alle Initianden halten einen engen Kontakt zu TM. Viele werden sich bei der Ausübung der neu erlernten Meditations-Technik ausschließlich auf ihren privaten Bereich beschränken. Doch wie bereits beschrieben, darf die Abhängigkeit von dem Guru, die durch die Initiation entstanden ist, nicht unterschätzt werden. Die »Aktion für geistige und psychische Freiheit« kam 1978 in einer Dokumentation über TM zu folgendem Urteil:

> Die Jugendlichen sind schutzlos dem prägenden Einfluss der Sekte ausgeliefert und bemerken nicht, wie ihr früher vorhandener Realitätsbezug langsam abgebaut wird. Ihr Gewissen wird »aufgeweicht«, und sie übernehmen Schritt für Schritt die Normen und Werte der Sekte. Diese jungen Menschen geben unter dem Einfluss der Sekte ihr normales Leben völlig auf, sind dieser hörig und werden unfähig, sich selbst zu erhalten …

Eine Beurteilung der TM-Technik von Prof. Dietrich Langen aus dem Jahr 1977 sagt Folgendes aus:

- Bei Jugendlichen ist die Gefahr besonders groß, dass sie durch eine unkontrollierte Meditation von einer bis dahin gradlinigen inneren und äußeren Entwicklung abweichen. Sie machen dann oft die TM zum alles beherrschenden Prinzip und verlieren dadurch ganz die Verbindung zur Wirklichkeit.
- Für psychisch labile Menschen ist die Gefahr der seelischen Entgleisung durch unkontrollierte TM besonders groß. Auf diese Weise können nicht selten nicht wieder behebbare Wahnentwicklungen entstehen.
- Bei Menschen mit vegetativen Regulationsstörungen können diese Auffälligkeiten sich durch unsachgemäße Meditationstechniken bis zur Behandlungsbedürftigkeit steigern … (»Transzendentale Meditation«, S. 87, 71, 72).

Inzwischen sind 20 Jahre vergangen und Meditationspraktiken jeglicher Couleur sind längst gesellschaftsfähig geworden. Wen wundert es da, wenn gerichtlich bestellte Gutachter plötzlich auch die TM-Meditation anders einstufen als ihre Kollegen es in der Vergangenheit taten. So heißt es in einem Zwischenbericht der Bundestagsenquete-Kommission vom 7. 7. 1997:

> Die Sozialwissenschaftler hielten es nahezu übereinstimmend für ausgeschlossen, eindeutige Verursachungsketten zwischen angewandten »Techniken« und psychischen Störungen herzustellen … es gebe … Anhaltspunkte dafür, dass bestimmte Erlebnisformen provoziert würden, die nicht ohne Risiko seien, bzw. über deren Nebenwirkungen man nichts oder nicht genug wisse (Materialdienst der EZW 10/2000, S. 369).

IV. 2. 5. Organisation und Verbreitung

Heute wird TM von einer »Weltregierung für das Zeitalter der Erleuchtung«, die sich in zehn verschiedene Ministerien gliedert, geleitet. Sie ist angeblich weder religiös noch politisch und ihre Autorität soll in der unbesiegbaren Macht der Naturgesetze liegen.

Das Hauptquartier befindet sich in Maharishi Nagar bei Neu-Delhi. Zur Zeit entsteht aber in der Nähe von Jabalpur ein neuer Hauptsitz, ein pyramidenförmiger Bau, der mit 666 Metern Höhe das höchste Gebäude der Welt werden soll. Die internationale Zentrale ist in Seelisberg/Schweiz, die nationale Leitung für Deutschland in Schiedehausen bei Bissendorf/Osnabrück.

Die regionalen Gruppen, in denen auch Neulinge ihre Einführungskurse absolvieren, sind die »Welt-Plan-Centers«, die von TM-Lehrern geleitet werden. In verschiedenen, recht teuren Kursen, kann der Initiierte (Eingeweihte) sich in der Hierarchie der Organisation hocharbeiten. Angeboten werden:

- Lehrer-Trainingskurs, bei dessen Abschluss der Schüler gegenüber MMY eine Loyalitätserklärung abgeben muss;
- Fortgeschrittene Trainings-Quellen;
- Siddhi-Kurse, in denen ungewöhnliche kreative Fähigkeiten erlernt werden sollen wie: visuelle Wahrnehmungen von Gegenständen bei geschlossenen Augen, Vergegenwärtigung von körperlichen Organsystemen, Steigerung der Hörschärfe, Unsichtbarwerden und Levitation (vermeintliche Aufhebung der Schwerkraft).
- TM behauptet, dass der Teilnehmer durch die Siddhi-Technik vollkommene Gesundheit erreichen kann und gleichzeitig der Alterungsprozess seines Körpers verzögert wird. Schon nach nur sechsmonatiger Ausübung der TM-Siddhi-Technik soll die Verjüngung acht Jahre betragen.
- Gouverneurs-Kurse, in denen die Qualifikation erworben wird, höchste Ämter in der Organisation zu besetzen. Die Kursgebühr beträgt 20 000 DM. Als äußeres Zeichen dürfen die Absolventen weiße Anzüge tragen.

Weltweit sind inzwischen über 100 verschiedene Vereine und Organisationen bekannt, die von TM ins Leben gerufen wurden. In Deutschland sind es unter anderen:

- »MERU – Maharishi European Research University e. V.«,
- »SIMS – Students International meditation Society - Deutscher Verband e. V.«,
- »Vereinigung deutscher Ärzte zur Förderung der Gesundheit durch Transzendentale Meditation«,
- »Ministerium für Gesundheit und Unsterblichkeit der Weltregierung des Zeitalters der Erleuchtung«,

- »Institut für natürliches Recht und Ordnung - Vereinigung meditierender Juristen in Deutschland e. V.«,
- »Vereinigung deutscher Pädagogen e. V. für ideale Erziehung und Bildung durch das Programm der TM«.

TM ist besonders in den USA und in Westeuropa verbreitet. Die Zahl der Mitglieder ist relativ gering (in Deutschland ca. 1000), doch muss man davon ausgehen, dass nur wenige Anhänger der TM auch offizielle Mitglieder sind. In Deutschland schätzt man die Zahl der Initiierten (Menschen, die durch ein bestimmtes Ritual in die Lehre eingeführt wurden) auf ca. 100 000.

Nach eigenen Aussagen hatte die TM 1978 weltweit 1,5 Millionen Anhänger.

IV 3. Hare Krishna – Internationale Gesellschaft für Krishna-Bewusstsein (ISKON)

IV. 3. 1. Entstehungsgeschichte

Der Begründer der Gesellschaft war der Inder Abhay Charan De. Er wurde am 1.9.1896 in Kalkutta geboren. Seine Eltern waren Anhänger der Vaisnavara-Frömmigkeit (Verehrung des Gottes Vishnu). 1922 begegnete er zum ersten Mal dem Guru Srila Bhaktisiddhanta Sarasvati Gosvami, der später sein spiritueller Lehrer wurde. Elf Jahre später erhielt er durch den Guru seine formelle »Gottesweihe«. Im Laufe der Zeit wurden ihm verschiedene religiöse Titel verliehen:

- His Divine Grace, »Seine Göttliche Gnade«,
- A.C. Bhaktivedanta Swami Prabhupada, »der den hingebungsvollen Dienst an den höchsten Herrn (Krishna) verwirklicht hat«.
- und Swami, ein Titel, der zeigt, dass er eine Mönchsweihe empfangen hat,
- Srila Prabhupada (»prabhu« = Herr, »pada« = Stellung), »derjenige, der die Stellung des Herrn eingenommen hat«.

Von seinem Guru Srila Bhaktisiddhanta Saraswati erhielt er kurz vor dessen Tod den Auftrag, das »Krishna-Bewusstsein« in der westlichen Welt zu verbreiten. Nach Abschluss seines Studiums in Philosophie, Volkswirtschaft und englischer Sprache, verfasste Srila Prabhupada viele Artikel über krishnabewusste Philosophie.

Gemäß der indischen Tradition verließ er 1959 seine Familie und seine Arbeit als leitender Konzerndirektor und zog sich in einen Tempel zurück, um sich dort in die traditionellen religiösen Schriften zu vertiefen.

1965 reiste er aus rein persönlichen Gründen in die USA. Dort wurde die Presse auf den seltsamen Mann aufmerksam. Den Kopf kahlgeschoren und in ein Mönchsgewand gehüllt, trat Srila Prabhupada in der Öffentlichkeit auf. Anfangs verkehrte er in der Hippie-Szene, wo er auch seine ersten Schüler fand. Im vorgerückten Alter von 70 Jahren gründete er dann 1966 in New York die »International Society for Krishna Consciousniss« (ISKCON). So erfüllte er den Missionsauftrag seines heiligen Meisters. Neben all seinen vielen Tätigkeiten sah Srila Prabhupada seine Hauptaufgabe darin, seine Literatur zu verbreiten. Deshalb gründete er 1972 den »Bhaktivedanta-Book-Trust« (BBT), der heute der größte Verlag für religiöse und philosophische Literatur Indiens ist. Als er 1977 im hohen Alter von 81 Jahren starb, hinterließ er ein weltweites religiöses Erbe und ein Millionenvermögen.

IV. 3. 2. Lehre

Die Lehren der Vereinigung wurden von Harikesa Swami Visnupada in dem Buch »Varnasrama-Manifest der sozialen Vernunft« veröffentlicht. Dessen Inhalt wird in der Zeitschrift »Wie es ist – das Magazin der Hare-Krishna-Bewegung« (Nr. 1 / Jahrg. 3) beschrieben als

> eine völlig neue Betrachtungsweise der gegenwärtigen gesellschaftlichen Probleme. Das Buch präsentiert eine Alternative, die in dem transzendentalen Gesellschaftssystem des alten vedischen Indien gründet.

Ihre Aufgabe sieht die ISKCON heute darin, den Menschen das verlorengegangene Wissen über den höchsten persönlichen Gott wiederzugeben. Sie möchte deshalb Krishna-Bewusstsein vermitteln, dessen Grundlage sie der altindischen »Bhagavadgita« (siehe Seite 203) entnimmt. Guru Bhaktivedanta führte dazu aus:

> Der Unterschied zwischen anderen und uns ist einfach der, dass wir die einzige Bewegung sind, die tatsächlich lehrt, wie man Gott kennen und lieben kann. Wir lehren die Wissenschaft, wie man Krishna, die höchste Persönlichkeit Gottes, kennen kann, indem man die Lehren der *Bhagavadgitã* und des *Srimad-Bhãgavatam* in die Tat umsetzt … (»Die Schönheit des Selbst«, S. 11).

Erst wenn der Mensch sich spirituell gesäubert hat, kann er das Krishna-Bewusstsein erreichen. Das bedeutet, um die endgültige Erlösung zu erlangen, sollte er der ISKCON beitreten, denn nur dort kann er das notwendige Wissen erlangen, um den Namen Hare Krishna mehrmals am Tag vorschriftsmässig zu chanten. Der Vorgang des Chantens gilt als die einzig richtige Methode, mit der höchsten, absoluten Wahrheit, der Persönlichkeit Gottes, Verbindung aufzunehmen.

> Dieses Chanten ist der einfachste Weg zur Selbstverwirklichung und wird in den Veden empfohlen. Im *Brahn-nãradiya Purãna* steht unmissverständlich geschrieben, dass nur das Chanten des Heiligen Namens von Hari die Menschen vor den Problemen des materialistischen Daseins bewahren kann, und es gibt keine andere Möglichkeit, keine andere Möglichkeit, keine andere Möglichkeit in diesem Zeitalter des Kali …
> Im *Nãrada-pañacarãtra* heißt es, dass alle in den Veden festgelegten Riten, alle *mantras* und alles Wissen in den acht Wörtern Hare Krsna, Krsns Krsna, Hare Krsna zusammengefasst sind. In ähnlicher Weise steht in der *Kali-santarana Upanisad*, dass diese sechzehn Wörter, Hare Krsna, Hare Krsna, Krsna Krsna, Hare Hare/ Hare Rãma, Hare Rãma, Rãma Rãma, Hare Hare, besonders dafür gedacht sind, dem degradierenden und zersetzenden Einfluss des materialistischen Zeitalters des Kali entgegenzuwirken (»Die Schönheit des Selbst«, S. 85,86).

Nur durch Krishna-Bewusstsein kann man mit dem höchsten Absoluten oder dem höchsten persönlichen Gott (Krishna) vertraut werden und die ewige spirituelle Glückseligkeit ohne Unterlass genießen. Die Zeremonien und Gottesdienste bestehen deshalb in der Regel aus Gebetsübungen, die sich aus monotonem Hersagen heiliger Texte und dem vorschriftsmäßigen Chanten des Krishna-Mantras zusammensetzen. Dieses Mantra, das aus 16 Worten besteht, muss von jedem Mitglied täglich mindestens 1728-mal wiederholt werden. Zu diesem Zweck trägt jeder eine Gebetskette mit 108 Perlen mit sich, an der er die vorgeschriebenen Runden abzählen kann (108 x 16 = 1728).

IV. 3. 3. Wer ist Krishna?

In weiten Teilen Indiens herrscht die Ansicht, dass Krishna eine Inkarnation des Gottes Vishnu sei, er wird aber auch als der höchste persönliche Gott dargestellt.

> Die Umstände seiner Geburt (Inkarnation), die Wundertaten des göttlichen Kindes, seine Jugend, seine Streiche, seine Heldentaten und seine als Offenbarung in der Bhagavadgita niedergelegte Lehre, sind Gegenstand der Kontemplation zahlloser vishnuitischer Gläubiger. Für sie ist Krishna eine authentische historische und zugleich göttliche Persönlichkeit, deren Handeln auf der Erde nach Zeit und Ort präzise angegeben werden kann (»Christentum und Weltreligionen«, S. 276).

IV. 3. 4. Jesus Christus und Krishna

Srila Prabhupada behauptete:

> Christus-Bewusstsein ist ebenfalls Krsna-Bewusstsein, doch weil in der heutigen Zeit die Menschen den Regeln und Regulierungen des Christentums nicht folgen – den Geboten Jesu Christi –, erreichen sie nicht die Stufe von Gottesbewusstsein.

Als der Sektenführer in einem Interview gefragt wurde, was er von Jesus Christus halte, antwortete er:

> Er ist unser *guru*. Er predigt Gottesbewusstsein, und deshalb ist er unser spiritueller Meister (»Die Schönheit des Selbst«, S. 10, 111).

Über Äußerungen falscher Propheten sagt Jesus Christus jedoch Folgendes:

> … Seht zu, dass euch niemand verführe! Denn viele werden unter meinem Namen kommen und sagen: Ich bin der Christus! Und sie werden viele verführen … (Matth. 24,4.5).

So, wie die Moslems Jesus Christus zu einem ihrer Propheten machen, versucht die Hare-Krishna-Bewegung ihn auf die Ebene eines Gurus herunterzuziehen, weil sie seine einmalige Stellung als Herrn des gesamten Kosmos nicht anerkennen wollen. Durch ungerechtfertigte Äußerungen über das Christentum wird versucht, Menschen für die Hare-Krishna-Gesellschaft zu vereinnahmen. So prangerte Srila Prabhupada an, die Christen würden das fünfte Gebot nicht einhalten:

> Zum Beispiel enthält die Bibel das Gebot »Du sollst nicht töten«, doch die Christen haben die besten Schlachthöfe der Welt gebaut. Wie können sie gottesbewusst werden, wenn sie die Gebote Jesu Christi missachten? Das gilt nicht nur für die christliche Religion, sondern für jede Religion. Die Bezeichnung »Hindu«, »Moslem« oder »Christ« ist nur ein Stempel. Niemand von ihnen weiß, wer Gott ist und wie man Ihn liebt (»Die Schönheit des Selbst«, S. 11).

Hier haben wir es mit einem typischen Sektenmerkmal zu tun, denn der eigene Exklusivanspruch wird ganz bewusst über die Ethik und Moral aller anderen Religionen gestellt.

Auch die Anklage Bhaktivedantas, die Christen würden Fleisch verzehren und damit gegen das Gebot »Du sollst nicht töten« verstoßen, ist völlig ungerechtfertigt, denn der Gott der Bibel hat das Schlachten von Tieren und deren Verwertung als

Nahrung ausdrücklich erlaubt (1. Mo. 9,3.4). Die Mitglieder der Hare-Krishna-Bewegung (und die meisten Anhänger anderer fernöstlicher Religionen) werden dagegen zu strengem Vegetarismus angeleitet. Weil der Glaube vorherrscht, dass in jedem Lebewesen der Geist Krishnas gegenwärtig ist, ist ihnen nur das als Nahrung erlaubt, was Tiere freiwillig geben, wie z. B. Milch und Eier.

IV. 3. 5. Missionsmethoden

Waren die Krishna-Anhänger zu Beginn ihrer öffentlichen Missionstätigkeit durch ihre gelben Gewänder schnell zu klassifizieren, so versuchen sie heute, unauffälliger aufzutreten. Besonders auf Bahnhöfen, Flugplätzen und in Fußgängerzonen bieten sie Kassetten, Bücher und andere Schriften kostenlos an, bitten aber gleichzeitig nachdrücklich um eine Spende. In Städten, in denen sie mit Schulungszentren oder Tempeln aufwarten, laden sie häufig zu ihren Veranstaltungen und Gottesdiensten mit anschließender gemeinsamer Mahlzeit ein.

IV. 3. 6. Organisation und Verbreitung

Die Leitung seines Werkes hatte Srila Prabhupada kurz vor seinem Tod in die Hände von elf seiner Schüler gelegt, die er als »spirituelle Meister« jeweils über eine bestimmte geographische Region einsetzte. In Europa ist »Harikesa Swami Visnupada« verantwortlich.

Die Bewegung hat ihren Hauptsitz in Vrindavana, Uttar, Pradesch (Indien), wo mehrere spirituelle Meister zusammen mit einigen Spitzenfunktionären das »Governing Body Committee« (GBC) bilden, das die weltweiten Geschäfte der ISKCON führt. Der Hauptsitz für Deutschland befindet sich seit 1980 in Jandelsbrunn bei Passau.

Nach einer Krise im Leitungsgremium kam es Anfang der neunziger Jahre zu einer Reformbewegung innerhalb der ISKCON, was dazu führte, dass die Gemeinschaft 1997 die Gelegenheit bekam, sich vor der Enquete-Kommission des Deutschen Bundestages selbst darzustellen. Hierbei wurden, trotz der als positiv bewerteten Reformen, mehrere kritische Punkte festgehalten:

> Unter anderem wurde angezweifelt, ob der Reformkurs wirklich von allen Leitungspersonen unterstützt wird. Ungeklärt war das Verhältnis zu hindu-fundamentalistischen Gruppen.
> Als problematisch wurden die überzogenen Autoritätsansprüche der Gurus und Archaryas gewertet, die zu Abhängigkeiten der Anhänger führen.
> Auch die Sammelpraxis beim Anbieten der Bücher wurde moniert. Obwohl die

damalige Pressesprecherin angekündigt hatte, dies abzuschaffen, wird das Sammeln nach neuesten Berichten auch weiterhin praktiziert, was die Glaubwürdigkeit der Gruppe erneut in Frage stellt (Materialdienst der EZW 11/99, S. 340, 341 und 5/2000, S. 171).

Die aktiven Anhänger leben in Tempel-Kommunen, an deren Spitze ein »Tempelpräsident« steht, der uneingeschränkte Autorität genießt. Verheiratete Mitglieder tragen weiße, ledige tragen safrangelbe Gewänder. Alle Männer haben ihren Kopf bis auf einen kurzen Zopf kahlgeschoren. Die Kinder der Anhänger werden in eigenen Schulen, im Sinne des Krishna-Bewusstseins, erzogen. Privates Eigentum ist allen Mitgliedern verboten. Geld, das sie besitzen oder während ihrer Mitgliedschaft erarbeiten, gehört der Gemeinschaft. Vor einer festen Mitgliedschaft muss ein Neuling eine sechsmonatige Probezeit absolvieren. Danach erhält er in einer »Feuerzeremonie« einen neuen indischen Namen und drei Perlenschnüre, die er bis an sein Lebensende um seinen Hals trägt. Nach weiteren sechs Monaten wird ihm in einer Initiation sein persönliches Mantra zugesprochen.

Die Zahl der Anhänger, die sich selbst als »Gottgeweihte« bezeichnen, wird weltweit auf ca. 15 000 geschätzt. Sie leben in klosterähnlichen Gemeinschaften in den mehr als 70 Hare-Krishna-Tempeln, die es weltweit gibt. In Deutschland gibt es etwa 390 Eingeweihte (Stand 2000).

Literaturnachweis

»Handbuch Religiöse Gemeinschaften«, für den VELKD-Arbeitskreis, Gütersloher Verlagshaus, 1993

»Knaurs grosser Religionsführer« von Gerhard J. Bellinger, Droemer Knaur, 1992

»Lexikon der indischen Mythologie« von M. Görden u. H. CH. Meiser, Heyne Verlag, 1994

»Die Schönheit des Selbst« von His Divine Grace A.C. Bhaktivedanta Swami Prabhupada,The Bhaktivedanta Book Trust, 1979

»Transzendentale Meditation« von F.W. Haack, Evangelischer Presseverband für Bayern, aus der Reihe »Münchner Texte und Analysen«

»Eine Kastenordnung für das Abendland« von Friedrich W. Haack, Evangelischer Presseverband für Bayern, aus der Reihe »Münchner Texte und Analysen«

»Christentum und Weltreligionen« von Hans Küng, Josef van Ess, Heinrich von Stietencorn und Heinz Bechert, R. Piper GmbH 1984

Materialdienst der EZW 11/99, 5/2000, 10/2000

IV. 4. Sekten, die sich auf die Bibel beziehen

Der Begriff Sekte kommt: 1. von lat. »secta« und bedeutet Partei, philosophische Lehre, oder befolgter Grundsatz. 2. von lat. »sequi« (folgen), was im erweiterten Sinn bedeutet: Eine kleinere, von einer christlichen Kirche oder Weltreligion abgespaltene religiöse Gemeinschaft, oder auch philosophisch oder politisch einseitig ausgerichtete Gruppe.

Aus christlicher Sicht entwickeln sich – teilweise auch in den Volkskirchen – überall dort sektiererische Tendenzen, wo das Evangelium nicht mehr wahrheitsgemäß gepredigt wird.

Dies geschieht immer dann, wenn biblische Aussagen mit selbst konstruierten Glaubensvorstellungen und überzogenen Wertmaßstäben zu einer raffinierten Mixtur aus Wahrheit und Lüge vermischt werden. Aus diesem Grund ist es für den bibelunkundigen Laien oft schwierig, eine Irrlehre zu erkennen.

IV. 4. 1. An welchen Merkmalen ist eine Sekte zu erkennen?

Folgende Kriterien deuten auf eine sektiererische Gruppe hin: Die Sektenführer oder -kader haben **uneingeschränkte Machtbefugnisse**. Sie gelten als absolute religiöse oder spirituelle Autorität und einigen werden von ihren Anhängern paranormale Fähigkeiten zugesprochen. Viele haben sich mit dem okkulten Reich der Finsternis beschäftigt und aus dieser dämonischen Welt ihre außerbiblischen Informationen erhalten, die sie dann als wahrhaftige Visionen darstellen. Doch im Gegensatz dazu heißt es in Hebräer 1,1.2:

> Immer wieder hat Gott schon vor unserer Zeit auf unterschiedliche Art und Weise durch die Propheten zu unseren Vätern gesprochen. Doch jetzt, in diesen letzten Tagen, sprach Gott durch seinen Sohn Jesus Christus zu uns.

Demnach müsste der Wahrheitsgehalt aller Neuoffenbarungen mit den biblischen Aussagen Jesu übereinstimmen. Bei den kurzen Darstellungen der Sekten in diesem Kapitel wird aber zum Ausdruck kommen, dass dies nicht der Fall ist.

Ihre Heilslehren stimmen mit dem Evangelium Christi nicht überein. In der Regel werden bestimmte Bibeltexte herausgegriffen und zu Hauptlehrpunkten deklariert, wodurch eine eigene **sektenspezifische Begriffswelt** und Terminologie entsteht, die von jedem Anhänger bedingungslos akzeptiert werden muss.

Jede Sekte erhebt einen **Absolutheitsanspruch.** Nur ihre Lehre stellt die einzig richtige religiöse Wahrheit dar. Das ewige Heil, das die Bibel allen Menschen, unabhängig von ihrer Religionszugehörigkeit und Rasse offenbart, wird ausschließlich auf die eigene Gemeinschaft begrenzt.

Unter den Mitgliedern entsteht dadurch ein **Elitebewusstsein**. Man suggeriert ihnen, dass die Menschheit nur durch die Akzeptanz ihrer Heilsbotschaft vor dem kommenden Weltuntergang gerettet werden kann.

Die Organisation ist hierarchisch strukturiert und weist oft starke diktatorische Grundzüge auf. Fast immer ist ein **umfangreicher Verhaltenskodex** aus Ge- und Verboten das bestimmende Element. Ein System von Aufsehern und oftmals eine Bespitzelung der Mitglieder untereinander sorgen für die Einhaltung dieser Maßstäbe.

Die Anhänger geraten unter **Gruppendruck.** Die Meinung und das Gewissen des Einzelnen werden bis auf ein Mindestmaß eingeschränkt. Die Folge davon ist eine religiös-geistige Gleichschaltung aller Mitglieder.

In totalitären Gruppen wird eine **Bewusstseinskontrolle** ausgeübt, die bis zur Depersonalisierung des Anhängers führen kann. Kritik am System, auch durch Medien, wird mit massiven Mitteln bekämpft und Aussteiger werden stigmatisiert und oft als Lügner und Dissidenten dargestellt (siehe Seite 301).

IV. 4. 2. Was macht eine Sekte attraktiv?

Wir leben heute in einer Zeit der wachsenden Unsicherheit. Umweltschäden, Arbeitslosigkeit, der rigorose Verfall ethischer und moralischer Werte und die fortschreitende Vereinsamung des Einzelnen in unserer Single-Gesellschaft führen dazu, dass der Mensch immer haltloser wird und sich mehr und mehr in seiner Existenz bedroht fühlt. Auch die unüberschaubare Informationsfülle, die uns durch die Medien präsentiert wird, trägt zu einer Orientierungslosigkeit vieler Menschen bei. Außerdem wird in unserer multikulturellen Gesellschaft bei vielen die Neugier auf bisher unbekannte Heilsziele geweckt. Berichte von Sektenaussteigern belegen, dass kaum jemand aus einer Laune heraus Sektenmitglied wird, sondern Menschen, die sich solch einer Gruppe anschließen, sind Suchende. Sie suchen nach einem tragfähigen Fundament für ihr Leben, nach neuen Werten und einem Ausweg aus dem globalen Dilemma unserer Zeit. Für andere steht im Vordergrund ihrer Suche nicht so sehr eine neue Glaubensüberzeugung, sondern die Sehnsucht nach Geborgenheit in einer intakten menschlichen Gemeinschaft. Die Antworten unserer traditionellen Volkskirchen scheinen vielen Menschen nicht mehr zu genügen, denn sie kehren ihren Kirchen den Rücken zu und suchen sich neue Wege und Heilsziele. In diese Situation hinein üben Sekten und andere religiöse Gruppen eine große Attraktivität aus. Hier wird man scheinbar mit weiten, offenen Armen freudig begrüßt und mit persönlichen Zuwendungen überhäuft. Die jeweils angebotene Heilsideologie wird als die perfekte Lösung aller Probleme offeriert. Dem Einzelnen wird zumindest am Anfang seiner Kontaktaufnahme mit der Gruppe das Gefühl vermittelt, persönlich angenommen zu sein und endlich eine geistige Heimat gefunden zu haben. Dabei ist zu beachten, dass die Verführungsmethoden von Sekten perfekt ausgeklügelte psycholgische Systeme sind, die bewusst auf die Bedürfnisse der Menschen zugeschnitten werden. In Abhängigkeit und unter psychischen Druck gerät der Anhänger erst, wenn er völlig in die Gemeinschaft integriert ist.

IV. 4. 3. Warnungen des NT vor der Verfälschung des Evangeliums

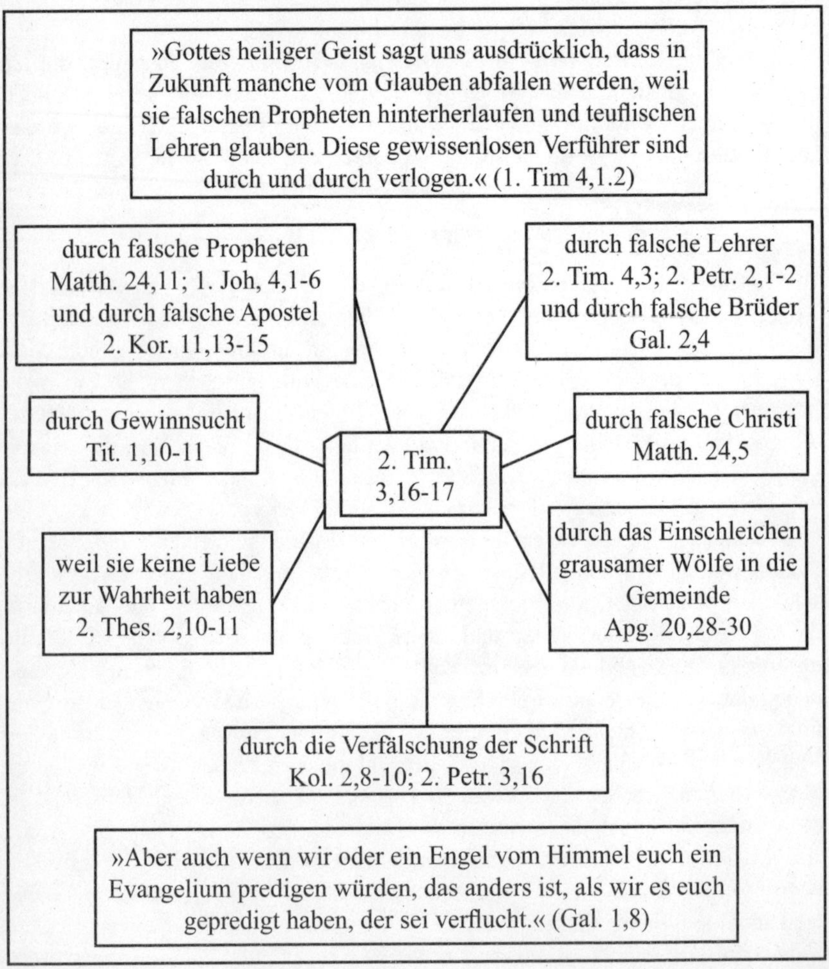

Weil Gott die Gedanken und trügerischen Absichten des menschlichen Herzens genau kennt und weiß, wie stark ihr Drang nach Freiheit und Unabhängigkeit ist, warnt er sie an vielen Stellen davor, seine Botschaft zu verfälschen oder sich ganz und gar von ihr abzuwenden. So schreibt der Apostel Paulus an Timotheus:

> Denn es wird eine Zeit kommen, in der die Menschen von der wahren Lehre nichts mehr wissen wollen. So wie es ihnen gerade gefällt, werden sie sich Lehrer aussuchen, die ihnen nur das sagen, was sie gerne hören möchten. Und weil ihnen die Wahrheit nicht gefällt, folgen sie allen möglichen phantastischen Ideen. Doch du sollst wachsam und besonnen bleiben; lass dir nichts vormachen! … (2. Tim. 4,3-4).

Wir finden Warnungen vor falschen Christussen und falschen Propheten, vor falschen Lehrern und Brüdern und davor, die Bibel in Schrift und Wort nicht zu verändern.

Eine wachsende Verunsicherung und Misstrauen gegenüber der Wahrhaftigkeit des Wortes Gottes werden heute unter anderem durch die historisch-kritische- (siehe Seite 47) und die feministische Theologie hervorgerufen. Wenn selbst von Theologen die Jungfrauengeburt unseres Herrn Jesus angezweifelt wird, wenn die Wunder eines allmächtigen Gottes mit zweifelhaften mythologischen und psychoanalytischen Deutungen erklärbar gemacht werden sollen und die feministische Theologie Gott plötzlich als »Mutter« bezeichnet, darf man sich nicht wundern, wenn die Bibel heute in weiten Kreisen der Bevölkerung nur noch als eine Sammlung von Mythos und Legende angesehen wird.

IV. 4. 4. Unterscheidungskriterien

Das nachfolgende Diagramm ist als Entscheidungshilfe für suchende Menschen gedacht. Hier kann deutlich unterschieden werden, welche Kirchen das Evangelium noch richtig wiedergeben und welche die Wahrheit der Bibel leugnen oder umdeuten. Mit diesem Schema ist es möglich, jede beliebige Glaubensgemeinschaft auf ihren biblischen Wahrheitsgehalt hin zu überprüfen.

Erklärung des Diagramms

In der linken Spalte sind ganz unterschiedliche Glaubensaussagen aufgeführt. Die ersten neun Punkte sind die Basislehren des christlichen Glaubens, während die Punkte 10-21 sektiererische Sonder- und Irrlehren darstellen. Die im oberen Teil angeführten Glaubensgemeinschaften sind nach ihrem Bekanntheitsgrad ausgewählt.

Leider ist in vielen Kreisen auch heute noch die Meinung vorhanden, dass alle Gemeinschaften außerhalb der evangelischen und katholischen Kirche zu den Sekten gehören. Die ersten sechs Gemeinschaften bilden deshalb die Gruppe der bekanntesten Freikirchen. Sie wurden aufgeführt, um dem Leser deutlich zu machen, **dass sie auf keinen Fall als Sekten zu werten sind,** sondern sich von diesen deutlich unterscheiden. Obwohl sie unterschiedliche Traditionen haben, gründen sie ihren Glauben alle auf die gleichen biblischen Basislehren. Im Gegensatz zu den Sekten erhebt keine von ihnen den Anspruch, die allein wahre Kirche zu sein!

Erklärung der biblischen Basislehren (Punkte 1 – 9):

1. Das Haupt aller Christen ist Jesus Christus (Eph. 1,20-23; Kol. 1,18).
2. Christen sind in allen Kirchen zu finden, in denen das Evangelium wahrheitsgemäß gepredigt wird. Alle zusammen bilden eine weltweite, unsichtbare Einheit, verbunden durch den Heiligen Geist Gottes (1. Kor. 12,12.13).
3. Keine Kirche oder Glaubensgemeinschaft kann das Heil direkt vermitteln, sie sind lediglich als Wegweiser zu betrachten. Denn »... es gibt nur einen Einzigen, der zwischen Gott und den Menschen vermittelt und Frieden schafft. Das ist der Mensch Jesus Christus« (1. Tim. 2,5).
4. Jeder Mensch sollte sich in einem Gebet an Jesus Christus wenden und ihn als persönlichen Herrn und Heiland in sein Leben aufnehmen. Nur dann erhält er die Befugnis, ein Kind Gottes zu sein (Joh. 1,12.13).
5. Der Heilige Geist wirkt in allen Gläubigen und befähigt sie, die Wahrheit zu erkennen (Joh. 16,13; 1. Joh. 3,24).
6. Die Bibel offenbart uns Gott als eine Dreieinheit aus Vater, Sohn und Heiligem Geist (Matth. 28,19; Joh. 14,26; 2. Kor. 13,13).
7. Wer mit aufrechtem Herzen an Christus glaubt, wird versiegelt mit dem Heiligen Geist, der seine Erlösung und – nach seinem Tod – seine Auferstehung zum ewigen Leben bewirkt (Eph. 1,13; Röm. 8,11; Joh. 7,38.39). Diese Erlösung geschieht ohne eigenen Verdienst, allein aufgrund des Glaubens an Jesus Christus (Röm. 3,19-31; Eph. 2,8-10), sie ist ein Gnadengeschenk Gottes.
8. Die Bibel ist das Wort Gottes und die höchste Autorität in allen Glaubens- und Lebensfragen (2. Tim. 3,14-17).
9. Alle, die den Namen ihres Herrn anrufen, gehören bildlich gesehen zum Leib Christi, der identisch ist mit der »Gemeinde der Heiligen«. Sie sind weltweit durch das Band der Liebe verbunden und respektieren sich gegenseitig als Glaubensgeschwister (1. Kor. 1,1-3; Eph. 2,14-22; 4,3-6; 1. Petr. 2,9.10).

Auf den folgenden Seiten sollen in kurzen Abrissen die wesentlichsten Lehrpunkte der im Diagramm aufgeführten Sekten dargestellt werden. Sie sind mit Hinweisen auf die unter Punkt 10-21 genannten Irrlehren versehen.

	Baptisten Brüdergemeinden	Evang.-Method.-Kirche	Freie evangl. Gemeinde	Heilsarmee	Mennoniten	Pfingstbewegung	STA	Neuapostolische Kirche	Zeugen Jehovas	Anthroposophie	Christengemeinschaft	Christliche Wissenschaft	Lorber-Gesellschaft	Mormonen	Universelles Leben	Mun-Bewegung
Biblische Basislehren																
1) Haupt der Gemeinde ist Jesus Christus	•	•	•	•	•	•	•									
2) Der Leib Christi besteht weltweit aus allen bekehrten Christen	•	•	•	•	•	•	•									
3) Zugang zu Gott nur durch Christus möglich	•	•	•	•	•	•	•									
4) Persönliche Beziehung zu Christus notwendig	•	•	•	•	•	•	•									
5) Heiliger Geist wirkt in allen Gläubigen	•	•	•	•	•	•	•									
6) Dreieinheit Gottes anerkannt	•	•	•	•	•	•	•	•								
7) Gerecht vor Gott allein aus Glauben und Gottes Gnade	•	•	•	•	•	•	?									
8) Bibel ist höchste Autorität	•	•	•	•	•	•	•									
9) Zusammenarbeit mit anderen Kirchen möglich	•	•	•	•	•	•	?									
Irrlehren																
10) Führer treten auf als: Stellvertreter Christi, als Prophet oder Apostel							•	•	•			•	•	•	•	•
11) Abweichung vom biblischen Schöpfungsbericht										•	•	•	•	•	•	•
12) Falsches Christusbild, Christus verliert seine Mittlerrolle							?	•	•	•	•	•	•	•	•	•
13) Glaube an Christus allein genügt nicht, Werkgerechtigkeit							?	?	•	•	•		•	•	•	•
14) Keine persönliche Beziehung zu Christus								•	•	•	•	•	•	•	•	•
15) Falsches Verständnis vom Heilgen Geist								•	•	•	•	•	•	•	•	•
16) Dreieinigkeit Gottes wird geleugnet									•	•	•			•	•	•
17) Absolutheitsanspruch allein wahre Kirche							?	•	•					•	•	•
18) Falsche Bibel und Zusätze oder eigenes Schrifttum								•	•	•	•	•	•	•	•	•
19) Sonderlehren werden zu Hauptpunkten						?	•	•	•	•	•	•	•	•	•	•
20) Synkretismus (Religionsvermischung)										•	•		•	•	•	•

Kurzdarstellungen der aufgeführten Sekten

IV. 5. Siebenten – Tags – Adventisten (STA)

Wie aus dem Diagramm auf Seite 223 ersichtlich ist, bilden die Adventisten eine Sondergemeinschaft, die man weder als Sekte noch als Freikirche einstufen kann.

IV. 5. 1. Entstehungsgeschichte

William Miller (1782-1849)

Die Adventisten-Gemeinschaft ist in ihrem Ursprung auf den amerikanischen Farmer William Miller aus Low Hampton/N.Y zurückzuführen. Er war Mitglied der Baptistengemeinde und fasziniert von der biblischen Prophetie. Durch ein intensives Bibelstudium, bei dem er keine anderen Schriften zu Rate zog, kam er bereits 1818 zu der Überzeugung, dass die Wiederkunft Christi im Jahr 1843 geschehen würde. Später konkretisierte er dieses Datum noch, indem er es zwischen dem 21. März 1843 und dem 21. März 1844 festlegte. Für den Beginn seiner Berechnung setzte er das Jahr 457 v. Chr. voraus, das Jahr, in dem der Perserkönig Artaxerxes dem Propheten Esra (Esra 7,11-26) erlaubte, nach Jerusalem zurückzukehren, um den zerstörten Tempel wieder aufzubauen. Miller stützte sich auf den Text aus Daniel 8,14:

> Der andere Engel antwortete: Erst nach 2300 Tagen wird das Heiligtum wieder neu geweiht werden,

und ging davon aus, dass Tage als Jahre zu zählen seien. Von 457 v. Chr. ausgehend, zählte er 2300 Jahre weiter und kam so auf das Jahr 1843/44.

Nachdem er im August 1831 angeblich eine innere Stimme vernommen hatte, die ihn beauftragte, die Welt vor dem kommenden Gericht zu warnen, begann er, seine Prophezeiung öffentlich zu verbreiten. Er gewann viele Anhänger, die durch seine Vorhersage zum öffentlichen Predigen motiviert wurden und eine große Buß- und Erweckungsbewegung auslösten. Die Methodisten- und Baptistengemeinden distanzierten sich bald von den »Milleriten« und schlossen deren Anhänger aus ihren Kirchen aus. In einer Zeitschrift, die Miller herausgab, wurden die Kirchen plötzlich als »Babylon« bezeichnet, aus der das Volk Gottes sich lösen müsse. Daraufhin traten Tausende Gläubige aus den Kirchen aus. Als die vorausgesagte Wiederkunft Christi nicht eintraf, kam es zu einer Zersplitterung der Miller-Bewegung.

Hiram Edson (1806-1882)

Am 23. Oktober 1844 hatte H. Edson, ein Farmer aus Port Gibson/N.Y., in einem Kornfeld eine weitere Vision. Ihm wurde gezeigt, dass Christus an dem von Miller errechneten Datum nicht auf die Erde kommen sollte, sondern im Himmel vom »Heiligtum« zum »Allerheiligsten« gewechselt sei. Auf dieser Prophezeiung basiert heute noch die »Heiligtumslehre« der STA.

Joseph Bates (1792-1872)

Der ehemalige Schiffskapitän J. Bates übernahm die Heiligtumslehre und brachte gleichzeitig neue Studien heraus, in denen er begründete, den Sabbat (Sonnabend) zu halten, sei ein ewiges Gebot Gottes. Diese Lehre ist immer noch von überragender Bedeutung für die Adventisten.

Pkt. 19 – Sonderlehren werden zu Hauptpunkten

Ellen Gould Harmon-White (1827-1915)

Ellen G. White ist die wichtigste Person in den Reihen der STA-Bewegung. Die Anhänger glaubten, dass Gott seine Gemeinde durch diese Prophetin, die in einem Zeitraum von 70 Jahren etwa 2000 Gesichte und prophetische Träume hatte, direkt führen wolle. Viele der STA-Lehren sind von ihr verfasst worden und ihre über 50 Bücher und Artikel gelten als inspiriert, werden aber der Bibel nicht gleichgestellt. So heißt es im Gemeindehandbuch der STA von 1988 auf Seite 23:

> Eine der Gaben des Heiligen Geistes ist die Weissagung. Diese Gabe ist ein Kennzeichen der Gemeinde der Übrigen und hat sich im Dienst von Ellen G. White erwiesen. Die Schriften dieser Botin des Herrn sind eine fortwirkende, bevollmächtigte Stimme der Wahrheit und geben der Gemeinde Trost, Führung, Unterweisung und Zurechtweisung. Sie heben auch deutlich hervor, dass die Bibel das Maß ist, an dem alle Lehre und Erfahrung geprüft werden muss (»Adventisten«, S. 52).
>
> Das Werk der E. G. White kann von der STA nicht getrennt werden. Ihre Lehren und Ideen, wie sie in ihren Schriften und Büchern, die sie im Laufe ihrer siebzigjährigen Tätigkeit verfasste, zum Ausdruck kommen, sind mit denen der STA einheitlich verwoben. Ihre Lehren sind die Auffassung der STA schlechthin (»Die Siebenten-Tags-Adventisten – sind sie auf dem Weg zur Freikirche?«, S. 404).

Pkt. 10 – Führer tritt auf als Prophet

Zu Lebzeiten der E. G. White festigte sich die Bewegung. Es entstanden Gemeinden, man legte Lehrgrundsätze fest und einigte sich 1860 auf die offizielle Bezeichnung »Siebenten-Tags-Adventisten«. 1863 schloss man sich in Battle Creek/Michigan zu einer »Generalkonferenz« zusammen. Die neue Organisation umfasste 125 Gemeinden mit 3 500 Mitgliedern.

1980 gab die Generalkonferenz eine überarbeitete Fassung der »Glaubensgrundlagen« heraus, die in 27 Artikeln zusammengefasst sind und deren Aussagen im Wesentlichen mit der apostolischen Lehre der Bibel übereinstimmen. Allerdings halten die STA zusätzlich noch an den nachfolgenden Sonderlehren fest, wodurch sie sich von allen anderen Kirchen unterscheiden.

IV. 5. 2. Die »Heiligtumslehre« und das »Untersuchungsgericht«

Nach Meinung der STA ist die Versöhnung Gottes mit der Menschheit durch das Sterben seines Sohnes am Kreuz von Golgatha noch nicht ganz vollendet. Nach seiner Himmelfahrt habe Jesus im »himmlischen Heiligtum« zuerst den Dienst eines Hohenpriesters versehen und die Sünden der Menschen vergeben. Sie halten weiterhin an der Vision von Hiram Edson fest, indem sie sich auf Hebräer 9,12-24 berufen und behaupten, dass im Oktober 1844 der »große Versöhnungstag« begann, weil Jesus Christus erst zu diesem Zeitpunkt in das himmlische »Allerheiligste« eingetreten sei. Seit diesem Tage finde ein himmlisches Untersuchungsgericht statt, in dem sowohl die im Glauben an Christus Verstorbenen, als auch die noch lebenden Gläubigen beurteilt würden. Hier würde festgelegt, wer von ihnen den Glauben an Jesus bewahrt habe und würdig sei, an der ersten Auferstehung teilzuhaben.

Diese Glaubensauffassung steht diametral zu den Aussagen des NT, in denen allen Menschen, die mit ganzem Herzen an Christus glauben, Heilsgewissheit zugesichert wird. Wem Christus die Sünden vergibt, dem sind sie für immer vergeben (1. Joh. 1,9), deshalb findet man auch keinen Bibeltext, aus dem hervorgeht, dass Christus 1844 ein Untersuchungsgericht aufgerichtet hat, was auch in Johannes 3,18 bestätigt wird:

> Wer an ihn glaubt, der wird nicht verurteilt werden. Wer aber nicht an den Sohn Gottes glaubt, über den ist wegen seines Unglaubens das Urteil schon gesprochen (vgl. Röm. 10,9-13; Hebr. 10,10.14; 1. Joh. 5,12.13).

Es gibt zwar für alle Gläubigen ein so genanntes »Preisgericht«, aber da geht es nicht mehr um die Frage, ob jemand verloren gehen kann oder nicht, sondern darum, welchen Lohn jeder im Reich Gottes empfangen wird (1. Kor. 5,10; vgl. 3,15).

Mit der Wiederkunft Christi wird nach Ansicht der STA das Untersuchungsgericht beendet sein und die endgültige Ausrottung des Bösen wird vollzogen werden. Satan, der Urheber alles Bösen, wird dann zum buchstäblichen »Sündenbock« gemacht, denn Christus wird alle Sünden auf ihn legen und er muss 1 000 Jahre lang dafür büßen.

Nach allgemeiner theologischer Auffassung ist der alttestamentliche Sündenbock, der mit der Schuld der Israeliten beladen wurde (3. Mo. 16,22), nur eine Vorschattung auf Jesus Christus hin, der die Schuld der ganzen Welt auf sich lud und damit eine einmalige Erlösung für alle, die glauben, erwirkt hat. Hier werden willkürlich Elemente aus dem alttestamentlichen Opfersystem in den neuen Bund, den Gott mit den Menschen schloss, übertragen. Dr. A. Hoekema führt dazu an:

> Wenn man wie die Siebenten-Tags-Adventisten behauptet, der zweite Bock stünde für Satan, schreibt man damit ein Werk Christi dem Fürsten der Finsternis zu (»Der siebente Tag, Ellen G. White, die Adventisten und der Sabbat«, S. 107).

Pkt. 19 – Sonderlehre

IV. 5. 3. Das Sabbatgebot

Das Sabbatgebot der STA wird abgeleitet von der jüdischen Tradition, nach der die Gläubigen den siebten Tag der Woche (heutiger Sonnabend) als Ruhetag (Sabbat) begingen. Dieses Gebot wird von den Adventisten als unwandelbares Gesetz verstanden, da Gott ihn nach sechs Schöpfungstagen für alle Menschen zum Gedenken an die Schöpfung eingesetzt und geheiligt habe. (Ihre Hauptverweisstellen bei dieser Argumentation sind: 1. Mo. 2,1-3; 2. Mo. 20,8-11; 31,12-17; Hebr. 4,1-11.) Außerdem sei die Sabbatfeier

> ein Sinnbild unserer Erlösung durch Christus, ein Zeichen unserer Heiligung, ein Zeugnis unseres Gehorsams und ein Vorgeschmack des ewigen Lebens im Reiche Gottes … (Gemeindehandbuch der STA, S. 23).

Hier ist zu bedenken, dass das Sabbat-Gebot ein Bestandteil des alten Gesetzes-Bundes ist, der den Israeliten gegeben wurde (2. Mo. 31,13.17). Jesus Christus schloss mit den Menschen jedoch einen neuen Bund, der mit dem alten nicht mehr zu vergleichen ist (Hebr. 8,6-10; Luk. 22,20; 1. Kor. 11,25.) Um strittige Fragen unter den ersten Christen zu klären, fand in Jerusalem ein Apostel-Konzil statt, auf dem weder das Halten des Sabbats, noch das Einhalten der Beschneidung gefordert wurde (Apg. 15,28-29); und nach Römer 14,5-9 räumt der Apostel

Paulus den Gläubigen in der Beachtung besonderer Feiertage ihre persönliche Entscheidungsfreiheit ein. Ja, er geht sogar soweit, dass er in der Forderung, bestimmte Tage einzuhalten, einen Rückfall in das Gesetz des Alten Bundes sieht (Gal. 4,10-11; 5,1-4), und an die Kolosser schreibt er:

> Darum ist es auch unsinnig, dass ihr euch Vorschriften machen lasst über eure Ess- und Trinkgewohnheiten oder bestimmte Feiertage, religiöse Feste und was man am Sabbat tun darf oder nicht. Das alles sind nur schwache Abbilder, ein Schatten von dem, was in Christus Wirklichkeit geworden ist (Kol. 2,16.17).

Da Jesus Christus am ersten Tag der Woche zur Auferstehung kam (Joh. 20,1), bekam dieser Tag für die Jünger eine ganz neue Bedeutung, so dass er als »der Tag des Herrn« bezeichnet wurde (Offb. 1,10). Die Berichte, nach denen Jesus seinen Jüngern nach seiner Auferstehung zweimal am ersten Tag der Woche erschien (Joh. 20,19.26), weisen auf die Tatsache hin, dass sich die ersten Christen auch an diesem Tag versammelten und nicht mehr am Sabbat. Auch das Abendmahl wurde am ersten Tag der Woche, dem heutigen Sonntag, gefeiert (Apg. 20,6.7; 1. Kor. 16,2). So ist es nur natürlich, dass auch die heutigen Christen den Sonntag, als den ersten Tag der Woche, als Ruhetag begehen, an dem sie Gottesdienst und Abendmahl feiern.

Pkt. 13 – Werkgerechtigkeit

IV. 5. 4. Die Überrestgemeinde

1848 schrieb Joseph Bates in einer zweiten Abhandlung über das Sabbatgebot, dass die in der Offenbarung 7,1-8 erwähnten »144 000 versiegelten Knechte Gottes« die Überrestgemeinde der treuen Adventisten darstellen. Diese Schlussfolgerung begründete er mit dem Hinweis, dass das Einhalten des Sabbats am siebten Tag das Siegel Gottes sei. Diese Ansicht wird auch heute noch von der STA vertreten, denn in Artikel 19 ihrer »Glaubensgrundsätze« heißt es:

> Wir sind der Überrest, der die Gebote Gottes hält, weil wir, im Gegensatz zu anderen Christen, den siebten Tag als Sabbat halten (»Der Siebente Tag«, S. 21,65).

Dieses Zitat hebt das elitäre Bewusstsein der STA und ihre Abgrenzung zu allen anderen Christen hervor.

Pkt. 17 – Absolutheitsanspruch

IV. 5. 5. Die dreifache Engelbotschaft

In Offenbarung 14,6-12 ist von der Botschaft dreier Engel die Rede. Diese Botschaften werden von den Adventisten ausschließlich auf ihre Gemeinschaft bezogen. Die erste Botschaft lautet:

> Fürchtet Gott und gebt ihm die Ehre! Denn jetzt wird er Gericht halten.

Nach Ansicht der STA wurde diese Botschaft in den Jahren 1840-43 von der Miller-Bewegung verkündigt, um die Menschen auf die bevorstehende Wiederkunft Christi (1843/44) vorzubereiten. All denen, die den Prophezeiungen Millers nicht glaubten und weiterhin in ihren Kirchen blieben, galt die zweite Engelbotschaft:

> Babylon ist gefallen, die große Stadt Babylon! Sie, die alle Völker der Erde irregeführt und in ihre Sünden hineingerissen hat.

Wie bei den Zeugen Jehovas wurde der Begriff »Babylon« als Synonym für falsche Religionen benutzt, von denen sich der wahre Gläubige zu trennen habe. Die dritte Engelbotschaft lautet:

> Wehe allen, die das Tier aus dem Meer und sein Standbild verehren und anbeten, die das Kennzeichen (oder Malzeichen) des Tieres an ihrer Stirn oder Hand tragen! Denn sie werden schonungslos und ohne Erbarmen Gottes Zorn erfahren.

In dem »Tier« sehen die STA ein Sinnbild für das Papsttum und in dem »Malzeichen« ein Bild für die Sonntagsheiligung. Besonders die Auslegung der dritten Engelbotschaft macht unmissverständlich klar, dass sie glauben, nur sie allein könnten dem Zorn Gottes entgehen, weil sie die Einzigen sind, die das Sabbatgebot nicht mit der Sonntagsheiligung vertauscht haben und deshalb kein Malzeichen des Tieres tragen. E.G. White schrieb dazu:

> Der Sabbat wird der große Prüfstein der Treue sein; denn er ist der besonders bekämpfte Punkt der Wahrheit. Wenn die Menschen der letzten endgültigen Prüfung unterstellt werden, dann wird die Grenzlinie gezogen werden zwischen denen, welche Gott dienen und denen, die das nicht tun. Während die Feier des falschen Sabbats [= Sonntag, d. Verf.] in Übereinstimmung mit den Landesgesetzen, jedoch im Widerspruch zum vierten Gebot, ein offenes Treuebekenntnis gegenüber einer Macht sein wird, die Gott feindlich gegenübersteht, wird das Halten des wahren Sabbats im Gehorsam gegen Gottes Gesetz ein Beweis der Treue gegen

> den Schöpfer sein. Während eine Klasse [Anmk. d. Verf.: alle, die den Sonntag halten] durch die Annahme des Zeichens der Unterwerfung unter irdische Mächte das Mahlzeichen des Tieres empfängt [Anmk. d. Verf.: das Zeichen satanischer Macht], nimmt die andere [Klasse der Adventisten], indem sie sich das Zeichen der Treue gegen die göttliche Autorität erwählt, das Siegel Gottes an (»Der große Konflikt«, S. 569).

Pkt. 13 – Werkgerechtigkeit
Pkt. 19 – Sonderlehre

IV. 5. 6. Christologie (Die Lehre von Christus)

Obwohl sie einerseits die völlige Wesensgleichheit des Vaters mit dem Sohn betonen, stellen sie andererseits die Behauptung auf, Jesus sei im AT der Erzengel Michael gewesen. Dieser Widerspruch wird aufgehoben durch die Aussage in Hebräer 1,5.6; dort heißt es nämlich:

> Zu welchem Engel hätte Gott wohl jemals gesagt: »Du bist mein Sohn. Heute setzte ich dich zum König ein?« Und zu keinem Engel hat Gott je gesagt: »Ich werde sein Vater sein, und er wird mein Sohn sein.«

Gerade in diesem Text wird die Einzigartigkeit des Sohnes Gottes, die sich deutlich von der Stellung eines Engels unterscheidet, besonders hervorgehoben.

Pkt. 12 – falsches Christusbild

IV. 5. 7. Israel

Wie bei den Zeugen Jehovas (siehe Seite 248) hat Israel auch nach Meinung der STA seine heilsgeschichtliche Bedeutung als auserwähltes Gottesvolk verloren. Bibeltexte, die die Einsammlung des Volkes am Ende der Tage verheißen, bleiben bei ihren eschatologischen Spekulationen über das alttestamentliche Bundesvolk unberücksichtigt.

Pkt. 19 – Sonderlehre

IV. 5. 8. Eschatologie (Die Lehre von den letzten Dingen)

Die STA gehen davon aus, dass alle Menschen, die nicht in dem Buch des Lebens aufgeführt sind, in eine endgültige Vernichtung gehen. Doch der Mensch hat eine ewige Existenz und die Bibel spricht nicht von einer »ewigen Vernichtung«, sondern von dem »ewigen Verlorensein« des Menschen. Jesus selbst macht das in dem Gleichnis von den Schafen und Böcken deutlich, in dem er ein »ewiges Leben in der Herrlichkeit Gottes« einer »ewigen Strafe in der Gottesferne« gegenüberstellt (Matth. 25,30-46; 8,12).

IV. 5. 9. Die Seelenlehre

Die STA lehren zwar, dass alle Menschen einmal von den Toten auferstehen werden, trotzdem glauben sie nicht an die Unsterblichkeit der Seele. Der Mensch befindet sich ihrer Meinung nach zwischen Tod und Auferstehung in einem Zustand völliger Bewusstlosigkeit (»Der Siebente Tag«, S. 136). Doch im NT gibt es eine Fülle von Aussagen, die beweisen, dass Seele und Geist des Menschen auch nach dem Tod nicht völlig ausgelöscht sind, sondern weiter existieren. Nach Matthäus 10,28 und Offenbarung 6,9-10 muss es etwas im Menschen geben, das auch durch den physischen Tod nicht ausgelöscht werden kann. Der Mensch ist eine Einheit von Geist, Seele und Leib (1. Thess. 5,23), die nie ganz aufgehoben wird.

> Wenn der christliche Glaube von der Unsterblichkeit der Seele spricht, geht er davon aus, dass das seelisch-geistige Lebensprinzip nie ganz ausgelöscht wird. Der irdische Tod führt lediglich eine vorläufige Trennung der Geist-Seele von dem natürlichen, physischen Leib herbei. »Und der Staub kehrt zur Erde zurück, so wie er gewesen, und der Geist kehrt zu Gott zurück, der ihn gegeben hat« (Pred. 12,7). Deshalb konnte sich der Apostel Stephanus, als er gesteinigt wurde, im Gebet an Jesus Christus wenden und rufen: »Herr Jesus, nimm meinen Geist auf!« (Apg. 8,59) (»Die Wachtturm-Theologie der Zeugen Jehovas«, S. 89).

Erst in der Auferstehung wird die Verbindung von Leib, Seele und Geist wiederhergestellt, indem die Geist-Seele mit einem geistlichen Leib überkleidet wird (1. Kor. 15,44-50; 2. Kor. 5,1-8; vgl. Luk. 16,19-31; 20,27-38; 23,43-46; Apg. 7,59; Hebr. 12,22).

Pkt. 19 – Sonderlehre

IV: 5. 10. Parallelen zu den Zeugen Jehovas

Im Lehrsystem der STA sind deutliche Parallelen zu den Lehraussagen der Zeugen Jehovas festzustellen, deren Begründer Charles T. Russell für kurze Zeit der adventistischen Splittersekte »Second Adventists« angehörte:

Nach Joseph Bates bilden die in Offenbarung, Kapitel 7 und 14 beschriebenen »144 000 versiegelten Knechte Gottes« die Überrestgemeinde der treuen Adventisten.

In der Wachtturm-Gesellschaft glaubt man, dass sich diese Auserwählten Gottes überwiegend aus den Zeugen Jehovas rekrutieren.

Ebenso wie die Z.J. bezeichnen auch die STA Jesus als den Erzengel Michael und beide Gemeinschaften lehnen den Glauben an die Unsterblichkeit der Seele und an ein ewiges Strafgericht Gottes als kirchliche Irrlehren ab.

Pkt. 17 – Absolutheitsanspruch
Pkt. 19 – Sonderlehren

IV: 5. 11. Organisation und Verbreitung

Die kleinste Verwaltungseinheit der STA bildet die Gemeinde, für die ein Gemeindeausschuss mit einem Prediger und mehreren Mitgliedern die Verantwortung trägt. Mehrere Gemeinden werden zu Vereinigungen und später zu Verbänden und Divisionen zusammengeschlossen.

Die weltweite Gemeinschaft gliedert sich in 11 Divisionen, deren Hauptquartier sich in Silver Spring bei Washington DC befindet.

Schon 1869 wurde eine Missionsgesellschaft gegründet und 1895 in Hamburg ein eigener Verlag, der verschiedene Zeitschriften und Bücher herausgibt, wie z. B.: »Advent-Echo«, »Wort zur Zeit«, »Leben und Gesundheit«, »Dein Freund« und einen Bibel-Brief, »Die Stimme der Hoffnung«.

Aufgrund einer Vision von E.G. White befasste man sich eingehend mit Gesundheitsfragen, baute Waisen- und Krankenhäuser, medizinische Ausbildungsstätten, Nahrungsmittelfabriken und Reformhäuser, sowie ein weltweites kirchliches Schulungswesen.

Die STA hatten 1998 rund zehn Millionen Mitglieder und waren weltweit in über 200 Ländern der Erde vertreten (Pressemeldung »The Lutheran World Federation« vom Mai 1998).

IV. 5. 12. Schlussbemerkung

Auch wenn die STA in ihrem »Gemeindehandbuch«, Art. 11, bekennen, dass die Gemeinde »aus allen Gläubigen besteht, die Jesus Christus als ihren Herrn und Erlöser bekennen«, wird durch die Aussagen der oben genannten Sonderlehren doch ein gewisses Elitedenken erkennbar. Heute gibt es in den Reihen der STA viele unterschiedliche Strömungen. Ihre allgemeine Tendenz geht immer mehr in Richtung Freikirche. Seit einiger Zeit ist sie Gastmitglied der »Arbeitsgemeinschaft

Christlicher Kirchen in Deutschland e.V.«. Wie alle ernsthaften Christen glauben auch sie, dass eine persönliche Beziehung zu Christus notwendig ist. Um die Gleichstellung mit Freikirchen zu erreichen, müssten sie allerdings die Schriften E.G. Withes, die »Heiligtumslehre« und ihre Sonderlehren vom »Untersuchungsgericht« und den »drei Engelbotschaften« fallen lassen, und auch das »Sabbat-Gesetz« dürfte kein Glaubensdogma mehr sein.

Literaturnachweis

»Handbuch Religiöse Gemeinschaften«, Gütersloher Verlagshaus,
»Adventisten« von Rüdiger Hauth, »Münchner Reihe«, Claudius Verlag 1994
»Die Siebenten-Tags-Adventisten – Sind sie auf dem Weg zur Freikirche?« von Jürgen Neidhart, Schrift des Bibelbundes »Bibel und Gemeinde«
»Der siebente Tag – Ellen G. White, die Adventisten und der Sabbat« v. Dr. A. Anthony Hoekema, CLV Verlag
»Der große Konflikt« von E. G. White, Edelstein Verlag, 1998
»Letzter Aufruf, die drei Engelbotschaften aus Offbarung 14», Advent – Verlag, 1997
»Die Wachtturm-Theologie der Zeugen Jehovas« von Werner Deppe, Buchvertrieb: Tel. u. Fax 09861/5407

IV. 6. Neuapostolische Kirche (NAK)

IV. 6. 1. Entstehungsgeschichte

Das besondere Charakteristikum der NAK ist ein neuzeitliches Aposteltum, das sich auf die apostolische Zeit des Urchristentums beruft. Es ist eine Abspaltung der Katholisch-Apostolischen Kirche, die in England entstanden war. Dort schlossen sich an verschiedenen Orten Gläubige mit starken Endzeiterwartungen und einer Sehnsucht nach einem zweiten Pfingsten zusammen. Die Bewegung, die sich bald Katholisch-Apostolische Gemeinde nannte, breitete sich in England, Schottland und später auch in Deutschland relativ schnell aus. In England hatte man bis zum Jahre 1835 – nach biblischem Vorbild – 12 Apostel ernannt, die als Leitungsgremium für alle europäischen Gemeinden zuständig waren.

Nachdem einige von diesen 12 Aposteln gestorben waren und die übrigen nicht bereit waren, die Zwölferzahl wieder zu ergänzen, kam es in Deutschland und Holland zu theologischen Auseinandersetzungen und man machte sich Sorgen um den Fortbestand der Gemeinden. Schließlich wurden auf dem Festland neue Apostel eingesetzt, die aber von der englischen Leitung nicht anerkannt wurden. Hierauf kam es zur Spaltung, aus der 1863 die »Neuapostolische Kirche« hervorging.

Die ersten berufenen Apostel wirkten noch autonom voneinander. Erst der 1881 berufene Bahnmeister Friedrich Krebs organisierte während seiner Amtszeit (1895-1905) eine einheitliche Struktur, die bis auf geringe Nivellierungen bis heute beibehalten wurde. Krebs setzte sich 1896 selbst zum ersten Stammapostel ein. Seine Nachfolger waren:

- Hermann Niehaus (1905-1930);
- Johann Gottfried Bischhoff (1930-1960), der davon überzeugt war, dass die Wiederkunft Jesu noch zu seinen Lebzeiten geschehen würde und diese Ansicht in zahlreichen Schriften verbreitete. Nach seinem Tod war in der kircheneigenen Zeitschrift »Wächterstimme« vom 1. August 1960 Folgendes zu lesen: Wir stehen vor dem unerforschlichen Ratschluss unseres Gottes und fragen uns, warum Gott seinen Willen geändert hat. Der Stammapostel, der das Erlösungswerk des Herrn auf den höchsten Stand der Vollendung gebracht hat … kann sich nicht geirrt haben.
- Walter Schmidt (1960-1975);
- Ernst Streckeisen (1975-1978);
- Hans Urwyler (1978-1988).
- Heute wird die NAK von Richard Fehr geleitet, der seinen Sitz in Zürich hat.

Pkt. 10 – Führer treten auf als Apostel

IV. 6. 2. Schrifttum

Das einzig verbindliche Lehrbuch der NAK ist ihr Katechismus »Fragen und Antworten über den neuapostolischen Glauben« (nachfolgend »F.u.A.« genannt), der neben 258 Fragen auch ihr aus 10 Artikeln bestehendes Glaubensbekenntnis enthält. Die Bibel ist ihrer Ansicht nach lediglich

> … eine von gläubigen Männern geordnete Sammlung göttlicher Verheißungen und Gebote sowie von Berichten, die in engem Zusammenhang mit Gottes Walten stehen … (F.u.A., Frage 1)

Doch mit dieser lapidaren Aussage kann man dem Wort Gottes nicht gerecht werden, denn nach 2. Timotheus 3,16 ist die Heilige Schrift das vom Geist Gottes inspirierte Wort und hat damit höchste Autorität in allen Glaubensfragen (vgl. Joh. 6,63, Matth. 24,35).

Da heilsentscheidende Wahrheiten der Bibel den Lehren der NAK widersprechen, werden diese auch nicht gepredigt. Alle biblischen Aussagen, die *jedem* Menschen aufgrund seines persönlichen Glaubens das Heil zusprechen (Röm.

3,21-24; 10,9; Joh. 3,16-18,36; 5,24; 1. Joh. 5,12.13), werden ignoriert, denn sie würden die Autorität der Apostel untergraben.

Pkt. 18 – eigenes Schrifttum

IV. 6. 3. Absolutheitsanspruch

Wie in den meisten anderen Sekten, ist auch in der NAK der elitäre Anspruch, die allein seligmachende Kirche zu sein, vorhanden. Sie sieht ihre vornehmste Aufgabe darin,

> das von Jesus begonnene Erlösungswerk durch die von ihm gesandten Apostel zu vollenden (F.u.A., Frage 171).

Für diesen Auftrag hat Jesus Christus »in seiner Kirche« angeblich nur *ein* Amt gestiftet, nämlich das Apostelamt, aus dem sich alle weiteren Ämter ableiten (F.u.A., Frage 173).

Im Gegensatz zur biblischen Lehre können die Mitglieder der Kirche den Heiligen Geist, die Wiedergeburt und damit die Gotteskindschaft nur durch *ihre* Apostel erlangen. Wortwörtlich heißt es im 8. Glaubensartikel:

> Ich glaube, dass die mit Wasser Getauften durch einen Apostel zur Erlangung der Gotteskindschaft den Heiligen Geist empfangen müssen, wodurch sie als Glieder dem Leibe Christi eingefügt werden (F.u A, Frage 231).

Pkt. 17 – Absolutheitsanspruch

IV. 6. 4. Die Macht der Apostel

In den Kirchenzeitungen der NAK wird immer wieder auf die eminente Bedeutung der Apostel und auf die Kirche als »das Werk Gottes« hingewiesen. Ähnlich wie der Papst in Rom erhebt auch der Stammapostel in der NAK den Anspruch, in der sukzessiven Nachfolge des Apostels Petrus zu stehen. Er wird als »Repräsentant des Herrn auf Erden« bezeichnet und gilt als der unmittelbare Empfänger der Offenbarungen Gottes, der in alle Wahrheit führt. So heißt es in F.u.A., Frage 5:

> … Die mit der Führung des Erlösungswerkes auf Erden von Christo beauftragten Boten, der Stammapostel und die Apostel, haben zu ihrer Aufgabe das aus dem Heiligen Geist kommende Amtsvermögen empfangen. Mit diesen Gaben sind sie befähigt, die Absichten Gottes zu verstehen, sie den Gläubigen mitzuteilen und

> die ihnen Nachfolgenden dem göttlichen Willen entsprechend an das Ziel des Glaubens zu führen (Matth. 28,19.20; Mark. 16,15).

Aus diesem Verständnis heraus glaubt man auch, dass eine fundierte biblische Ausbildung, wie sie in anderen Glaubensgemeinschaften üblich ist, für die Amtsträger der NAK überflüssig ist. Die uneingeschränkte Machtfülle der Apostel wird im 4. und 5. Glaubensartikel zum Ausdruck gebracht:

> Ich glaube, dass der Herr Jesus seine Kirche durch lebende Apostel regiert bis zu seinem Wiederkommen, dass er seine Apostel gesandt hat und noch sendet mit dem Auftrag, zu lehren, in seinem Namen Sünden zu vergeben und mit Wasser und Heiligem Geist zu taufen.
> Ich glaube, dass sämtliche Ämter in der Kirche Christi nur von Aposteln erwählt und in ihr Amt eingesetzt werden und dass aus dem Apostelamt Christi sämtliche Gaben und Kräfte hervorgehen müssen, auf dass, mit ihnen ausgerüstet, die Gemeinde ein lesbarer Brief Christi werde.

In der weltweiten Gemeinde Jesu hat es seit der Urgemeinde immer vom Geist Gottes erwählte Apostel gegeben (Matth. 16,18; Apg. 9,15; Gal. 1,1; Gal. 2,8), die diese Bezeichnung aber nie als Amtstitel führten, sondern sich im Sinne des Wortes »apostolos« als Boten oder Gesandte betrachteten. Nach heutigem Verständnis könnte man sie auch als Evangelisten bezeichnen. Was aber die Leitung der Gemeinden anbetrifft, so ist eindeutig belegt, dass sie nicht in den Händen von Aposteln lag, sondern in denen von Ältesten, nämlich Männern mit geistlicher Reife, deren Qualifikation in 1. Timotheus 3,1-7 beschrieben wird.

Die Bibel warnt aber eindringlich vor falschen Aposteln (Matth. 24,24; 2. Kor. 11,13-15). Sie versäumen es meist ganz bewusst, auf den auferstandenen Herrn als Retter und Heiland aller Menschen hinzuweisen. Dagegen bringen sie Menschen in *ihre* Abhängikeit, indem sie sich als Stellvertreter Gottes oder Christi darstellen und den Mitgliedern ihrer Kirche suggerieren, dass sie ohne *ihre* Vermittlung das ewige Heil nicht erreichen können. Sie suchen Ehre bei Menschen und lassen sich von ihnen verherrlichen (Joh. 12,43; 5,44).

Pkt. 10 – Führer treten als Apostel auf
Pkt. 12 – Christus verliert seine Mittlerrolle

IV. 6. 5. Das Sakrament der Taufe

Wie alle großen Volkskirchen geht auch die NAK von einer Taufwiedergeburt aus. Obwohl einerseits für die Taufe der Glaube und die Bußfertigkeit vorausgesetzt werden, praktizieren sie die Säuglings- oder Kindertaufe. Bis zur Konfirmation übernehmen anstelle der Kinder die Eltern oder deren Stellvertreter die sich aus dem Taufgelöbnis ergebenden Pflichten und versprechen, die Seele des Kindes nach besten Kräften dem Herrn zu bewahren. Eine Taufe, die in anderen christlichen Gemeinschaften im Namen des dreieinigen Gottes vollzogen wurde, wird von der NAK anerkannt.

Pkt. 19 – Sonderlehre

IV. 6. 6. Das Sakrament des Abendmahls

Das Abendmahl wird an jedem Sonntag gefeiert. Alle Mitglieder und Gäste der Gemeinde sind berechtigt, das Heilige Abendmahl zu empfangen. Selbst Kinder werden von diesem Sakrament nicht ausgeschlossen. Wenn sie bereits mit Wasser und Heiligem Geist getauft sind, ist auch für sie, wie für die Erwachsenen, das Abendmahl

> für die gottgewollte Entwicklung von Seele und Geist unentbehrlich (F. u. A., Frage 215).

Im Jahre 1917 wurde durch den Stammapostel Niehaus festgelegt, dass Brot und Wein in einer mit drei Tropfen beträufelten Hostie gereicht werden (F. u. A., Frage 213).

Pkt. 19 – Sonderlehre

IV. 6. 7. Der Heilige Geist und die Versiegelung

Der Heilige Geist wird den Gläubigen nicht mehr direkt von Gott oder Christus geschenkt, sondern kann *nur* durch die Apostel der NAK durch Handauflegung vermittelt werden (F. u. A., Frage 220). Diese Handlung wird als »Versiegelung« bezeichnet und gilt als wesentlicher Teil der Wiedergeburt. Die so mit dem Heiligen Geist Versiegelten erhalten auf diese Weise ihre Gotteskindschaft und haben dadurch Anspruch auf das Erbe Christi. Als Voraussetzung für dieses Ritual gelten die Wassertaufe, das unmittelbar vorausgehende Sündenbekenntnis und der Glaube an die Lehren der Apostel.

Nach der Schrift kann dagegen jeder christusgläubige Mensch den Heiligen Geist, ohne Vermittlung, empfangen (Luk. 11,13; Joh. 7,39; Gal. 3,2.14; Eph. 1,13; Joh. 3,3.5) (siehe auch Seite 35 ff und 316 ff).

Pkt. 15 – Falsches Verständnis vom Heiligen Geist

IV. 6. 8. Entschlafenengottesdienste

Diese Gottesdienste, in denen für Verstorbene gebetet wird, finden dreimal jährlich statt. Während der Feier können Amtsträger stellvertretend für tote Nichtapostolen getauft und versiegelt werden und sich das Abendmahl reichen lassen, um den Toten noch nachträglich das ewige Heil zu vermitteln. Diese Handlungen dürfen nur durch einen Apostel vollzogen werden.

Die Bibel lehnt diesen Ritus strikt ab. Das Gleichnis vom armen Lazarus in Lukas 16,19-31 macht deutlich, dass jedem nach dem Tode vergolten wird, was seinem Leben und Wandel auf Erden entspricht. Dieser Gedanke wird in Hebräer 9,27 bestätigt. Außerdem ist es den Menschen nach 5. Mose 18,11 verboten, Kontakt mit Toten aufzunehmen.

Pkt. 19 – Sonderlehre

IV. 6. 9. Organisation und Verbreitung

Das System der NAK ist hierarchisch strukturiert. An der Spitze fungiert der Stammapostel. Diesem unterstellt sind die Bezirksapostel (ca. 20 weltweit), die höchste Autorität in allen Glaubens- und Gemeindefragen und Weisungsbefugnis über alle übrigen Apostel (weltweit ca. 300) und Amtsträger besitzen. Die Ämterordnung besteht aus Stammapostel – Bezirksapostel – Apostel – Bischhof – Bezirksältester – Bezirksevangelist – Hirte – Evangelist – Priester – Diakon – Unterdiakon.

Voraussetzung für eine Aufnahme in die NAK ist die öffentliche Anerkennung des Apostelamtes. Die Gemeinden sind nicht selbstständig, sondern unterstehen in allen wichtigen geistlichen und organisatorischen Fragen dem für sie zuständigen Bezirksapostel. Großer Wert wird auf Disziplin und Gehorsam, sowie auf eine korrekte äußere Erscheinung aller Mitglieder gelegt.

Die Gemeinschaft ist (1999) nach eigenen Angaben in 190 Staaten tätig und ihre Mitgliederzahl beträgt weltweit ca. 10 Millionen, davon ca. 445 000 in Deutschland (Stand 2000).

Literaturnachweis

»Fragen und Antworten über den neuapostolischen Glauben«, Friedrich Bischoff Verlag 1992

»Die neuapostolische Kirche. Ein Weg für Christen?« von Wolfgang Wessolowski, in »Bibel und Gemeinde«, 1/91

»Was sagt die Bibel zu neuen Aposteln?« von Wolfgang Wessolowski, in »Bibel und Gemeinde«, 1/90

»Seher, Grübler, Enthusiasten« von Kurt Hutten, Quell Verlag
»Handbuch Religiöse Gemeinschaften«, Gütersloher Verlagshaus
»Angeklagt: Die Neuapostolische Kirche« von Olaf Stoffel, Gütersloher Taschenbücher 1999

IV. 7. Zeugen Jehovas (Z.J.)

IV. 7. 1. Entstehungsgeschichte

Der Begründer der Gemeinschaft war der Kaufmann Charles Taze Russell (1852-1916), dessen Eltern schottisch-irischer Abstammung waren. Sein Vater unterhielt ein Herrenbekleidungsgeschäft, an dessen Unternehmungen Russell beteiligt war. Erzogen im Glauben der Presbyterianer*, trat er bereits als Jugendlicher zu den Kongregationalisten** über, weil er deren Überzeugung für liberaler hielt. Auch dem CVJM hatte er sich für kurze Zeit angeschlossen.

Besonders die biblische Lehre von der Hölle, als einem Ort, an dem alle Ungläubigen ewige Pein erleiden sollen, machte Russell Angst, er geriet darüber immer wieder in Anfechtungen und Zweifel. Sein Glaube wurde wieder gefestigt, als er sich 1870 der adventistischen Splittergruppe »Second Adventists« anschloss, die weder an eine angeborene unsterbliche Seele, noch an einen Ort ewiger Qual glaubte. 1876 lernte er Nelson H. Barbour, den Herausgeber einer religiösen Zeitschrift mit dem Titel »Herald of the Morning«, kennen. Er beteiligte sich finanziell und redaktionell an Barbours Zeitschrift und brachte später mit ihm gemeinsam das Buch »Three Worlds or Plan of Redemption« (Drei Welten oder der Plan der Erlösung) heraus. In einer 1877 verfassten Schrift traten beide Männer mit einer besonderen Botschaft an die Öffentlichkeit: Christus sei 1874 unsichtbar auf die Erde wiedergekommen. Die folgenden 40 Jahre seien eine Ernte- und Gerichtszeit, die 1914 in die Errichtung des Königreiches Gottes gipfeln würde. Bereits 1878 würden alle Menschen, die dieser Botschaft glaubten, in den Himmel auffahren. Russell war von der Dringlichkeit dieser Botschaft so überzeugt, dass er seine Anteile am väterlichen Geschäft verkaufte und »Vollzeitprediger« wurde. Die 250 000 Dollar Gewinn, die er erzielte, waren sein Startkapital für die spätere Gründung der Wachtturm-Gesellschaft. Wegen Meinu ngsverschiedenheiten trennte er sich wieder von Barbour und brachte dann 1879 seine eigene Zeitschrift »Zion's Watch Tower and Herald of Christ's Presence«

---

* **Presbyterianer:** Mitglieder reformierter Kirchen, die durch Ältestenräte (Presbyterien) geleitet werden.

* **Kongregationalismus:** reformiert-calvinistische Bewegung in England und Nordamerika, die eine übergeordnete Kirchenstruktur ablehnt.

(Zions Wachtturm, Verkündiger der Gegenwart Christi) heraus. Im gleichen Jahr heiratete er Maria Frances Ackley, die sich aber nach 18 Jahren Ehe wieder von ihm trennte.

1881 gründete er dann in Pittsburgh die »Zion's Watch Tower Tract Society«, die 1884 als Aktiengesellschaft gesetzlich eingetragen wurde. Später wurde der Hauptsitz der Gesellschaft nach Brooklyn / New York verlegt und 1896 änderte man den Name um in »Watch Tower Bibel und Trakt Society« (Wachtturm-Bibel- und Traktatgesellschaft, nachfolgend WTG genannt).

Russell verfasste zahlreiche Bücher, unter anderem eine Serie von sechs Bänden, die er als »Schriftstudien« herausgab. Nach Angaben der Wachtturm-Gesellschaft hatten diese Bücher eine Gesamtauflage von zirka 9 Millionen Exemplaren. Hierzu führt Franz Stuhlhofer unter Bezugnahme auf entsprechende Wachtturm-Literatur Folgendes aus:

> Die *Schriftstudien* waren nach Ansicht Russells der *Schlüssel zur Bibel*. Sie sollten nicht die Bibel ersetzen, sondern zu ihr hinführen. Ohne die *Schriftstudien* sei es jedoch unmöglich, die Bibel zu verstehen. Und da die *Schriftstudien* immer wieder auf die Bibel Bezug nehmen, diese wiederholt zitieren, sei es im Zweifelsfall besser, nur die *Schriftstudien* (ohne Bibel) zu lesen als umgekehrt (»Charles T. Russell und die Zeugen Jehovas«, S. 48).

Hier ist schon in der Anfangsphase der Organisation die Vermessenheit und Profilierungssucht zur uneingeschränkten religiösen Macht erkennbar. Auch heute hat die WT-Literatur den gleichen Stellenwert wie die Heilige Schrift. Jegliche Kritik an der »leitenden Körperschaft« und deren Schriften wird als »Rebellion gegen Gott« verurteilt (WT v. 1. August 1956, S. 474, Abs. 11).

Ihre religiöse Ideologie bezeichnen sie als »die Wahrheit, die zum ewigen Leben führt«. Doch nicht eine spezielle Sektenlehre ist die Wahrheit, die zum ewigen Leben führt, sondern ausschließlich der Weg über Jesus Christus, denn er sagt von sich selbst:

> Ich bin die Wahrheit und mein Wort ist Wahrheit (Joh. 14,6).

Pkt. 18 – Eigenes Schrifttum

Russell starb am 31. Oktober 1916 auf der Heimfahrt von einer Vortragsreise. Seine Nachfolger waren:

- Joseph Franklin Rutherford (von 1917 bis 1942),
- Nathan Homer Knorr (von 1942 bis 1977),

- Fred Franz (von 1977 bis 1992).
- Der gegenwärtige Präsident der Gesellschaft heißt Milton G. Henschel.

IV. 7. 2. »Jehova», der Name Gottes

Bis 1913 war die Gesellschaft in Deutschland bekannt unter dem Namen »Vereinigung ernster Bibelforscher«, erst 1931 nahm sie den Namen »Jehovas Zeugen« an. Schon dieser Name ist eine Irreführung, denn wir Christen sind heute, nach Apostelgeschichte 1,8, keine »Zeugen Jehovas«, sondern »Zeugen Jesu Christi«. Unter dem Namen »Jehova« oder »Jahwe« hat Gott sich allein seinem auserwählten Volk Israel geoffenbart (Jes. 43,10). Der Name Gottes, der in den hebräischen Urschriften des AT als Tetragrammaton JHWH steht, das die Juden als »Jahwe« ausgesprochen haben, ist im NT nicht mehr vorhanden. Hier finden wir nur noch die Titel »Gott« für den himmlischen Vater und »Kyrios« (*griech.* Herr) für den Sohn Jesus Christus. Die WTG hat dagegen den Titel »Kyrios« auch im NT an 237 Stellen mit »Jehova« übersetzt, wodurch die Macht und Herrlichkeit Jesu bewusst abgeschwächt wird. Man muss davon ausgehen, dass diese Übersetzung wider besseres Wissen geschah, denn in ihrer Broschüre »Der göttliche Name, der für immer bleiben wird«, lesen wir auf Seite 23:

> Doch abgesehen davon, enthält keine alte griechische Handschrift, die wir heute von den Büchern Matthäus bis Offenbarung besitzen, den vollständigen Namen Gottes …

Pkt. 18: Falsche Bibelübersetzung

IV. 7. 3. Die Organisation Gottes

Die WTG präsentiert sich als die »Organisation Gottes auf Erden«. Allein diese Formulierung macht ihren Absolutheitsanspruch deutlich. An ihrer Spitze steht ein Gremium von elf Männern, die sich selbst als »Auserwählte Gottes« betrachten.

Wie alle anderen Sektenführer sind sie überzeugt davon, dass nur *sie* die einzig wahre Gotteslehre kennen. So heißt es in ihrem Buch »Du kannst für immer im Paradies auf Erden leben« auf Seite 190:

> Es ist ganz logisch, dass es nur eine wahre Religion geben kann. Dies ist in Übereinstimmung mit der Tatsache, dass der wahre Gott »nicht ein Gott der Unordnung, sondern des Friedens« ist (1. Korinther 14,33). Die Bibel sagt, dass es in Wirklichkeit nur »einen Glauben« gibt (Epheser 4,5). Wer bildet denn heute die Gemeinschaft der wahren Anbeter? Wir sagen ohne Zögern, dass es Jehovas Zeugen sind.

In der gesamten Bibel ist weder der Begriff »Organisation Gottes«, noch der Hinweis auf eine »allein seligmachende Kirche« zu finden, sondern die weltweite Gemeinde Jesu wird in verschiedenen Metaphern (Sinnbildern) dargestellt, wie z. B. als »eine Herde unter einem Hirten« oder als »Leib Christi«. Die Schrift verheißt jedem Mensch, der mit ganzem Herzen an den Sohn Gottes glaubt, dass er ein »lebendiges Glied« dieses Leibes wird (1. Kor. 12,12.13). Die Gemeinde Gottes setzt sich zusammen aus der gesamten Schar aller Gläubigen jeden Zeitalters (siehe Seite 222).

Doch das religiöse Weltbild der Z.J. lässt diese Sichtweise nicht zu. Für sie gibt es nur Schwarz oder Weiß, sie sind die »Organisation Gottes« und die übrige Welt ist das »böse System der Dinge«. Alle Andersgläubigen, besonders die Christen, gehören zu dem Weltreich der falschen Religionen, zu »Babylon der Großen« (Offb. 17,5), über die Gottes Gericht hereinbrechen wird (»Wahrheitsbuch«, S.134; WT v.1.3.96, S.16, Abs. 10).

Pkt. 17 – Absolutheitsanspruch

IV. 7. 4. Harmagedon

Das große Strafgericht Gottes, auch Harmagedon genannt, wird nach Ansicht der WTG in Kürze über unsere Welt kommen. So, wie in der Sintflut nur Noah und seine Familie, die sich in der Arche befanden, die Flut überlebten, so werden nur die Z.J. von dem kommenden Weltgericht verschont bleiben. Alle anderen Menschen, Christen eingeschlossen, werden nach ihrer Ansicht von Jehova erschlagen werden.

Nach diesem Gericht wird Jehova die gesamte Erde wieder in ein Paradies verwandeln. Er wird allen überlebenden Z.J. geistige und körperliche Jugend zurückgeben, so dass sie für ewig in diesem wiederhergestellten Paradies auf Erden leben können.

Pkt. 19 – Sonderlehre

IV. 7. 5. Die Gottheit Jesu

Die WTG bestreitet die völlige Wesensgleichheit des Gottessohnes mit dem Vater und lehnt die Lehre von der Dreieinigkeit Gottes strikt ab (WT v.15.4.91. S. 28; u. WT v.15.2.92, S.11).

Für sie ist Jesus Christus zwar »ein Gott«, aber er ist nicht so mächtig wie der Vater, und das, obwohl Jesus von sich selbst behauptete:

> Mir ist gegeben alle Gewalt im Himmel und auf Erden (Matth. 28,18; Joh. 3,35).

Diese Allgewalt kann aber nur Gott besitzen, so, wie auch nur er die Möglichkeit hat, bei allen Menschen gleichzeitig anwesend zu sein. Und genau das sichert Jesus seinen Jüngern in Matthäus 28,20 zu, wenn er sagt:

> Siehe, ich bin bei euch alle Tage, bis zur Vollendung des Zeitalters.

Wie groß die Omnipotenz (absolute Machtstellung) des Gottessohnes ist, kommt besonders in Epheser 1,21.22 zum Ausdruck:

> Damit hat Gott ihn zum Herrscher eingesetzt über alle Mächte und Gewalten, über alle Kräfte und Herrschaften dieser und der zukünftigen Welt. Alles ist ihm unterstellt. Er, der über alles herrscht, ist auch das Haupt seiner Gemeinde;

und die Wesensgleichheit des Sohnes mit dem Vater belegen folgende Texte:

- … denn ich und der Vater sind eins (Joh. 10,30);
- Wer mich gesehen hat, der hat auch den Vater gesehen (Joh. 14,9).
- Auch in Johannes 1,1 wird Jesus, das fleischgewordene Wort, als »Gott« bezeichnet;
- ebenso in Johannes 20,28, wo der Jünger Thomas den Auferstandenen mit »Mein Herr und mein Gott« anspricht.
- Und in Hebräer 1,8 heißt es von dem Sohn: »Gott, deine Herrschaft bleibt immerdar und ewig bestehen.«

Weil Jesus Christus im Glaubensgebäude der WTG nicht den richtigen Stellenwert hat, wird er in ihren Reihen weder verehrt noch angebetet. Doch diese Ansicht ist schnell widerlegt, denn in Johannes 5,23 werden wir aufgefordert, den Sohn ebenso zu ehren wie den Vater. Nach Hebräer 1,6 sollen selbst die Engel Gottes den Sohn anbeten, was in Offenbarung 5,12 bekräftigt wird:

> Gewaltig ertönte ihre Stimme: Allein dem Lamm, das geopfert wurde, gehören alle Macht und aller Reichtum. Christus allein gehören Weisheit und Kraft, Ehre, Herrlichkeit und Anbetung!

Die Zeugen Jehovas gehen in ihren Äußerungen gegenüber dem, der alle Gewalt und alle Macht hat, sogar so weit, dass sie sagen, die Anbetung Jesu sei Götzendienst! (WT v. 15.12.1984, S. 7).

Pkt. 12 – Falsches Christusbild
Pkt. 14 – Keine persönliche Beziehung zu Christus

IV. 7. 6. Ist Jesus der Erzengel Michael?

Ähnlich wie die Adventisten behaupten auch die Z.J., Jesus sei der Erzengel Michael. Während die STA diese Aussage nur auf das AT bezieht, dehnt die WTG diese Lehrmeinung auch auf das NT aus. Beide Ansichten sind von der Schrift her unhaltbar.

Pkt. 12 – Falsches Christusbild

IV. 7. 7. Der Geist Gottes

Ein falsches Verständnis hat die WTG auch vom Heiligen Geist, der für sie nur eine »unpersönliche, wirksame Kraft« ist. Diese Irrlehre untermauern sie, indem sie 1. Mose 1,2 in ihrer Bibel willkürlich mit

> … und Gottes wirksame Kraft bewegte sich hin und her, über der Oberfläche der Wasser … übersetzen.

Richtig muss es aber heißen:

> … und Gottes Geist schwebte über den Wassern …

Bereits hier, bei der Erschaffung der Welt, ist zu erkennen, dass der Geist Gottes keine bloße Kraft ist, sondern ein übernatürliches »Ich« mit personalen Eigenschaften, durch das die komplexe Welt ins Dasein kam. Noch deutlicher wird das im NT, denn hier handelt der Geist wie eine Person:

- Er lehrt und erinnert (Joh. 14,26),
- gibt Sündenerkenntnis (Joh. 16,8),
- er hört und redet (Joh. 16,13; Apg. 8,29),
- er sendet die Apostel aus (Apg. 13,2-4),
- verwehrt gewisse Handlungen (Apg. 16,6-8),
- verwendet sich für uns vor Gott (Röm. 8,26),
- man kann ihn belügen (Apg. 5,3),
- versuchen (Apg. 5,9),
- ihn betrüben (Eph. 4,30)
- und ihn lästern (Matth. 12,31).
- Er ist wie Gott selbst allwissend (1. Kor. 2,10) und allgegenwärtig (Ps. 139,7).
- Er ist von Gott und von Jesus Christus nicht zu trennen (Röm. 8,9) und geht gleichermaßen sowohl vom Vater als auch vom Sohn aus (Joh. 14,16.17.26; 15,26, 16,7).

- Durch die Wiedergeburt wohnt er in allen Gläubigen (Joh. 7,39)
- und nur durch den Geist haben wir gleichzeitig den Vater und den Sohn in uns (Eph. 1,13, Joh. 14,23).

Pkt. 15 – Falsches Verständnis vom Heiligen Geist

IV. 7. 8. Die 144 000 Auserwählten

Eine weitere Verdrehung der neutestamentlichen Aussagen nimmt die WTG vor, indem sie das Volk Gottes teilt:

> In 144000 Auserwählte, die durch den Geist Gottes wiedergeboren sind und eine himmlische Auferstehung erwarten (himmlische Klasse); und eine große Volkmenge (zu der fast alle 6 Mill. Z.J. gehören), die nicht wiedergeboren ist und nach dem Gerichtstag Gottes auf einer paradiesischen Erde ewig leben wird (irdische Klasse) (»Erkenntnis, die zum ewigen Leben führt«, S. 92, Abs.7; WT v.15. Nov. 1992, S. 6).

Diese Auserwählten, die sich mit nur wenigen Ausnahmen aus den Z.J. rekrutieren, werden zusammen mit Jesus Christus eine himmlische Regierung bilden, um später über die große Volksmenge, die das Gericht von Harmagedon hier auf der Erde überlebt hat, zu herrschen.

Aufgrund dieser Sonderlehre deuten die Zeugen den Inhalt der Bibel so, als wäre sie nur für sie geschrieben. Alle großartigen Verheißungen des NT erfüllen sich ihrer Ansicht nach nur an den 144 000 Auserwählten; die große Volksmenge ist von den folgenden Segnungen ausgeschlossen:

- von der himmlischen Hoffnung aller Gläubigen (Matth. 5,12; Joh. 14,2.3; 1. Petr. 1,3.4; 2. Kor. 5,1-8; Eph. 2,6; Phil. 3,20.21; Kol. 3,1.2);
- vom Glied am Leibe Christi (1. Kor. 6,15; 12,12.13);
- vom Empfangen des Heiligen Geistes, der die Wiedergeburt bewirkt (Eph. 1,13, Joh. 7,38.39; Joh. 1,13; 3,3-18, 1. Joh. 5,1);
- von der Gotteskindschaft (Röm. 8,9-17; 1. Joh. 3,1.2);
- vom Abendmahl des Herrn, weil sie keine Teilhaberschaft haben dürfen an Brot und Wein (1. Kor. 10,16.17);
- von der Gewissheit im Glauben, die nur durch den Heiligen Geist vermittelt wird (Röm. 8,1.2; Joh. 3,14-18.35.36);
- von der heiligen Priesterschaft aller Gläubigen (1. Petr. 2,4-6).

Hans-Jürgen Twisselmann merkt dazu an:

> Die Masse der heutigen Z.J. ist vom Gnadenreichtum, vom durch Christus uns erworbenen Heil insoweit ausgeschlossen. Deshalb überrascht es nicht mehr, wenn in der ZJ-Führung die Frage erörtert wurde, ob Jesus Christus denn überhaupt für die Masse der ZJ, die »irdische Klasse«, als Mittler gelten könne. Die »leitende Körperschaft« hat diese Frage verneint und dies im »Wachtturm« vom 1. 8. 1979, 31f, und vom 15.2.1980, 21-27, ausführlicher begründet. Hätten die Z.J. eine persönliche Glaubensbeziehung zu Jesus, sie würden dazu kaum schweigen können (»EZW«, 6/2001, S. 199).

Die Textstellen über die 144 000 sind nur in der Offenbarung zu finden. In den Briefen der Apostel gibt es keine einzige Definition über sie. Im Gegenteil, die Gemeinde Christi wird uns stets als eine geistige Einheit beschrieben (1. Kor. 12,12.14). Das NT schließt eine »irdische Hoffnung« völlig aus, denn nach 1. Korinther 15,44-50 können »Fleisch und Blut das Reich Gottes nicht ererben.«

Pkt. 12 – Jesus verliert seine Mittlerrolle
Pkt. 19 – Sonderlehre

IV. 7. 9. Prophezeiungen

Die WTG hat im Laufe ihrer rund 100-jährigen Geschichte etwa ein Dutzend Prophezeiungen in Bezug auf das Weltende und die Wiederkunft Christi geäußert. Nicht eine dieser Vorhersagen ist in Erfüllung gegangen! Wie bereits in der Entstehungsgeschichte beschrieben, machte Russell noch vor der Gründung der WTG seine erste prophetische Aussage. Bereits 1912 wies er, ausgehend von dem Jahr 1874, direkt auf das Jahr 1914 hin. Er behauptete, dass

> das völlige Ende der »Heiden-Nationen« und ihre Herrschaft mit dem Jahr 1914 erreicht sein würde und dass dieses Datum die äußere Grenze der Herrschaft unvollkommener Menschen sein würde (»Die Zeit ist herbeigekommen«, S. 73).

Als sich diese Vorhersage nicht erfüllte, hieß es plötzlich, man habe sich geirrt; die Wiederkunft Christi, als Richter der Welt, sei nicht buchstäblich zu verstehen, sondern Jesus habe 1914, unsichtbar für die Menschen, seine Macht im Himmel angetreten. An dieser Version hält die WTG auch heute noch fest, denn sie schreibt im WT vom 1. Juli 1998, S. 17:

> Seine gesalbten Nachfolger [Anmk. d. Verf.: die Klasse der 144000] mussten dagegen warten, bis Jesu königliche Gegenwart begonnen hatte, was gemäß biblischer Prophezeiung im Jahr 1914 der Fall war (1. Thessalonicher 4,14-16; Offenbarung 11,18).

Alle weiteren Prophezeiungen drehen sich nun um das »Geschlecht«, von dem Jesus in Matth. 24,34 spricht, wobei die WTG den Begriff »Geschlecht« mit »Generation« übersetzt:

Bis 1980/81 hieß es noch, dass die Generation, die 1914 zehn Jahre alt gewesen sei, den Gerichtstag Gottes noch erleben würde (»Die Wahrheit, die zum ewigen Leben führt«, S. 95).

In dem Buch »Du kannst für immer im Paradies auf Erden leben«, das 1982 veröffentlicht wurde, war der Zeitpunkt bis zum Gerichtstag Harmagedon schon um zehn Jahre »verlängert«, denn dort musste die Generation 1914 einfach schon geboren sein. Auf Seite 154, Abs. 8 hieß es:

> Nachdem Jesus auf die vielen Dinge aufmerksam gemacht hatte, die die Zeit nach 1914 gekennzeichnet haben, sagte er: »Diese Generation [wird] auf keinen Fall vergehen ..., bis alle diese Dinge [einschließlich des Endes dieses Systems] geschehen« (Matthäus 24,34.14). Welche Generation meinte Jesus? Er meinte die Generation, die im Jahre 1914 am Leben war. Diejenigen, die von dieser Generation noch am Leben sind, sind bereits sehr alt. Doch einige von ihnen werden noch am Leben sein, wenn dieses böse System zu Ende geht. Eines ist somit klar: In kurzem wird für alles Böse und für alle bösen Menschen in Harmagedon das Ende kommen.

Wenn man berücksichtigt, dass die Bibel ein Menschenalter auf ca. 80 Jahre begrenzt, dann hätte das Gottesgericht spätestens 1994 eintreten müssen.

> Um nicht direkt zugeben zu müssen, dass man sich mit seinen Berechnungen wieder einmal geirrt hatte, wurde »diese Generation« im neuen Buch, »Erkenntnis, die zum ewigen Leben führt« (veröffentlicht 1995), einfach nicht mehr erwähnt. Man griff auf einen Bibeltext zurück, den man jahrzehntelang völlig ignoriert hatte. So heißt es im »Erkenntnisbuch«, Seite 96, Absatz 14, in Bezug auf die Jünger:
>
> »Um sie vor Spekulationen in dieser Hinsicht zu warnen, sagte Jesus: »Es ist nicht eure Sache, über die Zeiten oder Zeitabschnitte Kenntnis zu erlangen, die der Vater in seiner eigenen Rechtsgewalt gesetzt hat.«
>
> Nicht mit einer Silbe wurde auf die eigenen Spekulationen eingegangen, die die Organisation in Bezug auf das Weltende selbst schon angestellt hat ... Hat sie sich mit all ihren Prophezeiungen, ... nicht selbst fast 100 Jahre lang über die Warnungen Jesu hinweggesetzt? Dabei wurde jede der Vorhersagen zum Zeitpunkt ihrer Veröffentlichung als Glaubensdogma manifestiert und musste von allen Mitgliedern bedingungslos als solches akzeptiert werden. Und heute werden genau diese Dogmen von der Gesellschaft selbst verworfen (»Auch ich habe ihnen geglaubt«, S. 90).

Niemand weiß, wie viele Z.J. aus ihrer Organisation ausgeschlossen wurden, weil sie an das Jahr 1914 und die Berechnungen über die Lebensdauer der Generation nicht glauben konnten. All diese Menschen haben nach dem WT-Verständnis durch ihre Exkommunikation ihr ewiges Heil verloren. Durch die jahrelange Indoktrination haben sich tief in ihrem Unterbewusstsein Ängste vor einer Vernichtung durch Jehova festgesetzt, die sich auch nach ihrer Trennung von der Sekte noch destruktiv auf ihr Leben auswirken (siehe Seite 309).

Nach göttlichen Maßstäben sind die Zeugen Jehovas als falsche Propheten zu bezeichnen, auf die der Text aus 5. Mose 18,20-22 anzuwenden ist:

> … wenn ein Prophet im Namen des Herrn etwas ankündigt und es trifft nicht ein, dann waren seine Worte nicht vom Herrn. Er hat eigenmächtig geredet, und ihr braucht ihn nicht ernst zu nehmen.

Auch diese Anschuldigungen weist die WTG mit scheinheiligen Argumenten von sich, denn sie veröffentlichte im »Erwachet« vom 22. März 1993 folgenden Text:

> Jehovas Zeugen haben in ihrem Enthusiasmus für Jesu zweites Kommen auf Daten hingewiesen, die sich als unkorrekt herausgestellt haben. Aufgrund dessen sind sie von einigen als falsche Propheten bezeichnet worden. Doch in keinem dieser Fälle haben sie sich angemaßt, Vorhersagen »im Namen Jehovas« zu äußern …

Fast alle Bibelkommentatoren gehen davon aus, dass es sich bei dem von Jesus angesprochenen Geschlecht *nicht* um Menschen aus verschiedenen Nationen handelt, die 1914 oder davor geboren wurden, sondern um das Geschlecht der Juden. Das bestätigen auch die geschichtlichen Tatsachen: Nach der Zerstörung des Königreiches Juda im Jahre 70 n. Chr. hatte das Volk Israel aufgehört, als Nation zu existieren (siehe Seite 27). Obwohl es das kleinste unter den vielen Völkern war, die im AT erwähnt werden, hat es seinen religiös-kulturellen Charakter bis heute erhalten. An diesem Geschlecht der Juden wird sich auch die Vorhersage Jesu aus Matthäus 24,34 erfüllen.

Pkt. 10 – Führer treten auf als falsche Propheten

IV. 7. 10. Das Volk Israel

So, wie sich die WTG als Prophet aufspielt, so hat sie auch keine Bedenken, dem buchstäblichen Volk Israel seine Rolle als auserwähltes Gottesvolk abzusprechen und auf sich selbst zu beziehen. Unter Berufung auf Matthäus 21,43 geht sie davon aus, dass Gott sein Volk für immer verworfen hat und bezeichnet sich selbst als »geistiges Israel der Endzeit«. Texte wie Römer 11,25-32 und 2. Korinther

3,13-16, in denen belegt wird, dass Gott seinem Volk am Ende der Tage noch einmal seine Gunst erweisen wird, um so ganz Israel zu erretten, bleiben bei den Überlegungen der Z.J. unberücksichtigt.

Pkt. 10 – Führer treten auf als falsche Propheten

IV. 7. 11. Seele und Hölle

Wie die Adventisten glauben auch die Z.J. nicht an eine Unsterblichkeit der Seele. Aus diesem Grund lehnen sie auch die Lehre von einer ewigen Strafe oder dem ewigen Verlorensein aller Ungläubigen ab (Mark. 9,43-48).

Doch wer oder was soll dann zur Auferstehung kommen, von der in vielen Textstellen die Rede ist (Joh. 5,28.29)? Da »Fleisch und Blut das Reich Gottes nicht erben können« (1. Kor. 15,44-50), muss es etwas Nichtphysisches geben, das nach dem irdischen Tod weiterlebt, und das kann nach biblischem Verständnis nur die Seele sein.

Allerdings ist zu beachten, dass die Bibel unter dem Begriff »Seele« nicht die schon in der griechischen Gnosis und der heutigen Esoterik verbreitete Vorstellung von einer Seelenwanderung versteht. Nach Gottes Wort ist die Seele stets untrennbar mit *einer* Person verbunden (Siehe dazu auch »Die Wachtturm-Theologie der Zeugen Jehovas«, S. 87-93).

Pkt. 19 – Sonderlehre

IV. 7. 12. Fehlerhafte Bibelübersetzung

Um die Lehren für ihre Anhänger glaubhaft zu machen, hat sich die WTG nicht gescheut, viele Aspekte aus ihrer Begriffswelt in ihre WT-Bibel, die »Neue-Welt-Übersetzung der Heiligen Schrift», einfließen zu lassen. Besonders Verse, die die Gottheit Jesu Christi bezeugen, sind nicht wahrheitsgemäß wiedergegeben. Die Deutsche Bibelgesellschaft in Stuttgart schreibt in ihrer Broschüre »Wissenswertes zur Bibel«, Folgendes über die Wachtturmbibel:

> Auf weite Strecken genaue, aber im Sinn der Sonderlehren der Z.J. tendenziöse Übersetzung.

(Eine Gegenüberstellung der falsch übersetzten Bibeltexte mit der Elberfelder Bibel ist in »Die Wachtturm-Theologie der Zeugen Jehovas«, auf den Seiten 100-108 zu finden.)

Pkt. 18 – Falsche Bibel

IV. 7. 13. Organisation und Verbreitung

Die Organisation wird weltweit von Brooklyn aus geleitet. An der Spitze steht der »treue und verständige Sklave«, das bereits erwähnte Gremium von 11 Männern (siehe Seite 241). Die jeweiligen Ortsversammlungen, denen Älteste vorstehen, werden zu Kreisen und Bezirken zusammengeschlossen, die von Kreis- und Bezirksaufsehern überwacht werden. In Deutschland gibt es zwei eingetragene Vereine: Die »Wachtturm-Bibel- und Traktat-Gesellschaft« mit Sitz in Selters im Taunus und die »Religionsgemeinschaft der Zeugen Jehovas in Deutschland« mit Sitz in Berlin.

Der Bekanntheitsgrad dieser Sekte ist sicher auf ihren großen Missionseifer zurückzuführen. Ihr oberstes Ziel ist es, die Menschheit vor dem in Kürze erwarteten Gerichtstag Gottes zu warnen und in ihre Organisation zu führen. Für diesen Feldzug sind sie bestens organisiert. Ihre Zeitschriften »Der Wachtturm« und »Erwachet«, die 14-tägig erscheinen, werden weltweit in 231 Ländern mit einer Auflage von 16 Millionen Exemplaren in über 100 Sprachen verbreitet.

Ihr gesamtes Lehrsystem dient dazu, den Einzelnen zu schulen, für seine Glaubensüberzeugung öffentlich einzustehen, so dass er in Bezug auf ihre Lehren, auf jede mögliche Frage eine passende Antwort zur Verfügung hat.

Soziale Einrichtungen, wie z. B. Kindergärten oder Altersheime, waren bisher in ihrer Organisation nicht vorhanden. Caritative Verbände, unabhängig, unter welcher Leitung sie stehen, wurden weder durch ehrenamtliche Hilfe, noch durch finanzielle Spenden unterstützt.

Inzwischen gibt es einige Alten- und Pflegeheime, die mit einem hauseigenen Versammlungssaal werben und nur Bewohner aufnehmen, die den Z.J. angehören. Nach unseren Informationen stehen sie aber unter der privaten Trägerschaft eines Zeugen Jehovas und nicht unter der Leitung der Wachtturmgesellschaft. Auch ein vorgegebener Verhaltens-Kodex von Ge- und Verboten ist im Gegensatz zu früheren Zeiten in etlichen Punkten gelockert worden.

Diese Änderungen stehen wahrscheinlich in engem Zusammenhang mit dem Antrag der Wachtturmgesellschaft (bzw. der »Religionsgemeinschaft der Zeugen Jehovas in Deutschland«) auf die staatliche Anerkennung einer »Körperschaft des öffentlichen Rechts«.

Dieser Antrag wurde vom Bundesverwaltungsgericht zunächst in einem Urteil vom 26.6.1997 mit der Begründung von »fehlender Staatsloyalität« abgelehnt. Das Bundesverfassungsgericht hob dieses Urteil am 19.12.2000 wieder auf und verfügte eine erneute Prüfung des Verleihensanspruchs. Dabei wird es hauptsächlich darum gehen, ob die

> von ihr [der Religionsgemeinschaft] empfohlenen Erziehungspraktiken das Wohl der Kinder beeinträchtigt oder austrittswillige Mitglieder zwangsweise oder mit

vom Grundgesetz missbilligten Mitteln in der Gemeinschaft festhält und damit dem staatlichen Schutz anvertraute Grundrechte beeinträchtigt ... (Absatz Nr. 105 des Urteils des BVerfG, 2 BvR 1500/97 v. 19. 12. 2000) (EZW 2/2001, S. 58).

Weltweit gibt es ca. 6 Millionen Zeugen Jehovas, in Deutschland ist die Zahl rückläufig und beträgt zur Zeit 161.440 (Idea-Spektrum 15/2002).

Literaturnachweis

»Handbuch Religiöse Gemeinschaften«, Gütersloher Verlagshaus
»Charles T. Russell und die Zeugen Jehovas« von Franz Stuhlhofer, Schwengeler Verlag 1992
»Zeugen Jehovas. Anspruch und Wirklichkeit der Wachtturm-Gesellschaft« von Eckhard von Süsskindm Hänssler Verlag 1987
»Die Zeugen Jehovas. Auch ich habe ihnen geglaubt« von Monika Deppe, Brunnen Verlag
»Der Gewissenskonflikt« von Raymond Franz, Claudius Verlag
»Die Wachtturm-Theologie der Zeugen Jehovas« von Werner Deppe, Tel. und Fax: 09861/5407
»Materialdienst der EZW« 6/2001 und 2/2001

Wachtturm-Literatur

»Die Zeit ist herbeigekommen«
»Du kannst für immer im Paradies auf Erden leben«
»Die Wahrheit, die zu ewigem Leben führt«
»Erkenntnis, die zu ewigem Leben führt«
»Gott bleibt wahrhaftig«
»Überleben, und dann eine neue Erde«

IV. 8. Anthroposophie

IV. 8. 1. Entstehungsgeschichte

Im Gegensatz zur Anthropologie, der »Wissenschaft vom Menschen und seiner Entwicklung«, bedeutet Anthroposophie »Weisheit vom Menschen«. Ihr Gründer Rudolf Steiner (1861 -1925) wollte sie auch als Wissenschaft verstanden wissen, die sich mit der geistig-göttlichen Welt befasse, und bezeichnete sie deshalb auch als »Geisteswissenschaft«.

Schon im Alter von 8 Jahren wurden bei ihm hellseherische Fähigkeiten festgestellt, denn er sah den Tod seiner Tante voraus. Steiner befasste sich früh mit Geistesfragen. Schon in Schüler- und Studentenkreisen diskutierte er erstmals Gedanken über die Reinkarnation.

Nachdem er ein naturwissenschaftliches Studium absolviert hatte, promovierte er 1891 in Weimar zum Dr. phil. Von 1902-1913 war er Mitglied der »Theosophischen Gesellschaft«, die von der Russin Helene Blavatzky (1831 - 1891) gegründet wurde, die ebenfalls spiritistische und mediale Fähigkeiten hatte (siehe Seite 185). Wegen theologischer Streitigkeiten trennte er sich wieder von der Gesellschaft und gründete 1913 die »Anthroposophische Gesellschaft« in Dornach bei Basel.

Steiner las fast alle Werke bekannter Philosophen, stimmte aber nicht immer mit all ihren Betrachtungen überein. Was für die Philosophen nur abstrakte Bilder waren, das wollte Steiner als tatsächliche Bestandteile einer höheren Geisteswelt verstanden wissen, die von der Seele konkret wahrnehmbar seien. In einer Intuition erlebte er angeblich »die rein geistigen Inhalte des Seins«. Er schrieb:

> Wer nicht die Freiheit hat, für die Wahrnehmungen und Erscheinungsformen der Welt die richtige Intuition zu finden, dem bleibt die volle Wirklichkeit verschlossen.

Steiner studierte Geheim- und Geisteswissenschaften, sowie fernöstliche Weisheiten und deren mystische Philosophien. Im Hintergrung seines Suchens stand die Frage, wie die von ihm erlebte übersinnliche Geisteswelt mit der Philosophie, Psychologie und den Naturwissenschaften in Einklang zu bringen sei.

Die Bibel bezeichnete er als eine »Geheimschrift«, die sich nur dem Geisteswissenschaftler in ihrer letzten Bedeutung eröffne. Aus dieser Überzeugung heraus vermischte er biblische Aussagen mit dem hellseherischen Wissen aus der Akasha-Chronik (*sanskr.* »Äther«) und beteuerte:

> Was wir zu lesen vermögen in der unvergleichlichen Chronik, in der Akasha-Chronik, das ist für uns die Quelle für die geistige Forschung (»Handbuch religiöser Gemeinschaften«, S. 459).

Er beschrieb die »Akasha-Chronik« als eine Art Weltengedächtnis, in der angeblich alle Worte, alles Geschehen und alle Gedanken der Menschheit seit Anbeginn der Welt aufgezeichnet seien. Zugang zu dieser Chronik habe nur der eingeweihte Geisteswissenschaftler.

Steiner verfasste selbst zahlreiche Bücher und Schriften; seine grundlegenden Werke sind:

- Die Philosophie der Freiheit
- Das Urchristentum als mystische Tatsache
- Wie erlangt man Erkenntnis von den höheren Welten?
- Geheimwissenschaft im Umriss

Pkt. 18 – Falsche Bibel, Vermischung mit anderen Schriften und eigenes Schrifttum

IV. 8. 2. Kosmogonie

Steiners Darstellung von der Weltenentstehung umfasst kaum vorstellbare zeitliche Dimensionen. Seiner Meinung nach tragen alle Himmelskörper Wesen in sich, die sich mehrfach verkörpern, wodurch die Weltensysteme einer ständigen Veränderung unterworfen sind. Der gesamte Kosmos ist fortlaufend in Entwicklung. Ähnlich wie in den fernöstlichen Philosophien, gab es ein vergangenes und ein vorvergangenes Weltsystem, und nach dem gegenwärtigen System werden weitere folgen.

Er ging in seinen philosophischen Betrachtungen von 7 Planetenzuständen aus, die sich stetig in neue Planetenwesenheiten inkarnierten: Am Beginn war der **Saturnzustand,** der sich in den **Sonnen-** und später in den **Mondzustand** inkarnierte. Daraus entstand der gegenwärtige **Erdenzustand** und in der Zukunft werden es der **Jupiter-,** der **Venus-** und der **Vulkanzustand** sein.

Der Erdenzustand ist gegliedert in sieben Erdenzeitalter: In der Vergangenheit waren es die **Polarische- und** die **Hyperboräische-,** die **Lemurische-** und die **Atlantische Zeit**. In der Gegenwart ist es die **Nachatlantische Zeit** und in der Zukunft sind es das **sechste und siebte Erdenzeitalter**.

Die gegenwärtige Nachatlantische Zeit umfasst eine Zeitspanne von 7 893 Jahren und wird unterteilt in sieben Kulturepochen von jeweils 2 160 Jahren.

- In der Vergangenheit lagen die Altindische Kulturepoche (7 227 v. Chr. – 5 067 v. Chr.),
- die Altpersische Epoche (5 067 – 2 907 v. Chr.),
- die Ägyptisch-Chaldäisch-Babylonische Epoche (2 907 -747 v. Chr.)
- und die Griechisch-Lateinische Epoche (747 – 1 413 n. Chr.).
- In der Gegenwart ist es die fünfte Kulturepoche (seit 1 413 n. Chr.),
- und in der Zukunft liegen die sechste (ab 3 573 n. Chr.)
- und die siebte Kulturepoche (7 893 n. Chr.).

Pkt. 11 – Abweichung vom biblischen Schöpfungsbericht

IV. 8. 3. Die Menschheitsentwicklung und das Luziferereignis

Am Anfang aller Entwicklung stand der Mensch, der sich in seiner Präexistenz* aus einem imaginären Weltwesen heraus entwickelte, das man durchaus mit der hinduistischen Weltseele Brahman vergleichen könnte. Seine Entwicklung lief mit den oben beschriebenen Inkarnationsphasen der Planetenwesen parallel.

Im **Saturnzustand** entwickelte sich sein physischer Leib und sein Trancebewusstsein; im **Sonnenzustand** sein Ätherleib (unsichtbarer, feinstofflicher Lebensleib) und sein Schlafbewusstsein; im **Mondzustand** sein Astralleib (Seelenleib, Gefühle, Instinkte und Triebe) und sein Bilderbewusstsein; im **Erdenzustand** sein Ich-Bewusstsein und seine Verstandesseele.

Im dritten Erdenzeitalter, der lemurischen Zeit, fand eine Art Sündenfall statt, den Steiner als »Luziferereignis« bezeichnet. In einem Zustand, in dem das Ich-Bewusstsein des Menschen noch nicht voll entwickelt war, wirkten geistige Mondwesen auf seinen Astralleib ein. Das »Ich« des Menschen verlor sein Ziel, sich zu einem höheren Bewusstsein zu entwickeln, aus den Augen. Es verstrickte sich immer mehr in Materie und geriet dadurch in Sünde, wie Hass, Neid, Begierde und Lügen. Seit diesem Ereignis machte der Mensch eine Rückentwicklung durch, was gleichzeitig den Beginn der Reinkarnationen hervorrief.

Pkt. 11 – Abweichung vom biblischen Schöpfungsbericht

IV. 8. 4. Der gegenwärtige Zustand des Menschen

Zur Zeit befindet sich die Menschheit innerhalb des vierten Planetenzustandes, in der fünften Kulturepoche, die 1413 n. Chr. begann. Seit Golgatha geht die Entwicklung des Menschen wieder aufwärts, weil der »Christus-Impuls« dem luziferischen Einfluss entgegenwirken kann.

Dies wurde möglich durch die Kreuzigung Jesu, bei der das Blut des Christus in die Erde floss und sie »durchchristet«. Seit jener Zeit ist der kosmische Christus mit der Erde verbunden. Das Mysterium von Golgatha wird als Mittelpunkt der irdischen Entwicklung verstanden, denn von diesem Zeitpunkt an war die Rückwärtsentwicklung des Menschen beendet.

Um den Menschen aus der Verstrickung in die Materie zu befreien, entwickelte Steiner zusätzlich einen siebenfachen, geistigen Schulungsweg, der eine Höherentwicklung des Ich-Bewusstseins bewirken soll und gleichzeitig mit einer sittlichen Vervollkommnung des Menschen verknüpft ist. Der Schüler soll

* **Präexistenz**: Die Annahme einer Existenz des Menschen bzw. seiner Seele vor seiner Zeugung im Mutterleib; Voraussetzung für die Reinkarnationslehre.

»Entwicklung von Erde und Menschen«, nach R. Steiner

ENTWICKLUNG DER ERDE	ENTWICKLUNG DES MENSCHEN
1. SATURNZUSTAND (Wärme)	Phys. Leib, Trancebewusstsein
2. SONNENZUSTAND (Luft) Pflanzen	Ätherleib, Schlafbewusstsein
3. MONDENZUSTAND (Wasser) Tier	Astralleib, Bilderbewusstsein
4. ERDENZUSTAND	Ich, Gegenstandsbewusstsein
I. Polarische Zeit	
Verbundenheit von Erde, Sonne und Mond	Anlagen zu Empfindungs- und Verstandesseele
II. Hyperboräische Zeit	
Trennung von Sonne und Erde (Gen.1)	Anlagen zur Bewusstseinsseele
III. Lemurische Zeit	**Luziferereignis**
Trennung von Erde und Mond	Geschlechtertrennung, Krankheit, Tod, traumhaftes Ichbewusstsein,
IV. Atlantische Zeit	
Untergang = Gen. 7f	naturhaftes Bilderbewusstsein, 7 atlant. Orakel: zogen nach Asien
V. Nachatlantische Zeit	
1. Altindische Kulturepoche (7227 - 5067 v.Ch.)	natürliches Hellsehen, Welt=Maya
2. Altpersische Kulturepoche (5067 - 2907 v.Ch.)	Zarathustra: Gegensatz Ormuzd (Licht) und Ahriman (Welt)
3. Ägypt.-Chald.-Babylon. Kulturepoche (2907 - 747 v.Ch.)	Ausbildung der Empfindungsseele Erkenntnis des Geistigen hinter Sinnlichem: Astrologie und Geometrie
4. Griech.-Latein. Kulturepoche (747 - 1413 n.Ch.)	Ausbildung der Verstandesseele, Erwachen des bewussten Ich, Abbildung des Geistigen im Sinnlichen: Kunst, Rechts- u. Staatsordnung.
5. Kulturepoche (seit 1413 n.Ch.)	Ausbildung der Bewusstseinsseele, volle Ich-Entwicklung

GEGENWART

ZUKUNFT

6. Kulturepoche (ab 3573 n. Chr.)	Öffnung der Bewusstseinsseele für Geistselbst, Erinnerung an Reinkarnationen
7. Kulturepoche	Gruppierung der Menschheit nach geistigen Gesichtspunkten.
VI. Erdenzeitalter	
VII Erdenzeitalter	
5. JUPITERZUSTAND	
Verbindung alter Mond und Erde, keine Mineralien mehr	Geistselbst, Psychisches Bewusstsein, Mensch »spuckt Pflanzen aus«.
6. VENUSZUSTAND	
Verbindung alte Sonne und Erde, keine Pflanzen mehr	Lebensgeist, Inspirationsbewusstsein, Mensch schwebt, schafft Tiere.
7. VULKANZUSTAND	
Verbindung alter Saturn und Erde, keine Tiere mehr	Geistesmensch, spirituelles Bewusstsein, Mensch »spricht Menschen aus«, Fortpflanzungsorgan ist der Kehlkopf

(Aus »Handbuch Religiöse Gemeinschaften«, S. 452)

lernen, die Herrschaft über die Gedankenführung und die Willensimpulse zu erlangen, die Gelassenheit über Lust und Leid, die Positivität im Beurteilen der Welt, und die Unbefangenheit in der Auffassung des Lebens. Es soll jederzeit ein vollkommener Einklang herrschen zwischen dem äußeren moralischen Leben und dem Einweihungsprozess, in dem der Schüler folgende 7 Stufen durchlaufen muss:

Der siebenfache anthroposophische Schulungspfad

1. Information, in der er die Erkenntnisse von Eingeweihten aufnimmt. **2. Initiation**, in der sich der Schüler der Führerschaft geistiger Wesen unterstellt und deren Anordnungen folgt. Damit wird er Bürger der geistigen Welt. **3. Konzentration**, in der er seine geistigen Kräfte durch bestimmte Übungen trainiert; **4. Meditation**, in der er die in seinem Astralleib angelegten Lotosblumen, d. h. die »Astral-Organe«, zur Ausbildung bringt. **5. Imagination,** eine Verbindung von Meditation und sinnlichkeitsfreiem Denken. Hier kann er astrale Bilder sehen und er erlebt sich selbst außerhalb seines physischen Leibes. **6. Inspiration,** in der er sich durch Meditation in der höheren Welt orientieren kann. Nun kann er die verborgene Schrift der Akasha-Chronik entschlüsseln und gleichzeitig werden ihm Zusammenhänge zwischen Tod, Geburt und Kosmologie offenbart. **7. Intuition** ist die höchste Stufe, die erlangt werden kann. Das Ziel ist es, ein leeres Bewusstsein zu erlangen, das weder physische noch astrale Bilder (Vorstellungen über seelisch-emotionale Empfindungen) enthält. Erst auf dieser höchsten Stufe erhält der Schüler eine interne Kenntnis über sein Karma und seine Reinkarnation und Aufschluss über das spezielle Geistwirken während seiner Erdenevolution.

Nur wer die einzelnen Stufen der höheren Erkenntnis durchlaufen hat, ist in Wahrheit ein Eingeweihter. Viele der hier aufgeführten Kriterien weisen große Ähnlichkeit mit dem »Edlen achtfachen Pfad« im Buddhismus (siehe Seite 92) und den acht Stufen im Yoga (siehe Seite 171) auf.

Pkt. 12 – Falsches Christusbild
Pkt. 13 – Werkgerechtigkeit (Selbsterlösung)

IV. 8. 5. Der Heilsweg oder die Zukunft des Menschen

Während die Bibel den Menschen als eine Dreieinheit von Geist, Seele und Leib sieht (1. Thess. 5,23), gibt Steiner ihm einen siebengeteilten Leib: Im Erdenzustand besteht er aus einem physischen-, einem Äther-, einem Astralleib und einem »Ich«. Auf seinem Weg in die höheren Welten geschieht eine Umwandlung, er wird zum Geistselbst, dann zum Lebensgeist und schließlich zum Geistmenschen.

Bei seinem irdischen Tod stirbt zuerst der physische Leib und einige Tage später der Ätherleib. Der Astralleib durchläuft vor seinem Tod noch eine Art Fegefeuer, in dem sein vergangenes Karma sichtbar gemacht wird und er alles Leid und alles Sündhafte, das er selbst verursachte, noch einmal erlebt. Nur das »Ich«, als der Wesenskern des Menschen, bleibt erhalten. Es nimmt das Karma aus jeder Verkörperung auf und trägt sie ins »Geisterland«, wo es auf eine neue Inkarnation vorbereitet wird.

Erst nach der sechsten und siebten Kulturepoche und nachdem das siebte Erdenzeitalter beendet ist, wird auch das Ende der Reinkarnationen gekommen sein. Dann ist der Materialismus überwunden und der Mensch kann endgültig in die kosmisch-geistige Welt aufsteigen.

Er verlässt den Erdenzustand und geht über in den Jupiterzustand, wo sich das menschliche »Ich« in ein Geistselbst (Mana) verkörpert.

Dieser lineare Entwicklungsprozess erstreckt sich dann über den Venuszustand, in dem das »Ich« sich zum Lebensgeist (Buddhi) entwickelt, bis hin zum endgültigen Ziel, dem Vulkanzustand.

Hier inkarniert das »Ich« zum Geistmenschen (Atma) und wird ausgestattet mit kreativen Potenzen, die gleichzusetzen sind mit göttlichen Schöpfungseigenschaften. Das Individuum »spuckt Pflanzen« aus und »spricht Menschen«, denn sein Kehlkopf ist dann ein Fortpflanzungsorgan, durch das es sich selbst reproduzieren kann.

Diese geistige Höherentwicklung wird unterstützt durch den Christus-Impuls und eine Hierarchie von Geistern und Engeln, an deren Spitze Gott steht (siehe auch Seite 120).

Pkt. 20 – Synkretismus
Pkt. 19 – Sonderlehre (unbiblisches Menschenbild)

IV. 8. 6. Theologie und Christologie

In Anlehnung an die christliche Trinität, ist auch in der Anthroposophie eine Dreigliederung Gottes zu finden. Doch während die Bibel von einer Dreieinheit aus Vater, Sohn und Heiligem Geist ausgeht, unterscheidet Steiner zwischen

- dem Mondgott Jahwe,
- der ewigen Christus-Wesenheit
- und dem »Menschen Jesus von Nazareth«.

Nach seiner Überzeugung waren sieben Elohims an der Weltschöpfung beteiligt. Einer trennte sich von ihnen und wurde zum Mondgott Jahwe. Die anderen sechs nahmen ihren Wohnsitz auf der Sonne und bildeten gemeinsam den Sonnengott oder die »Christus-Wesenheit«. Bei seiner Menschwerdung inkarnierte der Christus vom Sonnengott zum Erdengott. Verschiedene Religionen vorchristlicher Zeitepochen sollen die Inkarnation des menschlichen Jesus durch ihre Mysterien angeblich vorbereitet haben. So war z. B. das Volk Israel dazu ausersehen, die physische Leiblichkeit zu bilden, in die der Christus einziehen konnte.

Pkt. 16 – Biblische Dreieinigkeit wird geleugnet

IV. 8. 7. Zwei Jesus-Knaben

Steiner vertrat auch die Lehre von zwei Jesus-Knaben. Sie hatten verschiedene Eltern, die aber beide Maria und Joseph hießen. Er bezog sich auf die unterschiedlichen Geschlechtsregister in den Evangelien von Matthäus und Lukas (Matth. 1,1-17; Luk. 3,23-27) und nannte den Jesus-Knaben, von dem Matthäus berichtet, den »salomonischen Jesus« und den, über den Lukas berichtet, den »nathanischen Jesus«. Der Jesus des Matthäus ist eine »Inkarnation des Zarathustra« (Begründer der altpersischen Volksreligion), der des Lukas wird umschwebt von der »Aura des Buddha«. Beide Knaben gingen als 12-Jährige in den Tempel und vereinigten sich dort. Das »Zarathustra-Ich« des »salomonischen Jesus« ging über in den »nathanischen Jesus«. Bei der Taufe durch Johannes den Täufer zog dann die ewige Christuswesenheit des kosmischen Christus in den Menschen Jesus ein.

Pkt. 12 – Falsches Christusbild

IV. 8. 8. Organisation und Verbreitung

Die Anthroposophische Gesellschaft hat weltweit 60 000 Mitglieder, davon ca. 20 000 in Deutschland (Stand v. 1992). Trotz der relativ geringen Mitgliederzahl darf der Einflussbereich ihres Denkens nicht unterschätzt werden. Besonders in den 120 Waldorfschulen mit mehr als 80 000 Schülern, von denen rund 90% aus nichtanthroposophischen Elternhäusern kommen, wird in vielen Fällen ein anthroposophisches Welt- und Menschenbild vermittelt. Das gleiche gilt auch für die 130 Waldorfkindergärten, die es in Deutschland gibt.

Neben einigen hundert anthroposophisch orientierten Ärzten gibt es: Sanatorien und Kliniken, heilpädagogische Einrichtungen für Jugendliche und Erwachsene, Bauernhöfe und Gärtnereien, die nach biologisch-dynamischer Weise ihr Land bearbeiten, Ausbildungsstätten für Eurhythmisten (Gleichmaß von Wort und Körperbewegung in der Gemeinschaft), Kunst-, Musik-, Heil- und Sozialtherapeuten.

1983 wurde in Witten-Herdecke sogar eine Universität mit den Fächern Orientalistik und Philosophie gegründet.

Literaturnachweis

»Handbuch Religiöse Gemeinschaften«, Gütersloher Verlagshaus, 1993
»Das anthroposophische Bibelverständnis« von Lothar Gassmann, R. Brockhaus Verlag, 1994
»Die Anthroposophie Rudolf Steiners« von Jan Badewien; Claudius Verlag
»Wie frei ist die Waldorfschule?« von Martina Kayser u. Paul-Albert Wagemann, Wilhelm Heyne Verlag
»Das neue Lexikon der Esoterik« von Marc Roberts, Goldmann Vertag, 1995

IV. 9. Die Christengemeinschaft (CG)

IV. 9. 1. Entstehungsgeschichte

Der Begründer der Christengemeinschaft (CG) war der evangelische Pfarrer Friedrich Rittelmeyer. Zusammen mit Rudolf Steiner, den er um Rat und Hilfe ersucht hatte, entwickelte er das Lehrkonzept der Gemeinschaft, die 1922 gegründet wurde. Rittelmeyer gab sein Pfarramt auf und wurde der »Erzlenker« der CG. Fast alle Gründungsglieder der CG sind über die Anthroposophie, sowie durch das Studium kultischer Texte von Rudolf Steiner zur CG gekommen.

IV. 9. 2. Lehrgrundsätze

Obwohl Rudolf Steiner großen Wert darauf gelegt hatte, die Anthroposophie und die CG getrennt zu halten, gehen doch beide Gemeinschaften eindeutig auf dieselbe Offenbarungsquelle zurück.

Eine zentrale Bedeutung hat die Lehr- und Bekenntnisfreiheit in der CG. Niemand muss sich auf ein Bekenntnis verpflichten. Es wird Toleranz in allen Glaubensfragen und der gesamten Lehrauffassung geübt. Das von Steiner verfasste Credo lautet:

- Ein allmächtiges, geist-physisches Gotteswesen ist der Daseinsgrund des Himmels und der Erde, das väterlich seinen Geschöpfen vorangeht.
- Christus, durch den die Menschen die Wiederbelebung des ersterbenden Erdendaseins erlangen, ist zu diesem Gotteswesen wie der in Ewigkeit geborene Sohn.
- In Jesus trat der Christus als Mensch in die Erdenwelt.
- Jesu Geburt auf Erden ist eine Wirkung des Heiligen Geistes, der, um die Sünden-

krankheit an dem Leiblichen der Menschheit geistig zu heilen, den Sohn der Maria zur Hülle des Christus bereitete.

- Der Christus Jesus hat unter Pontius Pilatus den Kreuzestod erlitten und ist in das Grab der Erde versenkt worden.
- Im Tod wurde er der Beistand der verstorbenen Seelen, die ihr göttliches Sein verloren hatten.
- Dann überwand er den Tod nach drei Tagen.
- Er ist seit dieser Zeit der Herr der Himmelskräfte auf Erden und lebt als der Vollführer der väterlichen Taten des Weltengrundes.
- Er wird sich einst vereinen zum ewigen Weltenfortgang mit denen, die Er durch ihr Verhalten dem Tod der Materie entreißen kann.
- Durch ihn kann der heilende Geist wirken.
- Gemeinschaften, deren Glieder den Christus in sich fühlen, dürfen sich vereinigt fühlen in einer Kirche, der alle angehören, die die heilbringende Macht des Christus empfinden.
- Sie dürfen hoffen auf die Überwindung der Sündenkrankheit, auf das Fortbestehen des Menschenwesens und auf ein Erhalten ihres für die Ewigkeit bestimmten Lebens (»Handbuch Religiöse Gemeinschaften«, S. 346).

Pkt. 12 – Falsches Christusbild

IV. 9. 3. Christologie

Christus bildet den Mittelpunkt allen Glaubensgeschehens in der CG. Allerdings ist es ein Christus, der sich von dem in der Bibel offenbarten Sohn Gottes erheblich unterscheidet. In der CG wird sein Wirken in einen kosmisch-universellen Rahmen gestellt. Er wird als der »hohe Sonnengott« bezeichnet und die Vorstellungen über ihn sind mit denen aus der Anthroposophie in vielen Punkten deckungsgleich.

Ähnlich wie im Christentum wirkt auch in der CG der Tod Christi dem Sündenfall entgegen. Doch während nach christlicher Überzeugung die Sünden der ganzen Welt durch das vergossene Blut Jesu getilgt und ausgelöscht sind und der Mensch dadurch wieder freien Zugang zu Gott bekommt, erfährt der Kreuzestod Christi hier eine völlig andere Deutung. Hier bewirkt sein Tod, dass der »verschüttete göttliche Geistfunke« im Menschen wieder lebendig wurde. Durch diesen Vorgang erhielt das »Ich« die Möglichkeit, von innen heraus wieder zu einem höheren, geistigen Wesen heranzuwachsen. Die Kreuzigung und das dabei zur Erde fließende Blut Jesu werden als sakramentales Geschehen gewertet. Hier wurde Christus zum »Ich der neu werdenden Erde«, deren Aura sich veränderte und die dadurch auch einen Weg der Vergeistigung betrat.

Pkt. 12 – Falsches Christusbild

IV. 9. 4. Parusie (Wiederkunft Christi)

Die Wiederkunft Christi geschieht stufenweise, als ätherischer, astraler und kosmischer Christus, und läuft mit der Entwicklung von Erde und Menschheit parallel. Wie in der Anthroposophie wird auch hier ein göttlicher Gerichtstag ausgeklammert.

Pkt. 20 – Synkretismus (Vermischung mit neugnostischem Denken)

IV. 9. 5. Der Sündenfall

Nach R. Steiner ist der Mensch ein rein geistiges, also göttliches Wesen; erst der ihm erteilte Schöpferfunke macht ihn zum Menschen. Weil er in den Entwicklungsprozess des Kosmos und in ein ersterbendes Erdendasein eingebettet ist, musste er den Sündenfall erleben, der als ein tatsächliches Fallen, nämlich als ein »Herabsinken in Stoffes-Finsternis« verstanden wird. Durch eine zunehmende »Verstofflichung« wurde er von nun an immer selbstbewusster und autonomer. Das Böse musste er insofern kennen lernen, weil es eine Entwicklungsmöglichkeit für ihn darstellt, die ihn dazu bereit machen soll, endlich frei in den Willen Gottes einzustimmen.

Pkt. 19 – Sonderlehren (esoterisch-gnostisches Menschenbild)

IV. 9. 6. Sieben Sakramente

Die Christengemeinschaft vollzieht – wie die Katholische Kirche – sieben Sakramente:

- Taufe, Konfirmation und Abendmahl,
- Beichte, Trauung, Priesterweihe und das Sterbesakrament.

In den Sakramenten werden den Gläubigen die »verwandelnden Christus-Kräfte« verliehen. Sie sollen die Menschen daran erinnern, dass es einst einen Weltenzustand gab, bei dem Geist und Materie noch nicht getrennt waren, und weisen dabei auf ein Weltziel hin, wo Geist und Materie wieder eine Einheit werden sollen.

Einen breiten Raum nehmen im kultischen Bereich die »Menschenweihehandlungen« ein, die mit einer katholischen Messe vergleichbar sind.

Pkt. 11 – Abweichung vom biblischen Schöpfungsbericht
Pkt. 20 – Synkretismus (Vermischung mit hinduistischer Philosophie)

IV. 9. 7. Organisation und Verbreitung

Die CG wird geleitet von einer »Lenkerschaft« (Priester, die besondere Aufgaben wahrnehmen), die hierarchisch strukturiert ist. An der Spitze stehen der Erzoberlenker mit zwei Oberlenkern. Mit vier weiteren Lenkern bilden sie zusammen den Siebener-Kreis. Die jeweiligen Gemeinden werden von Pfarrern geleitet, denen Helferkreise zur Seite stehen. Die Priester treffen sich von Zeit zu Zeit in Gesamtsynoden zur geistlichen Gemeinschaft, zu Gedankenaustausch und Beratung.

Das Zentrum der Gemeinschaft mit einem Priesterseminar und dem Verlag »Urachhaus« ist in Stuttgart, wo eine eigene Zeitung und umfangreiches Schriftenmaterial herausgegeben werden.

Die CG ist heute weltweit verbreitet. Sie ist vertreten in fast allen größeren Städten Deutschlands, sowie in zahlreichen europäischen Ländern, in Südafrika und in Nord- und Südamerika.

Ihre Mitgliederzahl betrug 1992 weltweit zirka 40 000, davon etwa 20 000 in Deutschland (Stand 2000).

Literaturnachweis

»Handbuch Religiöse Gemeinschaften«, Gütersloher Verlagshaus

IV. 10. Christliche Wissenschaft / Christian Science (CS)

IV. 10. 1. Entstehungsgeschichte

Die Begründerin der Gemeinschaft ist die Amerikanerin Mary Baker Eddy. Sie wurde am 16. Juli 1821 als Tochter des Farmers Mark Baker in Bow in New Hampshire geboren, der der Kongregationalistenkirche angehörte. Bereits im Alter von acht Jahren hörte sie häufig seltsame innere Stimmen und man stellte übernatürliche Kräfte bei ihr fest.

Schon als junge Frau hatte sie verschiedene körperliche Beschwerden und wurde bald chronisch krank. Nachdem sich ihr Zustand verschlimmerte, suchte sie den damals bekannten Heiler Pinehas Parhurst Quimby auf, der auf mentalem Wege ihre Krankheit »für sich übernahm« und ihr gleichzeitig ein »Gesundheitsbewusstsein« einsuggerierte, was tatsächlich zu einer Heilung führte. Quimby hatte für seine Therapie viele Anregungen des Magnetiseurs Franz Anton Mesmer (siehe Seite 116) übernommen. Die Konsultation dieses Heilers bewirkte nicht nur eine körperliche Besserung bei Mary, sondern war auch der Anstoß für sie, sich selbst mit mystischen Heilmethoden zu beschäftigen. Einige Zeit später wurde sie Mitglied des Gut-Templer-Ordens, einer Freimaurer-Loge.

Ein besonderes Erlebnis hatte sie, nach ihren eigenen Schilderungen, nach einem Unfall. Sie rutschte auf dem Eis aus und war danach so stark behindert, dass sie es äußerst schwer hatte, sich normal zu bewegen. Auf ihrem Krankenlager las sie die biblischen Heilungsgeschichten und bezog die Worte Jesu »Steh auf und geh umher«, die er zu dem Gelähmten gesagt hatte (Matth. 9,5), auf sich selbst und fühlte sich von dieser Stunde an gesund. Sie glaubte an eine Führung Gottes, der ihr auf diese Weise angeblich »das Prinzip des wissenschaftlich mentalen Heilens« offenbart hatte, mit dem sie von nun an kranke Menschen behandelte.

Sie schrieb ein umfangreiches Werk mit dem Titel »Science and Health« (»Wissenschaft und Gesundheit mit Schlüssel zur Heiligen Schrift«, nachfolgend WuG genannt), in dem sie ihre neu erworbenen Erkenntnisse darlegte. Sie behauptete, ihr aus der göttlichen Quelle erhaltenes Wissen sei die einzige wahre »Göttliche Wissenschaft« (Divine Science). Ihre Anhänger betrachten dieses Buch als Lehrbuch, an dem nichts geändert oder ausgelegt werden darf.

1870 eröffnete sie in Lynn ihre erste Schule, um interessierte Menschen zum wissenschaftlich-mentalen Heilen auszubilden.

Nach ihrer Scheidung im Jahre 1873 wurde sie 1877 in dritter Ehe mit Asa Gilbert Eddy getraut, der sich als Erster öffentlich »Christlicher Wissenschafter« nannte. Einige Jahre später begann sie, in kleinem Rahmen ihre ersten Gottesdienste abzuhalten.

In Boston gründete sie 1879 die »Church of Christ (Scientist)« und ließ sich 1881 zur Pastorin dieser Kirche ordinieren. Nach zehnjährigem Bestehen wurde diese Kirche wieder aufgelöst und 1892 durch eine Neugründung – »The First Church of Christ, Scientist« – ersetzt. Zwei Jahre vor ihrem Tod am 3. Dezember 1910, gründete sie als 87-Jährige noch die Tageszeitung »The Christian Science Monitor«.

Pkt. 10 – Führer tritt als Prophet auf
Pkt. 18 – Eigenes Schrifttum (Zusätze zur Bibel)

IV. 10. 2. Glaubensgrundsätze

Die religiösen Glaubenssätze der Christlichen Wissenschaft lauten:

1. Als Anhänger der Wahrheit haben wir das inspirierte Wort der Bibel zu unserem geeigneten Führer zum ewigen Leben erwählt.
2. Wir bekennen und verehren einen allerhabenen und unendlichen Gott. Wir bekennen Seinen Sohn, einen Christus; den Heiligen Geist oder göttlichen Tröster; und den zu Gottes Bild und Gleichnis geschaffenen Menschen.
3. Wir bekennen Gottes Vergebung der Sünde in der Zerstörung der Sünde und in dem

geistigen Verständnis, das das Böse als unwirklich austreibt. Aber die Annahme von Sünde wird so lange bestraft, wie die Annahme währt.

4. Wir bekennen Jesu Sühnopfer als die Augenscheinlichkeit der göttlichen, wirksamen Liebe, die des Menschen Einheit mit Gott durch Christus Jesus, den Wegweiser, entfaltet; und wir bekennen, dass der Mensch durch Christus erlöst wird, durch Wahrheit, Leben und Liebe, wie dies der galiläische Prophet im Heilen der Kranken und im Überwinden von Sünde und Tod demonstrierte.
5. Wir bekennen, dass die Kreuzigung Jesu und seine Auferstehung dazu dienten, den Glauben zu dem Verständnis vom ewigen Leben zu erheben, ja von der Allheit der Seele, des Geistes und der Nichtsheit der Materie.
6. Und wir geloben feierlich, zu wachen und zu beten, dass das Gemüt in uns sei, das auch in Christus Jesus war; anderen zu tun, was wir wollen, dass sie uns tun sollen, und barmherzig, gerecht und rein zu sein« (WuG, 497:1-27).

Auch wenn im ersten Glaubenssatz die Inspiration der Bibel betont wird, soll ihre geistige Bedeutung in der CS nur durch Mrs. Eddys »Schlüssel zur Heiligen Schrift« zu verstehen sein. Dieser Schlüssel weicht allerdings in allen gravierenden Glaubensaussagen vom Gesamtkontext der Bibel ab.

Pkt. 20 – Synkretismus

IV. 10. 3. Kosmogonie

Ihre Erklärung von der Entstehung der Welt weist Analogien mit denen anderer Mystiker und Seher auf und ist pantheistisch geprägt. M.B. Eddy ging von der Grundthese aus:

> Es ist kein Leben, keine Wahrheit, keine Intelligenz und keine Substanz in der Materie. Alles ist unendliches Gemüt und eine unendliche Offenbarwerdung, denn Gott ist Alles-in-allem. Geist ist unsterbliche Wahrheit; Materie ist sterblicher Irrtum. Geist ist das Wirkliche und Ewige; Materie ist das Unwirkliche und Zeitliche. Geist ist Gott, und der Mensch ist sein Bild und Gleichnis. Folglich ist der Mensch nicht materiell; er ist geistig (WuG, 468:12-18).

Das Wort »Gemüt« wird in ihren Ausführungen immer gleichgesetzt mit Gott, mit Geist und Leben, mit Wahrheit, Liebe, mit dem göttlichen Prinzip, das aller geistigen Kraft zugrunde liegt.

Pkt. 11 – Abweichung vom biblischen Schöpfungsbericht

IV. 10. 4. Menschenbild

Ihr Menschenbild beschrieb M.B. Eddy mit folgenden Worten:

> Der Mensch ist nicht Materie; er besteht nicht aus Gehirn, Blut, Knochen und anderen materiellen Elementen. Die Heilige Schrift belehrt uns, dass der Mensch zu Gottes Bild und Gleichnis geschaffen ist. Die Materie ist nicht dieses Gleichnis. Das Gleichnis des Geistes kann dem Geist nicht so unähnlich sein. Der Mensch ist geistig und vollkommen, und weil er geistig und vollkommen ist, muss er in der Christlichen Wissenschaft also verstanden werden. Der Mensch ist Idee, das Bild der Liebe; er ist kein körperlicher Organismus … (WuG, 475:6-15).

Bei diesen Überlegungen vergisst Mrs. Eddy, dass die ursprüngliche Ebenbildlichkeit des Menschen mit Gott durch den Sündenfall aufgehoben wurde. Aber für sie sind Körperlichkeit, Sünde, Krankheit und Tod nichts anderes als Einbildung und eine Sinnestäuschung des irrenden menschlichen Geistes, deshalb werden bei einer richtig angewandten Christlichen Wissenschaft Hygienevorschriften und Arzneimittel auch überflüssig:

> Es sei hier versichert, dass sie nicht heilen, sondern nur zeitweilig Leiden lindern, indem sie eine Krankheit mit der anderen vertauschen. Wir klassifizieren Krankheit als Irrtum, den nichts als Wahrheit oder Gemüt heilen kann; und dieses Gemüt muss göttlich, nicht menschlich sein. Gemüt übersteigt jede andere Kraft und wird schließlich alle anderen Heilmittel außer Gebrauch setzen (WuG, 483:1-9).
> Gewisse Resultate, die angenommenermaßen von Arzneien herrühren, sind in Wirklichkeit durch den Glauben an sie verursacht worden, den zu empfinden das falsche menschliche Bewusstsein erzogen worden ist … (WuG, 484:21-24).

Pkt. 19 – Sonderlehre (unbiblisches Menschenbild)

IV. 10. 5. Theologie

Die christliche Trinität wird in der CS umgedeutet. Aus der persönlichen Dreieinheit von Vater, Sohn und Heiligem Geist wird eine unpersönliche, abstrakte Gottheit. M.B. Eddy sagt:

> Gott ist individuell, unkörperlich. Er ist das göttliche Prinzip, Liebe, die universelle Ursache, der einzige Schöpfer, und es gibt keine andere Selbstexistenz …(WuG, 331:21).
> Leben, Wahrheit und Liebe bilden die dreieinige Person, Gott genannt – d. h. das

> dreifache göttliche Prinzip, Liebe. Sie stellen eine Dreiheit in der Einheit dar, drei in Einem – gleich im Wesen, obwohl vielgestaltig im Amt: Gott, Vater-Mutter; Christus, die geistige Idee der Sohnschaft; die göttliche Wissenschaft oder der Heilige Tröster. Diese drei drücken in der göttlichen Wissenschaft die dreifältige, wesentliche Natur des Unendlichen aus. Sie weisen auch auf das göttliche Prinzip des wissenschaftlichen Seins hin, auf die intelligente Beziehung von Gott zum Menschen und zum Weltall (WuG, 331:30-36 bis 332:1).

Pkt. 16 – Biblische Dreieinigkeit wird geleugnet

IV. 10. 6. Christologie

Zwischen Christus und Jesus wird eine deutliche Unterscheidung vorgenommen:

> Christus ist die ideale Wahrheit, die da kommt, um Krankheit und Sünde durch die christliche Wissenschaft zu heilen, und die Gott alle Kraft beimisst. Jesus ist der Name des Menschen, der mehr als alle andern Menschen Christus, die wahre Idee Gottes, dargestellt hat, die die Kranken und Sündigen heilt und die Macht des Todes zerstört. Jesus ist der menschliche Mensch, und Christus ist die göttliche Idee; daher die Dualität von Jesus, dem Christus (WuG, 473:10-18).

Auch die Tatsache, dass Gott die Welt durch den Kreuzestod Jesu Christi mit sich selbst versöhnte, wird durch die kuriose Heilsphilosophie M.B. Eddys verschleiert, denn sie schreibt über die Versöhnung der Welt:

> Die Versöhnung fordert beständige Selbstaufopferung von seiten des Sünders. Dass Gott seinen Zorn an seinem geliebten Sohn auslassen sollte, ist göttlich unnatürlich. Eine solche Theorie ist menschengemacht. Die Versöhnung ist ein schweres Problem in der Theologie; aber seine wissenschaftliche Erklärung ist, dass Leiden ein Irrtum des sündigen Sinnes ist, den Wahrheit zerstört, und dass schließlich Sünde wie Leiden zu den Füßen der ewigen Liebe niederfallen werden (WuG, 23:6-14).
>
> Die Wirksamkeit der Kreuzigung lag in der praktischen Liebe und Güte, die sie für die Menschheit demonstrierte … (WuG, 24:30-33).
>
> Das materielle Blut Jesu vermochte ebensowenig von Sünde zu reinigen, als es an dem »Fluchholz« vergossen ward, denn da es in seinen Adern floss, als er täglich in dem war, das seines Vaters ist. Sein wahres Fleisch und Blut war sein Leben; und diejenigen essen in Wahrheit sein Fleisch und trinken in Wahrheit sein Blut, die an jenem göttlichen Leben teilhaben. Jesus lehrte den Weg des Lebens durch Demonstration, damit wir verstehen können, wie dieses göttliche

Prinzip die Krankheit heilt, den Irrtum austreibt und über den Tod triumphiert (WuG, 25:6-15).

Pkt. 12 – Falsches Christusbild

IV. 10. 7. Soteriologie (Lehre vom Heil)

So ist die in die Welt gekommene Disharmonie nicht die Folge von Schuld und Sünde des Menschen, sondern nach Ansicht der CS lediglich ein Traum. Dieser menschliche Irrtum entstand bereits im Traum Adams, als Gott ihn – kurz vor der Erschaffung Evas – in einen tiefen Schlaf fallen ließ. Jesus Christus, der als erster Scientist gilt, hat diesen Traum durch sein Wirken, besonders durch seine Krankenheilungen, Totenauferweckungen und durch die Sündenvergebung wieder zerrissen. Durch seine Machttaten lehrte er seine Jünger die Wirkung des göttlich natürlichen Gesetzes.

So, wie in fernöstlichen Philosophien die Welt als »maya« bezeichnet wird, so ist die Materie auch nach M.B. Eddys Theorien nur eine Illusion. Deshalb kann es auch Krankheit und Tod nicht geben, beide werden ebenfalls als Illusionen bezeichnet, die durch den menschlichen Irrtum hervorgerufen wurden. In WuG, 584:9-18 heißt es:

> Tod. Eine Illusion, die Lüge vom Leben in der Materie; das Unwirkliche und Unwahre; das Gegenteil vom Leben. Die Materie hat kein Leben, daher ist sie kein wirkliches Dasein … Ein jeder materieller Augenschein vom Tod ist falsch, denn er widerspricht den geistigen Tatsachen des Seins.

In der Bibel werden Krankheit und Tod als Folge der Sünde beschrieben (Röm. 6,23), doch Mrs. Eddy hebt die Schranke zwischen Leben und Tod praktisch auf; für sie gibt es nur noch ein Hinübergleiten von der irdisch-materiellen in die geistliche Welt. Das Ziel der Scientisten liegt deshalb in der »Vergeistigung des Denkens«, in der Erkenntnis der Tatsache, dass der Mensch bereits vollkommen und unsterblich ist. Damit wird auch die sündige Natur des Menschen geleugnet und man erhebt sich über die Worte Gottes, der feststellt:

> Es gibt keinen, auch nicht einen einzigen, der ohne Sünde ist … (Röm. 3,10-12).

Pkt. 20 – Synkretismus

IV. 10. 8. Organisation und Verbreitung

An der Spitze der Kirche der Christlichen Wissenschaft steht ein fünfköpfiger Vorstand mit einem Präsidenten. Mindestens vier Mitglieder einer Zweigkirche müssen auch der 1892 in Boston gegründeten »Mutterkirche« angehören und mindestens ein Scientist muss als »Ausüber der Christlichen Wissenschaft« eingetragen sein. Dazu muss er eine dreijährige Schule absolvieren und den Nachweis erbringen, dass er die Fähigkeit zum christlich-wissenschaftlichen Heilen besitzt. Außer dem Amt eines Lehrers werden in den einzelnen Gemeinden Leser ernannt, die den Gottesdienst gestalten. Ordinierte Geistliche kennt die CS nicht.

In jeder Zweigkirche ist ein »Lesezimmer« vorgeschrieben. Außer der Bibel werden hier ausschließlich die Schriften der Gründerin und die Veröffentlichungen des kircheneigenen Verlages ausgelegt.

Über Mitgliederzahlen macht die Christliche Wissenschaft keine Angaben, man geht in Deutschland von ca. 8 000 aus (Stand 2000). 1999 gab es weltweit 3 000 Kirchen in 56 Ländern.

Literaturnachweis

»Handbuch Religiöse Gemeinschaften«, Gütersloher Verlagshaus

»Christliche Wissenschaft und geistige Heilung« von Dr. Samuel Leuenberger, Logos Verlag

»Seher, Grübler, Enthusiasten« von Kurt Hutten, Quell Verlag Stuttgart

»Wissenschaft und Gesundheit mit Schlüssel zur Heiligen Schrift« von Mary Baker Eddy, The Christian Science Board of Directors, 1975

IV. 11. Lorbergesellschaft

IV. 11. 1. Entstehungsgeschichte

Jakob Lorber, dem die Gesellschaft ihren Namen verdankt, wurde am 22. Juli 1800 in der Steiermark, in Österreich geboren. Neben seinem Beruf als Musiker und Musiklehrer, beschäftigte er sich mit Astronomie und mit mystischer und okkulter Literatur.

Unter anderem las er Bücher des Freimaurers Johann Baptist Kernig, die dem Propheten später »wichtige Fingerzeige« gegeben haben sollen.

Mit 40 Jahren, am 15. März 1840, hatte er ein grundlegendes Erlebnis: Als er um 6 Uhr früh, nach der Verrichtung seines Morgengebetes, aufstehen wollte, hörte er links in der Brust deutlich eine Stimme, die ihm zurief: »Steh auf, nimm deinen Griffel und schreibe!« Gehorsam schrieb Lorber anschließend Wort für Wort auf, was die innere Stimme ihm diktierte. Bis zu seinem Tod, 24 Jahre lang, kam diese innere Stimme fast täglich zu ihm, um ihm zu diktieren. Er verwahrte diese Schriften, ohne an eine Veröffentlichung zu denken, und starb als armer Mann 1864 in Graz.

Seine umfangreiche Schriftensammlung umfasst 25 Bände. Erst nach seinem

Tode wurden sie gesammelt und im Lorber-Verlag, der 1921 von Christoph Friedrich Landbeck in Bietigheim gegründet wurde, herausgegeben. Nach Lorbers eigener Aussage war die Stimme, die er hörte, »die Stimme des Herrn Christus«. Nur manchmal redete ein Engel im Auftrag Gottes, und an nebensächlichen Stellen hörte er die Stimme »niederer Geistwesen«. Die ersten Offenbarungen, die er erhielt, wurden später unter dem Titel »Die Haushaltung Gottes« veröffentlicht (1840-1844). Insgesamt waren es über 10000 Druckseiten, die er als Medium geschrieben hatte. Sein Hauptwerk ist das zehnbändige »Große Evangelium Johannis« (1851-1864), das die Predigttätigkeit Jesu und sein Wirken als Heiler und Wundertäter wesentlich umfangreicher als die Bibel, aber mit vielen Abweichungen von ihr, wiedergibt. Allerdings werden der Leidensweg Jesu und sein Sterben nicht beschrieben.

Außerdem gab er in seinen Schriften Hinweise über die Entwicklung des Kosmos, über die Sonne und die Planeten, über das Wesen des Äthers, über Reinkarnation und ein Leben nach dem Tod. Auch über Fernheilungen und Heilen durch Handauflegung, ja sogar über Somnambolismus (Mondsüchtigkeit und Schlafwandeln) erteilte er Ratschläge

Pkt. 10 – Führer tritt auf als Prophet
Pkt. 18 – Eigenes Schrifttum (Zusätze zur Bibel)

IV. 11. 2. Kosmogonie

Die Welt ist seiner Meinung nach aus allerkleinsten, immateriellen Urgrundteilchen zusammengesetzt, die er als »Ur-Lebensfunken« oder als »selbständig gemachte Gedanken oder Geistkräfte Gottes« bezeichnete. Am Anfang allen Seins stand Gott, als ein »unendlicher Geist der Urkraft«, dessen Innerstes ein »Ur-Machtzentrum« bildet, aus dem heraus seine Gedanken und Willenskräfte in die Unendlichkeit hinausstrahlen und wieder zu ihm zurückkehren. Er ist permanent schöpferisch tätig, daher befindet sich das Universum in einem ständigen »Vervollkommnungsvorgang«. Aus den aus seinem Innern hervorkommenden Ur-Lebensfunken bildete Gott große Geistwesen, die Ur-Erzengel. Diese waren wiederum fähig, aus sich selbst heraus weitere höhere Geistwesen, nämlich die Engel, zu schaffen.

Ähnlich wie in der Anthroposophie findet auch nach Lorber in der himmlischen Sphärenwelt eine Art Luziferereignis statt. Unter der Führung Luzifers wurden die Ur-Engel selbstherrlich und entfernten sich von Gott. Da sie in der Gottesferne nicht mehr von dessen Heiligem Geist erreicht werden konnten, verdichteten sie sich zu Materie, was als göttliches Gericht verstanden wird. Auf diese Weise entwickelte sich durch den Stolz und die Selbstsucht der Geistwesen, aus einer »geistigen Urschöpfung« heraus, eine »stoffliche Schöpfung«. Alle Gestirne, Monde und

Sonnensysteme, die um das göttliche Machtzentrum wie um eine Urzentralsonne kreisen, waren ursprünglich große Geistwesen. Sie bildeten eine Einheit mit Gott, wurden aber durch die Materialisation wieder von ihm getrennt. Nach dem göttlichen Liebesgebot hatten alle Wesen den Auftrag, sich zu vervollkommnen.

Pkt. 11 – Abweichung vom biblischen Schöpfungsbericht

IV. 11. 3. Der Heilsweg

Nach dem Fall der geistigen Urschöpfung, die nun in die Materie verstrickt war, bereitete Gott nach Lorbers Ansicht einen Heilsplan: Um sich wieder aus der Materie lösen zu können, müssen die Ur-Lebensfunken einen langen Läuterungsprozess durchlaufen, in dem sie sich kontinuierlich höher entwickeln. Dieser stufenweise Evolutionsprozess, der sich über Jahrmillionen erstreckt, beginnt bei Lorber im Mineralreich, geht über Flora und Fauna, bis hin zur Menschheit. In ihrem Menschsein ist die Seele gegensätzlichen Einflüssen ausgesetzt, denen der Dämonen und Teufel, die sie an ihrer Entwicklung hindern wollen, und andererseits denen der göttlichen, reinen »Geistfunken«, die ihr auf ihrem Weg zurück zu Gott ihre Hilfe anbieten. Der Mensch muss sich selbst entscheiden, welcher Stimme er Gehorsam leistet. Durch gute Werke, in Verbindung mit tätiger Liebe, die sich in besonderer Weise auf das königliche Gebot stützt: »Liebe Gott von ganzem Herzen und deinen Nächsten wie dich selbst«, kann er Vollkommenheit, Gotteskindschaft, ja sogar Gottesebenbildlichkeit erlangen. So heißt es in einem Traktat der Lorber-Gesellschaft:

> Ist im Menschen mit Hilfe des Gottesgeistes die reine Himmelsliebe zum unumschränkten Herrscher geworden, dann ist der Mensch dem Gericht der Materie entronnen und hat die geistige Wiedergeburt erreicht (»Ein Mann hört eine Stimme«, S. 7).

Bei Lorber ist die Wiedergeburt also das Endziel, das der Mensch sich auf einem langen Läuterungsweg selbst verdienen muss. Diese Beschreibung steht im krassen Widerspruch zum Wort Gottes, wo die geistliche Wiedergeburt als ein Gnadengeschenk Gottes beschrieben ist (siehe Seite 35 und 85).

Pkt. 12 – Christus verliert seine Mittlerrolle (Selbsterlösung)

IV. 11. 4. Christologie

Die größte Hilfe, die Gott den Menschen zuteil werden lässt, ist die Sendung Jesu Christi. Um den Menschen die Gottheit als Vater zu offenbaren, hüllte Gott, als die Zeit gereift war, sein »heiliges, geistmenschliches Urmachtzentrum« ins Gewand der Materie, nämlich in das Fleisch des Menschen Jesus Christus. Er kam jedoch nicht in die Welt, um sein Leben als Sühneopfer für die Sünden der Welt hinzugeben, sondern um der Menschheit den wahren Liebesweg zu zeigen. Dabei war Jesus aber nicht sündenfrei, sondern nach Lorber war er ganz und gar Mensch und zeigte alle menschlichen Schwächen, wie Stolz, Herrschsucht, Wohlleben und Weiberlust. Erst im hingebungsvollen Dienst an den Menschen konnte er seine negativen Schwächen überwinden, wodurch Gott selber, in Jesus, das höchste Vorbild der Liebe wurde. Sein Leiden und Sterben am Kreuz wird deshalb als die Krönung eines vorbildlichen Lebens verstanden. Er wirkt in jedem Menschen guten Willens als Ur-Lebensfunke und hilft ihm so, durch die oben erwähnte Schule der Erprobung zu gehen.

Pkt. 12 – Falsches Christusbild

IV. 11. 5. Organisation und Verbreitung

Die Anhänger der Neuoffenbarungen Lorbers gründeten Kreise und Gruppen, aber nie eine eigene Glaubensgemeinschaft. Einige von ihnen werden als »Propheten« bezeichnet, weil sie »innere Worte« vernehmen, z. B. Gottfried Mayerhofer oder Bertha Dudde (1891-1965).

Auch Gabriele Wittek, die Gründerin des »Universellen Lebens« (siehe Seite 284) kommt ursprünglich aus einem ähnlichen prophetischen Zirkel.

Literaturnachweis

»Handbuch Religiöse Gemeinschaften«, Gütersloher Verlagshaus
»Ein Mann hört eine Stimme«, Lorber Verlag Bietigheim
»Lorberbewegung – durch Jenseitswissen zum Heil?« von Matthias Pöhlmann, Friedrich Bahn Verlag Konstanz

IV. 12. Mormonen – Die Heiligen der Letzten Tage

IV. 12. 1. Entstehungsgeschichte

Die Mormonen betrachten sich als die wiederhergestellte Kirche der Endzeit. Nach ihrer Ansicht haben die abendländischen Kirchen ihren Auftrag verfehlt, Repräsentanten des wahren Urchristentums zu sein. Schon seit dem römischen Kaiser Konstantin (siehe Seite 27) begann ihrer Meinung nach die Verweltlichung der Kirchen, die angeblich alle sektiererische Tendenzen aufweisen. Doch Gott sorgte in seiner Barmherzigkeit für die Wiederherstellung der wahren Kirche, indem er den jungen Amerikaner Joseph Smith auserwählte und zum Propheten ernannte.

Smith wurde am 23. Dezember 1805 in Sharon/Vermont als Sohn eines Farmers geboren. Er beschäftigte sich schon als Jugendlicher mit Wahrsagerei und betätigte sich als Schatzsucher. Mit Hilfe eines Kristalls versuchte er, in der Erde verborgene Schätze aufzuspüren, was ihm den Spitznamen »Peepstone Joe« (Guckstein Joe) eintrug.

Als 15-jähriger Junge hatte er während eines Gebetes eine Vision, in der ihm angeblich Gott der Vater und Jesus Christus erschienen. Gott habe ihm geraten, sich keiner der bestehenden Kirchen anzuschließen, da sich diese alle im Irrtum befänden und ihre Glaubensbekenntnisse ein Gräuel in seinen Augen seien. Drei Jahre später erschien ihm in seinem Schlafzimmer ein Engel mit Namen »Moroni», der Sohn eines gewissen Mormon. Moroni führte Smith im Traum auf einen Hügel mit Namen Cumorah, in der Nähe der elterlichen Farm. Dort zeigte ihm der Engel eine in der Erde verborgene Steinkiste, die in einem Ringbuch angeordnete goldene Schriftplatten mit altägyptischen Schriftzeichen, sowie eine Prophetenbrille enthielt. Vorerst sollte er diesen Schatz nicht anrühren und auf weitere Anweisungen warten. Erst 1827, vier Jahre später, wurden ihm die gezeigten Gegenstände von dem Engel Moroni ausgehändigt. Nachdem er die Prophetenbrille aufgesetzt hatte, wurden unter den altägyptischen Schriftzeichen die englischen Bedeutungen der Zeichen für ihn sichtbar und verständlich, die er dann seinem Freund Oliver Cowdery diktierte. Danach brachte er die Steinkiste mit Inhalt wieder an den eigentlichen Fundort zurück. 1830 wurde die Übersetzung dieser Geheimschriften in einem Buch mit dem Titel »Das Buch Mormon« gedruckt und veröffentlicht. Dieses Buch ist neben der Bibel die Heilige Schrift der Mormonen.

Joseph Smith behauptete, sein Freund Cowdery und er hätten im Mai 1829 von Johannes dem Täufer das »einfache aaronische Priestertum« und später von den Aposteln Petrus, Jakobus und Johannes »das höhere melchizedekische Priestertum« übertragen bekommen. Damit sei das ehemals jüdische Priestertum wiederhergestellt und der Weg offen für eine neue Kirche.

Zusammen mit 5 Freunden gründete er deshalb 1830 in Fayette »Die Kirche Jesu Christi», die 1838 noch den Zusatz »Die Heiligen der letzten Tage« erhielt.

Joseph Smith wurde für die Mormonenkirche zum Seher, Propheten und Offenbarer bestimmt.

Pkt. 17 – Absolutheitsanspruch
Pkt. 10 – Führer tritt auf als Prophet

Der erste Tempel wurde 1831 im Staate Ohio errichtet und von dort aus breitete sich das Mormonentum stetig weiter aus. Doch die fremdartigen Praktiken und Lehren der Gemeinschaft, insbesondere die praktizierte Polygamie, erregten immer stärkeren Unwillen unter der alteingesessenen Bevölkerung in ihrer Umgebung.

Als der Druck auf die Glaubensgemeinschaft immer größer wurde, machten sich 1845 15000 Mormonen in einem gut organisierten Verband auf den Weg nach Westen, um dort eine neue Heimat zu suchen. Unter ungeheuren Strapazen, die viele von ihnen nicht überlebten, erreichte der Zug das »Große Salzseetal« der Rocky Mountains. Sie verwandelten das ursprüngliche Wüstengebiet in eine blühende Kulturlandschaft und gründeten das heutige Centrum Salt Lake City.

Joseph Smith wurde 1844 bei der Erstürmung des Gefängnisses, in dem er eine Haftstrafe verbüßte, von einer Pöbelrotte erschossen. Er war verurteilt worden wegen Randalierens und der Zertrümmerung einer örtlichen Presseagentur, die gegen ihn polemisiert hatte, weil er Polygamie duldete und selbst praktizierte. Nach seinem Tod kam es zu einer Zersplitterung der Kirche. Seine Familie trennte sich von dem Stamm der Mormonen (LDS), weil sie mit der Wahl des neuen Anführers *Brigham Young* nicht einverstanden war und gründete 1852 *»Die Reorganisierte Kirche Jesus Christi der heiligen der letzten Tage« (RLDS).*

Weil ihnen von der Öffentlichkeit immer wieder ein unmoralisches Verhalten vorgeworfen wurde, setzte der damalige Präsident, *Wilford Woodruff*, 1890 die Erlaubnis der Vielehe außer Kraft. Erst danach, 1896, wurde das Mormonen-Territorium Salt Lake City als Bundesstaat Utah in die Vereinigten Staaten aufgenommen.

IV. 12. 2. Das Buch Mormon

Der wesentliche Inhalt des Buches Mormon ist die frei erfundene Geschichte von den Ureinwohnern Amerikas. Danach hatte *»Lehi»,* ein Einwohner der Stadt Jerusalem um 600 v. Chr., von Gott die Anweisung erhalten, von Jerusalem zu fliehen und mit seiner Familie in die Wüste zu ziehen. Er gelangte auf seiner Flucht bis an das Rote Meer, baute sich ein Schiff, segelte mit seinen Söhnen *»Nephi«* und *»Laman«* nach Osten und landete an der Westküste Nordamerikas.

Beide Söhne entwickelten sich zu Stammesvätern von zwei unterschiedlichen Völkern, die sich feindlich gesinnt waren. Die Nachkommen Nephis, *die Nephiten*, blieben hellhäutig, waren gottesfürchtig und blieben deshalb in der Gunst Gottes. Die Nachkommen Lamans, *die Lamiten*, fielen vom Glauben ab und bekamen von Gott zur Strafe eine dunkle Hautfarbe, was heute noch an ihren Nachfahren, den Indianern, zu erkennen sei.

Angeblich wurde diese Geschichte über Jahrhunderte hinweg von Propheten aufgeschrieben, bis der Engel Mormon sie dann auf goldene Platten übertrug, um sie im Jahr 421 n.Chr seinem Sohn Moroni während der letzten großen Schlacht zwischen den beiden verfeindeten Stämmen auszuhändigen. Dieser sorgte dann dafür, dass Joseph Smith sie erhielt, übersetzte und ein neues Gottesvolk gründete.

Pkt. 18 – Eigenes Schrifttum (Zusätze zur Bibel)

IV. 12. 3. Kosmogonie

Ähnlich wie im Hinduismus und im Taoismus steht über allem Sein ein ewiges Gesetz des Fortschritts (»law of eternal progression«). Alles Sein und Werden hat sich aus dem ewigen Stoff reiner Intelligenz entwickelt und befindet sich in einem ewig fortdauernden Evolutionsprozess.

Pkt. 11 – Abweichung vom biblischen Schöpfungsbericht

IV. 12. 4. Das Gottesbild

Nach mormonischer Sichtweise war Gott vor vielen Äonen ein unvollkommener, sterblicher Mensch, der sich durch das Studium der kosmischen Gesetze zur Gottheit emporgearbeitet hat. Als Gott »Elohim« ist er der Schöpfer und Organisator des Alls; und als physischer Vater hat er zusammen mit einer himmlischen Mutter alle Geistwesen oder Geistfunken (spirits) gezeugt. Zwischen ihm und allen anderen Göttern besteht nur ein gradueller Unterschied.

> Er ist immer noch ein Wesen mit »Fleisch und Bein, Gliedmaßen und Emotionen« und wohnt auf dem Planeten »Kolob« in der Sternengruppe der »Kokaubeam« (Köstliche Perle: Abraham 3) (»Handbuch Religiöse Gemeinschaften«, S. 394).

Dieses Gottesbild gründet sich auf den Lehrsatz:

> So wie der Mensch heute ist, war Gott einst; so wie Gott heute ist, kann der Mensch einst werden.

Doch die Persönlichkeit Gottes wird uns in der Heiligen Schrift als unveränderbar beschrieben, denn der Psalmist sagt:

> Du aber bleibst ein und derselbe, du wirst immer und ewig leben (Ps. 102,28; Hebr. 13,8; Jak. 1,17).

Pkt. 19 – Sonderlehre

IV. 12. 5. Christologie

Die Mormonen behaupten, dass Jesus Christus einer der von Gott erschaffenen Geistfunken war. Für sie ist er »der ältere Bruder der Menschen«. Durch Gehorsam gegenüber den ewigen Gesetzen wurde er schon in seiner Präexistenz zu einem Gott und beteiligte sich mit anderen göttlichen Wesen an der Planung und Organisation der irdischen Welt. Er wirkte unter anderem unter dem Namen »Jehova« als Gott des Volkes Israel und stellte sich als Erlöser zur Verfügung, um den Plan Gottes zu erfüllen. Dieses Opfer kommt allen Menschen zugute. Sie werden von ihrem ewigen Tod, der als Folge des Falls vom Himmel verursacht worden ist, wieder erlöst. Das Ziel dieses Planes ist es, den Menschen zu vergöttlichen.

Angeblich erschien Christus nach seiner Auferstehung in Amerika dem Volk der Nephiten. Er gründete dort eine eigene Kirche, die jedoch nach einigen Jahrzehnten zerfiel. Am Tage seiner dortigen Himmelfahrt versprach er den Nephiten, dass er am Ende der Zeiten für immer nach Amerika zurückkehren würde. Nach einer Vorhersage von Joseph Smith wird am Ende der Tage in Independence/Missouri ein Endzeittempel errichtet werden, in dem Jesus, nach seiner Rückkehr auf die Erde, residieren wird.

Für diese Aussagen sind keinerlei geschichtliche Bestätigungen zu finden. Sowohl in der Bibel als auch in anderen geschichtlichen Werken wird der irdische Lebensraum Jesu einzig auf das Gebiet des damaligen Israel beschränkt. Außerdem wurde Jesus nicht erst durch Gehorsam zu einem Gott, sondern war nach Johannes 1,1 von Anbeginn wesensgleich mit dem Vater.

Pkt.12 – Falsches Christus- und Gottesbild

IV. 12. 6. Der Heilige Geist

Die Mormonen unterscheiden zwischen »Holy Ghost« und »Holy Spirit«. Der »Holy Ghost« ist ein personhaftes Wesen, das einerseits zur Dreiheit von Gott Elohim (Vater), Gott Jahwe (Sohn) und Heiligem Geist gehört, sich andererseits aber deutlich von ihnen unterscheidet.

> Der »Holy Spirit« dagegen ist die unpersönliche, göttliche Kraft, die von der Dreiheit ausgeht und der exklusiven Verfügungsgewalt des »Melchisedekischen Priestertums« unterliegt … »Vater, Sohn und Heiliger Geist« sind drei getrennte, unterschiedene »Götter«, von denen jeder »zu einer Zeit nur an einem Ort sein« kann (Mc Conkie) (»Handbuch Religiöse Gemeinschaften«, S. 395).

In der Heiligen Schrift wird uns dagegen der Heilige Geist als wesensgleich mit dem

Vater und dem Sohn beschrieben und geht gleichermaßen von beiden aus (Joh. 14,26; 16,7). Er ist nicht zweigeteilt, sondern die dritte Person der Dreieinheit Gottes.

Pkt. 15 – Falsches Verständnis vom Heiligen Geist
Pkt. 16 – Die Dreieinigkeit Gottes wird geleugnet

IV. 12. 7. Der Heilsweg

Das besondere Evangelium der Mormonenkirche besteht aus einem »Plan der Erlösung«, den Gott schon vor Grundlegung der Welt entworfen hatte und der drei verschiedene »Zustände« beinhaltet: Im *ersten Zustand* existiert jeder Mensch als Geistfunke in einer himmlischen Sphäre. Um eine Höherentwicklung zu erreichen, muss der Geistfunke nach dem »Gesetz des Fortschritts« seine Unsterblichkeit aufgeben. Im *zweiten Zustand* durchläuft er einen Läuterungsprozess, was nur in einem materiellen Körper als Mensch auf der Erde möglich ist. Hier soll er unterscheiden lernen zwischen Gut und Böse, weil er nur so die Möglichkeit hat, aufgrund einer persönlichen Willensentscheidung das Gute zu wählen. Als Ureltern aller Menschen wurden der Erzengel Michael und Eva ausgewählt. Sie mussten ein göttliches Gebot übertreten, um ihre Unsterblichkeit ablegen zu können. Danach inkarnierte sich der Erzengel Michael in Adam und kam zusammen mit Eva auf die Erde. Erst seit diesem Zeitpunkt können auch alle anderen Geistfunken aus der Himmelswelt irdische Körper bekommen. Die Mormonen verstehen den Sündenfall also nicht als Rebellion des Menschen gegen Gott, sondern als ein von Gott gewolltes Heilsereignis.

Der *dritte Zustand* beginnt nach dem irdischen Tod des Menschen. Der in ihm lebende unsterbliche Geistfunke wird von seinem Körper getrennt und gelangt in ein »Zwischenreich« zu einer ersten Begutachtung. Danach kommen die Gerechten in ein Paradies und die Bösen werden in die Finsternis hinausgestoßen. Doch dieser Zustand soll nicht ewig anhalten. Durch das Sühnopfer Jesu am Kreuz kommen alle Menschen wieder zur Auferstehung und ihr Geistfunke wird sich wieder mit ihrem materiellen Körper vereinigen. Anschließend kommen alle in das »Letzte Gericht«, wo sie nach ihren Taten beurteilt werden. Danach können sie drei verschiedene »Grade der Herrlichkeit« erreichen.

Der oberste Grad ist nur den Mitgliedern der Mormonenkirche vorbehalten, die dann als »erhöht« gelten und Göttlichkeit erreicht haben. Die mormonischen Ehen werden im Himmel weiterbestehen und die Paare werden viele geistige Kinder hervorbringen, die den gleichen Erlösungsprozess durchlaufen müssen wie ihre Eltern. Geistfunken, die die Göttlichkeit erreicht haben, können eigene Welten und Planeten organisieren und bevölkern.

Pkt. 19 – Sonderlehren

IV. 12. 8. Das Priestertum

Alle mormonischen Männer sind zur Priesterwürde geweiht, in die sie bereits mit zwölf Jahren aufgenommen werden. Das Priestertum gibt ihnen die Macht, stellvertretend für Gott zu handeln. Oberster Priester ist der Präsident, der als Seher, Prophet und Offenbarer eine exklusive Verbindung zu Gott herstellt.

Von den zwei wiederaufgerichteten Priestertümern ist das »aaronische« für die irdischen Belange, wie Gemeindeleben und Ähnliches, zuständig. Dem »melchisedekischen Priestertum« unterliegen alle Tempelrituale, es besitzt den »Schlüssel für alle geistlichen Segnungen« und kann das ewige Heil vermitteln.

Neben Glauben, Buße und Taufe muss jeder Gläubige das mormonische Priestertum und die damit verbundenen Machtbefugnisse anerkennen.

Pkt. 12 – Jesus verliert seine Mittlerrolle

IV. 12. 9. Der Tempel

Die 76 weltweit existierenden Tempel der Mormonen haben eine besondere Bedeutung und unterscheiden sich deutlich von den örtlichen Gemeindehäusern. Zugang zum Tempel haben nur die Mitglieder, die sich einer sehr persönlichen Befragung, die ihren untadeligen Lebenswandel unter Beweis stellen soll, unterzogen haben. Als Symbol der Reinheit tragen alle Anwesenden weiße Kleidung: außerdem sind sie zur Geheimhaltung über die hier abgehaltenen Rituale verpflichtet.

In Deutschland kam es 1985 in Freiberg, Sachsen, zur Gründung eines kleinen Tempels. Ein weiterer Tempel steht seit 1987 in Friedrichsdorf bei Fankfurt am Main.

IV. 12. 10. Riten und Sakramente

Die erste Salbung wird an Mitgliedern vollzogen, die den Tempel zum ersten Mal betreten. Für die jungen Männer geschieht das meistens mit neunzehn Jahren, bevor sie in einen zweijährigen Missionsdienst ausgesandt werden. Für die meisten jungen Frauen geschieht das als Braut, kurz vor ihrer Hochzeitszeremonie. Diese Salbung, »Endowment« genannt, ist ein mehrstündiges Ritual, in dem die Teilnehmer bestimmte Gelübde ablegen müssen. Sie bekommen ein »weißes Untergewand« ausgehändigt, das sie von nun an Tag und Nacht auf der Haut tragen müssen. Es stellt sicher, dass sich alle Mormonen stets züchtig kleiden, denn es ist hochgeschlossen und mit kurzen Ärmeln versehen.

Da Joseph Smith ein überzeugter Freimaurer war, ist das Gewand mit freimaurerischen Symbolen bestickt. Während der Salbungszeremonie müssen die Anwesenden bestimmte rituelle Gesten lernen, die als »Erkennungszeichen des aaronischen Priestertums« bezeichnet werden. Auch hier sind eindeutige Parallelen zum Freimaurertum erkennbar. *Die zweite Salbung* ist selbst vielen Mormonen kaum bekannt. Hier werden ganz wenige ranghohe Funktionäre schon im irdischen Leben zu Göttern gesalbt.

Pkt. 13 – Werkgerechtigkeit
Pkt. 19 – Sonderlehren

Ehesiegelung

Nur Ehepaare, die im Tempel »für Zeit und Ewigkeit aneinandergesiegelt« sind, können auch in der jenseitigen Welt zusammenbleiben und dort göttlichen Status erreichen. Alle nicht gesiegelten Ehen werden durch den irdischen Tod beendet.

Pkt. 19 – Sonderlehre

Abendmahl

Da Jesus im 6. Jahrhundert v. Chr. angeblich den Nephiten in Amerika erschien, liegen dem Abendmahlsverständnis nicht die Worte aus dem NT zugrunde, sondern Worte, die Christus, dem Buch Mormon zufolge, damals zu den Nephiten sprach:

> Ihr sollt es zum Gedächtnis meines Leibes tun, den ich Euch gezeigt habe.

Somit wird das Abendmahl als ein Erinnerungsmahl an Jesus und an das Bündnis, das Gott angeblich mit den Mormonen schloss, verstanden.

Pkt. 17 – Absolutheitsanspruch

Taufen für Tote

Bei diesem Ritual können sich Lebende stellvertretend für tote Nichtmormonen taufen lassen, um ihnen so noch nachträglich den Zugang zum »ewigen Heil« zu öffnen. Der Tote muss selbst entscheiden, ob er dieses Angebot annimmt.

Pkt. 19 – Sonderlehre

IV. 12. 11. Organisation und Verbreitung

Die Gemeinschaft der Mormonen ist streng hierarchisch gegliedert. An der Spitze steht der Präsident mit zwei Ratgebern, gefolgt von einem Apostelkollegium, das sich »Rat der zwölf« nennt, und dem »Rat der siebzig«, einer Art Missionskomitee.

Mehrere Ortsgemeinden bilden einen »Pfahl«, oder eine Mission. Die einzelnen Gemeinden werden von Laien geleitet. Einen Pfarrer im üblichen Sinne gibt es nicht. Der Bischof, der mit zwei Ratgebern den Vorsitz einer Gemeinde innehat und mit großer Autorität ausübt, übernimmt das Amt in der Regel für einen Zeitraum von fünf Jahren. Die meisten Mitglieder haben irgendeine Funktion zu erfüllen, daher ist ihr aktiver Einsatz sehr hoch. Sie erteilen Unterricht, predigen und leisten soziale und humanitäre Dienste.

Durch eine gezielte Missionstätigkeit konnte sich die Glaubensgemeinschaft »Der Heiligen der letzten Tage« über die ganze Erde verbreiten. Im Jahr 2000 waren weltweit knapp 60 000 Missionare im Einsatz und insgesamt 76 Tempel im Betrieb.

Die gesamte Welt ist in 23 Hauptgebiete aufgeteilt, denen jeweils ein Gebietspräsident vorsteht. Im Jahr 2000 gab es weltweit 10,75 Millionen Mormonen.

Die erste deutsche Gemeinde wurde 1852 in Hamburg gegründet. Zur Zeit gibt es in Deutschland zwölf Pfähle, davon werden vier Pfähle von Angehörigen der US-Armee gebildet.

Es gab im Jahre 2000 bei uns 176 Gemeinden mit 36 000 Mitgliedern. (EZW, 2000/9, S. 330)

Auf internationaler Ebene hat die Gruppe der RLDS seit 1.Jan.2001 ihren Namen in »Community of Christ« (Gemeinschaft Christi) geändert. Sie ist ökumenischen Bestrebungen gegenüber aufgeschlossen und soll sich auch von den für die LDS so wichtigen Tempelhandlungen distanzieren.

Literaturnachweis

»Handbuch Religiöse Gemeinschaften«, Gütersloher Verlagshaus, 1993
»Seher, Grübler, Enthusiasten« von Kurt Hutten, Quell Verlag Stuttgart, 1984
»Geheime Riten« von Deborah Laake, Gustav Lübbe Verlag, 1994
Materialdienst der EZW, 2000/9
»Mormonen – die Heiligen der letzten Zeit?« von David Trobisch, Friedrich Bahn Verlag, 1998

IV. 13. Mun Bewegung (Vereinigungskirche e. V.)

IV. 13. 1. Entstehungsgeschichte

Die Mun-Bewegung wurde 1954 von dem Koreaner *»Mun San Myung«* gegründet und ist eine Sammelbezeichnung für ca. 100 verschiedene Organisationen und Vereine mit religiösem, wirtschaftlichem oder politischem Charakter.

Mun wurde am 25. Februar 1920 in einem nordkoreanischen Dorf geboren. Obwohl seine Eltern 1930 zum Christentum übergetreten waren, besuchte er bis 1934 eine konfuzianische Schule. Nach eigenen Angaben hatte er mit 16 Jahren ein bedeutsames Erlebnis. An einem Ostermorgen sei ihm Jesus Christus erschienen und habe ihn beauftragt, seine vor 2000 Jahren gescheiterte Mission hier auf Erden zu vollenden. In den folgenden sieben Jahren sei er durch starke Gebetskämpfe und innere Erschütterungen gegangen, habe die Realität geistiger Mächte, besonders die des Satans kennen gelernt, bis ihm der Inhalt seiner ihm von Christus gestellten Aufgabe endlich klar wurde. Nachdem er seine Ausbildung abgeschlossen hatte (er studierte u.a. Elcktrotechnik in Tokio) begann er mit 26 Jahren in der nordkoreanischen Hauptstadt Pyonyang seine neue Offenbarungslehre zu verbreiten.

Er wurde mehrmals verhaftet, zum ersten Mal wegen Bigamie, 1955 wegen Sexualdelikten und 1982 in den USA wegen Verfälschung von Steuererklärungen.

Im April 1960 heiratete er seine vierte Frau, die 18-jährige *»Han Hak-Ja«* und interpretierte diese Feier als die in der Offenbarung 19,7 beschriebene »Hochzeit des Lammes«. Seiner Meinung nach war durch seine Heirat die »vollkommmene Ehe«, die Gott schon bei seiner Schöpfung beabsichtigt hatte, zum ersten Mal verwirklicht. Mun und seine Frau wurden durch ihre Vereinigung »göttlich« und gelten von diesem Tag an als die »wahren Eltern« der Mitglieder der Gemeinschaft. Diese »Eheschließung« bildet die Grundlage für eine zukünftige heile Welt. Heute wählt Mun selbst Paare aus, um sie in einer Massenzeremonie zu segnen, damit sie selbst sündlos werden und sündlose Kinder zur Welt bringen können.

Pkt. 10 – Führer tritt als Prophet auf
Pkt. 17 – Absolutheitsanspruch

IV. 13. 2. Die »Göttlichen Prinzipien«

Die Lehren Muns sind »neue Offenbarungen«, die er von Gott empfangen haben will und die in dem Buch »Göttliche Prinzipien« zusammengefasst wurden. Die biblischen Texte werden als Wegweisung für damalige Generationen verstanden. So heißt es in »Fragen & Antworten aus den Göttlichen Prinzipien«, 23:

> Gott gibt die Wahrheit, um den Menschen zum ursprünglichen Zustand der Schöpfung zu führen. Daher gibt Gott, je weiter die Zeit voranschreitet, neue Wahrheit, die dem Verlangen des menschlichen Herzens und des menschlichen Verstandes angemessen ist. Im Alten-Testament-Zeitalter führte Gott den Menschen durch die Mosaischen Gesetze. Im Neuen-Testament-Zeitalter führte Gott den Menschen durch das Evangelium von Jesus. In den »Letzen Tagen« (Gegenwart), wenn Herz und Verstand die höchste Stufe erreicht haben, muss Gott dem Menschen eine höhere Wahrheit geben, um ihn weiter zu veranlassen, zu ihm zu kommen (»Handbuch Religiöse Gemeinschaften«, S. 825).

Den Wahrheitsanspruch seiner Offenbarungen leitet Mun von Johannes 16,12.25 ab, wo es heißt:

> Ich hätte euch noch viel mehr zu sagen, aber ihr könnt es jetzt noch nicht begreifen. Was ich euch sagen wollte, habe ich euch bis jetzt an Beispielen erklärt. Aber die Zeit kommt bald, in der das nicht mehr nötig sein wird. Dann werde ich euch ohne Bilder und Umschreibungen zeigen, wer der Vater ist.

Die »Göttlichen Prinzipien« setzen sich im Wesentlichen aus zwei großen Komponenten zusammen, aus dem »Prinzip Gott« und aus dem »Prinzip der Wiederherstellung«.

Das Prinzip Gott

Wie in den meisten fernöstlichen Religionen ist Gott für ihn eine ewig pulsierende Energie, die alles durchströmt. Abgeleitet vom dualistischen System fernöstlicher Philosophien wird Gott als männliches Subjekt verstanden. Er steht in einer ständig korrespondierenden Verbindung mit seiner Schöpfung, die als weibliches Objekt bezeichnet wird. Durch ständiges »Geben und Nehmen« sind beide aufeinander angewiesen. Mun glaubt, dass durch dieses Prinzip Gott zur Schaffung des Menschen geradezu »gezwungen« gewesen sei, denn ohne ihn wäre er unvollkommen geblieben und seine göttliche Liebe hätte sich nicht reflektieren können.

Das Menschenbild der Bibel hingegen macht deutlich, dass Gott den Menschen wohl als seine Entsprechung, »nach seinem Bilde« geschaffen hat, er aber niemals auf den Menschen angewiesen oder gar abhängig von ihm ist. Allerdings ist der Mensch auf Gott angewiesen, auf seine Hilfe und Fürsorge, auf seine Gnade und Barmherzigkeit, ohne die er niemals zu einem vollkommenen, ewigen Leben gelangen kann.

Pkt. 18 – Eigenes Schrifttum
Pkt. 20 – Synkretismus

Das Prinzip der Wiederherstellung

Nach Muns Überzeugung sollten Adam und Eva die Stammeltern eines sündlosen, vollkommenen Volkes werden, um ein entsprechendes Gegenüber zum Göttlichen zu bilden. Die Sünde kam seiner Meinung nach nicht in die Welt, weil Eva von der verbotenen Frucht aß, sondern dadurch, dass der Erzengel Luzifer sie zur Unzucht verführte. Eva wurde von Luzifer schwanger und gebar Kain. Zur Strafe wurde Luzifer von Gott verstoßen und wurde so als Satan zum Herrn der Welt. Um den ursprünglichen Zustand wiederherzustellen, fasste Gott den »Plan der Wiederherstellung«, der erneut von einem sündlos-vollkommenen Ehepaar ausging.

Nach diesem Plan hätte Jesus auf der Erde heiraten müssen, um vollkommene Kinder zu zeugen. Weil er dies nicht tat, wurde Mun zum »dritten Adam« ernannt, der die Heilsgeschichte Gottes endlich zum Abschluss bringen wird. Mun bezeichnet sich selbst als »zweiten Messias«, der das vollende, woran Jesus Christus als zweiter Adam gescheitert sei.

IV. 13. 3. Das Heilsziel

Ziel ist die weltweite Errichtung eines »himmlischen Königreiches«. Nach Muns Ansicht wird es bis dahin noch zu einem dritten Weltkrieg kommen, der entweder auf ideologischer Ebene oder mit Waffengewalt ausgefochten werden muss.

Angeblich ist es auch »Vater Mun« gewesen, der in einem gewaltigen kosmischen Kampf den Satan besiegt hat. Der Augenblick seiner Hochzeit mit Han Hak-Ja wird in seiner Bedeutung dem Augenblick der Kreuzigung Jesu gleichgesetzt. Er behauptet von sich:

> In unserer Bewegung bin ich jetzt in der Lage, sowohl die geistige als auch die physische Grundlage des Paradieses wiederherzustellen.

In 1. Johannes 3,8 heißt es dagegen, dass

> Christus, der Sohn Gottes, gerade deswegen zu uns gekommen ist, um die Werke des Teufels zu zerstören.

Mit diesen Aussagen wird das Evangelium – wie in allen anderen Sekten – auf den Kopf gestellt.

Um die gesamte Menschheit wieder in eine sündlose Stellung vor Gott zu bringen, soll jeder Mun-Anhänger bereit sein, sich im Kampf gegen den Satan aufzuopfern. Mun selbst hat sein Opfer bereits in seiner nordkoreanischen

Gefangenschaft erbracht, so dass jetzt nur noch Opfer von den Anhängern gefordert werden.

Pkt. 12 – Falsches Christusbild, Christus verliert seine Mittlerrolle
Pkt. 19 – Sonderlehren werden zu Hauptpunkten

IV. 13. 4. Organisation und Verbreitung

Neben seinen religiösen Aktivitäten hat Mun ein riesiges Wirtschaftsimperium errichtet, zu dem unter anderen eine Waffenfabrik gehört. Er gilt als einer der reichsten Manager der Welt. Auch in diesem wirtschaftlichen Zweig ist es das Ziel, eine vereinte Welt unter der Herrschaft Muns aufzurichten.

Alle aktiven Mitglieder müssen Beruf, Privatbesitz und ihre Familie aufgeben, denn sie gehören von nun an zur »Wahren Familie des Vater Mun« und leben in Kommunen von ca. 3 -15 Personen. Regelmäßige Schulungen und Seminare sollen dazu dienen, dass die Mitglieder die Ideologie Muns verinnerlichen. Dies ist eine Anordnung, die auch in anderen Sekten mehr oder weniger streng praktiziert wird und dazu dient, den Gläubigen gemäß der jeweiligen Lehre zu indoktrinieren (siehe Seite 301).

Die beiden großen Zentren für Deutschland sind in Frankfurt und München, außerdem befinden sich die Neumühle bei Camberg im Taunus und die Regelsmühle bei Alfeld/Mfr. im Besitz der Munis, die beide als »Trainingscenter« genutzt werden. Unter anderem sind folgende Vereine in der Mun-Bewegung zusammengeschlossen:

- »Vereinigungskirche e. V.« (religiöser Zweig),
- »Föderation für Weltfrieden und Vereinigung e.V.«,
- »CARP e. V.« (Hochschul- und Studentenorganisation),
- »CAUSA« (politische Organisation),
- »IFVC« (engl. »Internationaler Verband zum Sieg über den Kommunismus«),
- »ICF« (engl. »Internationale kulturelle Stiftung«).

Durch rege Missionstätigkeit, meistens in neutral erscheinenden Gruppen und Vereinen, breitete sich die Bewegung in 120 Länder der Erde aus. Ihr Hauptsitz befindet sich in USA, in Irvington/N.Y.

Seit 1980 gibt es ein besonderes Missionsprogramm, die »40-Tage-Aktion«, bei der einzelne Mitglieder in kleinere Städte und Dörfer gehen, um dort unentgeltlich ihre Hilfe z. B. beim Fensterputzen, Einkaufen, Babysitten und ähnlichem anzubieten, um so das Vertrauen der Bewohner zu erlangen. Die Mitgliederzahl betrug 1992 weltweit ca. 2 Millionen, in Deutschland wird die Mitgliederzahl auf ca. 500 (Stand 2000) und die Anhängerzahl auf ca. 4000 geschätzt.

Literaturnachweis

»Handbuch Religiöse Gemeinschaften«, Güterslöher Verlagshaus 1993
»Ein Messias aus Korea?« von D. Bendrath, K. Herrmann, A. Springfeldt, aus der Reihe »Münchner Texte und Analysen«, Claudius Verlag,
»Knaurs Grosser Religionsführer« von Gerhard J. Bellinger, Droemer Knaur Verlag 1992

IV. 14. Universelles Leben / Heimholungswerk Jesu Christi e.V. (UL / HHW)

IV. 14. 1. Entstehungsgeschichte

Schon die Biografie der Begründerin Gabriele Wittek gibt uns einen umfassenden Einblick in die Gedankenwelt dieser Glaubensgemeinschaft. Frau Wittek wurde am 7.10.1933 in Wertingen bei Augsburg geboren. Sie erlernte den Beruf einer Kontoristin und heiratete 1955 den Ingenieur Rudolf Wittek. Von München aus übersiedelte die Familie 1967 nach Würzburg.

Schon in ihrer Jugend entdeckte Frau Wittek hellseherische Fähigkeiten bei sich und sah später den Tod ihrer Mutter voraus, zu der sie ein enges Verhältnis hatte. Als diese am 12.11.70 starb, brach für die Tochter eine Welt zusammen. Doch ein Jahr später hatte sie eine »Erscheinung« der Verstorbenen. Sie berichtet darüber:

> Aber ich wusste, ich habe meine Mutter gesehen. Und nun wusste ich: es gibt ein Leben nach dem Tod. Dieses Bild führte zu meiner Verinnerlichung. Wie ich später unterrichtet wurde, war es eine Zulassung aus dem Geist Gottes (»Ein ehemals unwissender Mensch auf dem Pfad zu Gott. Der Lebensweg der Prophetin im Heimholungswerk Jesu Christi«, S. 2).

Nach diesem Erlebnis suchte Frau Wittek Kontakt zu einem spiritistischen Zirkel, in dem sich angeblich auch Tote melden würden. Ihre hellseherischen Fähigkeiten entwickelten sich immer stärker, bis hin zu Kontakten mit der jenseitigen Welt. Durch Jesus Christus will sie eine Art »Berufung« erhalten haben. Durch ein Medium habe er ihr mitgeteilt:

> Ich gebe ein großes Werk in deine Hände, und du wirst mir noch viele Früchte bringen, denn Ich habe deinen Boden fruchtbar gemacht (»Ein ehemals unwissender Mensch ...«, S. 6).

Ein bedeutendes Erlebnis hatte sie zum Jahreswechsel 1974/75: Eine hölzerne Figur, die sie zu Weihnachten geschenkt bekommen hatte, sprach plötzlich zu ihr: »Ich bin dein geistiger Lehrer, Bruder Emanuel.« Am 6. Januar 1975 erlebte sie den »Durchbruch des inneren Wortes«, denn von nun an hörte sie in sich, neben der Stimme des Bruders Emanuel auch die Stimme Jesu Christi und die anderer »Himmelsgeister«.

Zusammen mit anderen spirituellen Medien trat sie zunächst in Nürnberg und Würzburg in der Öffentlichkeit auf. Schon nach kurzer Zeit hatte sie alle anderen Medien verdrängt und erhob den Anspruch, »die Lehrprophetin« zu sein. Ihre Offenbarungen wurden im August 1977 unter dem Titel »Das Nachschlagewerk der geistigen Welt für Menschen« veröffentlicht.

Pkt. 10 – Führerin tritt auf als Prophetin
Pkt. 18 – Eigenes Schrifttum

Durch den Zusammenschluss mehrerer kleiner spiritistischer Gruppen entstand zunächst eine *»Innere-Geist = Christus-Kirche«*, in der fortan der »Innere Weg« gelehrt werden sollte, der zur Erlösung des Menschen führe.

1980 folgte dann die Gründung zweier Vereine: Am 19.1. die *»Gemeinschaft zur Förderung des Heimholungswerkes Jesu Christi; die Innere Geist = Christus-Kirche e.V.«,* die als Zielsetzung u.a. »die Förderung der religiösen Erneuerung auf urchristlicher Grundlage« und »die Verbreitung von esoterisch-geistigem Wissen« angab. Der Verein *»Heimholungswerk Jesu Christi. Die Innere Geist = Christus-Kirche e.V.«* wurde am 26. April ins Leben gerufen. Das *»Universelle Leben«* wurde 1984 auf dem Fundament dieser Vereine gegründet.

Man proklamierte die Gründung eines *»Christusstaates«*, in dem die »wahre Weltreligion« praktisch gelebt werden solle. Diese »Staatsgründung« veranlasste viele Anhänger nach Würzburg und Umgebung umzusiedeln. Drei Jahre später, am 8. November 1987, wurde in Würzburg die *»Urgemeinde Neues Jerusalem«* ins Leben gerufen, in der das »Tausendjährige Gottesreich auf Erden« seinen Anfang nehmen soll.

Pkt. 17 – Absolutheitsanspruch

IV. 14. 2. Die Prophetin

In der fünften These der »Grundsätze des Glaubens der Urchristen im Universellen Leben« heißt es:

> Wir glauben an Gabriele von Würzburg, die Prophetin Gottes für die Menschheit in unserer Zeit. Durch sie offenbart sich der Christus-Gottesgeist für alle Menschen.

Sie selbst glaubt, schon in ihrem Vorleben für die Aufgabe einer neuen Offenbarungsprophetin vorbereitet worden zu sein, denn ihre Seele komme aus dem »reinen, höchsten, himmlischen Bereich« und ihr irdischer Körper sei lediglich als Inkarnationshülle zu betrachten. Unter ihren Anhängern gilt sie als »Sprachrohr des Herrn«, als das »höchste Geistwesen im Erdenkleid«, umgeben von den Heerscharen Gottes. Täglich hat sie Kontakt zu »Schutzgeistern«, zu »Engeln der göttlichen Ordnung«, zu dem geistigen Arzt »Bruder Jareminach«, zu »Bruder Emanuel«, zu dem »Lehrengel Liobani« und sogar zu einem Ufo-Kommandanten mit Namen »Mairadi«. Auch von Jesus Christus will sie mehrmals neue Offenbarungen erhalten haben. Wie das vor sich geht, beschreibt sie folgendermaßen: Sie fühle das »Wehen des Heiligen Geistes« um ihre Stirn, dann fließe eine Art Bächlein in ihrem Körper von oben nach unten und wieder zurück, das sei das »Gesetz Gottes«, das »Innere Wort«, das identisch sei mit der Kundalinikraft (siehe Seite 169).

> … Diese Impulse, z. B. aus dem Ordnungszentrum, fließen von der Steißbeinregion hinaus in das Herzzentrum. Dort machen sie sich verstärkt bemerkbar, dringen dann in die Gehirnzellen ein und belichten diese. Diese Belichtung nehme ich dann als Gottessprache wahr … Im Körper ist nur noch ein Strömen. Diese Strömungen, die ich nun in und außerhalb des Körpers fühle, verbinden sich in der Nähe der Steißbeinregion und zügeln als weiße Flammen, als weißes Licht, das den Körper ausleuchtet, längs der Wirbelsäule hinaus bis ins Haupt … (»Ein ehemals unwissender Mensch auf dem Pfad zu Gott«, S. 22 u. 28).

Hier werden nicht nur spiritistische Praktiken beschrieben, es sind auch unverkennbare Parallelen zum hinduistischen Yoga vorhanden.

Pkt. 20 – Synkretismus und Spiritismus

IV. 14. 3. Ursprung der Lehre

Die Ideologie der Gemeinschaft wurde maßgeblich beeinflusst vom Fachhochschulprofessor für Wirtschaftsrecht, Dr. Walter Hofmann, der sich dem HHW 1979 angeschlossen hatte. Dieser überzeugte Esoteriker und Anhänger der »Transzendentalen Meditation« (siehe Seite 205) ließ viele Elemente aus den fernöstlichen Religionen, wie z. B. die Karma- und Reinkarnationslehre, in das esoterisch-neugnostische Lehrsystem des UL mit einfließen, das in zehn Thesen zusammengefasst ist.

Obwohl sich die Anhänger auf Jesus Chrisus, auf die Bergpredigt und die zehn Gebote berufen, stehen die Lehren im Widerspruch zum Gesamtkontext der Bibel.

Wie in anderen Sekten auch, sind sie eine Verquickung von biblischen Elementen und sektenspezifischen Glaubensvorstellungen. So heißt es z. B. in These 7:

> Der sich offenbarende Christus-Gottesgeist rief die Innere Geist = Christus-Kirche ins Leben. Dort offenbart er durch Prophetenmund für alle suchenden Menschen. Am 15.6. 1990 wurde die Innere Geist = Christus-Kirche zur mächtigen Lehrkirche erhoben, in welcher der Ewige durch seine Lehrprophetin und Botschafterin auf Erden das Absolute Gesetz für alle Menschen lehrt, die es hören und annehmen wollen (»Das Universelle Leben. Dokumentation z. Teil nach Zitaten« v. F. Wunderlich).

Mit diesem Anspruch wird »Gabriele von Würzburg« mit biblischen Propheten auf eine Stufe gestellt. Nach den Worten aus Hebräer 1,1.2 hat Gott aber das letzte Mal durch seinen Sohn Jesus Christus direkt zu den Menschen geredet und die Heilige Schrift warnt davor, von diesen Worten etwas zu unterschlagen oder ihnen etwas hinzuzufügen (5. Mo. 4,2; Offb. 22,18.19).

Pkt. 10 – Führerin tritt auf als Prophetin

IV. 14. 4. Kosmogonie

Ähnlich wie in der Anthroposophie, der Christengemeinschaft, der Christlichen Wissenschaft, bei Jakob Lorber, im Mormonentum und der Mun-Sekte, ist auch im UL eine esoterisch-neugnostische Definition über den Ursprung der Welt vorhanden.

Nach G. Wittek war das Universum von Anfang an mit Psyche und Geist belebt, und durch Ein- und Ausatmung von Energie entstand die ewige Urkraft oder Allkraft. Sie setzt sich aus 2/3 positiver und 1/3 negativer Kraft sowie aus fünf geistigen, so genannten »Schöpfungs-Atomen« (Fruchtbarkeits-, Stabilisierungs- und Formungsatome, Entwicklungs- und Bewegungsatome) zusammen. Dieser Urkraft entsprang die Lebensquelle des Gott-Vater oder Gott-Ur. Er gilt als die erste »Ätherstruktur« und als erstes manifestiertes Wesen im Kosmos.

In diesen Vorstellungen sind die Ähnlichkeiten mit den Kosmogonien des Hinduismus und Taoismus unverkennbar (siehe Seite 76 und 108).

In ihrer kosmogonischen Schau sieht Frau Wittek den Gott-Vater auf einem Wohnplaneten im Zenit der Schöpfung residieren. Aus dem Vater-Ur löste sich dann das Mutterprinzip, so dass ein »Vater-Mutterprinzip« entstand. Aus ihm entwickelte sich eine Urzentralsonne, die als Heiliger Geist bezeichnet wird, die alles Leben mit Lebensenergie versorgt. Ihr angegliedert sind sieben »geistige Planeten« (Ordnung, Wille, Weisheit, Ernst, Geduld, Liebe und Barmherzigkeit), die durch »Bündelstrahlen« mit der Urzentralsonne verbunden sind. Diese

Urzentralsonne ist nicht etwa eine neue Offenbarung der Gabriele Wittek, sondern auch Jakob Lorber hatte bereits 100 Jahre vorher eine ganz ähnliche Vision (siehe Seite 269).

Pkt. 11 – Abweichung vom biblischen Schöpfungsbericht

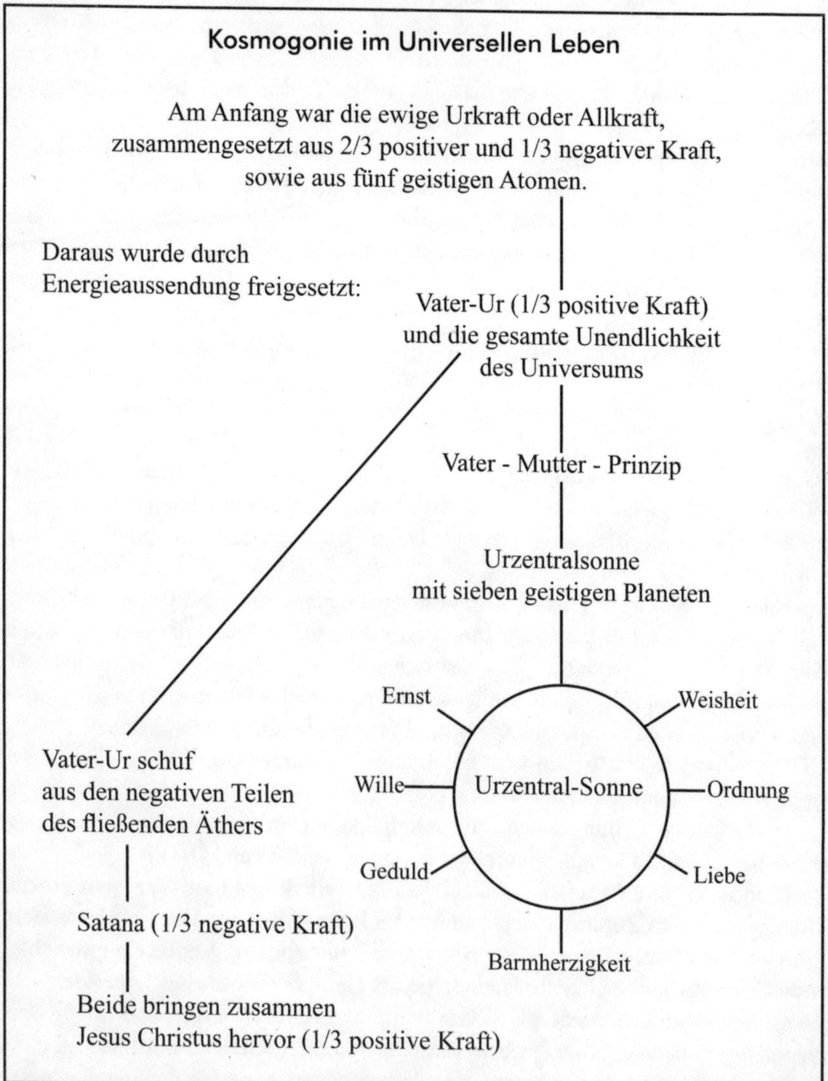

IV. 14. 5. Christologie und Dreieinigkeit

Jesus gilt in der Theologie des UL als der zentrale »Schlüssel zum Christusstaat«. Seine Darstellung wird so verzerrt, dass die Gestalt des biblischen Jesus dabei kaum noch sichtbar ist.

Gott-Vater, der bis zu diesem Zeitpunkt die 2/3 der positiven Kraft verkörperte, schuf sich aus den negativen Teilchen des fließenden Äthers ein Gegenüber, den weiblichen Engel »Satana« (1/3 negative Kraft). Mit ihr zusammen brachte er Jesus Christus hervor. Nach Ansicht des HHW wurde Christus gleichzeitig geschaffen und gezeugt und bekam von Gott-Vater 1/3 der positiven Kraft übertragen. Dieser »Erstgeschaute« bildet zusammen mit Vater-Ur und der Urzentralsonne die Dreieinigkeit im UL.

Um die Menschheit auf seinen Willen hinzuweisen, schickte Gott-Vater Christus auf die Erde, wo er sich in Jesus von Nazareth inkarnierte. Das Wissen um seine göttliche Herkunft blieb ihm zunächst verdeckt, deshalb hatte er angeblich mit vielen menschlichen Schwächen zu kämpfen. Erst bei seiner Verklärung (Matth. 17) wurde er, nach Ansicht von Frau Wittek, von Elia über seine zukünftige Aufgabe zur Rettung der Menschheit unterrichtet. Diese Rettung wurde bei seiner Kreuzigung vollzogen; aber nicht durch die Hingabe seines unschuldig vergossenen Blutes zur Tilgung aller menschlichen Sünden, sondern dadurch, dass er alle Seelen mit einem »Erlöserfunken« ausstattete. Diese »Erlöserfunken« sind Teile der positiven Kraft (seines geistigen Erbes), die er der Ur-Kraft entnahm, um sie der verlorenen Menschheit zu schenken.

Wieder werden Analogien zu Rudolf Steiner und Jakob Lorber sichtbar, denn auch bei ihnen spielt der von Christus kommende Geist- oder Erlöserfunke eine tragende Rolle bei der Errettung des Menschen.

Pkt. 12 – Falsches Christus- und Gottesbild
Pkt. 15 – Falsches Verständnis vom Heiligen Geist
Pkt. 16 – Dreieinigkeit wird falsch gedeutet

IV. 14. 6. Das Luziferereignis

Weil Vater-Ur dem Christus 1/3 der positiven Kraft übertrug und er zur Rechten Gottes sitzen durfte, fühlte sich Satana benachteiligt und Neid regte sich in ihrem Herzen, als sie die Macht Christi sah. Da sie die kosmischen Gesetze kannte, begann sie ihr eigenes Reich zu konzipieren. Sie verführte einen Teil der himmlischen Lichtwesen zum Ungehorsam gegenüber Vater-Ur und veränderte die geistigen Atome. Dadurch kam die strömende Energie in der Urkraft in eine falsche Rotation, so dass die Seelenkräfte in den Verführten ins Wanken gerieten.

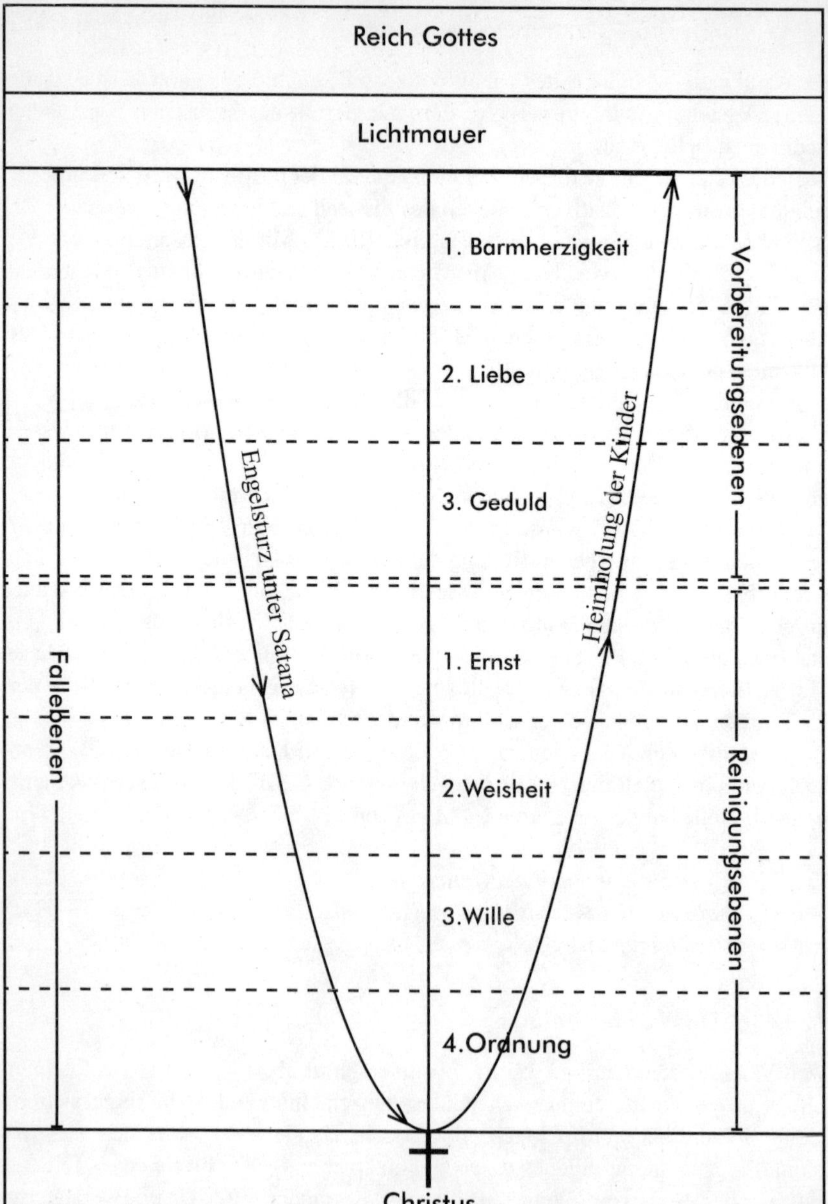

Der Engelsturz ins Reich Gottes über Christus

Die Ätherkörper der ungehorsamen Geistwesen verdichteten sich und nahmen einen materiellen Leib an, wodurch sie zu Menschen wurden. Auch Tiere und Pflanzen materialisierten sich durch entsprechende Impulse aus dem Allgeist. Das göttliche Universum umgab sich daraufhin mit einer Schutzmauer aus Licht, wodurch alle Ungehorsamen aus der geistigen Welt ausgeschlossen wurden.

Unter der Leitung von Satana, die sich nun »Luzifer« nannte, bevölkerten diese »Fallwesen« dann vor unendlichen Zeiten die Erde. Weil sie durch die Trennung von der göttlichen Welt nicht mehr von dem Allgeist durchströmt werden konnten, unterliegen sie bis heute dem Alterungsprozess und dem Tod. Nur ihr verdichteter Äther- und Astralleib, der als unsichtbarer Lebens- und Seelenleib ihren materiellen Körper umgibt, kann diesen Tod überdauern.

In der Bibel werden Alterungsprozess und Tod allerdings als Folge der Erbsünde beschrieben (Röm. 5,12-18) (siehe Seite 315).

Pkt. 11 – Abweichung vom Schöpfungsbericht
Pkt. 19 – Sonderlehren

IV. 14. 7. Der Heilsweg

Der Heilsweg besteht in der Rückführung der Seelen zum Vater-Ur. Erst durch die »Heimholung der Kinder Gottes« kann sich der ihnen innewohnende Erlöserfunke wieder mit der Ur-Kraft vereinigen. Dieses Ziel ist nur über den »Inneren Pfad« des UL zu erreichen, einem Läuterungs- und Reinigungsprozess, der vier Reinigungsebenen (Ordnung, Wille, Weisheit und Ernst) und drei Vorbereitungsebenen (Geduld, Liebe und Barmherzigkeit) beinhaltet. Während dieses Weges sollen die sieben Chakras, die entlang der Wirbelsäule angesiedelt sind, in einen höheren Schwingungszustand versetzt werden (siehe Seite 169). Nach dem Erreichen der siebten Stufe kann die Seele die Lichtmauer durchbrechen und in kosmische Sphären eintreten. Das praktische Training dieses Weges besteht in der Kontrolle der Gedanken, die lernen sollen, das Göttliche im eigenen Innern zu erspüren, in Meditation, im »Fließenlassen des Geistes« und in besonderen Gotteserfahrungen.

Pkt. 13 – Werkgerechtigkeit (Reinigungsprozess)

IV. 14. 8. Karma und Reinkarnation

Da Frau Wittek auch ein »Gesetz von Ursache und Wirkung« (Karma) geoffenbart wurde, behauptet sie, dass das angestrebte Heil nicht in einem einzigen Leben erreichbar ist, sondern die Menschenseele verschiedene Inkarnationen durchlaufen muss. In dem Artikel »Die Steuerung aus dem Unsichtbaren« wird dieser Vorgang wie folgt beschrieben:

> Die Erde ist eine Durchgangsstation. … So geschieht tagtäglich Folgendes: Seelen schlüpfen in die Körper der Neugeborenen – und Seelen verlassen die Körper, wenn der materielle Leib stirbt. Es ist also ein beständiges Hineinschlüpfen in das Fleisch und ein Herausschlüpfen aus dem Fleisch. Beim Hineinschlüpfen bringt die Seele ihre Programme aus den Vorleben mit; beim Herausschlüpfen hat sie entweder ihre Programme – welche Belastungen aus dem oder den Vorleben darstellen – weitgehend bereinigt, oder sie hat sich während ihrer Einverleibung weitere Belastungen, als Programme, auferlegt (UL Zeitung »Der Christusstaat« 7/89).

Nach der Vorstellung des HHW sind die Nazis des dritten Reiches wieder inkarniert, um ihr begonnenes Werk, das in ihrem letzten Leben scheiterte, in der Verkörperung von Neo-Nazis heute zu vollenden. Schwäche und Krankheit sowie politische Vorgänge, wie z. B. die Asylantenströme und das leidvolle Schicksal ganzer Völker, deutet das UL nach ähnlichen karmischen Gesetzmäßigkeiten. Die Not und Pein eines Volkes zeigen demnach an, dass es »Gruppenkarma« und eine Kollektivschuld abträgt, wobei auch jeder Einzelne seinen eigenen Anteil zu tragen hat.

Pkt. 20 – Synkretiusmus

IV. 14. 9. Vegetarismus

Um die angestrebten »höheren Schwingungen« im Körper zu unterstützen, wird großer Wert auf biologisch angebaute Nahrungsmittel und vegetarische Kost gelegt. Prof. Dr. med. habil. Hans Glatzel kam 1985 in einem ernährungspsycholo gischen Gutachten über die Ernährungslehren des UL zu dem Ergebnis, dass

> die Ernährungsvorschriften, … wenn sie streng und über längere Zeiträume durchgeführt werden, zu vielerlei schweren, unter Umständen irreparablen gesundheitlichen Schäden führen (»Gabriele Witteks Universelles Leben«, S. 58).

So ist es nicht verwunderlich, dass UL-Anhänger oft völlig abgemagert und unterernährt sind, weil sie die vorgeschriebene Diät konsequent einhalten. Doch Gabriele Wittek geht mit ihren Anweisungen noch weiter, wenn sie behauptet, dass die beste Nahrung der »geistvegetarische Äther« sei.

Pkt. 19 – Sonderlehre

IV. 14. 10. Die Bibel

Nicht mehr die Bibel ist die Heilige Schrift, sondern imaginäre Papyrusrollen,

> sie beinhalten den hohen Sinn des Lebens, sie sind heilig, da sie der einzige Heilige, mein Vater, inspiriert hat (»Die Seele auf ihrem Weg zur Vollendung«, S. 6).

Die Bibel enthält ihrer Meinung nach nur Teilwahrheiten, und das AT sei voller Obszönitäten und Grausamkeiten. Selbst die Briefe des Apostels Paulus wurden nach Ansicht der Sekte nur deshalb in den Kanon aufgenommen, weil darin enthaltene Textstellen die Macht der christlichen Kaiser unterstützten, wie z. B. Römer 13,1-7.

Pkt. 18 – Eigenes Schrifttum

IV. 14. 11. Heilungen

Wie die meisten Esoteriker glauben auch die HHW-Anhänger, dass in jedem Menschen die Kraft und die Möglichkeit liegt, sich aus Krankheit und irdischer Not selbst zu befreien. Allerdings muss man sich dazu durch positives Denken und Handeln dem göttlichen Energiestrom öffnen. In einigen Fällen werden im UL Heilungen auch durch Geistheiler vollzogen, weil durch dessen Hände besonders starke energetisch-göttliche Kräfte fließen sollen. Indem der Heiler die rechte Hand auf das Haupt des Heilsuchenden legt, stellt er die Verbindung mit dessen Seele und Wesenskern her. Anschließend fährt er mit beiden Händen die sieben Bewusstseinszentren, die in der Nähe der Wirbelsäule angeordnet sind, hinab, die dadurch verstärkt vom »inneren Christuslicht« bestrahlt und aktiviert werden sollen. Nach Überzeugung der Wittek-Anhänger bewirken das »Christuslicht« und das einwirkende Heillicht des Heilers dann die Absorption gegensätzlicher Energiefelder, wodurch die Linderung oder Heilung des Kranken eintritt. Bei dieser Beschreibung wird man sofort an die Reiki-Praktik erinnert (siehe Seite 134).

Pkt. 20 – Synkretismus

IV. 14. 12. Eschatologie (Lehre von den letzten Dingen)

Wie in vielen anderen Sekten, wird immer wieder angekündigt, dass das Weltenschiff bald untergehen wird und Rettung nur in der eigenen Gemeinschaft zu finden ist. Auf diese Weise werden bei allen Sektenanhängern künstlich Ängste geweckt, die sie dazu veranlassen, sich weiterhin eng an die jeweilige Gruppe zu binden.

Zeichen und Ursache für den Beginn der apokalyptischen Bedrohung sind nach Meinung des HHW »die vermehrte Einstrahlung der Urzentralsonne« und damit gleichzeitig »die erhöhte Einstrahlung des Heiligen Geistes«, die in vielen Menschen die Sehnsucht nach der ewigen Heimat und nach dem verlorengegangenen kosmischen Bewusstsein hervorrufen. Durch stärkere oder schwächere »Beatmung« sollen Turbulenzen im Kosmos entstehen: Sonne, Planeten, Seelen und Menschen geraten in höhere Vibrationen und ein neuer Äon wird beginnen.

Frau Wittek glaubt außerdem, dass es noch einmal zu einer großen Völkerschlacht kommt, bei der ein Großteil der Menschheit umkommen wird. Dann wird Christus wiederkommen und die Seinen werden durch die Kraft des »Universellen Lebens« und deren »Innerer Religion« zum »heiligen Bewusstsein« erhoben. Durch den Ufo-Kommandanten Mairadi wurde bereits angekündigt, dass die »Brüder des Alls« besondere Raumgleiter konstruiert hätten, in denen die »Kinder Gottes« zu gegebener Zeit in kosmische Bereiche geführt würden. Zum Schluss wird die Vollmaterie sich auflösen, die teilmateriellen Bereiche werden umgewandelt in göttliche Formen, so dass alles wieder vom göttlichen Äther durchströmt werden kann. Damit wird das Drama des Sündenfalls beendet sein.

Pkt. 18 – Zusätze zur Bibel (außerbiblische Offenbarung)

IV. 14. 13. Organisation und Verbreitung

Das Leben im heutigen Christusstaat unterliegt den strengen Anweisungen der so genannten »Geistlehrer« aus einer unsichtbaren Welt, die ihren Willen durch mediale Menschen, besonders durch Gabriele Wittek, weitergeben. Ihre prophetischen »inneren Worte« sind als absolut anzusehen und müssen von allen Anhängern kritiklos befolgt werden, denn sie dienen dazu, das »Urchristentum« wiederherzustellen. Der eigentliche Kern der Gruppe ist die »Neue-Bund-Gemeinde« oder das »Neue Jerusalem«. Sie zählt heute etwa 1 000 Mitglieder, die in enger Gemeinschaft leben und den Kontakt nach »außen« weitgehendst meiden. Das gilt auch für deren Kinder, die in eigenen Kindergärten und Schulen unterrichtet werden, wo sie von den leiblichen Eltern lediglich besucht werden dürfen. Ihre Erziehung liegt ausschließlich in den Händen treuer UL-Mitarbeiter, so dass eine ideologische Gleichschaltung aller Kinder sichergestellt ist (siehe Seite 303).

Die Gesamtleitung des Werkes obliegt der in Würzburg ansässigen »Inneren Geist = Christus-Kirche«, in der es angeblich weder Priester noch Führer gibt und die keine Dogmen und keine Mitgliedschaft kennt. Allerdings wird eine Ämterhierarchie vertreten, an deren Spitze Gabriele Wittek steht und der Älteste,

Glaubensleiter und geistige Leiter unterstellt sind. Für die Öffentlichkeit werden Offenbarungsveranstaltungen der Prophetin, Vorträge zur »geistigen Aufklärung«, »Urchristliches Heilen«, Meditationskurse und Ähnliches angeboten.

In Hettstadt (10 km vor Würzburg), wo sich viele UL-Anhänger Häuser und Grundstücke erwarben, kam es zu öffentlichen Kontroversen mit der einheimischen Bevölkerung. Proteste wurden auch laut, als der »Heuchelhof«, ein Modellbauernhof, der die Versorgung der »Kinder Gottes« übernehmen soll, von Sektenanhängern erworben wurde.

Im Spessart unterhält das HHW zwei Naturheilkliniken und bei Marktheidenfeld wurde ein Einkaufs- und Seminarzentrum errichtet. Ferner sind in und um Würzburg etliche »Christusbetriebe« aus dem Handwerks- und Dienstleistungsbereich angesiedelt und die »Kosmobio-Nahrungs-GmbH und Beteiligungs KG«.

Finanziert wird das Werk durch den Zehnten der Anhänger, die darüber hinaus aber zu weiteren Spenden und Einlagen aufgefordert werden. Für die Ausbreitung ihrer neuen Offenbarungen werden ausgedehnte Werbekampagnen angekurbelt. Durch Schriftenversand, Tonkassettenvertrieb und Anzeigen in Tageszeitungen soll das Gedankengut des HHW weiter verbreitet werden. An neuen Orten besteht für Interessierte die Möglichkeit, sich zu einem Freundeskreis zusammenzuschließen.

Inzwischen ist das UL / HHW in zahlreichen deutschen Städten, aber auch im deutschsprachigen Ausland mit seinen Gruppen vertreten. Da es keine feste Mitgliedschaft gibt, können sie zahlenmäßig nicht erfasst werden, doch sollen an einigen Karfreitags-Meditationen bis zu 2000 Personen teilgenommen haben. In Europa wird die Anhängerschaft auf ca. 40000 geschätzt, in Deutschland auf ca. 6000 (Stand 2000).

Literaturnachweis

»Handbuch Religiöse Gemeinschaften«, Gütersloher Verlagshaus 1993
»Gabriele Witteks Universelles Leben (HHW/Christusstaat)« von F. W. Haack, Münchner Reihe, Claudius Verlag 1992
»Die Heilsversprecher. Der Kampf der Sekten um die Seelen« von Thomas Schweer, Heyne Verlag 1996
»Hexen, Gurus, Seelenfänger« von Rüdiger Hauth, Brockhaus Verlag 1995
»Das Universelle Leben« Dokumentation z. Teil nach Zitaten von F. Wunderlich, 1993
»Ein ehemals unwissender Mensch auf dem Pfad zu Gott. Der Lebensweg der Prophetin im Heimholungswerk Jesu Christi« (UL Publikation, Verf. Prof. Dr. Walter Hofmann, 1980)
»Die Seele auf ihrem Weg zur Vollendung« (UL Publikation 1979)

IV. 15. An Jesus Christus scheiden sich die Geister

Über 50 % unserer Bevölkerung glaubt heute in den unterschiedlichsten Versionen an einen Gott, als ein »höheres Wesen«. Aber die persönliche, philosophisch oder intellektuell geprägte Vorstellung eines selbsterdachten Gottesbildes reicht nach den Aussagen der Heiligen Schrift nicht aus, um das ewige Heil zu erlangen. Selbst auf die Gefahr hin, als Christen intolerant zu erscheinen, müssen wir deutlich hervorheben: Nur der Glaube an den biblisch offenbarten Christus kann den Mensch vor der Verurteilung Gottes retten (Joh. 3,18.36). Doch vermehrt treffen wir heute auf Zerrbilder über Jesus Christus. Ob es sich dabei um die großen Weltreligionen handelt, um esoterische Publikationen oder biblisch orientierte Sekten, macht kaum einen Unterschied. Es werden Bücher veröffentlicht über den »historischen« oder den »anderen Jesus«, in denen die Autoren immer wieder neue, auf menschlichen Spekulationen und angeblich neuen Erkenntnissen beruhende Christusbiografien entfalten.

Selbst die Theologie unserer Volkskirchen verbreitet teilweise ein Christusbild, das mit dem in der Heiligen Schrift offenbarten Sohn Gottes oft nur noch wenig gemeinsam hat. Hier wird Jesus zum Sozialreformer, zum grenzenlos Liebenden, der das Einhalten seiner Gebote in die Beliebigkeit des Gläubigen stellt; einer, der nie fordert, sondern seinen Anhängern ein gutes Feeling vermittelt. Der englische Dichter und Philosoph C.S. Lewis gibt dazu eine sehr drastisch formulierte Meinung ab, wenn er sagt:

> Ich möchte damit jedermann vor dem wirklich dummen Einwand bewahren, er sei zwar bereit, Jesus als großen Morallehrer anzuerkennen, nicht aber seinen Anspruch, Gott zu sein. Denn gerade das können wir nicht sagen. Ein Mensch, der solche Dinge sagen würde, wie Jesus sie gesagt hat, wäre kein großer Morallehrer. Er wäre entweder ein Irrer – oder der Satan in Person. Wir müssen uns deshalb entscheiden: Entweder war – und ist – dieser Mensch Gottes Sohn, oder er war ein Narr oder Schlimmeres. Wir können ihn als Geisteskranken einsperren, wir können ihn verachten oder als Dämon töten. Oder wir können ihm zu Füßen fallen und ihn Herr und Gott nennen. Aber wir können ihn nicht mit gönnerhafter Herablassung als einen großen Lehrer der Menschheit bezeichnen. Das war nie seine Absicht; diese Möglichkeit hat er uns nicht offengelassen (»Pardon, ich bin Christ«, S. 57).

Gerhard K. Ulrichs schreibt diesbezüglich:

> An Jesus Christus scheiden sich die Geister – zu allen Zeiten! Das ist besonders im Weltkirchenrat zu beobachten: Jesus Christus ist das Haupthindernis auf dem Weg zu einer Welteinheitsreligion. Seine Einzigartigkeit wird bestritten bis hinauf

> zu den höchsten Repräsentanten des Weltkirchenrats. Dass Jesus die Wahrheit ist, der einzige Weg zum Vater, kann von keinem überzeugten Moslem, keinem Hindu, keinem Buddhisten, keinem Konfuzianer unterschrieben werden. Auch nicht von bibelkritischen Theologen. Also muss die Einzigartigkeit Jesu Christi verschwiegen, verleugnet oder weggedeutet werden … (»Bibel und Gemeinde«, 1/92, S. 73).

In vermehrtem Maße erleben wir heute das, was Jesus selbst in seiner Endzeitrede voraussagte:

> Wenn jemand zu euch sagt: »Hier ist der Retter!« oder: »Dort ist Christus erschienen!«, glaubt ihm nicht! Denn es werden sich manche als Retter der Welt aufspielen, und falsche Propheten werden auftreten. Sie werden erstaunliche Wunder vollbringen, und wenn es möglich wäre, würden sie sogar die von Gott Auserwählten irreführen (Matth. 24,23.24).

Und der Apostel Paulus sagte vorher, dass es eine Zeit geben würde, wo die Menschen die gesunde Lehre nicht mehr ertrügen, sondern sich eigene Lehrer suchen würden, die ihnen das sagten, was sie hören wollten (2. Tim. 4,3.4; 2. Kor. 4,4; 1. Tim. 4,1-3; 2. Thess. 2,3).

Welchen Erfindungsreichtum Menschen entfalten, wenn es darum geht, das Bild des Sohnes Gottes zu verdrehen, sollen die folgenden Beispiele zeigen.

IV. 15. 1. Falsche Christusbilder

- **Im Islam:** Im Islam ist Jesus nur der Mariensohn, einer der Propheten, aber keinesfalls der Sohn Gottes, denn Allah hat keinen Sohn.
- **Bei den Siebenten-Tags-Adventisten:** Nach Meinung der Adventisten hat der Kreuzestod Christi noch keine endgültige Erlösung der Gläubigen erwirkt. Sie mindern sein Erlösungswerk, indem sie behaupten, Jesus sei nach seiner Himmelfahrt im Jahre 1844, am »großen Versöhnungstag«, in das himmlische Allerheiligste eingetreten, um dort den Dienst eines Hohenpriesters zu versehen. Von diesem Zeitpunkt an habe er ein Untersuchungsgericht aufgerichtet, in dem alle Gläubigen, sowohl die im Glauben an Christus Verstorbenen, als auch die noch Lebenden, beurteilt würden. Erst hier werde festgelegt, wer von ihnen den Glauben an Christus bewahrt habe.
- **Bei den Zeugen Jehovas:** Die WTG behauptet, Jesus Christus sei der Erzengel Michael, der erste unter vielen Söhnen Gottes, das höchste Geistgeschöpf im Universum. Nach ihrer Ansicht wurde Jesus von Gott erschaffen und ist als ein zweiter Gott vom Vater getrennt zu betrachten. In dieser untergeordneten Stellung darf man ihn ihrer Meinung nach weder anbeten noch so verehren wie den Vater.

- **In der Theosophie**: Der Theosoph Charles Webster Leadbeater (1847-1934) behauptete, der 14-jährige Jiddu Krishnamurti (1895-1986) sei als wiedergeborener Messias der Weisheitslehrer des 20. Jahrhunderts (»Das große Buch der Esoterik«, S. 164).
- **In der Anthroposophie**: Der Begründer der Anthroposophie, Rudolf Steiner, vertrat die Lehre von zwei Jesus-Knaben: Der Jesus des Matthäus-Evangeliums sei eine Inkarnation des Zarathustra (Begründer der altpersischen Volksreligion), der des Lukas werde umschwebt von der Aura des Buddha. Beide Jesus-Knaben gingen als Zwölfjährige in den Tempel und vereinigten sich dort. Bei der Taufe Jesu durch Johannes den Täufer soll dann die »ewige Christuswesenheit« des kosmischen Christus in den Menschen Jesus eingezogen sein.
- **In der Christengemeinschaft:** Hier spricht man von Jesus als von dem »hohen Sonnengott«, dessen Tod den »verschütteten göttlichen Geistfunken« im Menschen wieder lebendig werden lasse. Durch diesen Vorgang erhielte das »Ich« des Menschen die Möglichkeit, von innen heraus, stufenweise wieder zu einem geistigen Wesen emporzusteigen.
- **In der Lorber-Gesellschaft:** Nach Jakob Lorber, von dessen Namen die Gesellschaft ihren Namen ableitet, hatte Gott »sein heiliges, geistmenschliches Urmachtzentrum« in das Gewand der Materie gehüllt und inkarnierte in den fleischgewordenen Christus. Dieser sei ganz und gar Mensch gewesen und habe alle menschlichen Schwächen gezeigt, wie Stolz, Herrschsucht, Wohlleben und Weiberlust. Nur im hingebungsvollen Dienst an den Menschen habe er seine Schwächen überwinden können, wodurch er zum höchsten Vorbild der Liebe geworden sei.
- **Bei den Mormonen:** Hier wird Jesus als einer der von Gott erschaffenen Geistfunken bezeichnet. Er habe sich als Erlöser zur Verfügung gestellt, um die Menschen vom ewigen Tod zu erlösen, der als Folge eines Falls vom Himmel verursacht wurde. Das Ziel dieses Planes ist die Vergöttlichung des Menschen.
- **Im Universellen Leben:** Die Begründerin des Universellen Lebens, Gabriele Wittek, bezeichnet Jesus als den »zentralen Schlüssel des Christusstaates«. Er sei von »Gott-Vater« zusammen mit dem weiblichen Engel »Satana« aus positiven und negativen Teilchen des fließenden Äthers erschaffen und gleichzeitig gezeugt worden. Von »Gott-Vater«, der 2/3 der positiven Kraft verkörpert, habe er dann 1/3 positive Kraft übertragen bekommen.
- **Bei den Rosenkreuzern:** Der mystische Orden der Rosenkreuzer postulierte: Das höchste Mitglied dieser Gesellschaft ist Herr, Jesus Christus, Gottes Sohn. Die Gesellschaft steht unter seinem Schutz, durch sein Wort ist er gegenwärtig. Daher unterliegen alle Mitglieder der strengen Pflicht, für ihn die Regeln der Gesellschaft zu achten (»Das große Buch der Esoterik«, S. 129).
- **Bei den Freimaurern:** Ähnlich wie im Islam wird Jesus von den Freimaurern zwar eine geschichtliche Bedeutung zugesprochen, aber seine Wesensgleichheit mit

Gott wird nicht anerkannt. Deshalb darf der Name Jesu Christi seit 1913 auch nicht mehr in den Gebeten verwendet werden. Selbst eine persönliche Meinung über das Mittleramt Christi wird in der Loge nicht geäußert (»Die Freimaurer«, S. 104).

- **In der Hare-Krishna-Bewegung:** Auf die Frage, was er von Christus halte, antwortete der Begründer der Hare-Krishna-Bewegung: »Er ist unser Guru. Er predigt Gottesbewusstsein, und deshalb ist er unser spiritueller Meister.«
- **In der katholischen Kirche:** Selbst hier glaubt man an einen Christus, dessen Tod am Kreuz auf Golgatha nicht ausreicht, um den Sünder endgültig zu erlösen. Die Kirche vertritt ein kompliziertes System der Errettung durch Werke. Schuld kann zwar durch Beichte und Absolution vergeben werden, die Strafe bleibt jedoch erhalten. Je nach Schwere der Schuld wird sie zu Lebzeiten durch Rosenkranzgebete und Ähnliches abgeleistet, kann aber endgültig erst im Fegefeuer des Jenseits gesühnt werden (»Bibel und Gemeinde«, 4/92, S. 311).
- **Bei Mutter Theresa:** Für Mutter Theresa, die ihr Leben völlig in den Dienst der Ärmsten dieser Welt stellte, war Bekehrung nicht etwa die persönliche Hinwendung an den Sohn Gottes, sondern sie sagte, »Bekehrung bedeute, dass wir Gott in unserem Leben annehmen. Wir werden dann zu einem besseren Hindu, einem besseren Moslem, einem besseren Angehörigen unserer Religion … Was Gott in deiner Vorstellung ist, das musst du annehmen.« (»Gefährliche Weichenstellung«, S. 34).
- **In der historisch-kritischen Theologie:** Hier vertritt man den Glauben an einen mythologischen Christus. Seine Präexistenz, seine Gottheit und auch die Jungfrauengeburt werden in Frage gestellt. Der »historische Jesus« wird als Sozialreformer oder Revolutionär gedeutet. Bibeltexte wie das Gleichnis vom barmherzigen Samariter (Luk. 10,25-37) und vom Weltgericht (Matth. 25,31-46) werden als Beweis dafür gewertet, dass er ungerechte Sozialstrukturen verändert habe.
- **In der Esoterik:** In den verschiedenen esoterischen Denksystemen vertritt man die Auffassung, dass alle Religionen im Wesentlichen gleich seien und ihre Einheit in der philosophischen Kraft eines Weltethos liege, das durchaus als Christus bezeichnet werden könne.

Das eigentliche Ziel, auf das die Schrift unablässig hinweist, nämlich die persönliche Hinwendung zu Jesus Christus und die Annahme seines Opfertodes, wird zunehmend von vielen Menschen verschmäht (Joh. 1,12; 5,39.40). Trotz der unzähligen Zerrbilder von Jesus Christus bleibt der Auftrag des Sohnes Gottes, hinzugehen und alle Menschen in seine Nachfolge zu rufen, bestehen (Matth. 28,19.20). Diese Mission sollte allerdings immer in der Achtung vor der Menschenwürde und der persönlichen Überzeugung des Andersgläubigen geschehen. Unsere Gesellschaft ist nicht nur multikulturell, sondern auch äußerst tolerant geworden. Doch Toleranz ohne eigene Überzeugung lässt uns zum Spielball im Labyrinth der unterschiedlichsten Glaubensüberzeugungen werden. Jeder überzeugte Christ sollte in die Worte Ludwig Hofackers (1798-1828) mit einstimmen können, der bekannte:

> Welch eine Ehre ist es, von diesem König ein Zeugnis abzulegen, seinen Namen bekennen zu dürfen vor der ganzen Welt und sagen zu dürfen: ich bin ein Christ, ein Erlöster meines Herrn, der mich geliebt und sein Leben für mich gegeben hat. Darum, weil er das für mich getan hat, schweige ich nicht, sondern rede laut. Ich schäme mich seines Namens nicht.

Erwin W. Lutzer schreibt:

> Die Gottheit Christi muss bezeugt werden, sonst werden wir zu Götzendienern. Christus nahm Anbetung und Gebete von den Menschen an, als er auf der Erde war, ohne jemals zu widersprechen. Wenn Christus nicht Gott ist, dann hat Gott uns nicht gerettet, und alle Anbetung, die er akzeptierte, und seine Zusage der Vergebung von Sünden wären Gotteslästerung gewesen … Jetzt können wir besser verstehen, warum Tausende, die an Christus glauben, verloren gehen. Sie glauben an einen Christus, der nicht fähig ist, sie zu retten (»Gefährliche Weichenstellung«, S. 32,33).

Literaturverzeichnis

»Bibel und Gemeinde«, 1/92, 1/93 und 4/92
»Gefährliche Weichenstellung« von Erwin W. Lutzer, CV-Verlag, 1999
»Pardon, ich bin Christ« von C.S. Lewis, Brunnen Verlag 1986
»Das große Buch der Esoterik« von W.J. Langbein, Verlagsunion Papel Moewig
»Die Freimaurer – Religion der Mächtigen« von Hermann Neuer, Schwengeler-Verlag

IV. 16. Psychologische Kontrollmethoden, mit denen Sekten Menschen an sich binden

Wir alle sind geprägt durch unser soziales Umfeld, durch unsere Lebensumstände und die gesellschaftliche Struktur, in der wir leben. Diese Art der Beeinflussung ist Bestandteil einer normalen, gesunden Persönlichkeitsentwicklung. Trotz dieser Einflüsse haben wir aber die Möglichkeit, eine persönliche Entscheidung zu treffen. Wir können verschiedene Aspekte beleuchten und unterschiedliche Informationen zu Rate ziehen, um so zu einem eigenen Urteil zu gelangen.

IV. 16. 1. Indoktrination*

Dagegen sind Menschen in Sekten so genannten Indoktrinationsmethoden unterworfen. Das heißt, von der Sektenführung werden massive psychologische Mittel benutzt, um die Anhänger so zu beeinflussen, dass sie ihre Individualität und ihre Eigenverantwortlichkeit nach und nach aufgeben und sich bedingungslos der Sektendoktrin unterwerfen. Diese Methode ist weder mit einer Gehirnwäsche, die immer unter körperlicher Gewaltanwendung geschieht, noch mit einer normalen Beeinflussung zu vergleichen.

Man unterscheidet heute zwischen allgemeinen und totalitären Sekten, wobei man einräumen muss, dass die Grenze zwischen beiden Gruppen fließend ist. In einer totalitären Gruppe sind die Kontrollsysteme nahezu perfekt. Die Mitglieder werden oft völlig isoliert von ihrer Außenwelt, sie leben in Kommunen und müssen sich deren Ordnungen unterwerfen. Hier kann man von Psycho-Terror sprechen, der schrittweise bis zu einer Depersonalisierung führen kann. Das gilt z. B. für die Mun-Bewegung, das Universelle Leben, für viele fernöstliche Gruppen wie Hare Krishna, Ananda Marga und andere. Wie sich die Ideologie einer totalitären Sekte im Extremfall auswirken kann, zeigt ein Beispiel aus jüngster Zeit. Am 20. März 2000 ging eine Nachricht durch die Weltpresse: In Kanungu, Uganda, hatten sich 650 Anhänger einer christlich erscheinenden Weltuntergangssekte in religiös motiviertem Todeswahn in einer Kirche verbrannt. Solche Wahnideen sind nach einer Definition des Psychiaters Emil Kraepelin »krankhaft verfälschte Bewusstseinsinhalte, die einer Berichtigung durch Beweisgründe nicht zugänglich sind«.

Bei anderen Sekten, wie z. B. den Zeugen Jehovas, der Neuapostolischen Kirche oder bei den Mormonen, sind diese Indoktrinationsmethoden nur in abgeschwächter Form vorhanden. Hier wird in der Regel Tugendterror praktiziert. Denn um die Anerkennung der Gruppe zu erlangen und auch zu behalten, muss der Anhänger sich einem vorgeschriebenen Verhaltenskodex unterwerfen.

IV. 16. 2. Bewusstseinskontrolle

Der Psychologe Steven Hassan, der in den USA als Sektenausstiegsberater tätig ist, geht davon aus, dass alle Mitglieder totalitärer Sekten einer Bewusstseinskontrolle unterliegen, die er folgendermaßen beschreibt:

---

* **Indoktrination:** von *lat.* doctrina, bedeutet »Belehrung« und ist eine »massive, psychologische Mittel nutzende Beeinflussung von Einzelnen oder ganzen Gruppen im Hinblick auf die Bildung einer bestimmten Meinung oder Einstellung« (Duden: »Das große Fremdwörterbuch«).

Bewusstseinskontrolle ist ein System von Einflüssen, mit dem die Identität des Individuums (seine Überzeugungen, sein Verhalten, Denken und Fühlen) zerbrochen und durch eine neue Identität ersetzt wird (»Ausbruch aus dem Bann der Sekten«, S. 25).

Sie setzt sich aus 4 Komponenten zusammen:

- der Verhaltenskontrolle,
- der Gedankenkontrolle,
- der Gefühlskontrolle,
- der Informationskontrolle.

Die Sekte kontrolliert also, wie sich das Mitglied verhält, was es denkt und fühlt und welche Informationen es aufnimmt. Wie diese Kontrollen praktisch angewandt werden, soll an einigen Beispielen gezeigt werden.

IV. 16. 3. Verhaltenskontrolle

Die Verhaltenskontrolle soll die Umwelt des Menschen regeln. Dazu gehört vor allen Dingen die Kontrolle seines Umgangs.

Jede Sekte ist darauf bedacht, ihre Anhänger von der Familie zu isolieren, weil sie den Einfluss der Angehörigen fürchtet. Das Verbot, bestimmte Feiertage nicht mehr zu halten (die in den meisten Fällen auch zu Familientreffen genutzt werden), soll die Aufgabe des sozialen Umfeldes bewirken.

Teilweise wird die Kleidung und die Arbeit vorgeschrieben. Z. B. tragen Ananda-Marga-Anhänger orangefarbene Gewänder, Hare-Krishna-Jünger safrangelbe, und die obersten Scientologen dürfen weiße Anzüge tragen.

In einigen Gruppen sind Genussmittel verboten, in anderen sind vegetarische Kost oder langes Fasten vorgeschrieben. In den Kommunen ist die tägliche Nahrung oft minderwertig und wird zugeteilt.

In vielen totalitären Sekten bekommen die Anhänger höchstens 3-4 Stunden Schlaf pro Nacht. Dieser Schlafentzug dient dazu, ihr Realitätsbewusstsein zu schwächen.

Die Freizeit ist weitgehendst eingeschränkt und wird mit häufigen Gruppenaktivitäten ausgefüllt. Dadurch ist der Anhänger immer dem gleichen Einfluss, der gleichen Sprache und dem gleichen Gedankengut ausgesetzt.

Übertritt der Neuling eine der vielen Regeln, wird er vor der Gruppe bloßgestellt. Durch die Aufgabe seines alten sozialen Umfeldes ist er aber auf die Gunst seiner neuen Glaubensgemeinschaft angewiesen, denn kein Mensch kann gänzlich ohne eine gewisse Anerkennung seiner Umgebung leben. Um der

Isolation in der Gruppe zu entgehen, unterwirft sich der Sektenanhänger den Forderungen seiner Gemeinschaft. Auf diese Weise gewinnt die Sekte immer mehr Macht über ihn.

Da die Ideologie stets oberste Priorität hat und die Eltern unter dem Zwang stehen, den vorgeschriebenen Verhaltenskodex zu erfüllen, unterliegen auch die Kinder automatisch der Kontrolle der Sekte. Obwohl unser Staat »jedem jungen Menschen ein Recht auf Förderung seiner Entwicklung zu einer eigenverantwortlichen und gemeinschaftsfähigen Persönlichkeit« zusichert (Kinder- und Jugendhilfegesetz, § 1, Absatz 1), werden Sekten-Kinder in ihrer Kritikfähigkeit und einer gesunden Persönlichkeitsentwicklung behindert, weil sie ihre Entwicklungsjahre in einem geschlossenen, negativ geprägten, soziologischen System, einer künstlich erzeugten Sektenwelt, zubringen müssen.

Der elterliche Schutz kann ihnen nur in dem Maße gewährt werden, wie die Vorschriften der Gemeinschaft es zulassen. Teilweise werden die Kinder separiert und in sekteneigenen Erziehungseinrichtungen untergebracht. Die Ausbildung in diesen Schulen ist oft ungenügend, weil die Sektendoktrin im Vordergrund des Lehrplans steht. Das gilt häufig auch für die *Waldorfschulen*, in denen ein anthroposophisches Weltbild vermittelt wird, das mit einer christlichen Weltsicht nicht zu vereinbaren ist.

Der Gründer der *Hare-Krishna-Bewegung*, »Bhaktivedanta Swami Prabhupada«, legte für die Schulen dieser Sekte ein Trainingsprogramm für Kinder ab fünf Jahren fest, in dem es heißt:

- Immer an Krishna denken,
- Krishna-Anhänger werden,
- Krishna Verehrung darbringen,
- Krishna Huldigung darbringen.
- Diese 4 Dinge sollten gelehrt werden, und alles andere wird wie geschmiert folgen. Sie werden gelehrte Menschen.

Bei Beobachtungen in einer Krishna-Schule wurde eine erschreckende Gefühlskälte der Kinder festgestellt. Man befürchtet, dass sie als Erwachsene nie fähig sein werden, normale menschliche Beziehungen herzustellen.

Der *Guru »Thakar Singh«* lässt Kinder und Säuglinge bis zu 20 Stunden pro Tag meditieren. Damit sie den »inneren Licht- und Tonstrom« besser erfahren können, werden ihnen teilweise die Augen verbunden und das rechte Ohr verstöpselt (»Die Sektenkinder«, S. 22, 28, 59).

Leben die Eltern in Indien in einer Wohngemeinschaft mit einem Guru, werden die Kinder oft zu tagelangem Betteln auf die Strasse geschickt, ohne dass die Eltern sich dagegen wehren.

IV. 16. 4. Gedankenkontrolle

Die Gedankenkontrolle soll die eigene Lebensphilosophie zerstören, um sie dann durch das Gedankensystem der Sekte zu ersetzen.

Viele Gruppen entwickeln dazu eine eigene, sektenspezifische Begriffswelt. Sie soll das Elitedenken fördern und einen inneren Zusammenhalt unter den Anhängern schaffen. Sie dient auch zur Verwirrung der Neulinge und weckt in ihnen den Wunsch, diese Sprache zu verstehen.

Die *Zeugen Jehovas* sprechen z. B.von einer »Sklavenklasse« und meinen damit das leitende Gremium der Gesellschaft in Brooklyn. Der Begriff »Sklave« soll den Anhängern suggerieren, dass dieses Gremium in totaler Abhängigkeit von Gott handelt. Dadurch wird die Tatsache verschleiert, dass gerade das Leitungsteam für die Kontrollmechanismen der Gesellschaft verantwortlich ist. Jeder Zeuge glaubt, dass er sich in der »Organisation Gottes auf Erden« befindet, im Gegensatz zu allen anderen Menschen, die Mitglieder der »Organisation Satans« sind.

Dem *TM-Anhänger* wird das »Seligkeitsbewusstsein« als spirituelles Heilsziel vor Augen geführt. In der *Hare-Krishna-Sekte* heißt das Endziel »Krishna-Bewusstsein«. In beiden Fällen geht es darum, die Anhänger mit solchen Begriffsbestimmungen so zu beeinflussen, dass sie das angestrebte Heil ausschließlich mit der eigenen Gruppe in Verbindung bringen.

Der Begründer der *Scientology*, L. Ron Hubbard, verstand es meisterhaft, seine Ideen mit neuen Wortschöpfungen zu untermauern: »Engramme« sind belastende Erinnerungen, nicht nur aus dem gegenwärtigen Leben, sondern auch aus früheren Inkarnationen, die durch »Auditing« (eine Art Beichte, bei der auch ein Lügendetektor eingesetzt wird) abgebaut werden müssen. »Clear« ist bei ihm ein Mensch ohne körperliche und seelische Probleme. Diesen Zustand kann er nur erreichen, wenn er eine bestimmte Anzahl von Kursen absolviert hat. Ein »Operierender Thetan« (OT) ist ein geklärter Mensch, dessen Geist angeblich keinen Einschränkungen mehr unterworfen ist. Er kann seine Fähigkeiten immer mehr erweitern und ausbauen, so dass er in der Lage ist, seine Umgebung uneingeschränkt zu kontrollieren.

Fast alle Sektierer glauben, dass Gott selbst sie auserwählt hat, um die übrige Welt vor seinem Strafgericht zu warnen. Nur in *ihrer* Organisation kann der Mensch dem göttlichen Urteil entgehen.

Der Sektenanhänger ist überzeugt, dass jeder, der nicht seiner Gemeinschaft angehört, indirekt sein Feind ist. Man hat ihm von Anfang an beigebracht, dass besonders Freunde und Familienangehörige vom Teufel benutzt werden, um ihn vom richtigen Glaubensweg wieder abzubringen. Er ist darauf gedrillt, Kritik von außen für unwahr zu halten und sofort abzublocken. Hare-Krishna-Anhänger werden beispielsweise angehalten, sich auf der Straße nicht länger als eine Minute auf kritische Glaubensgespräche mit anderen Menschen einzulassen. Im fernöstlichen und esoterischen Bereich heißt es dagegen, dass durch Kritik und Zweifel das alte Ego wieder hervorkommt. Um das Heilsziel erreichen zu können, muss das alte Ego zerstört werden, deshalb wird Kritik auch in diesem Bereich sofort abgeblockt. Man bringt ihnen Gedankenstopptechniken und Chanten bei. So können sie kritische Bemerkungen von außen sofort abblocken, indem sie anfangen zu chanten. Das heißt, sie rufen sich ihr persönliches Mantra ins Gedächtnis (siehe Seite 202) und murmeln es ununterbrochen vor sich hin. Bei einem Hare-Krishna-Jünger würde sich das so anhören: »Hare Krishna, Hare Krishna, Krishna, Krishna, Hare, Hare, Hare Rama, Hare Rama, Rama, Rama, Hare, Hare.« Weil kein Mensch in der Lage ist, zwei Gedanken gleichzeitig zu denken, wird diese Methode immer wieder mit Erfolg angewandt.

IV. 16. 5. Gefühlskontrolle

Die dritte Komponente der Bewusstseinskontrolle ist die Gefühlskontrolle; sie soll helfen, die persönlichen Empfindungen abzubauen.

Dazu werden erst einmal Sehnsüchte nach einer heilen, besseren Welt geweckt, deren Erfüllung aber nur mit Hilfe der jeweiligen Gruppe erreicht werden kann.

Auf künstliche Art werden Schuld und Angst erzeugt. Der Mensch ist einem ständigen Wechselbad der Gefühle unterworfen. Ein innerer fester Halt wird ihm systematisch entzogen. Mal wird er besonders gelobt und den anderen als leuchtendes Vorbild präsentiert, und ein anderes Mal wird er bei dem geringsten Verstoß gegen die Regeln öffentlich schuldig gesprochen. Dadurch entsteht Angst vor Versagen, Angst vor den Verführungen des Teufels oder (im esoterischen Bereich) Angst vor negativen Schwingungen. Diese Ängste binden aber gleichzeitig wieder an die Gruppe, weil man das angestrebte Heil ja angeblich nur mit oder durch diese Gemeinschaft erreichen kann. Die Ängste führen dazu, dass persönliche Bedürfnisse immer wieder unterdrückt werden. Liebe und Zuwendung gegenüber der Familie und Freunden wird auf ein Mindestmaß reduziert.

IV. 16. 6. Informationskontrolle

Die vierte Kontrollmethode ist die Informationskontrolle; sie dient zur Unterbindung der kritischen Auseinandersetzung mit der Gruppe.

Es werden nur positive Informationen über die eigene Gemeinschaft weitergegeben, negative Kritik wird sofort unterbunden.

In den Publikationen werden z. B. nur Neuzugänge erwähnt, während Abgänge verschwiegen werden.

Man führt die hohen moralischen Wertmaßstäbe und die daraus resultierenden intakten Familien auf die eigene Lehre zurück, bei gleichzeitigem Hinweis auf die zerrütteten Verhältnisse »in der Welt«.

Da alle anderen religiösen Weltanschauungen als unwahr eingestuft werden, wird immer wieder empfohlen, nur die sekteneigene Literatur zu lesen, um vom wahren Glaubensweg nicht wieder abzukommen.

Auch der Kontakt zu Ehemaligen und Kritikern wird untersagt, weil sie die wahren Hintergründe der Sekte aufdecken.

Freundschaften innerhalb der Gruppe werden nach Möglichkeit unterbunden, damit eventuelle Zweifel nicht besprochen werden können. Dagegen sind gegenseitige Bespitzelungen an der Tagesordnung. Sie garantieren ein perfektes Überwachungssystem und verstärken die Isolation des Einzelnen.

Diese Kontrollen bewirken, dass der Einzelne seine gesunde Kritikfähigkeit und seine eigene Meinung verliert, weil ihm irgendwann alle Vergleichsmöglichkeiten fehlen. Das führt dann automatisch zu einer ideologischen Gleichschaltung, die es den Führern leicht macht, die Gruppe nach ihren Vorstellungen zu formen und in geistiger und finanzieller Hinsicht auszubeuten.

Der amerikanische Sektenführer Charles Manson behauptete:

> Ich kann jede beliebige Person von jeder beliebigen Sache überzeugen, wenn ich es mit entsprechender Intensität tue und wenn diese Person keine andere Informationsquelle hat als die meinige (»Die geheime Macht hinter den Zeugen Jehovas« von Robin de Ruiter, S. 44).

IV. 16. 7. Phasen der Integration

Bis zur völligen Integration in die Gruppe durchläuft der Sektenneuling in der Regel folgende ineinanderfließende Phasen:

- Anwerbung,
- Einführung in die Heilslehre,
- Einbindung in die Gruppe,
- Entfremdung von der Umwelt und Isolation,
- Festigung der Heilslehre

1. Phase: Anwerbung: Jede Sekte hat ihre eigene Methode zur Anwerbung neuer Mitglieder entwickelt:

Zeugen Jehovas und Mormonen gehen von Tür zu Tür oder stehen mit ihren Zeitschriften an der Straßenecke.

Die Scientologen werben oft in Fußgängerzonen mit einem Persönlichkeitstest, der für die Testperson immer negativ ausfällt. Zur Überwindung dieses angeblich persönlichen Mangels, der auf »negative Engramme« zurückgeführt wird, bieten sie teure Kurse und Seminare an, in denen der Neuling nicht nur psychisch beeinflusst wird, sondern auch in finanzielle Abhängigkeit von der Sekte gerät.

Fernöstliche Guru-Sekten werben oft indirekt, indem sie Meditations- und Yoga-Kurse als hilfreiche Entspannungstechniken anbieten.

Alle Neulinge werden mit Liebe und Aufmerksamkeit geradezu überschüttet – eine Taktik, die die Sekte »love bombing« nennt. Kontakt zu der gesamten Gruppe bekommt der Adept oft erst nachdem ein Vertrauensverhältnis zu einer oder mehreren Personen aufgebaut und gefestigt ist.

2. Phase: Einführung in die Heilslehre: Schritt für Schritt wird nun versucht, dem Neuling die Heilslehre beizubringen. Es werden Vorträge, gemeinsame Studien oder Workshops angeboten, die Literatur der Gruppe wird zur Pflichtlektüre gemacht. In einigen fernöstlichen Sekten finden mehrmals täglich unter Anleitung Meditationen in der Gruppe statt. All diese Aktivitäten dienen dazu, das Bewusstsein der Neulinge zu verändern und dem Gedankensystem der jeweiligen Gemeinschaft anzupassen. Nachdem Steven Hassan als junger Student zum zweiten Mal an einem Wochenende der Mun-Sekte teilgenommen hatte, schreibt er Folgendes:

> Am Ende dieser drei Tage gab es jenen Steven Hassan, der in den ersten Workshop gegangen war, nicht mehr; er war ersetzt durch einen »neuen« Steven Hassan. Ich war stolz, von Gott »auserwählt« zu sein und mein Leben nunmehr auf den einzig »wahren Pfad« gebracht zu haben. Ich empfand auch noch eine ganze Reihe anderer Gefühle: Ich war gleichzeitig erschrocken und geehrt, dass ich für diese Führungsrolle auserkoren worden war, und ich war überwältigt von der Vorstellung, dass Gott aktiv daran arbeitete, den Garten Eden herbeizuführen. Schluss mit Krieg, Armut, Umweltzerstörung. Nur noch Liebe, Wahrheit, Schönheit und Güte (»Ausbruch aus dem Bann der Sekten«, S. 43).

3. Phase: Einbindung in die Gruppe: Das Lehrprogramm der Sekten ist so aufgebaut, dass die Gedanken und Gefühle der Gläubigen systematisch in eine bestimmte Richtung gelenkt werden. Kritische Fragen werden meistens abgeblockt. Je mehr Zeit der Neuling mit der Sekte verbringt, desto öfter ist er deren Gedankengut ausgesetzt. Ganz automatisch zieht er sich mehr und mehr aus seiner alten Umgebung zurück. Ohne dass es ihm richtig bewusst wird, stimmt er nach und nach sein gesamtes Alltagsleben auf die Erfordernisse der Sekte ab.

4. Phase: Entfremdung von der Umwelt und Isolation: Lebt der Anhänger schon in einem Sektencenter, ist sein Tagesablauf nun ausgefüllt mit bestimmten

Arbeiten, die er verrichten muss. Zeit zum persönlichen Nachdenken bleibt ihm dabei kaum. Hat er das Gefühl, durch die vielen neuen Aufgaben überlastet zu sein, wird ihm immer wieder das Heilsziel vor Augen geführt. Man suggeriert ihm, dass dieses Ziel nur dann Wirklichkeit für ihn werden kann, wenn er sich den Anordnungen der Gruppe unterwirft. Da er sein Heil auf keinen Fall verlieren will, ist er bereit, Nachteile und Schwierigkeiten in Kauf zu nehmen und wertet sie als Opfer für seinen Gott. Mit geschickt eingesetzten psychologischen Techniken wird die alte Identität des Menschen nach und nach verdrängt. Sein Denken und Handeln wird von seinem neuen »Sekten-Ich« geleitet. Ohne dass er selbst es bemerkt, wird irgendwann sein gesamtes Bewusstsein von der Sekte kontrolliert. Dieser Umstand führt dann dazu, dass die Anhänger Unrecht, unmoralische Handlungen, Betrug und Ähnliches über sich ergehen lassen, ohne sich zur Wehr zu setzen.

Ihr »Sekten-Ich« suggeriert ihnen, dass all diese Handlungen normal oder absolut notwendig sind. Ihre alten Moral- und Wertvorstellungen sind größtenteils verdrängt, deshalb können sie auf die jeweiligen Lebensumstände nicht mehr wie früher reagieren.

5. Phase: Festigung der Heilslehre: Durch besondere Schulungen und Seminare werden die Lehrgrundsätze der Sekte permanent wiederholt, so dass sie sich tief in das Unterbewusstsein der Mitglieder festsetzen. Diese Praktik ist vergleichbar mit der häufigen Wiederholung von Werbespots. Werbefachleute wissen genau, dass spätestens bei der zweiten oder dritten Einblendung eines bestimmten Spots Teile der gesendeten Informationen ohne den bewussten Willen des Zuhörers automatisch in dessen Unterbewusstsein gespeichert werden.

Der Sektenanhänger lebt ständig unter Leistungsdruck. Aber selbst die Erfüllung aller Forderungen gibt ihm niemals die endgültige Gewissheit seiner Erlösung. Immer bleibt eine letzte Unsicherheit, die ihn wieder zu neuer Tätigkeit und zum Gehorsam gegenüber seinen Führern anspornt. Auch wenn er äußerlich scheinbar gelassen und zufrieden wirkt, haben sich tief in seinem Unterbewusstsein Ängste festgesetzt. Einerseits die Angst, den Anforderungen nicht mehr genügen zu können und damit sein ewiges Heil zu verlieren, andererseits aber auch die Angst vor einem Austritt aus der Sekte. Er ist so programmiert, dass er sich ein Leben ohne die Gruppe nicht mehr vorstellen kann. Steven Hassan beschreibt es so:

> Sekten erzeugen und implantieren Ängste so geschickt, dass die Opfer sich nicht einmal ihrer Existenz bewusst sind. Die Sektenanhänger werden so sehr darauf konditioniert, ihr wirkliches Selbst zu unterdrücken, dass sie sich nicht einmal ihres Austrittswunsches bewusst sind. Sie denken, sie seien so glücklich in der Gruppe, dass sie niemals austreten möchten. Diese Menschen sind nicht imstande, sich positive Bilder von sich selbst nach dem Ausstieg aus der Gruppe zu machen (»Ausbruch aus dem Bann der Sekten«, S. 81).

Psychologische Studien haben ergeben, dass ehemalige Sektenmitglieder nach ihrem Ausstieg aus der Gruppe ein völlig neues Alltagsverhalten einüben müssen. Die Sektendoktrin, der sie so lange unterworfen waren, ist mit ihrem Weggang nicht automatisch aus ihrem Unterbewusstsein ausgetilgt, sondern kann sich noch Jahre danach negativ auf ihre psychische Gesundheit auswirken. Da fast alle Sektierer glauben, das kommenden Strafgericht Gottes nur in ihrer Gemeinschaft überleben zu können, werden die meisten von ihnen nach ihrem Ausstieg von einer unerklärlichen Angst befallen, die sie manchmal über Jahre hinweg von einer Psychotherapie in die andere treibt. Zu einem inneren Frieden gelangen sie nur, wenn sie erkennen, dass die Sektendoktrin, die tief in ihrem Unterbewusstsein verwurzelt ist, keinesfalls die göttliche Wahrheit, sondern eine raffiniert ausgeklügelte Sektenlehre ist. Diese ist häufig ein Produkt krankhafter, menschlicher Phantasie, einzig und allein dazu erdacht, Menschen in psychische Abhängigkeit zu bringen.

Bei Sekten, die mit angeblich biblischen Wahrheiten argumentieren, hat es sich als hilfreich erwiesen, die falschen Bibelinterpretationen durch richtige Aussagen der Schrift zu ersetzen.

Literaturnachweis

»Ausbruch aus dem Bann der Sekten« von Steven Hassan, Rowohlt Verlag, 1993

»Sekten – Im Bann von Sucht und Macht« von Hugo Stamm. Kreuz Verlag, 1995

»Die Sektenkinder – Missbraucht und betrogen, Erfahrungen und Ratschläge« von Kurt-Helmuth Eimuth, Herder Verlag 1996

»Die geheime Macht hinter den Zeugen Jehovas« von Robin de Ruiter, Anton A. Schmid Verlag, 1995

Teil V: Der breite und der schmale Weg

V. 1. Ursache für die weltweite religiöse Verführung

Im gesamten religionsphilosophischen Bereich der östlichen Weisheiten, in den esoterischen Geheimlehren, dem islamischen Glauben, sowie in den diversen Sekten mit ihren teils neugnostischen Elementen ist der biblische Kontext der Christologie und Soteriologie (Heilslehre) entweder gar nicht vorhanden, oder in seinem Aussagegehalt verfälscht und teilweise pervertiert worden. Wenn wir die bisher aufgeführten Glaubensüberzeugungen noch einmal im Überblick betrachten, stoßen wir immer wieder auf die gleichen Elemente:

In den islamischen Traditionen und biblisch orientierten Sekten wird die Gnade Gottes durch Werkgerechtigkeit ersetzt. Nicht mehr Christus ist der alleinige Weg zum Heil, sondern die jeweilige Glaubensgemeinschaft und deren vorgeschriebener Gesetzeskodex.

Der Mensch setzt sein Vertrauen nicht mehr auf einen souveränen, liebevollen Vater-Gott, sondern fällt raffinierten Täuschungsmanövern und leerem Trug von Menschen zum Opfer.

Bezogen auf die fernöstlichen Philosophien und das esoterisch-neugnostische Gedankengut trifft man auf folgende Veränderungen:

Der persönliche Schöpfergott wird ausgetauscht durch eine kosmische Wesenheit, Urkraft oder Weltseele (Brahman, Tao). Pantheismus steht gegen Monotheismus bzw. Tritheismus.

An Stelle des Geistes Gottes und seiner dynamischen Kraft treten negative und positive kosmische Naturkräfte mit ihrer angeblichen Eigendynamik und potenziellen Intelligenz in unterschiedlichen Erscheinungsformen auf den Plan. Je nach vorgegebenem Denkmuster stehen diese Kräfte dann den spirituell Erleuchteten für ihre Heilsvisionen zur Verfügung.

Die Gottesbildlichkeit und Erdgebundenheit des Menschen muss einem kosmischen Menschenbild weichen. Der Mensch als Mikrokosmos wird zum Abbild des Makrokosmos degradiert. Er ist keine Schöpfung Gottes mehr, sondern ein geistiges Produkt eines immer währenden kosmischen Entwicklungsprozesses. Seine Herkunft ist nicht mehr unser irdischer Planet, sondern die Unendlichkeit des Alls, in das er auch nach seinem irdischen Tod zurückkehrt.

Nicht Unvollkommenheit und Sünde trennen den Menschen von einem persönlichen Gott, sondern sein geistiger Leib verdichtete sich durch kosmische Ereignisse zu Materie, was eine Trennung von der göttlichen Weltseele hervorrief. Sein physischer Leib wird als Inkarnationshülle betrachtet, die aus einem esoterischen Äther- und Astralleib besteht. Die Dualität der christlichen Ethik und Moral mit ihrer Trennung zwischen Gut und Böse und Licht und Finsternis werden verdrängt von Paradigmen wie Monismus und Holismus (Lehren, die alles aus einem ganzheitlichen Prinzip heraus erklären).

An Stelle der christlichen Wiedergeburt durch den Geist Gottes tritt die Reinkarnation und eine karmische Vergeltung.

Das Erlösungsgeschehen wird nicht durch die Liebe eines barmherzigen Gottes in Gang gesetzt, sondern durch Geheimwissen, Initiationsverfahren, Askese, Meditation und Intuition. Christus wird in dieses Geschehen bestenfalls als »Erlöserfunke« mit einbezogen. Nicht eine demütige Haltung und das Bekenntnis von Schuld vor einem Gott sind die entscheidenden Kriterien für die Erlösung, sondern der Mensch kann seine verlorene Göttlichkeit durch eigene Anstrengungen wieder zurückgewinnen. Dazu muss es ihm allerdings gelingen, sich aus der Umklammerung der Materie und den damit verbundenen negativen Einflüssen zu befreien.

Diese, von einem christlichen Weltbild abweichenden Philosophien und Darstellungen sind aus unserer Sicht Verführungsmethoden einer finsteren Macht, denn die Bibel beschreibt uns neben unserer realen dreidimensionalen Welt einen unsichtbaren Bereich, der unsere Welt in der Luft, auf der Erde, im Wasser und unter der Erde durchdringt. In dieser transzendenten Welt existiert sowohl das Reich des Lichts als auch das der Finsternis (siehe Seite 191).

Wer die Schrift als inspiriertes Wort Gottes annimmt und nicht nur als Aufzeichnung menschlicher Gedanken über Gott, kann die Existenz des Teufels nicht leugnen. Insgesamt wird er im AT und NT 110-mal erwähnt. Die häufigsten Titel sind: »Teufel« (griech. diabolos = Durcheinanderwerfer, der Auseinanderbringer, Verleumder, Beschuldiger und Angreifer), dieser Begriff kommt 35-mal vor; und »Satan« (hebr. satan = Widersacher, Gegner), ein Wort, das wir 52-mal finden.

V. 1. 1. Der Ursprung des Teufels

In den Propheten Jesaja und Hesekiel werden uns zwei Berichte überliefert, die einerseits Klage erheben über die Könige von Babel und Tyrus, gleichzeitig aber auch die rebellische Handlungsweise eines Engels oder Morgensterns im Himmel beschreiben, in dessen Herzen aufgrund seiner freien Willensentscheidung die Sünde aufkam (Hes. 28,15). Stolz und Selbstherrlichkeit waren die Ursache, die diesen stolzen Engelfürsten dazu trieben, sich zusammen mit anderen Engeln oder Dämonen gegen Gott zu erheben, so dass Gott ihn und seine Anhänger von sich stieß (Jes. 14,12-15; Hes. 28,14-16). Auch wenn in beiden Berichten der Satan nicht direkt erwähnt wird, kann man davon ausgehen, dass in diesem Ereignis der Beginn und die Quelle alles Bösen liegt.

In 1. Mose 3 erschien der Teufel den Menschen zum ersten Mal als Schlange, und in Offenbarung 12,3.7.9 wird er als großer roter Drache und Urschlange bezeichnet.

Im Buch Hiob hat er noch Zugang zum Himmel und zweifelt die rechtmäßige Herrschaft Gottes an (Hiob 1 u. 2); doch seit der Himmelfahrt Jesu ist ihm der Zutritt zum Himmel versperrt. Die Bibel berichtet, dass – nachdem Jesus seine Herrschaft im Himmel angetreten hatte – dort ein Kampf zwischen dem Erzengel Michael und seinen Engeln und dem Satan mit seinen Dämonen stattfand. Satan wurde besiegt und zusammen mit den Dämonen auf die Erde geworfen (Offb. 12,7-9; vgl. Joh. 12,28-32).

Für Christus und die Apostel war der Teufel niemals nur ein böses Prinzip, sondern er wurde von ihnen immer als ein Geistwesen mit personalen Charaktermerkmalen dargestellt, bei dessen Beschreibung sie meistens Personalpronomen (Matth. 4,1-11) verwandten.

V. 1. 2. Die Macht des Teufels

Das gesamte geordnete Weltensystem, das Gott erschuf, war von Anbeginn »sehr gut« (1. Mo. 1,31), aber seit der Rebellion des Teufels gegen den himmlischen Vater ging ein gewaltiger Riss durch die Schöpfung. Seit diesem Zeitpunkt ist die Ordnung des Kosmos gestört, weil ein rebellisches Geistwesen all seine List und Macht einsetzt, um Gott von seinem Thron zu stoßen.

Allein die diversen Bezeichnungen des Teufels bekräftigen nicht nur die Tatsache seiner Existenz, sondern zeigen auch etwas über sein vielfältiges Wesen und seine momentane Macht:

- Er besitzt Verstand (2. Kor. 11,3),
- Gefühl und Zorn (Offb. 12,17),
- Begehren und Willen (Jes. 14,14; Luk. 22,31; 2. Tim. 2,26).
- Er wird als Gott dieser Welt bezeichnet (2. Kor. 4,3.4);
- als Herrscher und Fürst dieser Welt (Luk. 4,6);
- als Engel des Lichts (2. Kor. 11,14);
- als Weltverführer (Matth. 4,1);
- als Herrscher über das Reich der Finsternis (Eph. 2,2, 6,11.12)
- und Jesus nannte ihn Menschenmörder und Vater der Lüge (Joh. 8,44).

Wenn der Apostel Paulus den Christen in Ephesus schreibt:

> Denn wir kämpfen nicht gegen Menschen, sondern gegen Mächte und Gewalten des Bösen, die über diese gottlose Welt herrschen und im Unsichtbaren ihr unheilvolles Wesen treiben (Eph. 6,12),

dann zeigt uns das, dass der Apostel auch mit Angriffen aus der unsichtbaren Welt rechnete.

Doch die Macht Satans ist nicht unbegrenzt, sie reicht nur so weit, wie Gott sie zulässt (Hiob 1,12), deshalb

> ist er voller Wut und Zorn; denn er weiß, dass er besiegt ist und ihm nicht mehr viel Zeit bleibt (Offb. 12,12).

V. 1. 3. Verführungsmethoden

Das Ziel Satans besteht darin, die Menschen von der wahren Anbetung und dem persönlichen Glauben an Gott und Jesus Christus abzubringen. Statt dessen ist er bemüht, weltweit religiöse Scheinwelten aufzurichten, in denen er dann in schillernden Farben als Engel des Lichts oder Imitator Gottes auftritt. Seine listenreichen Verführungskünste sind so raffiniert kaschiert, dass seine Lügen – wie bei der bildhaften Gegenüberstellung zwischen Original und Fälschung – oft nur noch schwer von der biblischen Wahrheit zu unterscheiden sind.

Wenn wir uns das religiöse Szenario, das in der heutigen Welt vorherrscht, und das wir im Diagramm über das New-Age-Zeitalter aufgezeigt haben, betrachten, müssen wir zwangsläufig feststellen, dass es dem Diabolos geradezu meisterhaft gelungen ist, die Menschheit durch eine unüberschaubare Religionsvermischung, in der Wahrheit und Lüge miteinander vertauscht wurden, zu verführen. Wenn man die Aussagen der Bibel über dieses Thema in der Zusammenschau sieht, kommt man zu der Überzeugung, dass alle Gurus, Seher, Begründer von Psychoorganisationen oder Sekten unter der Macht der Finsternis stehen.

Die meisten Angriffe sind gegen das Wort Gottes gerichtet, denn je mehr der Wahrheitsgehalt der Schrift in Zweifel gezogen und verdreht wird, umso leichter ist es, auch Christen in die Irre zu führen. Diesen satanischen Geist der Verführung kann der Mensch nur mittels der Heiligen Schrift entlarven. Darum werden wir aufgefordert, die Schrift nicht mit einem geteilten Herzen zu lesen, sondern sie genau zu interpretieren. Der Apostel Paulus schreibt an die Christen in Korinth:

> Die Botschaft, dass Jesus Christus unsere Rettung ist, bleibt nur für die dunkel, die verloren sind. Diese Ungläubigen hat der Satan so verblendet, dass sie das helle Licht des Evangeliums und damit die Herrlichkeit Christi nicht sehen können. Und doch erkennen wir Gott selbst nur durch Christus (2. Kor. 4,3.4).

Schließlich geht die Warnung an alle:

> Lasst euch von keiner Ideologie oder irgendwelchem leeren Gerede einfangen. All

das haben sich Menschen ausgedacht; aber hinter ihren Gedanken stehen dunkle, dämonische Mächte und nicht Christus. Nur in Christus ist Gott wirklich zu finden, denn in ihm lebt er ganz und gar. Deshalb lebt Gott auch in euch, wenn ihr mit Christus verbunden seid. Er ist der Herr über alle Mächte und Gewalten (Kol. 2,8-10; vgl. 1. Kor. 10,19-22).

V. 1. 4. Das Gericht über den Teufel

Sollte der Titel »Teufel« nur als Synonym für ein böses Prinzip oder eine mystische Idee verwandt worden sein, dann könnte er wohl kaum wie ein denkendes Wesen für das, was er getan hat, zur Verantwortung gezogen werden. Doch genau dies sagt Jesus in seiner Rede über das Weltgericht vorher:

> Wenn der Menschensohn in seiner ganzen Herrlichkeit, begleitet von allen Engeln, wiederkommt, dann wird er auf dem Thron Gottes sitzen und er wird die Menschen in zwei Gruppen teilen, so wie ein Hirte die Schafe von den Böcken trennt. Zu denen auf seiner linken Seite aber wird er sagen: Geht mir aus den Augen, ihr Verfluchten, ins ewige Feuer, das für den Teufel und seine Helfer bestimmt ist! (Matth. 25,31-41).

So, wie die Menschen, die sich weigerten, Christus als Herrn und Gott anzuerkennen, so wird – nach den Worten Jesus – auch der Teufel am Ende der Tage für sein schändliches Tun büßen müssen (Offb. 20,7-10).

Jesus Christus hat durch sein Leiden und Sterben für die Sünden der ganzen Welt die Werke Satans zunichte gemacht. Deshalb darf der Christ – aus der Position des Glaubens heraus – unter dem Schutzschild Gottes alle Aktivitäten Satans mit Gelassenheit betrachten, denn

> der Geist Gottes, der das Leben des Christen bestimmt, ist stärker als der Geist der Lüge, von dem die Welt beherrscht wird (1. Joh. 4,4).

V. 2. Der biblische Heilsweg

Trotz des Ungehorsams der Menschen ist es Gottes Wille,

> dass alle Menschen gerettet werden und seine Wahrheit erkennen (1. Tim. 2,4),

deshalb bekam der Apostel Paulus von Christus den besonderen Auftrag, zu den Heidenvölkern zu gehen:

> Ihnen sollst du die Augen öffnen, damit sie sich von der Finsternis dem Licht

> zuwenden und aus der Herrschaft des Teufels zu Gott kommen. Dann werde ich ihnen die Sünden vergeben, und als die Auserwählten Gottes werden sie durch den Glauben an mich in sein Reich aufgenommen (Apg. 26,18).

Nach den Worten Jesu gibt es für den Menschen nur zwei Möglichkeiten, zwischen denen er sich entscheiden muss: Entweder er bleibt auf dem breiten Weg und verläuft sich im Irrgarten der religiösen Verführung und wird für ewig verloren gehen oder er entscheidet sich, auf dem schmalen Weg zu gehen, der ins ewige Leben führt (Matth. 7,13.14). Nach dieser Aussage stellt sich für jeden Menschen die Frage: »Wo finde ich diesen schmalen Weg oder aufgrund welcher Tatsache bin ich ein Christ?«

Der Mensch ist, im biblischen Sinne, noch *kein* Christ durch die Mitgliedschaft in einer bestimmten Kirche oder Organisation, durch starkes soziales Engagement, weil er eifrig missioniert, den Wehrdienst verweigert, viel Geld spendet usw.

Römer 10,3.4 zeigt, dass Menschen durch diese Werke vor Gott nicht gerecht werden können,

> sie haben nämlich nicht erkannt, dass Christus für sie gestorben ist, um sie mit Gott zu versöhnen. Statt dessen versuchen sie immer noch, sich durch eigene Leistungen Gottes Anerkennung zu verdienen. Deshalb lehnen sie ab, was Gott ihnen schenken will.

Die Bibel spricht davon, dass unsere Sünden uns von Gott trennen (Jes. 59,2). Bei dem Begriff »Sünde« ist zu unterscheiden zwischen der Erbsünde, die jedem Menschen von Geburt an anhaftet, und den allgemeinen Sünden, die wir im täglichen Leben in Gedanken, Worten und Taten immer wieder begehen.

Die Schöpfungsgeschichte zeigt uns, dass der Mensch »im Bilde Gottes«, das heißt ohne Sünde, erschaffen wurde (1. Mo. 1,26). Erst nachdem er von der verbotenen Frucht im Garten Eden gegessen hatte, veränderte sich sein ursprünglicher Zustand und er wurde zum Sünder (1. Mo. 2,16.17). Er verlor seine Vollkommenheit und war von nun an dem Gesetz der Sünde und des Todes unterworfen, so dass sich seine Sündhaftigkeit von Generation zu Generation fortpflanzte (Röm. 5,12; 1. Kor. 15,20-22; 1. Mo. 5,3). Dadurch verlor er nicht nur sein physisches, sondern auch sein geistliches, ewiges Leben. Deshalb konnte der Apostel Paulus in Römer 3,10-26 sagen:

> Es gibt keinen, auch nicht einen einzigen, der ohne Sünde ist. … Alle haben sich von ihm abgewandt und sind dadurch für Gott unbrauchbar geworden. … Denn darin sind die Menschen gleich: Alle sind Sünder und haben nichts aufzuweisen, was Gott gefallen könnte. Aber was sich keiner verdienen kann, schenkt Gott in seiner Güte: Er nimmt uns an, weil Jesus Christus uns erlöst hat …

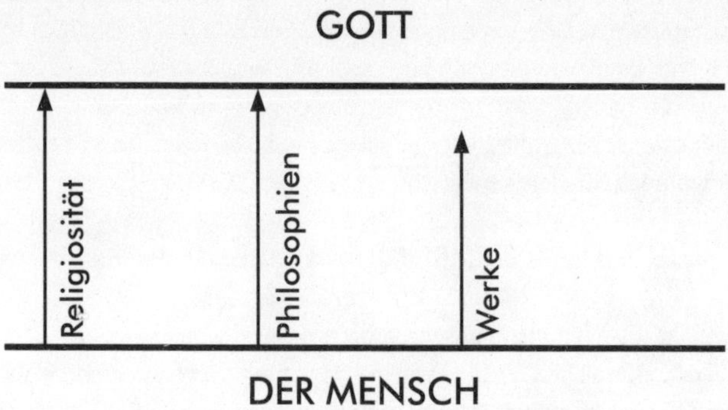

Gott ist heilig, der Mensch ist sündig.
Zwischen beiden besteht eine tiefe Kluft.
Der Mensch versucht durch eigenes Bemühen, durch gute Werke, Philosophie, Religiosität oder Mitmenschlichkeit, diese Kluft zu überbrücken.
Doch alle Anstrengungen sind vergeblich, weil sie das Kernproblem der Sünde nicht lösen.

Der Apostel Johannes mahnt die ersten Christen auch zur Ehrlichkeit gegen sich selbst, wenn er schreibt:

> Freilich werden immer wieder Leute behaupten, sie hätten das nicht nötig, sie seien frei von aller Schuld. Wer so etwas sagt, betrügt sich selbst. In ihm ist kein Fünkchen Wahrheit. Wenn wir aber unsere Sünden bereuen und sie bekennen, dann dürfen wir darauf vertrauen, dass Gott seine Zusage treu und gerecht erfüllt: Er wird unsere Sünden vergeben und uns von allem Bösen reinigen. Doch wenn wir behaupten, wir hätten gar nicht gesündigt, dann machen wir Gott zum Lügner und beweisen damit nur, dass wir Christus noch gar nicht kennen (1. Joh. 1,8-10).

Die Schrift sagt eindeutig:

> Denn die Sünde wird mit dem Tod bezahlt … (Röm. 6,23)

Doch weil Gott alle Menschen liebt, hat er seinen eigenen Sohn für uns geopfert. Dieses Opfer Jesu gilt allerdings nur für die Menschen, die es im Glauben annehmen. Paulus schreibt an die ersten Christen:

> Denn nur durch seine unverdiente Güte seid ihr vom Tod errettet worden. Ihr habt sie erfahren, weil ihr an Jesus Christus glaubt. Aber selbst dieser Glaube ist ein Geschenk Gottes und nicht euer eigenes Werk. Durch eigene Leistungen kann man bei Gott nichts erreichen. Deshalb kann sich niemand etwas auf seine guten Taten einbilden (Eph. 2,8.9).
> Gott aber hat uns seine große Liebe gerade dadurch bewiesen, dass Christus für uns starb, als wir noch Sünder waren (Röm. 5,8; 1. Petr. 3,18).

Auch der Apostel Johannes bekräftigt diese Aussage des Paulus:

> Denn Gott hat die Menschen so sehr geliebt, dass er seinen einzigen Sohn für sie hergab. Jeder, der an ihn glaubt, wird nicht verloren gehen, sondern das ewige Leben haben. Gott hat nämlich seinen Sohn nicht zu den Menschen gesandt, um über sie Gericht zu halten, sondern um sie vor dem Verderben zu retten. Wer an ihn glaubt, der wird nicht verurteilt werden. Wer aber nicht an den Sohn Gottes glaubt, über den ist wegen seines Unglaubens das Urteil schon gesprochen (Joh. 3,16-18).

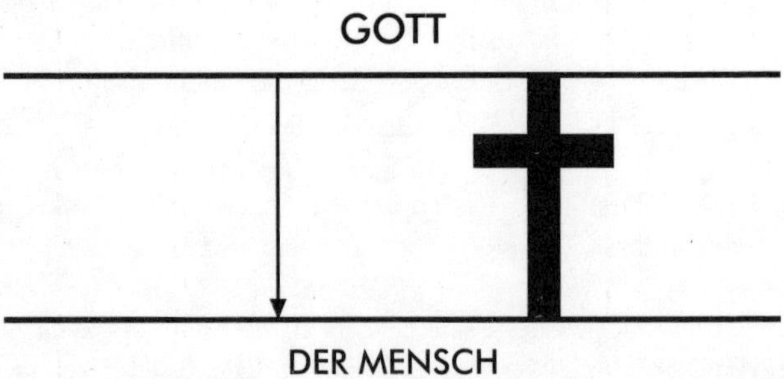

Gott selbst hat durch sein Handeln die Kluft überbrückt, die uns von ihm trennte.
Er sandte seinen Sohn, der stellvertretend für uns starb.
Dadurch können wir Vergebung empfangen
und haben einen neuen Zugang zu Gott.

Jesus sagt: »Ich bin der Weg, die Wahrheit und das Leben;
niemand kommt zum Vater als durch mich« (Joh. 14,6)

Glauben ist kein diffuses Gefühl, sondern eine bewusste Willensentscheidung. Im biblischen Sinne ist nur der Mensch tatsächlich ein Christ, der aus tiefstem Herzen folgende Schritte unternimmt:

- Er muss seine eigene Sündhaftigkeit vor Gott erkennen;
- er sollte Gott um Vergebung bitten und das Opfer Jesu dankbar annehmen.
- Voller Vertrauen sollte er Jesus Christus bitten, von nun an die Herrschaft über sein Leben zu übernehmen (Joh. 1,12; Röm. 10,9-13).

Wer diese Errettung für sich persönlich in Anspruch nehmen möchte, der sollte Jesus Christus in einem formlosen Gebet ganz bewusst bitten, der Herr seines Lebens zu werden. Dazu könnte man etwa folgendes Gebet sprechen:

> Vater im Himmel, ich habe erkannt, dass ich bisher mein Leben immer selbst bestimmt habe und deshalb von dir getrennt bin. Ich bitte dich, mir all meine Sünden zu vergeben und danke dir, dass du deinen Sohn auch für mich geopfert hast. Herr Jesus, dich bitte ich, von nun an die Herrschaft über mein Leben zu übernehmen. Hilf mir, so zu werden wie du mich haben möchtest.

Wer so, als Sünder, vor Gott tritt, dem schenkt Gott seinen Heiligen Geist und damit auch die Auferstehungskraft zum ewigen Leben (Joh. 7,38.39; 1. Kor. 15,44).

Das kostbar vergossene Blut Jesu reinigt ihn von allen Sünden (1. Petr. 1,18.19; Eph. 1,7), fortan ist er ein begnadeter Sünder (Röm. 3,21-24; Eph. 2,8). Er darf sicher sein, dass er für alle Zeiten erlöst ist und nicht verloren geht (Joh. 3,36; Röm. 8,1.2), denn der Apostel Johannes sichert allen Menschen, die sich so, aus ehrlichem Herzen, zu Christus bekehrt haben, Folgendes zu:

> Gott aber hat ganz eindeutig erklärt, dass er uns das ewige Leben schenkt, und zwar nur durch seinen Sohn Jesus Christus. Wer also an den Sohn glaubt, der hat das Leben; wer aber nicht an Jesus Christus glaubt, der hat auch das Leben nicht. Ich weiß, dass ihr an Jesus Christus, den Sohn Gottes, glaubt. Mein Brief sollte euch noch einmal versichern, dass ihr das ewige Leben habt (1. Joh. 5,11-13).

dlv

Paperback

Dave Hunt

Die okkulte Invasion

640 Seiten
ISBN 3-89397-272-2

Dieses Buch öffnet die Augen für einen massiven Angriff des Okkulten auf Gesellschaft und Christenheit.

Beginnend mit der Evolutionstheorie und deren Bedeutung für das heute verbreitete Menschen-, Welt- und Gottesbild packt Hunt das Übel bei der Wurzel, entlarvt den von Grund auf pervertierten Zeitgeist und zeigt die immer wiederkehrenden Grundprinzipien der teuflischen Verführungstaktik und deren letztliches Ziel auf.

Themen sind z. B. Schamanismus, Katholizismus, Ufos, Psychologie, Ökumene, charismatische und evangelikale »Erweckung«, die sog. »geistliche Kriegsführung« uvm.

Eine wertvolle Orientierungshilfe im Irrgarten der heutigen Spiritualität.